FORÇAS ARMADAS NA SEGURANÇA PÚBLICA

ORGANIZADORES Celso Castro · Adriana Marques · Verônica Azzi · Igor Acácio

FORÇAS ARMADAS NA SEGURANÇA PÚBLICA

A visão militar

FGV EDITORA

FGV EDITORA
Rua Jornalista Orlando Dantas, 9
22231-010 | Rio de Janeiro, RJ | Brasil
Tel.: (21) 3799-4427
editora@fgv.br | pedidoseditora@fgv.br
www.fgv.br/editora
Impresso no Brasil / *Printed in Brazil*

Os conceitos emitidos neste livro são de inteira responsabilidade dos entrevistados.

1ª edição: 2023

Preparação de originais: Sandra Frank
Editoração eletrônica: Abreu's System
Revisão: Aline Duque Erthal
Capa: Estúdio 513
Foto de capa: Exército Brasileiro — Centro de Comunicação Social do Exército (https://www.flickr.com/photos/exercitooficial/33217960841/)

Dados Internacionais de Catalogação na Publicação (CIP)
Ficha catalográfica elaborada pela Biblioteca Mario Henrique Simonsen/FGV

Forças Armadas na segurança pública : a visão militar / Celso Castro... [et al.], (orgs.). – Rio de Janeiro : FGV Editora, 2023.
328 p.

Inclui bibliografia.
ISBN 978-65-5652-196-1

1. Brasil. Forças Armadas. 2. Segurança pública – Brasil. 3. Missões militares – Aspectos políticos. I. Castro, Celso, 1963-. II. Fundação Getulio Vargas.

CDD – 363.30981

Elaborada por Márcia Nunes Bacha – CRB-7/4403

Sumário

Apresentação, 7
Cronologia, 21

General Roberto Jugurtha Camara Senna, 29
Coronel Romeu Antonio Ferreira, 51
General Franklimberg Ribeiro de Freitas, 73
General José Elito Carvalho Siqueira, 87
Almirante Carlos Chagas Vianna Braga, 99
General Adriano Pereira Júnior, 123
General Tomás Miguel Miné Ribeiro Paiva, 145
Almirante Reinaldo Reis de Medeiros, 163
General Joaquim Silva e Luna, 179
General Sergio Westphalen Etchegoyen, 197
General Walter Souza Braga Netto, 215
General Sergio José Pereira, 225
General Richard Fernandez Nunes, 245
General Edson Massayuki Hiroshi, 279
General Sergio Luiz Tratz, 295
General Fernando Azevedo e Silva, 307

Siglas 323

Apresentação
Das GLO à guerra urbana: a trajetória do emprego doméstico dos militares no Brasil (1992-2022)

Celso Castro
Adriana Marques
Verônica Azzi
Igor Acácio

Apesar de não ter se envolvido em conflitos interestatais desde a Segunda Guerra Mundial, o Brasil é o segundo país com maior contingente militar nas Américas, após os Estados Unidos, com aproximadamente 356 mil membros ativos nas Forças Armadas. Além disso, para um país que mantém relações pacíficas com seus vizinhos, o Brasil investe significativamente em defesa. Nos últimos anos, o orçamento brasileiro para as Forças Armadas foi o maior da América Latina e Caribe, representando cerca de 45% de todo dos gastos militares na região. O orçamento da Defesa também é vultoso se comparado com o de outros ministérios, sendo consistentemente um dos cinco ministérios que mais custam ao erário.[1]

Entre as atividades e competências do Ministério da Defesa, além do preparo para a defesa contra ameaças externas e do engajamento em operações de paz no exterior, inclui-se o emprego das Forças Armadas no âmbito doméstico, nos termos da Constituição. As forças podem realizar atribuições subsidiárias que contribuem para o desenvolvimento nacional e a defesa civil ao se engajarem em ações de natureza preventiva ou repressiva, por vezes em coordenação com outros órgãos governamentais. Especificamente, grande parte da atuação doméstica das Forças Armadas se dá no âmbito das chamadas Operações de Garantia da Lei e da Ordem (OpGLO). O emprego das Forças Armadas no âmbito das OpGLO concentra-se principalmente em atividades como o policiamento e o apoio logístico durante as eleições; na segurança de grandes eventos de escopo internacional; na atuação para prover segurança em casos de greves das polícias militares ou

---

1 SECRETARIA DO TESOURO NACIONAL. *Despesas da União — Séries Históricas*. Disponível em: <www.tesourotransparente.gov.br/publicacoes/despesas-da-uniao-series-historicas/2019/11>. Acesso em: 13 abr. 2022.

no policiamento e em operações interagências para reduzir a criminalidade nas grandes cidades brasileiras, nas chamadas GLO de violência urbana.

Este livro é um resultado do projeto de pesquisa "Forças Armadas na Segurança Pública no Brasil", desenvolvido entre 2020 e 2022.[2] O projeto consistiu no levantamento de documentos oficiais do Ministério da Defesa e do Exército sobre o assunto, incluindo legislação e manuais doutrinários publicamente disponíveis, para a elaboração de uma cronologia dos principais eventos relacionados ao tema e, principalmente, para auxiliar a produção de um acervo de entrevistas realizadas entre abril de 2021 e fevereiro de 2022. Esse acervo possui um total de aproximadamente 30 horas de gravação em áudio e vídeo.[3] Foram entrevistados 16 oficiais das Forças Armadas que ocuparam posições privilegiadas na decisão, planejamento ou condução de missões de segurança pública. A maioria dos entrevistados é do Exército, porque esta força é a mais envolvida nessas ações. Há, porém, dois entrevistados da Marinha, especificamente do corpo de fuzileiros navais, também utilizado nas OpGLO.

Este foi um projeto conduzido durante a pandemia de Covid-19. A equipe envolvida nunca se reuniu toda pessoalmente. Também foi necessário adaptar o protocolo de entrevistas para que os entrevistados pudessem, com segurança, dar seus depoimentos. À exceção das entrevistas com o almirante Carlos Chagas e com os generais Braga Netto e Sergio, todas as demais foram realizadas remotamente, pela plataforma Zoom.

---

[2] O projeto foi viabilizado com recursos da Fundação Getulio Vargas (FGV), por meio de edital da Rede de Pesquisa e Conhecimento Aplicado (RPCAp). Foi desenvolvido na Escola de Ciências Sociais FGV CPDOC sob a coordenação de Celso Castro, com a participação de Adriana Marques, do curso Defesa e Gestão Estratégica Internacional da Universidade Federal do Rio de Janeiro (UFRJ DGEI), Verônica Azzi, pesquisadora de pós-doutorado na FGV CPDOC, e Igor Acácio, pesquisador visitante na FGV CPDOC e de pós-doutorado no Center for Interamerican Policy and Research (CIPR) na Universidade Tulane. Atuaram também como bolsistas associados ao projeto os estudantes Guilherme Ferreira Defina e Ana Carolina Milman, aos quais agradecemos pela colaboração.

[3] Além dos membros da equipe de pesquisa, contamos com a colaboração de várias pessoas para coletar material e realizar as entrevistas. Gostaríamos de agradecer a Jacintho Maia Neto, Sergio José Pereira, Richard Fernandez Nunes, Marcelo Godoy, Carlos Chagas Vianna Braga, Edson Massayuki Hiroshi, Agnaldo Oliveira Santos, Maurício de Souza Bezerra, Fernando de Souza e Silva, João Marcos de Almeida Albuquerque, Vinicius Moura Rodrigues, Flávio Botelho Peregrino e Ricardo Pereira de Araujo Bezerra. Pudemos contar ainda com a dedicação e competência técnica do pessoal do Programa de História Oral do CPDOC.

Os entrevistados eram, em sua quase totalidade, oficiais-generais — militares que, portanto, chegaram ao escalão mais elevado da carreira. Eles ocupavam, no momento da entrevista, diferentes posições: na reserva, na ativa ou reconvocados para funções a pedido do Poder Executivo. É importante frisar que, apesar de algumas menções à pesquisa acadêmica com uma conotação negativa, como se seus resultados fossem geralmente contra a visão dos militares sobre as OpGLO, os entrevistados manifestaram conhecimento e respeito pela FGV e pelos pesquisadores/entrevistadores envolvidos no projeto. Num momento delicado das relações entre civis e militares na democracia brasileira, em que as Forças Armadas apresentam-se com um renovado protagonismo político, não houve, em momento algum, tensão entre os pesquisadores e os entrevistados, e foi possível entrevistar indivíduos com relevância política para além da caserna, como os generais Walter Braga Netto (então ministro da Defesa, ex-interventor federal no Rio de Janeiro e já potencial candidato à vice-presidência da República), Joaquim Silva e Luna (então presidente da Petrobras, ex-presidente da Itaipu Binacional e ex-ministro da Defesa no governo de Michel Temer) e Fernando Azevedo e Silva (ex-ministro da Defesa no governo de Jair Bolsonaro).

O acervo constituído é bastante rico porque cobre temporalmente as OpGLO desde sua gênese até as mais recentes, e os entrevistados puderam nos fornecer informações sobre suas experiências como oficiais em pequenos escalões ou nos mais altos postos de comando; e sobre a formulação da política, da doutrina até as impressões de cunho mais operacional, que só os militares que estiveram no terreno poderiam conhecer. A maior parte dos entrevistados teve as OpGLO perpassando diferentes momentos de sua carreira e participou de várias ações.

Nossas entrevistas indicam que as OpGLO impactaram profundamente as Forças Armadas do ponto de vista de sua doutrina de emprego. As fontes de mudança doutrinária advêm tanto do repetido emprego doméstico dos militares quanto das missões de cunho internacional, seja como observadores militares, seja como tropa empregada em operações de paz. Em especial, ao longo da década de 2010, as forças militares e sobretudo o Exército criaram um arcabouço doutrinário, adquiriram equipamentos e desenvolveram protocolos de treinamento para permitir e orientar sua atuação na segurança pública. Desde 2019, as OpGLO na segurança pública vêm declinando quantitativamente e as forças vêm igualmente adaptando sua doutrina.

Traçaremos brevemente, nesta apresentação, o surgimento e o desenvolvimento das OpGLO no Brasil, avaliando seu impacto na evolução da doutrina do Exército brasileiro. Elas surgiram e evoluíram ao longo dos anos a partir de demandas do Executivo, foram colocadas em prática pelos militares no exercício de sua execução e impactaram substancialmente as Forças Armadas, o Exército em particular, do ponto de vista doutrinário.

As OpGLO

Durante nossa pesquisa em documentos oficiais, na bibliografia disponível e a partir das entrevistas em profundidade que realizamos, pudemos identificar quatro grandes operações que serviram como momentos críticos e marcos na formação da conduta das Forças Armadas em OpGLO, todas realizadas no estado do Rio de Janeiro: Operação Rio (1994), Operação Arcanjo (2010-2012), Operação São Francisco (2014-2015) e a intervenção federal no estado do Rio de Janeiro (2018). Em seguida, relataremos o que se passou e a evolução doutrinária que ocorreu *pari passu* ao emprego militar.

As OpGLO, tais como as conhecemos hoje, foram tomando forma a partir de uma série de adaptações doutrinárias com base na prática e nas demandas que se observaram ao longo dos anos a partir da experiência vivida e tendo como ponto de partida a prerrogativa constitucional de atuação das forças no âmbito doméstico para garantir a lei e a ordem (art. 142 da Constituição Federal de 1988). Tais adaptações verificaram-se por meio da promulgação de leis e decretos que complementam tal prerrogativa constitucional, permitindo a criação, a partir dos anos 2000, e o desenvolvimento, na década seguinte, de um arcabouço legal e doutrinário que estabeleceu uma sistematização das diretrizes e dos procedimentos a serem observados no exercício das GLO, de forma a permitir o emprego dos militares na segurança pública.

Esse processo de mudança organizacional, que ocorreu de forma endógena, começou no início da década de 1990 e se acelerou substancialmente a partir de 2003, durante o governo de Luiz Inácio Lula da Silva. A frequência e o escopo das OpGLO na segurança pública aumentaram substancialmente durante esse período e na década de 2010. Nessa última década, as OpGLO foram mencionadas no Livro Branco de Defesa Nacional (LBDN) e o Ministério da Defesa publicou, em 2013, um Manual de GLO que definia tais operações e estabelecia diretrizes para sua conduta. Este foi revisado em 2014 para dirimir dúvidas com relação a que indivíduos os militares veriam como força opositora em caso de uma operação.

Nos anos seguintes à redemocratização, o emprego doméstico das forças apresentou um caráter *ad hoc*, relativamente improvisado, sem base jurídica preexistente além do art. 142 da Constituição Federal. Esse foi o caso das operações militares durante a primeira metade da década de 1990, na ocasião da conferência Eco-92 e da Operação Rio em 1994, ambas solicitadas pelo Executivo.

Na segunda metade da década de 1990, diante de uma escalada da violência no país, o Legislativo começou a aprovar uma legislação que compõe um arcabouço jurídico especificamente voltado para a regulamentação do emprego doméstico dos militares. Além disso, decretos *ad hoc* delegaram temporariamente o exercício de funções de polícia às Forças Armadas, com o objetivo de viabilizar o emprego das mesmas, bem como viabilizar sua atuação em conjunção com os demais órgãos de segurança pública.

A Lei Complementar nº 97, aprovada em 1999, foi a primeira a autorizar as Forças Armadas a atuarem, além de suas atribuições de defesa da pátria, na garantia dos poderes constitucionais para assegurar a lei e a ordem e para operações de paz, quando tal emprego fosse considerado necessário, seguindo as diretrizes estabelecidas pela Presidência da República. A convocação das forças para serem empregadas para a Garantia da Lei e da Ordem deve ocorrer "após esgotados os instrumentos destinados à preservação da ordem pública e da incolumidade das pessoas e do patrimônio" previstos na Constituição — em outras palavras, as polícias.

A decisão por esse emprego deve ser determinada pelo chefe de qualquer um dos três poderes constituídos a nível federal, ou seja, pelo Executivo, Legislativo ou Judiciário. Dessa maneira, a Lei nº 97, de 1999, regulamentou a missão doméstica mencionada pelo art. 142 da Constituição, permitindo que todo o aparato de segurança do Estado brasileiro fosse usado em conjunção com as Forças Armadas. Historicamente, todas as GLO foram determinadas pelo chefe do Executivo Federal, o presidente da República.

A terminologia "Garantia da Lei e da Ordem" (GLO), especificamente, surgiu em 2001, com a promulgação do Decreto nº 3.897, cujo objetivo era reforçar a lei anterior ao estabelecer as diretrizes para orientar o planejamento, a coordenação e a execução das ações das Forças Armadas e de órgãos federais para a garantia da lei e da ordem. Apenas mais de uma década depois, o Ministério da Defesa classificaria, de forma retroativa, tais operações executadas nos anos 1990 e no início dos anos 2000 como OpGLO.

Após 2003, o governo brasileiro intensificou o processo de desenvolvimento de doutrina e legislação para o emprego doméstico das Forças Armadas. Em 2004, a Lei Complementar nº 117 estabeleceu que as OpGLO envolveriam atividades tais como planejamento, organização e articulação; instrução e treinamento; desenvolvimento de doutrina e pesquisa específica; e inteligência e estruturação das Forças Armadas, de sua logística e mobilização. Tal lei também estabeleceu que os militares poderiam agir isoladamente ou com outros órgãos de segurança do Estado para realizar patrulhamentos, buscas pessoais, de veículos, navios ou aeronaves, bem como para prender suspeitos ao perceberem ofensas cometidas em flagrantes na faixa de fronteira, suprindo uma lacuna na legislação existente e criando uma sorte de empregos domésticos das Forças Armadas que não são propriamente GLO (por natureza episódicos), mas permanentes. Em 2005, a 11ª Brigada de Infantaria, localizada no interior do estado de São Paulo, foi designada para ser a unidade onde ocorreria treinamento específico para OpGLO.

Figura 1
Número de OpGLO e porcentagem de OpGLO de segurança pública (1994-2021)

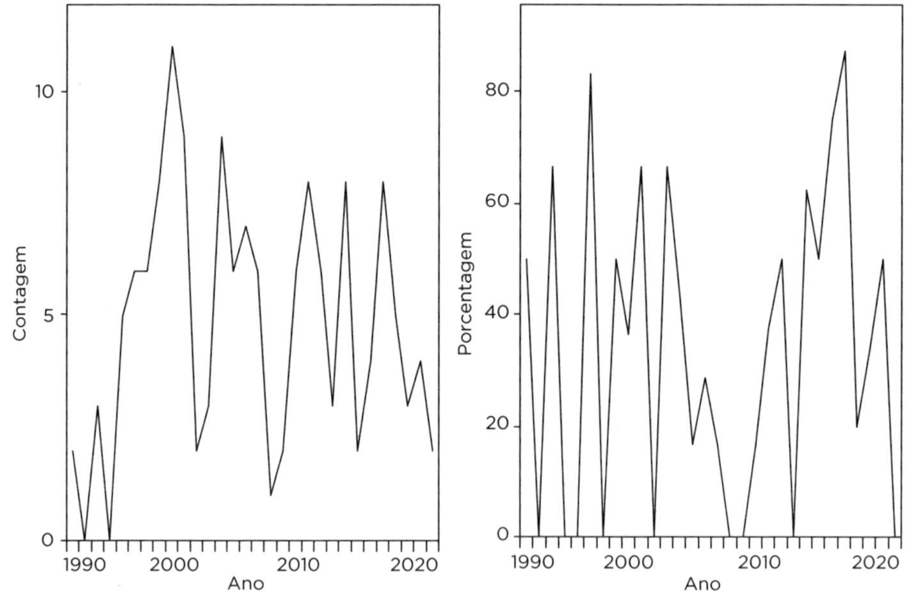

Fonte: elaboração própria com base em Ministério da Defesa do Brasil. Nossa classificação de OpGLO de segurança pública provém de análise própria das informações coletadas no Ministério da Defesa. Assim, pode incluir greves de polícia militar, violência urbana e demais operações cujo objetivo era prevenir crimes comuns.

Os gráficos 1 e 2 demonstram, respectivamente, a contabilização das OpGLO entre 1994 e 2021 e a porcentagem delas destinadas especificamente à segurança pública. A contagem é realizada pelo ano em que a operação começou. Entre 1994 e 2021, houve um total de 145 OpGLO executadas, 59 delas (40,7%) foram de segurança pública. Algumas das OpGLO mais significativas e duradouras ocorreram, como apontamos, no estado do Rio de Janeiro. Valores altos no ano 2000 estão relacionados a operações para greves de polícias, que foram a marca do emprego doméstico durante a primeira década das OpGLO.

Figura 2
Gastos deflacionados em OpGLO e porcentagem dos gastos em OpGLO de segurança pública (2010-2021)

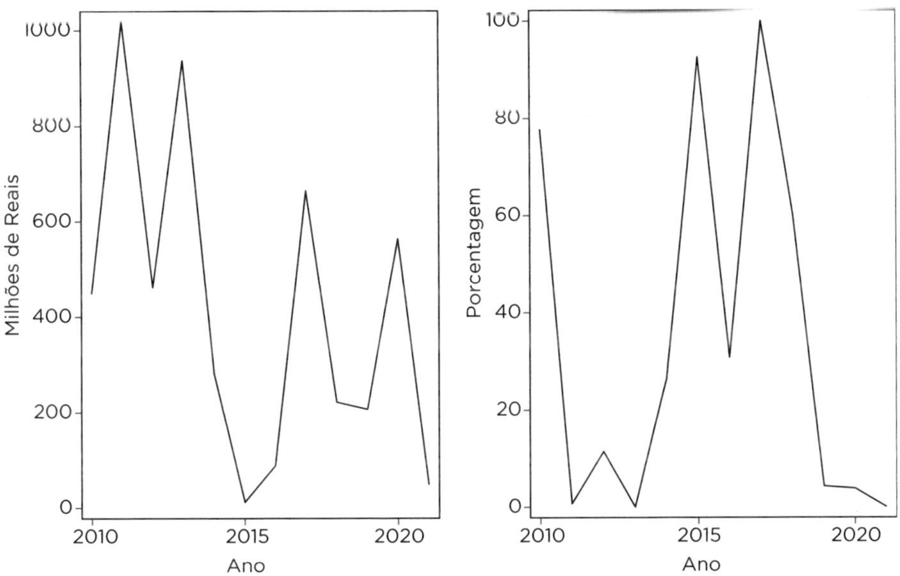

Nota: valores deflacionados, com relação a 2021, de acordo com o IPCA-FGV.
Fonte: elaboração própria com base em Ministério da Defesa do Brasil.

Entre 2010 e 2018, as operações de grande escopo tiveram seu auge, com milhares de militares ocupando vastas áreas de território urbano, principalmente no estado do Rio de Janeiro, e executando missões de policiamento. Os militares foram empregados em diversas OpGLO cujo objetivo era apoiar os órgãos de segurança pública, principalmente a Polícia Militar, na implementação do programa de "pacificação" caracterizado pela instalação de Unidades de Polícia Pacificadora (UPPs). Na ocasião, entendeu-se que o estado precisaria usar mais a força estatal para remover atores do crime organizado, que haviam se apoderado de espaços onde o Estado não se fizera — senão por incursões policiais — presente ao longo do tempo.

As fontes para a elaboração da doutrina de emprego militar em GLO nas grandes operações dos anos 2010 foram também de natureza internacional, nesse caso derivadas da presença do Brasil em operações de manutenção da paz sob a égide da Organização das Nações Unidas (ONU). Nesse período, o principal termo operativo foi estabelecer "regras de engajamento" envolvendo o "uso gradual da força", movimento que se iniciou após 2004, coincidindo com o envio de tropas brasileiras para a Missão das Nações Unidas para a Estabilização no Haiti (Minustah). O fluxo de militares servindo no Haiti e depois nas OpGLO, e vice-versa, e a elaboração de "manuais de lições aprendidas" são alguns canais de transmissão a serem mencionados.

Para complementar os dados de contagem, é necessário obter a dimensão dos gastos do Estado brasileiro para as OpGLO. O gráfico 3, na figura 2, indica que o período em que mais se gastou foi aquele no contexto da Operação Arcanjo (2010-2012), que é um ponto de inflexão importante por se tratar de uma operação de ocupação militar de longo prazo numa comunidade. No período da Operação São Francisco (2014-2015), também foram mobilizados milhares de militares para ocupar o Complexo da Maré.

Em 2018, por ordem do então presidente Michel Temer e na sequência de uma OpGLO deflagrada em julho de 2017, os militares assumiram o setor de segurança pública do estado do Rio de Janeiro. Tratava-se de uma intervenção federal na qual o então comandante militar do Leste, general Braga Netto, assumiria o cargo de interventor e nomearia o general Richard Fernandez Nunes como secretário de Segurança. Diferente das operações em que os militares ocuparam áreas específicas do território fluminense, o foco foi no reequipamento das forças policiais e em sua reorganização, bem como operações cujo mote era a mobilidade, em adição à ostensividade do patrulhamento em áreas consideradas estratégicas. Foram também comprados veículos e equipamentos mais adequados para realizar operações futuras nesse cenário urbano. O Comando Militar do Leste adquiriu veículos blindados de transporte de pessoal (Guarani), mais eficientes para operar no terreno urbano de GLO — muito diferentes dos veículos anfíbios pesados e de difícil movimentação utilizados pelas Forças Armadas quando os complexos da Penha e do Alemão foram ocupados em 2010.

A cifra para o ano de 2020 também é alta, mas uma análise do perfil dos gastos indica que naquele ano, conforme o gráfico 4 na figura 2, apenas uma pequena parcela dos recursos foi utilizada em OpGLO de segurança pública. Este foi o período das inéditas GLO ambientais do governo de Jair Bolsonaro, como a Operação Verde Brasil. A tendência é, portanto, de um declínio das OpGLO para segurança pública a partir de 2018.

Finalmente, embora as OpGLO possam envolver um conjunto muito heterogêneo de ações de emprego doméstico das Forças Armadas — como as de segurança durante eleições, greves de polícias militares ou segurança urbana, entre outras —, nossa ênfase no projeto foi na questão da segurança pública. Isso se deu porque as operações de segurança pública foram as mais volumosas em termos de emprego de tropas e tempo decorrido, bem como possuem singular potencial de impactar a doutrina das Forças Armadas.

A evolução da doutrina de emprego doméstico das Forças Armadas foi tal que as experiências no terreno moldaram sua conduta para que, por um lado, passassem a se preparar constantemente para essas missões e, por outro, buscassem também desenvolver uma doutrina de preparo e emprego que pudesse ser aplicada à defesa externa. Se, em 2005, a 11ª Brigada de Infantaria recebeu a designação de GLO, e um Centro de Instrução de OpGLO (CIOpGLO) foi criado para preparar militares de carreira para tais missões e todos os recrutas e cadetes do Exército brasileiro passaram a receber treinamento básico de OpGLO, posteriormente o Exército passou a incorporar a doutrina da guerra urbana, aplicável à defesa externa. A 11ª Brigada de Infantaria perdeu sua designação de GLO em 2013 e, em 2021, em um contexto de diminuição das OpGLO no país, foi anunciada a decisão do Exército de transformar o CIOpGLO em um Centro de Instrução de Operações Urbanas (Ciou), simultaneamente à transformação da 11ª Brigada numa unidade cuja função é ser referência em combate urbano (seja ele doméstico ou internacional). No entanto, até quando este livro foi escrito, os recrutas e cadetes do Exército continuavam a receber regularmente treinamento em operações de tipo GLO como parte de sua formação. Isso significa que, doutrinária e materialmente, as Forças Armadas brasileiras estão preparadas para executar tais missões se requisitadas pelo poder civil democraticamente eleito.

A evolução da conduta das Forças Armadas em OpGLO segundo nossos entrevistados

Tentaremos, a seguir, sintetizar alguns elementos consensuais na visão de nossos entrevistados. Um primeiro ponto em comum é que os entrevistados não consideram que as ações de tipo GLO sejam uma novidade para as Forças Armadas. São diversas as menções de que desde a primeira Constituição republicana um componente de manutenção da ordem doméstica está presente. Os entrevistados têm grande confiança no treinamento que os militares recebem nas academias militares, frequentemente mencionando que sua formação os prepara para qualquer desafio operacional a que possam ser apresentados. A novidade foi a menção específica ao termo na Constituição de 1988 e, posteriormente, o desenvolvimento de doutrina legal e militar específica, em paralelo ao frequente emprego.

Entrevistados que fizeram sua formação militar no auge do regime militar relataram ter recebido treinamento consistente com a doutrina de contrainsurgência, de "defesa interna", que predominou durante o período da ofensiva do regime militar brasileiro contra grupos guerrilheiros urbanos e rurais. Durante a Operação Rio (1994), a primeira grande GLO de segurança pública, a base doutrinária existente era a das operações de contrainsurgência e "defesa interna". No entanto, a maior parte do treinamento e das regras de engajamento utilizadas é compatível com os protocolos de segurança seguidos pelo Exército durante as operações ocorridas em 1992, quando foi encarregado de fornecer segurança para a Cúpula Ambiental Rio-92. Logo, a permanência de elementos da doutrina de contrainsurgência na atual doutrina de GLO é algo para o que não temos evidências suficientes com base apenas nas entrevistas que fizemos.

Um segundo ponto em comum é o impacto que tais operações possuem na carreira do militar. A maior parte de nossos entrevistados não vê que a participação numa GLO seja, em si, algo valorizado na carreira do oficial. Ela pode ser um diferencial competitivo em função de ser uma oportunidade de emprego real, algo relativamente raro num país que não luta guerras frequentemente, mas só afeta positivamente a carreira caso a missão tenha sido bem cumprida. Não ter tido experiência em GLO, contudo, não afeta negativamente o oficial na avaliação. Trata-se de um acaso, e não de características individuais: estar num determinado local e momento e ser convocado para tal tipo de missão. Isso é bastante diferente da participação em uma missão de paz no exterior, vista como prestigiosa e levada em consideração para a eventual progressão na carreira. Neste caso, como na

Minustah, muitas vezes os que participavam eram voluntários, enquanto nas OpGLO os militares apenas recebem as ordens de emprego.

Apesar das diferenças de prestígio na carreira, os entrevistados são consistentes em mencionar as semelhanças e diferenças do emprego em GLO e em missões de paz. Vários entrevistados estiveram na Minustah e/ou foram observadores militares em locais como El Salvador, Guatemala, Moçambique e Angola. Trata-se de um emprego parecido, que consiste em grande parte em patrulhamento e no qual o uso da força é mais restrito do que em operações de defesa externa. Ainda assim, é comum a menção de que o arcabouço jurídico-legal das OpGLO é muito diferente de uma operação que ocorre sob os auspícios das Nações Unidas, em especial se a missão é embasada no capítulo VII da Carta da ONU. As regras de engajamento davam consideravelmente mais liberdade de ação às tropas brasileiras quando estas operaram em solo estrangeiro e usando capacetes azuis. Isso significa que os militares eram autorizados a empregar níveis mais altos de força para atingir os objetivos do mandato da Minustah. No Brasil, vários de nossos entrevistados ressaltaram que as regras de engajamento são mais restritivas e que frequentemente o uso graduado da força — consolidado no Manual de GLO de 2014, mas já presente nas regras de engajamento *ad hoc* da Operação Arcanjo (2010-2012) — pode impedir o cumprimento de objetivos militares e/ou colocar a tropa em toda sorte de riscos.

Os riscos de danos à reputação das Forças Armadas são vistos como altos em virtude do constante acompanhamento da mídia. Algumas entrevistas destacaram a importância do relacionamento com os órgãos de mídia, uma lição aprendida da Operação São Francisco (Maré), na qual ocorreram episódios de uso excessivo da força e intensa resposta da mídia e da opinião pública. Isso levou os militares a refletir sobre as regras de engajamento existentes nos canais de comunicação social. Este último elemento foi amplamente incorporado à doutrina, e cursos de comunicação social já são oferecidos aos cadetes da Academia Militar das Agulhas Negras. Constantemente, também, os oficiais mencionaram a "insegurança jurídica" na qual os militares brasileiros operam em território doméstico, ressaltando o risco para os militares que possam estar envolvidos em episódios de uso excessivo da força. Isso se dá apesar de, desde 2017, casos dessa natureza serem permanentemente tratados no âmbito da Justiça Militar, e ainda que sempre tenham sido, de forma *ad hoc*, tratados pela Justiça Militar antes de 2017. Os militares ressaltam que não se trata de uma busca por imunidade, e sim que a Justiça Militar é, em comparação com o sistema judicial e investigação civil, a instância mais tecnicamente capacitada e eficiente para julgar membros das Forças Armadas, mesmo que os atos a serem julgados tenham sido cometidos contra civis.

Além das diferenças entre as regras de engajamento e potenciais benefícios para a carreira e para a reputação das Forças Armadas, nossos entrevistados puderam esclarecer substancialmente as diferenças táticas entre as atividades realizadas por militares e por policiais. Quando as forças armadas adentram o terreno, elas utilizam um princípio de operações de guerra — o da massa —, atuando com um contingente grande se comparado com o das polícias. Ainda quando dividido, ainda que em frações de tropa militar empregadas, é muito superior àquele normalmente utilizado em patrulhas policiais. Isso, segundo nossos entrevistados, dissuade a ação de potenciais agressores, reduzindo o número de confrontos.

Por exemplo, para a Operação Arcanjo, antes de 1.500 soldados serem enviados para as comunidades do Alemão e da Penha, ficou evidente a necessidade de desenvolver protocolos para operações interagências e rodízio de tropas. Operar em conjunto com outras agências sob coordenação/comando militar ainda é a prática padrão para grandes OpGLO, em que tropas de diferentes unidades dentro de uma determinada região militar são empregadas por um período limitado e depois são substituídas. Essa prática, de acordo com nossos entrevistados, evita o esgotamento físico e mental da tropa, previne a corrupção porque limita o tempo em que os militares interagem com a comunidade e melhora a prontidão nas diferentes unidades militares: mais brigadas atingem alto nível de prontidão para que sejam empregadas na rotação de contingente de uma grande OpGLO.

Finalmente, apesar de nossas entrevistas cobrirem um longo período, há convergência com relação aos prós e contras das operações GLO do ponto de vista dos militares. Um elemento positivo mencionado relaciona-se com a experiência de emprego real, algo que é raro num país que não luta guerras interestatais desde 1945. Como resultado desse cenário, praças e oficiais frequentemente começam e terminam suas carreiras militares sem colocar seu treinamento, habilidades e liderança à prova. As OpGLO, bem como as missões de paz, mudam isso.

Os pontos negativos têm a ver com o quão adequadas são essas missões para as Forças Armadas *vis-à-vis* seus benefícios e resultados em longo prazo. Vários entrevistados mencionaram não ser esta a missão preferida das Forças Armadas. É como se atendessem ao poder político e, para tal, vissem a necessidade de preparo e doutrina para não serem surpreendidos. Menciona-se que as OpGLO "enxugam gelo" porque, ainda que atinjam alguns objetivos iniciais, quando as tropas se retiram e as áreas voltam à jurisdição das forças policiais, quaisquer ganhos em redução de criminalidade são perdidos rapidamente, observando-se um retrocesso. Isso se dá, segundo nossos entrevistados, por um descaso das autoridades civis com a falta de vontade política ou de um planejamento de longo prazo para lidar com a questão da criminalidade nas grandes cidades, em especial no Rio de Janeiro. Fica claro, por nossas entrevistas, que a solução militar não é a preferida pelos entrevistados, muito menos recomendável, seja para as Forças Armadas, seja para a população brasileira.

Conclusão

O Estado brasileiro desenvolveu, ao longo dos últimos 30 anos, uma doutrina legal do uso dos militares em missões de policiamento. As Forças Armadas adaptaram amplamente sua doutrina e conduta. Essa longa trajetória de emprego militar em missões de segurança pública no Brasil deixou um impacto duradouro na doutrina e no treinamento militar. Ao longo dos anos, a doutrina militar e o treinamento para operações GLO tornaram-se obrigatórios para todos os recrutas e cadetes. A ocorrência de grandes Operações de Garantia da Lei e da Ordem diminuiu nos últimos anos, mas seu legado ainda está presente e, sem dúvida, gerará desafios para futuros comandantes militares e líderes políticos.

Recentemente, o Exército brasileiro tem tomado medidas para a incorporação da doutrina de combate urbano, dentro da qual as OpGLO poderiam ser uma vertente para a qual as Forças Armadas se preparariam. Mas isso não significa que as OpGLO de segurança pública estejam absolutamente descartadas no médio e longo prazos, porque elas dependem da decisão do poder político que, a qualquer momento, pode ordenar que os militares entrem em prontidão e ocupem espaços determinados.

Seguem-se as entrevistas. Por motivos editoriais, as mesmas tiveram que ser editadas para que todas pudessem compor o texto da presente obra, porém preservando no essencial o que foi dito. Em seu conjunto, estamos certos de que o material constitui uma rica fonte documental para os interessados em compreender a atuação doméstica das Forças Armadas no Brasil. O acervo também serve para conhecer a experiência e a visão de mundo de uma geração de oficiais que delas participaram e que, anos depois do fim do regime militar, foi instada pelo poder civil a ocupar as ruas para prover segurança pública. Trata-se da mesma geração de militares cujos membros participaram do governo Bolsonaro, no bojo do renovado protagonismo dos militares na política brasileira.

Cronologia
Legislação e Operações de Garantia da Lei e da Ordem de segurança pública (1992-2021)

Data	Eventos	Mandato da operação / disposição legal / determinação legal / finalidade da operação / ementa do documento	Jurisdição da operação
Julho de 1991	Lei Complementar nº 69, de 23 de julho de 1991	Dispõe sobre as normas gerais para a organização, o preparo e o emprego das Forças Armadas.	
Junho de 1992	Operação Eco-92	Contribuir para a segurança pública por ocasião de grande evento.	RJ
Novembro de 1994	Operação Rio	Cooperar com os órgãos de segurança pública para a redução das ações do crime organizado.	RJ
Novembro de 1994-janeiro de 1995	Operação Alvorada	Contribuir para a segurança pública no estado do Rio de Janeiro.	RJ
Setembro de 1995	Lei Complementar nº 83, de 12 de setembro de 1995	Altera dispositivo da Lei Complementar nº 69, de 23 de julho de 1991, que dispõe sobre as normas gerais para a organização, o preparo e o emprego das Forças Armadas.	
Abril-julho de 1997	OPGLO de greves de Polícia Militar	Restabelecer a ordem e garantir a incolumidade de patrimônio durante a greve de policiais.	RS, CE, AL, PE, PB, RN, CE, SE, MG
Junho de 1999	Lei Complementar nº 97, de 9 de junho de 1999	Dispõe sobre as normas gerais para a organização, o preparo e o emprego das Forças Armadas. Cria o Ministério da Defesa.	
Setembro de 1999	OPGLO de greves de Polícia Militar	Restabelecer a ordem e garantir a incolumidade de patrimônio durante a greve de policiais.	PB

▼

Data	Eventos	Mandato da operação / disposição legal / determinação legal / finalidade da operação / ementa do documento	Jurisdição da operação
Dezembro de 1999-janeiro de 2000	Operação Tranca Forte	Contribuir com a segurança pública.	Todo o território nacional
Junho de 1999-janeiro de 2000	Operações Asa Branca, Mandacaru e Paz nas Estradas	Contribuir com as polícias Federal e Rodoviária Federal nos estados de Pernambuco e da Bahia.	PE, BA
Outubro-dezembro de 2000	OPGLO de greves de Polícia Militar	Restabelecer a ordem e garantir a incolumidade de patrimônio durante a greve de policiais.	DF, PE, BA, AL
Agosto de 2001	Decreto nº 3.897, de 24 de agosto de 2001	Fixa as diretrizes para o emprego das Forças Armadas na Garantia da Lei e da Ordem, e dá outras providências.	
Agosto de 2001	Medida Provisória nº 2.216-37, de 31 de agosto de 2001	Altera dispositivos da Lei nº 9.649, de 27 de maio de 1998, que dispõe sobre a organização da Presidência da República e dos ministérios, e dá outras providências.	
Fevereiro-julho de 2001	Greve de Polícia Militar	Restabelecer a ordem e garantir a incolumidade de patrimônio durante a greve de policiais.	PE, DF, TO, AL, BA
Janeiro de 2001	Operação Crime Organizado	Contribuir com os órgãos de segurança pública no estado do Rio de Janeiro.	RJ
Junho de 2003	OPGLO de greves de Polícia Militar	Restabelecer a ordem e garantir a incolumidade de patrimônio durante a greve de policiais.	MG
2003	Operação Guanabara	Contribuir com os órgãos de segurança pública no Rio de Janeiro-RJ.	RJ
Setembro de 2004	Lei Complementar nº 117, de 2 de setembro de 2004	Altera a Lei Complementar nº 97, de 9 de junho de 1999, que dispõe sobre as normas gerais para a organização, o preparo e o emprego das Forças Armadas, para estabelecer novas atribuições subsidiárias. Dispõe sobre as normas gerais para a organização, o preparo e o emprego das Forças Armadas.	

▼

Data	Eventos	Mandato da operação / disposição legal / determinação legal / finalidade da operação / ementa do documento	Jurisdição da operação
Novembro de 2004	Decreto nº 5.261, de 3 de novembro de 2004	Dispõe sobre a 11ª Brigada de Infantaria Blindada, a 5ª Brigada de Cavalaria Blindada e a 5ª Brigada de Infantaria Blindada e dá outras providências.	
2004	Operações Piauí, Minas Gerais e Vitória	Contribuir para a preservação da ordem pública e da incolumidade das pessoas e do patrimônio.	PI, MG, ES
Junho de 2005	Portaria nº 41-SEF, de 14 de junho de 2005	Desvincula administrativamente o Centro de Instrução de Operações de Garantia da Lei e da Ordem do Comando da 11ª Brigada de Infantaria Leve — Garantia da Lei e da Ordem, vinculando-o ao 13º Regimento de Cavalaria Mecanizado.	
Junho de 2005	Decreto nº 5.484, de 30 de junho de 2005.	Aprova a Política de Defesa Nacional, e dá outras providências.	
Fevereiro de 2005	Operação Pará	Contribuir com as polícias Federal, Militar e Civil no estado do Pará.	PA
Abril de 2006	Operação Surumuru	Contribuir com os órgãos governamentais para a segurança pública no estado de Roraima.	RR
Setembro de 2006	Operação Iguatemi	Contribuir para a ordem pública no estado do Mato Grosso do Sul.	MS
Janeiro de 2007	Operação Entorno	Contribuir para a preservação da ordem pública e da incolumidade das pessoas e do patrimônio, na cidade do Rio de Janeiro e nos municípios vizinhos.	RJ
Dezembro de 2008	Decreto nº 6.703, de 18 de dezembro de 2008	Aprova a Estratégia Nacional de Defesa, e dá outras providências.	
Agosto de 2010	Lei Complementar nº 136, de 25 de agosto de 2010	Altera a Lei Complementar nº 97, de 9 de junho de 1999, que dispõe sobre as normas gerais para a organização, o preparo e o emprego das Forças Armadas, para criar o Estado-Maior Conjunto das Forças Armadas e disciplinar as atribuições do ministro de Estado da Defesa.	

Data	Eventos	Mandato da operação / disposição legal / determinação legal / finalidade da operação / ementa do documento	Jurisdição da operação
Setembro de 2010	Portaria nº 1.429/MD, de 6 de setembro de 2010	Estabelece diretrizes para o Estado-Maior Conjunto das Forças Armadas.	
Novembro de 2010-julho de 2012	Operação Arcanjo (complexos da Penha e Alemão)	Contribuir com os órgãos de segurança pública do estado do Rio de Janeiro.	RJ
Novembro-dezembro de 2012	OPGLO de greve de Polícia Militar	Restabelecer a ordem e garantir a incolumidade de patrimônio durante a greve de policiais.	MA, RO, CE
Janeiro-fevereiro de 2012	OPGLO de greve de Polícia Militar	Restabelecer a ordem e garantir a incolumidade de patrimônio durante a greve de policiais.	CE, BA
Junho de 2012	RIO +20	Contribuir para a segurança pública por ocasião de grande evento.	RJ
Setembro de 2013	Decreto nº 8.098, de 4 de setembro de 2013	Altera a natureza da 4ª Brigada de Infantaria Motorizada e da 15ª Brigada de Infantaria Motorizada e a denominação da 11ª Brigada de Infantaria Leve — Garantia da Lei e da Ordem.	
Junho-julho de 2013 a maio-julho 2014	Copa das Confederações e Copa do Mundo Fifa 2014	Contribuir para a segurança pública por ocasião de grande evento.	Todo o território nacional
Janeiro de 2014	Portaria Normativa nº 186/MD, de 31 de janeiro de 2014*	Dispõe sobre a publicação "Garantia da Lei e da Ordem".	
Abril de 2014	Orientação Normativa nº 1/Conjur/MD, de 16 de abril de 2014	Atribui à Coordenação-Geral de Direito Administrativo e Militar da Consultoria Jurídica junto ao Ministério da Defesa o serviço de acompanhamento jurídico em apoio às operações militares decorrentes do emprego temporário das Forças Armadas em ações de Garantia da Lei e da Ordem destinadas à preservação da ordem pública e incolumidade das pessoas e do patrimônio, nas comunidades do Complexo da Maré, na cidade do Rio de Janeiro.	

Data	Eventos	Mandato da operação / disposição legal / determinação legal / finalidade da operação / ementa do documento	Jurisdição da operação
Abril-maio de 2014	OPGLO de greve de Polícia Militar	Restabelecer a ordem e garantir a incolumidade de patrimônio durante a greve de policiais.	BA, PE
Fevereiro-julho de 2014	Operações Ilhéus	Contribuir para a ordem pública na região sul do estado da Bahia.	BA
2013 / 2014 (reedição)	Manual de GLO	Manual das OpGLO de acordo com as diretrizes do Ministério da Defesa.	
Abril de 2014-junho de 2015	Operação São Francisco (Complexo da Maré)	Contribuir para a preservação da ordem pública e da incolumidade das pessoas e do patrimônio.	RJ
Janeiro de 2015	Portaria nº 005/ EME, de 5 de janeiro de 2015**	Aprova o Manual de Campanha EB20-MC-10.217 Operações de Pacificação, 1ª edição, 2015.	
Setembro-outubro de 2015	Operações Dourados	Contribuir para a Garantia da Lei e da Ordem no estado de Mato Grosso do Sul.	MS
Maio de 2016	Decreto nº 8.733, de 2 de maio de 2016	Regulamenta a gratificação de representação de que trata a Medida Provisória nº 2.215-10, de 31 de agosto de 2001.	
Dezembro de 2016	Operação Pernambuco	Contribuir para a segurança pública no estado de Pernambuco durante a greve de policiais.	PE
Julho-setembro de 2016	Jogos Olímpicos e Paralímpicos 2016	Contribuir para a segurança pública por ocasião de grande evento.	RJ, MG, DF, AM, BA, SP
Agosto de 2016	Operação Potiguar	Contribuir para a preservação da ordem pública e da incolumidade das pessoas e do patrimônio, na Região Metropolitana do município de Natal (RN).	RN
Outubro de 2017	Lei nº 13.491, de 13 de outubro de 2017	Altera o Decreto-Lei nº 1.001, de 21 de outubro de 1969 — Código Penal Militar.	

Data	Eventos	Mandato da operação / disposição legal / determinação legal / finalidade da operação / ementa do documento	Jurisdição da operação
Janeiro de 2017-janeiro de 2018	Operação Varredura	Contribuir para a realização de inspeções em presídios.	Todo o território nacional
2017-2018	Rio de Janeiro (intervenção federal)	Contribuir para a preservação da ordem pública e da incolumidade das pessoas e do patrimônio, no estado do Rio de Janeiro, em apoio ao Plano Nacional de Segurança Pública, fase Rio de Janeiro.	RJ
Fevereiro-março de 2017	Operação Capixaba	Contribuir para a segurança pública no estado do Espírito Santo diante da greve da Polícia Militar.	ES
Janeiro de 2017	Operação Potiguar II	Preservar a ordem pública e a incolumidade das pessoas e do patrimônio na Região Metropolitana do município de Natal (RN).	RN
Fevereiro de 2017	Operação Carioca	Contribuir para a preservação da ordem pública, da incolumidade das pessoas e do patrimônio, na Região Metropolitana do município do Rio de Janeiro (RJ).	RJ
Maio de 2017	Operação Esplanada	Garantir a integridade patrimonial das instalações dos ministérios e de outros órgãos públicos, na Esplanada dos Ministérios.	DF
Fevereiro-dezembro de 2018	Intervenção federal no Rio de Janeiro	Pôr termo ao grave comprometimento da ordem pública no estado do Rio de Janeiro.	RJ
Novembro de 2018	Portaria nº 146/ Coter, de 27 de novembro de 2018	Aprova o Manual de Campanha EB70-MC-10.242 Operação de Garantia da Lei e da Ordem, 1ª edição, 2018, e dá outras providências.	
Maio-junho 2018	Operação São Cristóvão	Contribuir para a preservação da ordem pública e da incolumidade das pessoas e do patrimônio.	Todo o território nacional (greve dos caminhoneiros)

Data	Eventos	Mandato da operação / disposição legal / determinação legal / finalidade da operação / ementa do documento	Jurisdição da operação
Agosto de 2019	Portaria nº 3.576/ GM-MD, de 23 de agosto de 2019	Aprovar a diretriz ministerial nº 15/2019, que regula o emprego das Forças Armadas, sob a coordenação do Ministério da Defesa, na Garantia da Lei e da Ordem (GLO) e para ações subsidiárias, em articulação com os órgãos de segurança pública e com os órgãos e entidades públicas de proteção ambiental, na forma do anexo a esta portaria.	
Setembro de 2019	Portaria nº 3.929/ GM-MD, de 20 de setembro de 2019	Aprova a diretriz ministerial nº 16/2019, de 20 de setembro de 2019, que regula o emprego das Forças Armadas, sob a coordenação do Ministério da Defesa, na Garantia da Lei e da Ordem (GLO) e para ações subsidiárias, em articulação com os órgãos de segurança pública e com os órgãos e entidades públicos de proteção ambiental.	
Fevereiro-março de 2019	Operação Tranca Forte	Proteção do perímetro de segurança das penitenciárias federais em Mossoró e em Porto Velho.	RN, RO
Fevereiro-março de 2020	Operação Mandacaru	Restabelecer a ordem e garantir a incolumidade de patrimônio durante a greve de policiais.	CE
Fevereiro-maio de 2020	Operação Cérbero	Proteção do perímetro externo da penitenciária federal em Brasília (DF).	DF
Dezembro de 2021	Portaria nº 623/—EME/C EX, de 24 dezembro 2021	Aprova a diretriz de implantação do projeto de transformação do Centro de Instrução de Operações de Garantia da Lei e da Ordem para Centro de Instrução de Operações Urbanas, no 28º Batalhão de Infantaria Leve (Campinas-SP) (EB20-D- 03.055).	

* Revoga a Portaria Normativa 3.461, de 19 de dezembro de 2013.

** Revogado pela Portaria nº 326/EME, de 31 de outubro de 2019.

Fontes: <www.gov.br/defesa/pt-br/assuntos/exercicios-e-operacoes/garantia-da-lei-e-da-ordem>; <https://bdex.eb.mil.br/jspui/>; <https://legislacao.presidencia.gov.br>.

General Roberto Jugurtha Camara Senna

Roberto Jugurtha Camara Senna é general de exército e nasceu em 13 de junho de 1942. Estudou no Colégio Militar do Rio de 1953 a 1956, na Escola Preparatória de Cadetes de São Paulo (EPSP) de 1957 a 1958 e na Escola Preparatória de Cadetes do Exército (EsPCEx) em 1959. Formou-se oficial do Exército, da arma de Artilharia, em 1962, na Academia Militar das Agulhas Negras (Aman). Cursou a Escola de Aperfeiçoamento de Oficiais (EsAO) em 1973 e a Escola de Comando e Estado-Maior do Exército (Eceme) de 1977 a 1978. Realizou uma pós-graduação *lato sensu* em administração financeira no Centro de Pesquisas Educacionais e Recursos Humanos do Centro Universitário Una, em Salvador (1980), e na Pontifícia Universidade Católica do Rio de Janeiro (PUC-Rio, 1988). No exterior, realizou o curso avançado de Artilharia em Fort Sill nos Estados Unidos (1976) e o curso de Altos Estudos Militares na Escola de Comando e Estado-Maior do Peru, entre 1986 e 1987. Foi um dos criadores da Seção de Instrução Especial (SIEsp) na Aman, em 1967, e um dos organizadores do Curso de Política, Estratégia e Alta Administração do Exército (CPEAEx), que começou a funcionar em 1988. Foi coordenador de Segurança da Conferência das Nações Unidas sobre o Meio Ambiente e o Desenvolvimento no Rio de Janeiro em 1992 e coordenou a Operação Rio em 1994. Foi comandante militar do Nordeste de 2003 a 2004 e do Comando de Operações Terrestres (Coter) de 2004 a 2006. É consultor de empresas nacionais e estrangeiras na área de defesa e diretor da Camara Senna Ltda.

Entrevista realizada por Celso Castro, Adriana Marques, Verônica Azzi e Igor Acácio em 12/4/2021.

O senhor participou da segurança da Eco-92, o primeiro emprego das Forças Armadas, com um efetivo grande, em ações de segurança pública. Como foi sua experiência?
Eu servia, nessa ocasião, no CML, na área de planejamento. A missão, inicialmente, não era do Exército, mas sei que, no final, o planejamento que fizeram não satisfez as autoridades de uma maneira geral e foi então solicitado ao Exército, com um mês de antecedência, entrar e fazer tudo aquilo que eles não tinham feito em mais de um ano. Depois dos governos militares, o Exército voltou aos quartéis. Essa foi a primeira, vamos dizer, reentrada do Exército na rua. Então, todo o CML foi envolvido nesse planejamento. Nessa oportunidade, dentro do planejamento global, recebi o encargo de fazer toda a segurança do evento, que era no Riocentro e adjacências. Outros oficiais pegaram outras áreas, mas peguei a essência da reunião, a parte mais importante, que era toda a coordenação de toda a parte de segurança do Riocentro. Envolvia Itamaraty, Polícia Federal, Polícia Civil, envolvia uma série de outros órgãos. Coube ao CML a coordenação das operações. Não vamos chamar de chefia, porque não havia uma subordinação formal. Na realidade, nós coordenávamos tudo isso.

Foi uma experiência fantástica, porque, na realidade, foi a base que eu tive para poder trabalhar, depois, na Operação Rio. Consegui montar essa operação, coordenar tudo, sem ter uma linha de comando estabelecida, com um cumprindo a ordem do outro. Todo mundo estava envolvido na solução do problema. Com a liderança do Exército, conseguimos fazer um evento que foi exemplo para o mundo inteiro. Tenho a impressão de que o resultado foi um evento dos mais bem planejados e seguros que ocorreram. Estiveram presentes 136 chefes de Estado. Eu era coordenador, tive de tomar decisões muito difíceis, em que o pessoal fica olhando para você, você tem de decidir. Tenho até um livro, em que conto esse fato.[4]

Vou dar um exemplo. Teve um determinado momento em que veio um pessoal da segurança do Riocentro e disse que tinham telefonado com uma ameaça de bomba. Eu ficava numa parte mais alta, envidraçada, com o pessoal todo da coordenação, olhando ali. Tinha não sei quantas mil pessoas, delegações de todos os países. Ia haver uma reunião de chefes de Estado. Conto isso porque, às vezes, a gente tem de tomar decisões e é difícil; fica no teu ombro, e você tem de decidir mesmo. Foi uma das maiores experiências e mais difíceis decisões que tive de

---

[4] SENNA, Roberto Jugurtha Camara. *Grandes desafios, decisões difíceis e riscos*: "recortes" de uma vida no Exército brasileiro. 50 anos de serviço (1957/2006). Itajubá, MG: Ed. do autor, 2020.

tomar. Mandei o pessoal, então, vasculhar toda a área, para ver se realmente havia alguma coisa. Um pessoal especializado, equipe do Exército, Marinha, Polícia Civil etc. Correram tudo. Voltaram e disseram: "Não vimos nada, mas não podemos assegurar que não tenha alguma coisa aí". Aí eu disse assim: "E agora? O que vocês aconselham?". E o pessoal: "Não, não posso assumir nada, estamos apenas relatando ao senhor a situação". Perguntei ao segundo, a mesma coisa, ao terceiro... Quer dizer, ninguém assumiu responsabilidade de evacuar a área. O que até hoje estaria sendo comentado. Tive de tomar uma decisão, que era a seguinte: evacuar o Riocentro, com não sei quantas mil pessoas lá dentro, e o risco que isso teria, ou então deixar funcionar e ignorar, porque havia um grau de confiança na equipe que tinha feito o vasculhamento de área. Eu disse assim: "Podem sair...". Mas que situação chata, porque eu vou ter que decidir isso aí. Ou evacua o Riocentro, isso vai ser comentado por anos, ou então assumia o risco. Eu disse assim: "Se acontecer, já saio correndo e entro no mato lá". Porque não tinha justificativa, vamos dizer, para assumir esse risco. Não teve nada.

Eu tinha confiança no meu pessoal, nas equipes que fizeram a inspeção. Mas a decisão foi minha, e muito difícil, porque você assumia toda a responsabilidade por qualquer coisa que acontecesse futuramente. Saiu tudo em ordem. E 136 chefes de Estado fizeram uma grande fotografia. Fiquei com receio, na hora da fotografia, que era a hora crítica — aí, acabou a fotografia, desceram todos, saíram, respirei fundo, disse assim: "Puxa vida. Consegui evitar um transtorno muito grande em todo o evento". Mas foi uma primeira experiência, vamos dizer, de trabalho integrado. Você ter de decidir não só na área militar, você ter de decidir com outras forças. Eu era coronel, na época, não era nem general. Nem levei esse problema ao escalão de cima, porque ele não tinha todos os elementos para tomar decisão. Mas foi uma experiência fantástica. E uma decisão, talvez, das mais difíceis que tive que tomar na minha vida militar.

O senhor mencionou que essa era uma operação interagências, com uma coordenação do Exército. Mas, na hora H, o senhor teve de decidir. Havia essa coordenação, mas...

Porque cabia ao Exército a coordenação geral, quer dizer, a última palavra. Houve um acordo de cavalheiros, vamos dizer, de todas as instituições, e a liderança estava com o Exército. Então, não houve nem muito... vamos dizer, respaldo legal, na época; não tinha uma legislação, não tinha uma doutrina, nada disso. Acertaram que a liderança seria do Exército. Então, cada um dos oficiais da seção de planejamento ocupa uma área: um a segurança do Riocentro, outro a segurança de aeroportos etc. Peguei o abacaxi grande, que era a segurança do Riocentro.

Não havia ainda uma doutrina e um treinamento específicos para ações de GLO. O que havia na época? Os senhores tiveram algum treinamento especial? Era o bom senso da caserna, da formação?

Era muito bom senso, a verdade é essa. Primeiro, não estávamos fazendo uma operação numa situação de conflito, como aconteceu na Operação Rio, dois anos depois. Então era uma missão tipicamente de paz, de presença de autoridade, de presença do Estado em todo o Rio de Janeiro. E saturamos a cidade de tropa. Houve algumas brincadeiras e até críticas. Sempre tem. Aquela fotografia do blindado na frente da Rocinha rodou. Mas não tinha nada a ver com a Rocinha. Nós estávamos fazendo presença em todo o estado, para demonstrar que havia um nível de segurança. Não tivemos um único incidente, durante todo o tempo. Ficamos duas semanas, mais ou menos, tendo de acompanhar chefes de Estado em deslocamentos, às vezes, até turísticos.

Foi uma operação muito bem montada. Não existia, na época, o conceito de interagências. Ele surgiu em consequência. A verdade é a seguinte: foi a primeira saída do Exército para as ruas do Rio de Janeiro numa operação. Então, não tinha muito doutrina, valeu muito a experiência de todo mundo. Fizemos muitas reuniões. E saiu tudo direitinho. Não tivemos problema. O adestramento, nós já tínhamos. O Exército já tinha esse adestramento, para situação de paz, e não de guerra. Situação de guerra seria um pouco mais complicado. Mas esse tipo de presença, estar presente nas ruas, fazer alguma *blitz* junto com a polícia, inclusive, facilitou muito, porque ter a polícia junto da gente facilita muito essa ação. Então, realmente, foi um sucesso. Saímos de lá elogiados por todos e com a imagem do Exército lá em cima. Mudou um pouco aquela ideia do Exército do governo militar, não sei o quê. E aprendemos muito. A consequência veio depois, que foi a Operação Rio. Já me escolheram pela experiência que tive lá no Riocentro. Na hora de pegar um para coordenar, me pegaram, porque eu tinha essa experiência do trabalho interagências. Isso é que foi, acho, o ponto mais forte, o fator preponderante para essa minha escolha. Em 1994, eu tinha saído general, em março, e esse evento já foi no final do ano. Foi outubro. Começou a esquentar, novembro... E aí entramos na Operação Rio.

O senhor estava servindo onde?

Estava na Vila Militar do Rio de Janeiro, era comandante da Artilharia Divisionária. E era até o general mais moderno. Havia generais de divisão, tinha general de brigada antigão... Me pegaram, acredito, em virtude da experiência que tive lá no Riocentro.

Mas aí já era uma operação de natureza e complexidade diferentes.
Correto. Totalmente diferente.

No governo do estado estava o Nilo Batista; o Brizola tinha se afastado. Como foi o relacionamento com o governo do estado?
O relacionamento foi bom. Foi profissional. Mas era difícil. Porque a gente estava... Não era uma intervenção federal. Foi um acordo, mas com uma certa pressão por parte do governo Itamar sobre o estado do Rio, e fizeram esse acerto, essa parceria, de que eles deixavam o Exército entrar. A verdade é essa. Agora, o problema é que o Rio, nessa ocasião, era uma outra situação. Estamos falando de mais de 25 anos atrás. Foi exatamente quando os traficantes, o crime organizado, começaram a ter um armamento de guerra, bem mais pesado do que o da Polícia Militar, e começaram a dominar áreas, a dominar a população, a dominar o comércio, isso que é hoje. Mas, naquela época, foi um choque muito grande. Hoje, todo mundo encara até com uma certa naturalidade. Mas aquilo, na ocasião, foi um impacto muito grande. A polícia tentava entrar nos morros e era rechaçada por armamento muito mais potente.

Dizia-se que a polícia era proibida de entrar em favelas. Isso é verdade?
É verdade. E esse agravamento, vamos dizer, foi justamente por isso, porque o governo Brizola, por motivos que não interessam aqui, proibiu a entrada da polícia na favela; então, criou todas as condições para acontecer isso, que começou naquela época, e que tem até hoje: armamentos, controle da população, controle da economia local e tudo isso. Foi muito consequência dessa permissividade, vamos dizer, do governo Brizola na ocasião. Essa foi a dificuldade, porque a gente estava fazendo a ação sem ser uma intervenção, então tinha que ter muito jogo de cintura, vamos dizer, para poder gerenciar isso sem criar um conflito com o estado. O Nilo Batista era um advogado criminalista, tinha escritório. Uma situação complicada, nessa época. Mas conseguimos levar bem o problema. Eles nos auxiliaram colocando algumas tropas à nossa disposição, como o Bope, o Batalhão de Choque e alguns elementos mais de polícia local, inclusive no local onde era feita a operação. A vida na cidade continuava normal. Quer dizer, eu estava com a missão, mas não assumi a coordenação das polícias, para as atividades normais da cidade. Para cada uma das operações, o Bope passava ao meu controle operacional — não era subordinação. E também o Batalhão de Choque, o Batalhão da Aeronáutica e o Batalhão de Fuzileiros Navais.

Não havia ainda um arcabouço, um respaldo jurídico específico para essas ações, na época.
Não tinha. Inclusive tem um fato interessante: quando recebi a missão do ministro do Exército, alguém da assessoria jurídica do gabinete me procurou, me perguntando como é que eu ia fazer, porque não tinha legislação, respaldo legal nenhum. Eu disse assim: “Não quero saber de respaldo; me deram a missão, eu vou cumprir. O respaldo é problema do comandante, eu vou cumprir a missão”. Ele saiu até meio de cabeça baixa, mas era o que ele podia fazer na ocasião, me alertar de que não havia. Mas isso foi muito bom, porque permitiu que tudo que eu fizesse estivesse subentendido: aquilo não era uma ordem, o que a gente tinha que sacar muito era a participação, um trabalho de parceria, vamos dizer, de todo o pessoal, querendo resolver o problema do Rio de Janeiro. Talvez a grande bandeira fosse essa. Era a hora de buscar melhorar a situação na cidade do Rio de Janeiro.

Além de trabalhar com a polícia, o senhor também trabalhou com os fuzileiros navais e com a Infantaria da Aeronáutica. Isso foi inédito também, desde o final do regime militar?
Foi. E foi difícil também, porque eles não passaram a se subordinar ao Exército. Era a vontade de participar, não era ordem. Isso é que foi, vamos dizer, a grande bandeira de tudo. Fazíamos as reuniões, fazíamos um planejamento, todo planejamento era assinado por um general quatro estrelas, que era o comandante militar do Leste. Havia um centro de operações que foi montado lá no CML, em que estavam oficiais fuzileiros, oficiais da Aeronáutica, Polícia Federal, Polícia Civil, Polícia Militar. E a gente ia planejando. Eu sentia que a gente tinha uma liderança muito grande em cima deles, pelo fato de ser o Exército. Eu não podia dar ordem direta, vamos dizer, a um fuzileiro naval: “Você vai fazer isso e aquilo”. Às vezes, falavam: “Me dá cinco minutos, vou consultar meu comandante”. Então, tinha um acerto, vamos dizer, que a gente ia conduzindo com diplomacia, e nunca tivemos nenhum problema de divergências, de conflitos, qualquer coisa, com todo o pessoal que participou da operação.

Houve uma preparação específica para a Operação Rio?
Houve, sim. Recebi a missão, se não me engano, em outubro, mais ou menos. Quando comecei a fazer o planejamento, sentia que nós tínhamos que fazer coisas que a tropa não estava acostumada a fazer no seu adestramento normal. Teve um fato interessante. Peguei uma companhia de um batalhão, para fazer um teste.

Fomos para Gericinó. Criei uma situação de umas casas que estariam tomadas por traficantes, e disse assim: "Quero ver como vocês resolvem". Eu queria avaliar como é que estava o adestramento. Aí o tenente ou o capitão: "Está bem, general, deixa comigo!". Ele ficou assim uns 10 minutos; daí a pouco, pegou o megafone e foi fazer uma negociação. "Atenção, vocês que estão aí. Vocês estão cercados. Vou dar cinco minutos para vocês saírem com a mão na cabeça; caso contrário, vão morrer todos". Mas que negociação é essa?! Dá cinco minutos, não negocia coisa nenhuma, e depois diz que ia abrir fogo em cima deles... Eu disse assim: "Para, para o adestramento! Está tudo errado. Vem aqui". Aí é que percebi que realmente a tropa estava adestrada, preponderantemente, para operações de guerra, principalmente para um paraquedista, que é das Forças Especiais. Nós atrasamos a entrada em operações por uns 20 dias mais ou menos, porque havia necessidade de adaptar aquele conhecimento que se tinha de ocupações, de combate, com negociação: só pode atirar se o cara apontar para você; e se tiver uma arma, não pode abater... Aquelas regras que existem até hoje. Você está com um fuzil em cima de uma laje, é até fácil, você elimina o cara; o cara está ali com uma arma de guerra, ele não está ali brincando, ele está ali para usar essa arma, para matar, para fazer e acontecer. É uma arma de uso proibido. E com granada, isso e aquilo. Mas você só pode abater se ele olhar para você, atirar, e coisas desse tipo — que a gente é obrigado a fazer, mas não engole.

Hoje existe uma elaboração muito grande sobre essas regras de engajamento. Na época, de onde vinha isso? Assim pode, assim não pode? Era bom senso também, ou vinha de alguma instância?
Não tinha muita experiência. Regra de engajamento, acho que ela nasceu depois. Naquela época, tinha outro nome. Era uma orientação, normas de ação. Não tinha esse conceito aí, de regra de engajamento. Ela surgiu muito em consequência. Essa operação, sim, foi a primeira entrada do Exército em operações de grande porte em áreas urbanas, contra o crime organizado. Foi alguma coisa de inédito. Não tinha experiência anterior. Era uma preocupação muito grande, porque o adestramento deles era: se o outro lado está com arma na mão, é inimigo, manda bala; mas aqui não, não pode fazer isso. Então, essas regras tinham de ser estabelecidas. Por isso é que nós perdemos uns 20 dias para botar na cabeça do pessoal, dos comandantes de pelotão, esse tipo de conduta.

Hoje, na Aman, os cadetes já têm treinamento de GLO. No seu tempo de Aman, 1960, 61, 62, ou na EsAO, ou na Eceme, o senhor tinha alguma discussão ou treinamento sobre a eventualidade de agir no espaço urbano?
Não. Tinha a guerra convencional, que era aquela com aviação bombardeando, canhão, com tiro etc., essa guerra dos filmes aí. Naquela época também já tinha operações contraguerrilha. Havia esses dois tipos. Mas essa contraguerrilha era, ainda, com muita influência da época. Foi na época do Vietnã, então não havia muito o trato com a população, era só operação para cercar, capturar ou eliminar os guerrilheiros. Essa era a instrução que a gente tinha na Aman. Com a Operação Rio, e principalmente com a experiência do Exército em forças de paz, aí a gente trabalhava integrado à ONU, com toda a experiência internacional e de décadas, e das regras de engajamento, de controle de população, de operações psicológicas, uma série de ações envolvendo também a população, até como parte mais importante. Esse trato com a população é fundamental. O Exército não tinha. Mas hoje ele está muito bem-preparado. Ganhamos experiência com as operações de paz, primeiro em Suez, depois em São Domingos, Angola, Moçambique, Timor-Leste, todas com sucesso; depois veio o Haiti. Os nossos oficiais começaram a ser muito valorizados pela ONU e começaram a ser chamados para serem observadores da ONU, sem tropa. A experiência que nós recolhemos, as chamadas "lições apreendidas", foram fantásticas. O adestramento, tudo isso. Hoje a tropa está muito bem-preparada para esse tipo de interação. Evoluiu, vamos dizer, com 1992, Operação Rio, depois as forças de paz, e teve aquela grande intervenção no Rio de Janeiro, do general Braga Netto, e a partir daí o Exército, realmente, está preparado e adestrado para esse tipo de operação. Acho que hoje, inclusive, o adestramento é mais forte, a parte de operações interagências, operações urbanas e crime organizado, do que aquela operação da guerra convencional.

O senhor mencionou essa experiência adquirida nas missões de paz. Mas, no caso da Operação Rio, isso já era convertido em experiência, ou o senhor está falando de uma época posterior?
Em 1994, não, não tinha. Mas a verdade é a seguinte: a formação de nossos oficiais na Academia Militar, na Escola de Aperfeiçoamento, na Escola de Comando e Estado-Maior tem uma bagagem muito grande, que não precisa ter as regrinhas todas. Com muito bom senso e alguma experiência anterior, os problemas são resolvidos. É difícil a gente treinar tudo que possa acontecer. Hoje, inclusive, a doutrina mudou. É uma doutrina de que a guerra em si não é só nós e o inimigo; é

a guerra sob aspectos econômicos, políticos, militares, psicossociais. A formação nossa é muito boa, o que permite, vamos dizer, a solução de qualquer problema que venha pela frente, porque cada um é diferente do outro. Não adianta querer já se preparar para tudo, porque o que vem é diferente. Então, tem de ter um adestramento básico muito bom, um time de oficiais de alto nível, bem-preparado, e seja o que Deus quiser. Estamos preparados para qualquer negócio. Já estou aposentado há 13 anos, eu falo com a referência que tenho daquela época. Hoje, tenho segurança de que está melhor do que estou imaginando.

Havia uma doutrina para a guerra convencional, outra para a contrainsurgência, mas não havia uma doutrina para essa situação que o senhor teve de enfrentar, de lidar com a segurança pública. Mas aí, o senhor falou, vocês tinham operações psicológicas. Depois isso se aperfeiçoou para essas situações, que não são situações nem de contrainsurgência, nem de guerra convencional. Como os senhores estavam ali numa situação que era inédita, foi possível adaptar alguma coisa dessas experiências? De onde os senhores foram tirando as referências para essa situação? Além da questão do bom senso, que o senhor já colocou.
Usava tudo isso, vamos dizer... Primeiro, a gente tinha o assessoramento, quer dizer, foi um trabalho, um planejamento de uma equipe escolhida a dedo, muitos deles instrutores da Eceme, e já com experiência em operações de paz e outras situações, então cada um ia trazendo. Nós usamos o pessoal especializado das várias áreas, para poder, então, fazer um planejamento integrado que atendesse. Por exemplo, a gente nunca deu bola para a imprensa. Você montava a operação, e a imprensa você cercava e deixava de fora. A imprensa não entra, porque atrapalha. Era um conceito anterior. Não tem como fugir disso. Hoje, você tem de administrar a imprensa. Isso tudo foi planejado em pouco tempo. Mas nós tínhamos um assessoramento muito bom. Fora o pessoal da polícia, o pessoal da Polícia Federal, tudo isso. Ficamos aí uns 20 dias nesse planejamento e conseguimos juntar o *know-how* de cada um, o conhecimento técnico, para montar essa operação interagências, diferente de tudo, mas que usa... Na verdade, cada tipo de ação tem uma experienciazinha anterior. Uma é trato com a imprensa. Então, o pessoal de comunicação social sabia como lidar com essa turma. Tinha de integrar, também, helicópteros. Usamos muito. No morro do Alemão, nós fizemos um assalto — 16 helicópteros chegando, de cima para baixo. Ou seja, a experiência de cada um com a sua, na sua especialidade. Fizemos um planejamento integrado, com pessoal experiente, instrutores da Eceme, na sua maior parte. Gente com experiência no exterior. Cursos no exterior também. E aí saiu tudo direitinho.

O risco maior de uma operação de segurança pública é o que se chama de dano colateral, de haver mortos ou feridos na população civil, que até pode ser usada como escudo humano ou coisa do gênero. Outra questão é sobre a atuação de militares num papel antes restrito às forças policiais. Não é a missão principal das Forças Armadas, é uma ação secundária. Como isso era visto? Papel de polícia não é o papel nobre da profissão militar. O oficial do Exército é formado para uma situação de combate, tendo um inimigo. Já a polícia tem o combate, mas também uma certa convivência, vamos dizer assim, com o crime organizado. Você não vence o crime, você controla, diminui... Como é que o senhor analisa essas duas dimensões?

Primeiro: quando determinada ação era preponderantemente uma ação policial tradicional, nós tínhamos a polícia na mão. Nós tínhamos o Bope, tínhamos o Batalhão de Choque, e tinha a polícia local, daquela área mesmo. Então, as operações policiais tradicionais, elas continuaram com a polícia fazendo. O Exército entrava, menos o Exército, mais o Bope e fuzileiro naval, como tropa de choque mesmo, para dissuadir. Quando estava recebida a missão, quando eu estava concebendo a operação, cheguei à seguinte conclusão: a polícia vai com efetivos pequenos, com 20, 30 homens, e o bandido, lá de cima do morro, enfrenta, troca tiro. Esse tiro gera o quê? Bala perdida. Quem atira a esmo é o bandido, de maneira geral; mas qualquer bala perdida é sempre culpa da polícia. Então imaginei: o que é que faz a polícia? Ela vai de baixo para cima, chega com sirene ligada, desembarca e sai correndo rua acima; começa a sofrer tiro e a revidar etc. O pessoal, geralmente, está lá nas lajes, mais superior. Esse era o cenário que ocorria em uma operação policial normal, tradicional, na época. Eu tinha de fazer algo diferente. Não pode pegar um pelotão do Exército para botar para subir da rua principal, de baixo para cima, chegando com sirene e enfrentando, porque vai ter muito mais tiro, muito mais bala perdida.

Então, o conceito foi totalmente diferente. O morro do Alemão, nós cercamos com 6 mil homens e entramos com 6 mil homens. Então, eram 12 mil homens ocupando aquela área do Alemão. Não teve um tiro. Bandido não é louco de enfrentar uma tropa dessas. Então, quando você opera com efetivos muito superiores, há o aspecto da dissuasão. O bandido vê o cenário, sabe que já perdeu, esconde as armas e foge para o mato. Tem umas trilhazinhas lá, que ficam na mata; eles entram e fogem para lá, já tem zonas de reunião etc. Então, nós evitávamos essa entrada frontal. Fazia o cerco de toda a área, inclusive lá atrás. Havia equipes que se infiltravam pelas pedreiras ou pela mata, para ocupar posições nas rotas de fuga deles; bloqueios, emboscadas nas rotas de fuga. Então muitos deles eram capturados não ali na favela, mas numa trilha a 100, 200, 300 metros, naquelas elevações que existem lá na região. Então, entrava esse pessoal, geralmente à noite. Eram tropas mais especiais, se infiltravam pela mata, ocupavam essas posições e ficavam esperando. Quando chegava a tropa, helicóptero, isso e aquilo, o pessoal fugia. Aí era pego na... Pegamos muita gente.

E quanto à pergunta sobre a atuação como força policial?
Acho que já expliquei isso aí. O que era de policial, preponderantemente policial, a gente botava a polícia. E o Exército, o fuzileiro, paraquedista e Bope entravam como uma tropa de choque mesmo. Para não haver bala perdida, enfrentamento, a gente operava com grandes efetivos. Geralmente era uma brigada. Uma brigada tem da ordem de 3 mil homens, e ainda com reforço de fuzileiro, Bope e tal, da ordem de 3, 4 mil homens, em cada uma das favelas. Não tem quem enfrente uma tropa dessa. Então, o que é que eles faziam? Escondiam as armas e se homiziavam na população. Entravam até em casas de vizinhos.

Tinha uma coisa, que hoje não pode fazer, mas que consegui na ocasião. Era mandado de busca e apreensão. Hoje, tem que dar o endereço: viela tal, beco tal, número tal. Naquela ocasião, a gente chegava aleatoriamente em qualquer endereço dentro da favela, pegava cinco pontos — quatro e um central — não interessava o endereço, você botava lá um endereçozinho da área... E eles deram uma coisa, que foi o grande fator aí de êxito: "e adjacências". Cinco pontos e adjacências, você tinha uma cobertura de toda a área. Então você entrava em uma casa, com muita educação — isso foi bem orientado — batia na porta, pedia licença. O pessoal era muito bem recebido: "Podemos dar uma olhada na sua casa?". Aí olhava a casa, quintal etc. Porque há vários casos de bandido homiziado numa casa que ele nem conhecia. Os comandantes de pelotão, os tenentes, os sargentos, tinham uma relação no bolso dos que eram procurados naquela área. Tinha um centro de operações de inteligência que juntava a inteligência do Exército, Marinha, Aeronáutica, Polícia Federal, Polícia Civil, Polícia Militar. Então tinha a relação, a estrutura do crime organizado naquela área, os nomes — preferencialmente, nome, apelido e endereço —, e o pessoal entrava na casa, pedia a identidade do pessoal e se estivesse na relação, já levava para uma central de delegacias, que ficava na base do morro. Ali tinha: delegacia de menor, delegacia da mulher, delegacia de crime, Polícia Federal. Era um *pool* de delegacias. E iam descendo aquelas filas e sendo entregues lá na delegacia. De maneira geral, na média geral da operação, 70% dos nomes foram encontrados e foram levados à delegacia.

Uma visão comum a respeito das forças policiais, pelo menos hoje em dia, é de que são mais suscetíveis a vazamentos, infiltrações, pelo crime organizado. Nessa época, com a tropa que o senhor estava lidando, havia essa preocupação?
Havia sim. Na segunda operação que nós fizemos — no morro de São Carlos, se não me engano —, houve uma reunião preliminar, na véspera, com todo mundo. Foi distribuída a ordem de operações. Vazou. Não conseguimos. Entrou uma brigada, passou o dia inteiro, não pegou ninguém. Saiu à noite, foi embora, porque tinha vazado a operação. A partir daí, a gente dava um alerta para a tropa, até do Exército — porque tem soldado ali que é do morro, então ele conhece o fulano de tal... Então ficava todo mundo já pronto no quartel, de véspera. Dormia no quartel. Quando chegava lá pelas quatro horas da manhã, chegava a ordem, e não dava tempo. Tinha celular naquela época, mas não era com a difusão que tem hoje. Então nós passamos a ter um cuidado muito grande, para evitar vazamento da operação. Teve uma reunião que nós fizemos, uma das primeiras, em que a coisa vazou de dentro da reunião. Um delegado qualquer, alguém que participou, pegou o celular e falou lá com a comunidade. Então, a gente lançava na madrugada, porque o pessoal já ficava todo pronto, com o motor ligado, já tinha os guias, e aí partia. Então as ordens eram dadas em cima do laço. Os escalões mais altos, não. Mas quando chegasse ao soldado, à polícia, aí já tínhamos um cuidado muito grande. Porque vaza, sim.

O senhor mencionou um alto grau de sucesso em cumprir os mandados. Mas também mencionou, no seu livro, o fato de que uma coisa era pegar, prender e entregar na delegacia, mas depois tinha o inquérito, que tinha que seguir. E o senhor percebeu que as coisas não estavam andando. Quer dizer, podia-se alegar que os inquéritos eram inconsistentes, mal fundamentados, mas isso também podia ser visto como uma certa falta, vamos dizer, de interesse ou vontade. Como era? Uma coisa é a missão operacional, a outra é a missão judiciária.
Isso aí é uma realidade. E foi um fator, vamos dizer, do insucesso da operação como um todo. Porque a gente cumpria a nossa parte militar, que era entrar, pacificar, pegar o pessoal e ficar em condições. Pegava o armamento. Muita arma apreendida. A polícia, então, poderia voltar a entrar naquela comunidade. Mas o estado, na verdade, não queria tocar isso para frente. A verdade é essa. Então, a gente sentia que o governo do estado — o Brizola, o Nilo Batista — eles não... Dei uma titubeada porque estava na dúvida se falava isso ou não. Mas vou falar. Então, a gente sentia que, realmente, não havia uma vontade política de resolver

o problema, como não há até hoje. A parte militar da operação, ela teve, como falei, 70%, 75% de sucesso, que era a bandidagem que foi capturada e levada para as delegacias. Só que a Polícia Civil não tinha uma estrutura para tocar os inquéritos policiais. Era muito problema para pouca gente, e ainda sem muita motivação. Então, o que é que acontecia? A gente prendia: se fosse menor, já saía na hora. Ia para a delegacia, às vezes eles levavam para uma área e já soltavam. No levantamento, ele era traficante, ele era dono de ponto, já tinha enfrentado a polícia, tinha o nome já registrado. Só que não adianta, porque — depois é que fui descobrir isso — se não tiver a prova concreta, a delegacia solta. Se a delegacia não soltar, naquela audiência de custódia também solta.

Certo dia, um desembargador me liga: "General, tenho que confessar ao senhor que vou soltar o fulano de tal, que é o chefe do tráfico do morro do Dendê, na Ilha do Governador". Foi dos primeiros a ser preso. No primeiro ou segundo dia, o fuzileiro prendeu esse cara, que era o chefe do tráfico. "Vou ter que soltar." "Mas esse cara é chefe do tráfico!" E o desembargador: "General, eu sei, mas eu queria que o senhor viesse aqui para ver o que é que tem sobre ele. Onde é que tem documentos que provem que ele é o chefe do tráfico?". Aí tinha recorte de jornal dentro da pasta. A polícia tinha um recorte de jornal com o nome da pessoa, fotografia dele e tinha o registro do tenente que prendeu. Quer dizer, que inquérito é esse? Então, por falta de estrutura, não se conseguia botar o pessoal na cadeia. Botava quem estava devendo, foragido, condenado. Isso aí, o resultado foi bom. Mas o pessoal dos 70%, acho que nem 5% ficaram presos. O resto era liberado. Voltava para o morro. Dois meses depois de iniciada a operação, liguei para o general Mey,[5] o comandante militar do Leste, e falei: "General, está saindo pelo ralo esse negócio. Nós estamos fazendo o negócio direito, e a Justiça não tem uma estrutura para, realmente, botar esse pessoal na cadeia". Falta de estrutura, porque, realmente, era muito pouca gente para fazer os inquéritos e muito bandido preso ao mesmo tempo; e, segundo, era falta de interesse.

O senhor acha que foi isso que levou ao final da operação?

Foi isso. Eu fui o primeiro a falar que nós estamos fazendo papel de bobo nesse troço. Estamos operando direito, estamos prendendo, estamos pacificando a área, dando condição para a polícia entrar, retomar os espaços que foram ocupados por eles, a bandidagem toda presa, armamento apreendido, tudo isso, e a bandidagem

[5] General de exército Edson Alves Mey.

está sendo solta. [O sujeito] Ficava dois meses preso, naquela prisão provisória, ou preventiva, sei lá, mudou o nome, parece. É um mês, depois renova por mais um mês. Quando chegou no segundo mês, começaram [a soltar]. O primeiro a ser solto foi o chefe do tráfico do morro do Dendê. Foi quando telefonei: "Não dá mais. Nós não fazemos papel de bobo a partir de agora. O governo do estado não está ajudando, a legislação e a estrutura de Justiça não vão dar um resultado bom, e a gente vai trabalhar e a imagem do Exército começa a ficar...". Porque o pessoal: "Mas estão voltando, voltou o tráfico em tal morro, isso, aquilo". "Vamos sair fora dessa."

Então, se quiser dar uma nota, eu daria uns oito para a operação militar. Sempre tem uma coisa ou outra. E a parte da operação como um todo, como eficácia, como resultado final, dou quatro ou cinco. Por quê? Porque a gente faz, mas depois que sai o Exército, que a polícia deveria assumir o controle... Lembrem do início de tudo: a polícia não conseguia entrar. Então, a operação surgiu para pacificar a área e dar condições, restabelecer a ordem e a polícia entrar no morro. Fomos fazendo isso gradativamente, favela por favela. Quando a gente saía, a polícia não entrava. A gente deixava informante, para saber o que é que fizeram, se a polícia entrou, mas não voltava. Aí o bandido era solto, voltava, a arma que estava escondida ele recuperava, e sentimos que começou a voltar tudo ao que era.

O senhor mencionou o que se poderia chamar de um processo, também, de aprendizagem: o que funciona, como funciona, o que não funciona. Essa experiência que se adquiriu, o senhor, depois, teve alguma ação, vamos dizer, educativa ou formativa dentro do Exército? O senhor dava palestra sobre isso? Foi chamado a escrever alguma coisa sobre isso?
Por uma questão até de sorte, quando terminou a operação, já estava previsto, fui para Brasília, me botaram como chefe de Doutrina do Exército brasileiro. Fui para o Estado-Maior do Exército, na seção de Política, Estratégia, Doutrina, Amparo e Emprego da Força. Era uma superseção do Estado-Maior do Exército. Então levei esse negócio todo para lá. Transformamos isso em manuais, em palestras e orientações. Então, teve um resultado prático sim. Mas muita coisa não depende do Exército e se arrasta até hoje. Por exemplo, a legislação de porte de arma. Tem um pai de família que, para se defender, tem uma arma no porta-luvas: um ilícito, é crime. Está bem. Agora ele não pode ter o mesmo trato de um bandido com um AK-47 em cima de uma laje, fita de munição e granada de mão pendurada no peito. Se um deles é para se defender ou até para usar de forma errada, ele paga. Agora, um bandido — que não é um só, é um grupo — importa,

compra esse armamento, domina uma população, enfrenta a polícia e enfrenta o Estado... Nem as empresas públicas, de telefone, luz, gás, entram ali sem pagar o tributo a eles, isso aí não pode ter um trato... Se fosse um crime, um bandidozinho que... Isso aí, para mim, é guerrilha. Isso aí é coisa muito mais séria. Tem que ter um tratamento bem diferenciado. O sujeito que está com um fuzil AK-47, com munição e domina uma área não pode ser visto como um cidadão brasileiro armado. É algo mais.

Então, acho que deveria ter uma legislação mais específica, que desse respaldo a essas operações. Não admito, por exemplo, o sujeito ficar dando tiro, numa laje, e você, um *sniper*, por exemplo, não poder dar um tiro nele. Pode ser até que alguns de vocês discordem de mim, porque, afinal de contas, ele está com a arma, mas ele não ameaçou; ele, primeiro, tem de atirar. Mas já imaginou um policial que tenha que estar sempre... Antes de dar o primeiro tiro, tem que levar um. Esse cara fica numa situação de... sei lá. Como é que ele chega em casa, se cada dia ele está enfrentando uma situação dessas? Então acho que tem de ter uma legislação específica. Porque esse pessoal está ganhando a guerra. Cada vez está aumentando mais, cada vez o armamento vai melhorando, cada vez mais eles dominam a população, cada vez mais eles entram na política! São vereadores, deputados etc., que defendem os interesses deles.

A legislação não evoluiu muito daquela época para agora. Acho que teria de dar respaldo a esse tipo de operação. Uma outra coisa também é a maneira que acho que é adequada de essa força policial atuar no morro. Eu fiz de um jeito: botava 8 mil, 10 mil, 12 mil homens. Também não pode ser assim. Mas também não pode querer enfrentar com cinco, 10, numa esquina, trocando tiro. Acaba morrendo gente. Acho que a solução, e eles têm falado muito isso, é inteligência. Não adianta você capturar se não tiver prova, então o desejável é que as provas sejam colhidas antes, e depois você vai pegar o homem e levar para a delegacia. Hoje tem vídeo, tem missões de filmagem, você vê o cara armado, você vê o cara traficando, e tem drone, tem fulano de tal que está naquela laje, ele mora em tal lugar, você vai lá para prendê-lo! Você já vai especificamente naquele ponto, de madrugada, para fazer uma busca e captura dessa pessoa. Porque, senão, esse enfrentamento com armas, de um lado e do outro, cada vez mais sofisticadas, armamentos de potencial mais letal, vai levar mesmo a... com um tiro de fuzil, ele vara três casas dessas. Não fica na primeira parede, não. Ele fura a primeira, fura a segunda parede. Então, bala perdida é uma preocupação. Defendo muito que tem de ter inteligência. Tem de levantar nome, endereço e filmar o pessoal.

Filma de drone, filma de edifícios nas proximidades, levanta aqueles nomes, vê onde é que mora, para onde ele vai. Trabalho de um mês em cima daquele grupinho. Aí, num dia, faz a operação para pegar esse pessoal e, quando pega, já está lá o filmete, vídeo, tudo isso. Acho que seria uma solução mais adequada. É difícil, é cara, é mais trabalho. Mas acho que seria a solução.

O senhor falou da preocupação que havia com vazamento, no caso de operações. Havia uma preocupação, na época, de que o emprego das Forças Armadas nesse tipo de operação acabasse corrompendo a própria tropa? Na década de 1990 havia o contexto internacional também, da política externa norte-americana, de um engajamento maior das Forças Armadas latino-americanas no combate ao narcotráfico. Os senhores pensavam sobre isso nessa época, da consequência negativa que isso podia ter para o Exército? Havia essa discussão, uma preocupação, de emprego direto das tropas?
Essa preocupação sempre teve. Primeira coisa: quando tinha uma operação numa determinada região, num bairro onde tinha uma favela, a gente não levava soldado da área. Deixava no quartel e levava outros, para evitar de o soldado entrar na sua comunidade armado, porque ele estava morto: se não naquela hora, depois. Então nós tínhamos cuidado. Até hoje tem. Geralmente, se tem algum soldado, cabo ou sargento que mora naquele local onde vai ser a operação, ele faz um trabalho de retaguarda. Ele fica no quartel, vai para a logística etc., para evitar isso aí. Outro detalhe é que essa operação do Exército — falo mais do Exército, mas é das Forças Armadas — tem de ser episódica, não pode ser permanente. Tem de ser por tempo restrito e tem de ser em área restrita, justamente porque se demorar muito vai contaminar a tropa, sim. Outra coisa: o menor escalão que se emprega é o pelotão. O pelotão tem duas esquadras, mas trabalha à vista uma da outra. Então, sempre o soldado está enquadrado por um sargento; o sargento, pelo tenente; o tenente, pelo capitão. Por isso é diferente. Se soltar apenas dois soldados numa esquina, a vulnerabilidade é grande; todo dia eles estão naquele bairro, naquela esquina ou naquele local. A vulnerabilidade é muito maior para a polícia, nesse caso. No Exército, a gente evita isso, deixar o soldado atuar isoladamente. É sempre com comando enquadrante. O tempo inteiro se está dentro do escalonamento operacional militar. É o pelotão subordinado a uma companhia, a companhia ao batalhão, o batalhão à brigada, a brigada ao comando. Todo mundo enquadrado. Não tem ninguém solto. Ninguém opera solto. Nem em dupla. Geralmente são quatro ou cinco e tem um comandante. Sempre. Um comando, um cabo, um sargento para comandar. Essa é a forma de a gente evitar isso aí.

Outra coisa: a permanência. Naquela operação, a intervenção do Rio, que durou um ano e meio, se não me engano, já ultrapassava muito o desejável. Apesar de que eles revezam a tropa. Vai uma brigada, depois vai outra, justamente para evitar... Se ficar um ano naquela mesma área, o pessoal conhece o cara do botequim, conhece o da esquina, e já conhece fulano de tal, "meu amigo". Então, além desse enquadramento tem também a forma, pois você tem de fazer rodízio de unidades. Parece que veio até brigada de Minas Gerais, para operar no morro do Alemão, com o general Braga Netto, naquela intervenção que teve no Rio de Janeiro. Quer dizer, é uma preocupação muito grande, sim.

Na década de 1990, havia a política externa norte-americana que buscava envolver as Forças Armadas latino-americanas diretamente no combate ao narcotráfico e ao crime organizado, como no Peru, Colômbia, México. Havia alguma preocupação?...

Sempre há preocupação, porque tem esses movimentos, seja crime organizado, seja movimentos, vamos dizer, tipo guerrilha, ou algum movimento radical assim. A gente fica de olho, para evitar isso entrar aqui no Brasil. O pessoal de inteligência está sempre estudando o que está acontecendo nesses países. Temos adidos militares em todos esses países, que fazem o trabalho para evitar isso aí. Mas é muito difícil você controlar crime organizado na fronteira. Esses casos que têm acontecido aí com o Paraguai, até com o PCC, eles cada vez estão se estruturando melhor e tomando dimensão internacional. Isso é motivo de preocupação. Isso tem de ser revertido.

Defendo, por incrível que pareça, que a solução para a favela, prática, chama-se UPP. Não adianta a polícia entrar e sair, porque, no dia seguinte, o bandido assume novamente. Nem no dia seguinte. Saiu, ele reassume. Então você tem de ter a presença permanente do Estado. Não é a polícia subir o morro, entrar na favela. A polícia tem de estar no bairro, a polícia tem de estar lá, policiando tudo isso. A presença do Estado, com educação, com saúde, com segurança, com delegacia, com apoio social. Tem de ter toda uma estrutura de apoio. A concepção da UPP, no meu entender, foi muito boa; e deu certo na primeira, segunda, terceira, quarta. O que aconteceu? O Ibope deu voto: "Vamos fazer no Rio de Janeiro inteiro". Aí botava dois homens na UPP. Isso tem de ter uma estrutura grande. Não é só polícia. Conversei, no Rio de Janeiro, com motoristas de táxi e tudo. Eles estavam empolgadíssimos: "Agora subo na favela tal, vou lá em cima entregar o morador e não sei o quê". Então, deu uma sensação de segurança muito grande. E estava dando certo. Só que encheu o olho dos governadores, de uma maneira geral: "Vamos fazer UPP aos montes, dá voto". Aí foi uma desgraça geral, desmoralização total. Mas o conceito da UPP, acho que é a solução. O que é UPP? É Polícia Pacificadora? Tinha que ter um nome mais abrangente. É a presença do Estado, então tem que ter uma delegacia, tem que ter polícia, tem que ter saúde, educação, assistência social, tem que ter uma série de coisas, para melhorar a qualidade. Obras também: infraestrutura, saneamento básico e tudo isso. É o que vai resolver. Entrar a polícia, trocar tiro e sair não resolve o problema. Impunidade total. Mesmo que prenda, o bandido sabe que vai ser solto. Desse jeito, a guerra está sendo perdida. Tem de reverter essa situação, também com legislação, novas leis de segurança pública, reaparelhamento de polícia... Tem solução para isso aí. Mas não fazem nada.

Vamos falar um pouco da sua passagem pelo Estado-Maior do Exército. O senhor menciona no seu livro que participou da criação de mais de 40 manuais novos, nesse período. O senhor pode falar um pouco do teor desses manuais? Qual é a proporção desses manuais que tinha relação direta com GLO?
Foi desenvolvido, não só na parte de GLO, mas na chamada guerra convencional também, com novas doutrinas e tudo isso. O Exército tem muitos desses manuais de emprego, que é o que orienta a tropa. A instrução é dada no manual. Peguei tudo que eu tinha aprendido aí e botamos nos manuais principais, os manuais básicos. Começamos com bases para a doutrina militar, na parte de guerra convencional, de operações de paz. Então, realmente, foram muitos manuais. E continuam sendo feitos. Outro dia entrei, por curiosidade, e realmente a estrutura de manuais do Exército está fantástica. Muito melhor até do que quando eu estava lá. Melhorou muito também.

Um fato interessante também é que, logo depois da Operação Rio, fui para a Doutrina do Exército, e fui chamado a ir a Fort Leavenworth, nos Estados Unidos, em 1996. Primeiro houve uma reunião de caráter mais geral, e depois me pediram para ir para uma sala, queriam conversar comigo sobre a Operação Rio. Isso foi uns dois anos depois, mais ou menos. Tinha uma mesa redonda, com uns oito ou 10 lugares, e atrás tinha uma série de cadeiras. Tinha umas 20 pessoas lá. Era o pessoal do Centro de Doutrina do Exército americano, nessa parte de GLO deles. Não é a GLO tradicional, mas é mais voltado para GLO. Eu não estava nem preparado, disse que não tinha problema, que iria respondendo às perguntas. Fui bombardeado, mais ou menos, durante umas quatro a cinco horas, pelo pessoal mais "cobra" da doutrina do Exército americano voltada para ações tipo GLO. Teve, em Los Angeles, na Califórnia, um grande distúrbio civil, com saques, uma confusão tremenda.[6] Aí, o que acontece? Isso aparece até em filme: chega o cara do condado, aí mostra: "Sou do condado". Aí chega o cara do FBI, saca: "Sou do FBI". Aí vem o outro... Então, um vai se superpondo ao outro, e, na hora dessa operação, esse pessoal da doutrina me disse: "Nós o estamos chamando aqui porque soubemos do sucesso que teve essa operação, reunindo tropas federais, estaduais, Polícia Civil, Federal, e Rodoviária Federal. Soubemos que foi um sucesso essa operação, em termos de integração de comando e controle, e gostaríamos de saber como que isso foi feito lá". E eles bombardeando com pergunta daqui, pergunta dali, e eu explicando. Mas vejam como despertou a atenção, porque o americano não tinha experiência, não sabia, e acho que eles não sabem até hoje. Eles não sabem operar integrados. Cada um na sua área, um briga com o outro. Eles mesmos falaram: "Como é que vocês conseguiram botar todo mundo junto?". "Não sei. Deu vontade de resolver o problema. Todo mundo junto, participando. Uma vontade muito grande de resolver." Essa integração não foi porque estava escrito, a integração foi todo mundo com vontade de participar e resolver o problema. Então, expliquei tudo: como era o Centro de Coordenação e Controle, as operações, as ligações interagências, a parte de comunicações, como é que as ordens iam... Tudo azeitado, vamos dizer, para poder resolver esses problemas. Passei para o Exército americano todas essas experiências que nós tivemos. Eles agradeceram muito. Mas acho que não fizeram nada, porque qualquer problema que tenha hoje, é a mesma coisa: uma confusão, todo mundo quer mandar.

O senhor acha que essa intercomunicação entre as agências e a forma como a coordenação entre as forças ocorre no Brasil seria mais fácil pelo fato de a PM, no Brasil, ser uma polícia militar, enquanto em outros países não?
Sim. A existência da Polícia Militar estadual facilita muito. O Exército, para trabalhar como polícia tipo civil, seria muito mais difícil. Quando a gente trabalha com a Polícia Militar, tem um tenente, tem um capitão, tem um coronel, faz continência, o linguajar é o mesmo, então é muito mais fácil, na hora de eles entrarem, operarem

---

[6] Referência aos distúrbios civis ocorridos em Los Angeles (EUA) em 1992. Os eventos foram desencadeados quando um júri, em abril de 1992, absolveu policiais do Departamento de Polícia de Los Angeles da acusação de terem usado força excessiva contra Rodney King, um cidadão afro-americano. Com milhares de pessoas nas ruas, saques, confrontos e destruição de propriedade, a polícia não conseguiu suprimir os protestos e militares da Guarda Nacional e do Corpo de Fuzileiros Navais foram chamados para auxiliar no controle da situação. Ao longo de seis dias (29 de abril a 4 de maio), 63 pessoas foram mortas, 2.383 foram feridas e muitas foram presas.

junto com a gente. A existência da Polícia Militar facilita tremendamente essas operações. A maneira de ser dela é muito parecida com a nossa. Então, quando eles começam a operar com a gente, rapidamente as coisas se encaixam. E funciona muito bem. É muito diferente de uma Polícia Civil, de uma Polícia Federal. Aí tem de ter muito mais diplomacia na maneira de abordar. Acho que a existência da Polícia Militar é um fator de sucesso, que facilita muito. Acho que não seria uma boa solução a fusão das polícias. São duas coisas distintas. Uma é para investigação, que é a Polícia Civil, e a outra é a polícia preventiva, para presença e ações que exigem maior choque, coisas desse tipo. Então, não dá para juntar, não. A militar, ela tem que ser militar: hierarquia, disciplina. Se o soldado fizer alguma coisa errada, ele não vai para a Justiça, ele é punido na hora, dentro da corporação, com aquela punição administrativa. Isso gera uma disciplina e hierarquia muito maiores do que dentro, vamos dizer, da Polícia Civil. Então, para trabalhar com o Exército, é muito melhor trabalhar com a Polícia Militar do que com a Polícia Civil. Mas trabalhamos com os dois, porque um não pode deixar o outro, porque a investigação, a prova, a denúncia, é tudo feito pelo caminho da Polícia Civil.

O senhor poderia falar sobre a experiência de ter trabalhado na criação de um centro de instrução de operações especiais? E se a experiência que o senhor teve em GLO, depois criando manuais, influencia na sua criação, e se esse centro tem impacto, depois, no preparo operacional do Exército para esse tipo de operação?
Tive uma participação maior nesse assunto em dois momentos. Um foi dentro da Academia Militar, onde eu era instrutor, e houve um estudo para se criar um centro de operações especiais. Naquela época, havia uma dicotomia muito grande, o adestramento do cadete era voltado somente para a guerra convencional. Isso foi na segunda metade da década de 1960, e ainda estava recente a Segunda Guerra Mundial. Há uma tendência, sempre, de o sujeito se preparar para a guerra que passou, e muitas vezes não se pensa mais adiante. Mas quando ele saía formado oficial, a situação no Brasil estava longe de ser de guerra convencional. Aqui estava naquela fase de guerrilha, e muitas vezes o tenente era lançado, e não tinha o preparo adequado. Por outro lado, estava-se vivendo a guerra do Vietnã, e isso influenciava muito todo mundo aqui no Brasil — o jovem e o pessoal militar também —, com os conhecimentos, os aprendizados da guerra do Vietnã. Então resolveram montar na Aman um centro de instrução especial, o chamado SIEsp.[7]

[7] A Seção de Instrução Especial (SIEsp) foi criada na Aman em 1967 e existe até hoje.

Ele equilibrou o que era instrução mais convencional com a instrução de operações irregulares, contraguerrilha, guerra não convencional. Com instruções de sobrevivência – guerra na selva, em montanha, operações de helicópteros, operações aquáticas, ribeirinhas. Então, foram dadas instruções diferentes daquelas tradicionalmente dadas, mudou bem, modernizou.

Em 1966, fiz o curso de paraquedismo e o de comandos. Formamos a SIEsp em 1967. Fui quatro anos instrutor. O general Heleno foi meu aluno, o general Mourão foi meu aluno... O Braga Netto, não. Essa turma toda foi quase que pioneira lá da SIEsp, que mudou a cabeça do cadete na academia. Instruções que levavam ao limite, ao extremo da resistência, ao extremo da pressão psicológica. Era uma instrução muito rigorosa, o tenente tinha de estar preparado para isso. A gente não sabia o que é que ia acontecer com o país daí para frente.

E bem mais adiante, quando o senhor estava no Comando Militar do Nordeste, instalou o centro.

A mesma coisa. Resolvi criar lá, também, um Centro de Instrução Especial: CIEsp.[8] Com características um pouco diferentes, mas funcionou bem também. Foi muito bom. Não tínhamos dinheiro, fizemos com a vontade, com apoio do pessoal civil. Nesse CIEsp lá no Comando Militar do Nordeste, também dávamos esse tipo de instrução, mas bem mais leve do que aquela instrução de um cadete, que é para formar o tenente. A gente agora estava trabalhando com tropa, com soldado, cabo, sargento. Sempre defendi muito esse tipo de instrução. A gente começou com isso no Brasil em 1967, e tudo que a gente vê na televisão aí, hoje, de sobrevivência – "Largados e não sei o quê"[9] –, tudo isso – montanha, rapel, trilha, montanhismo –, tudo isso começou com a gente lá. Não tinha nada disso no Brasil. Levar uma menina para uma trilha no meio do mato era ofensa; hoje em dia, adoram. Então, revolucionou não só a instrução do Exército, mas começou a agregar também muita gente interessada nesse tipo de instrução. Isso virou um grande esporte, depois.

8 Referência a outro centro que o general Camara Senna ajudou a criar, o Centro de Instrução Especial do Comando Militar do Nordeste (CIEsp/CMNE).

9 Referência a "Largados e pelados", *reality show* de sucesso mundial na TV por assinatura e que também teve edição brasileira.

Coronel Romeu Antonio Ferreira

Romeu Antonio Ferreira é coronel e nasceu em 9 de março de 1940. Foi declarado aspirante a oficial da arma de Artilharia na Academia Militar das Agulhas Negras (Aman) em 1962. Concluiu a Escola de Aperfeiçoamento de Oficiais (EsAO) em 1974 e cursou a Escola de Comando e Estado-Maior do Exército (Eceme) nos anos de 1981 e 1982. É bacharel em Filosofia pela Universidade do Estado do Rio de Janeiro (Uerj, 1971-1977). Foi um dos fundadores da Escola Nacional de Informações (EsNI) em 1972. Trabalhou no Destacamento de Operações de Informações (DOI) de 1974 a 1981 e no Centro de Inteligência do Exército (CIE) em dois períodos, de 1983 a 1987 e de 1990 a 1991. Em 1986, obteve autorização para trabalhar no projeto do Orvil, que foi publicado apenas em 2012 com o título *Orvil: tentativas de tomada de poder*. No exterior, realizou um curso de Operações de Inteligência contra o Terrorismo (1985) na Agência Central de Inteligência (CIA) dos Estados Unidos e participou de duas missões de paz conduzidas pela Organização das Nações Unidas (ONU) na América Central entre 1991 e 1993, tendo desempenhado as funções de chefe do Grupo de Observação das Nações Unidas na América Central (Onuca) e chefe da Oficina Regional Militar e do Estado-Maior da Divisão Militar na Missão de Observação das Nações Unidas em El Salvador (Onusal). Também foi representante da ONU nas Conversações para a Paz em Moçambique, realizadas em 1992 na cidade de Roma. Após a ida para a reserva, trabalhou por muitos anos na Secretaria de Segurança Pública do Estado do Rio de Janeiro, em que foi diretor do Centro de Inteligência de Segurança Pública (1996 a 1999), subsecretário de Inteligência (2003-2006) e diretor da Escola de Inteligência de Segurança Pública (2014-2018). Participou do grupo de trabalhou que criou (2006) e revisou (2015) a Doutrina Nacional de Inteligência de Segurança Pública na Secretaria Nacional de Segurança Pública (Senasp). Foi prestador de tarefa por tempo certo no Comando Militar do Leste (CML) de 2019 a 2021.

Entrevista realizada por Celso Castro, Adriana Marques, Verônica Azzi e Igor Acácio em 17/5/2021.

Após passar para a reserva, o senhor foi convidado para trabalhar no CML. Aí vai se envolver, depois, com a Operação Rio. O senhor poderia falar sobre esse convite?
Voltei da missão na América Central em junho de 1993 e fiquei na ativa até outubro/novembro, quando pedi passagem para a reserva e voltei para o Rio de Janeiro. Em 1994, recebi uma ligação de um velho amigo, o então coronel Laranjeira, infante da turma de 63, uma turma depois da minha. Nós ficamos muito amigos porque cursamos a Eceme juntos. Ele estava na segunda seção, ligou para mim: "Quero sair, general, mas não entendo nada dessa área de inteligência. Vem me ajudar aqui". "Estou bem aqui, não quero mais trabalhar." Aí passou um tempo, ligou de novo. Aí começou a me coçar. Estou lendo os jornais. Eu não tinha nada a ver com segurança pública, mas estava vendo que ela estava em uma situação difícil. Isso tudo foi fruto de uma decisão tomada pelo Brizola em 1983, quando ele assumiu o governo do estado. Uma das primeiras ações que ele tomou foi a extinção da Secretaria de Segurança. Isso aí provocou, de cara, uma separação entre as polícias. O Brasil é um dos pouquíssimos países do mundo que tem as polícias separadas: uma polícia judiciária, que é a Polícia Civil, e a polícia, vamos chamar assim, repressiva, que é a Polícia Militar. Então, eram polícias já separadas, mas que estavam integradas por um órgão superior, a Secretaria de Segurança.

Aí veio o Brizola e acabou com a Secretaria de Segurança. Então, o que houve? Uma separação radical das duas polícias. Elas já estavam separadas em termos de funcionalidade e agora estavam separadas em termos organizacionais. Ao mesmo tempo, ele proibiu que a polícia entrasse nas favelas. Ou melhor, disse: "Para entrar na favela, só com a minha ordem". O que aconteceu? Primeiro, o fortalecimento das facções. As facções, entrincheiradas, enclausuradas nas favelas, sentiram-se fortes. A polícia não podia ir lá. Passaram a fazer o que queriam. Dois: o aumento do tráfico de drogas e a riqueza dessas facções pela venda das drogas. Três: facilidade de armamento. O que antes podia ser um revólver calibre 32 ou 38, agora passou a ser fuzil e metralhadora. Quatro: o Rio de Janeiro era, naquela década de 1980, um corredor das drogas que vinham da América do Sul e iam para África, Europa e Estados Unidos. Passou a ser um consumidor. Claro, havia agora regiões livres, regiões em que a polícia não podia entrar. É a mesma coisa que declarar: "Olha, esse território é de vocês. Vocês fazem o que quiserem aí. A polícia, o Estado, não pode intervir". Então, fortaleceram-se as facções e criaram-se Estados dentro de um Estado.

Isso foi na década de 1980. Cheguei ao Rio de Janeiro no final de 1993, começo de 94. A coisa já estava complicada. Naquela época, eram cinco facções, estavam crescendo, dominando tudo. E mais: em 1990, o Collor acabou com a inteligência no Brasil. Ele acabou com o SNI e criou, no lugar, a SAE, Secretaria de Assuntos Estratégicos. Dentro da SAE, criou um Departamento de Inteligência. O grande SNI foi transformado em um pequenino Departamento de Inteligência. Colocou na SAE vários lobistas. O que ocorreu no país? A inteligência acabou. Já as inteligências dos órgãos militares, de que eu fazia parte, se ensimesmaram, se fecharam em si mesmas, não sabendo o que estava acontecendo em nível nacional. O DI/SAE nunca disse a que veio. Portanto, chamo aquele período de 1990 até 1994 — foram praticamente cinco anos — de "período de trevas" no Brasil, porque, se a inteligência traz conhecimento, traz luz, as trevas escurecem tudo.

Mas o coronel Laranjeira convidou o senhor exatamente para o quê?
Para ajudar aqui na organização da inteligência, da 2ª Seção do CML. Ainda não havia a Operação Rio. Essa ligação dele foi talvez com um mês de variação. Sei que em setembro de 1994 me apresentei lá como PTTC, Prestação de Tarefa por Tempo Certo. É o cara da reserva que volta a trabalhar na unidade. Claro, ele me deu carta branca. Fiz uma reorganização interna da seção. Fiz uma reorganização da SOP, a Subseção de Operações, que era o novo nome do DOI. Eu tinha sido de lá seis anos e meio. Pedi para ele que me deixasse organizar uma Subseção de Análise contra o Crime Organizado. Aí ele falou: "Poxa, isso aí tenho que falar com o general Mey, o comandante do CML". O general Mey autorizou. Então, em setembro, logo que cheguei, uma semana depois eu já estava organizando a primeira Subseção de Análise contra o Crime Organizado em um grande comando do Exército, que foi aqui no CML.

Organizei essa subseção de análise com três áreas: drogas e estudo das facções, armas (sou muito interessado nessa parte de contrabando, que chamo de AME — armas, munições e explosivos) e uma terceira: criminalidade de maneiras diversas. Para essa terceira área de análise — assuntos diversos — a PM mandou um major. Foi lá que conheci o major Pitta, que, muito mais tarde, foi ser o comandante-geral da Polícia Militar. Somos amigos até hoje. Bom, então estávamos ali a partir de setembro/outubro com uma semente de uma Subseção de Análise contra o Crime Organizado crescendo. Foi aí que começa a Operação Rio.

O senhor já tinha uma experiência na área de informações, de inteligência, porém voltada, principalmente, para a questão da subversão, do comunismo, da luta armada. Agora o senhor está lidando com o crime organizado. O que muda? Ou é a mesma estrutura? O senhor transferiu essa experiência anterior para um novo contexto, ou teve de inventar coisas novas?

Tudo isso que você falou é válido. Vejam só: comecei na área de inteligência, oficialmente, em 1969, quando fui fazer um curso no CEP, aqui no Leme, no Forte Duque de Caxias. Em 1966, foi criado um curso de... ainda era informações. Fiz o curso em 1969. Acabei em primeiro lugar e me convidaram para ser instrutor, fiquei dois anos lá como instrutor. Aí foi criada a EsNI, Escola Nacional de Informações, em Brasília. Então, nós levamos para lá o Curso de Informações do CEP, que foi ser o gérmen da Seção de Operações da EsNI. Eu me orgulho de ter sido um dos instrutores fundadores da EsNI, em 1971 e 72. Fiquei dois anos lá em Brasília, depois voltei para o Rio para cursar a EsAO em 1973. Fui para o DOI em 1974. Então, trabalhei muitos anos na área de inteligência.

Agora, voltando para a pergunta. Ao longo desses últimos anos, tenho desenvolvido o que chamei de doutrina de ISP — doutrina de inteligência de segurança pública. Já escrevi muitas notas de aula a esse respeito. Hoje, por exemplo, eu estava ministrando uma aula de análise de risco para o Ministério Público. Minha formação foi no que chamo de inteligência militar. Naquela época, a força da inteligência militar era para combater nosso grande inimigo, que era o comunismo, as organizações comunistas/terroristas. Não só com a violência urbana, mas também com a violência rural, com a Guerrilha de Xambioá. Essa foi a minha grande experiência de ação. Bom, mas eu tinha todo o arcabouço teórico. Então, comecei lá no CML trabalhando ainda com as bases da inteligência militar, naquela Subseção de Análise contra o Crime Organizado.

Aí veio a Operação Rio. O chefe designado foi um general de brigada, recém-promovido, da minha turma, o Camara Senna, um grande amigo. Ele sabia que eu estava lá e me chamou para ajudar. A Operação Rio foi a primeira vez em que o Exército participava em força, em uma — hoje chamada — GLO, mas contra as facções do crime organizado no Rio de Janeiro. Como eu já tinha aquela pequena seção montada, ela se transformou na Seção de Análise da Operação Rio. Então, de sete ou oito pessoas que nós tínhamos, passamos para 30, de um dia para o outro. Uma coisa rápida. Participamos durante pelo menos a primeira fase. A Operação Rio teve três fases, o Exército participou da primeira. Começamos em 9 de novembro e fomos até 28 de fevereiro, durou quase quatro meses. Depois, deu uma parada. Aí já foi formada a Secretaria de Segurança. Mas, a partir daí, podemos dizer que a Operação Rio acabou.

Vejam o passo a passo. Fomos pensando no que chamei de "adaptação" ou, o termo que gosto de usar mais, a "customização" de toda a doutrina da inteligência militar para uma doutrina de inteligência de segurança pública. A inteligência é uma atividade de assessoria, ela existe para produzir conhecimento para um chefe decidir, ela não participa da atividade-fim como decisão. Gradativamente, com o crescimento da parte de inteligência de segurança pública, nós fomos escrevendo. Fizemos a primeira doutrina de inteligência de segurança pública no Rio de Janeiro, que foi em 2005. Eu já estava lá como subsecretário de Inteligência. A partir daí, nós fomos, em nível estadual ou nível federal, escrevendo e customizando tudo aquilo que tínhamos aprendido na inteligência militar para a inteligência de segurança pública. Houve modificações doutrinárias, mas nada que afetasse de um modo intrínseco, de um modo focal, de um modo que derrubasse a doutrina anterior. Nada disso. Foi uma adaptação, uma customização para a segurança pública.

O que há de igual e de diferente entre a atividade de inteligência a respeito de organizações comunistas e de facções do crime organizado? O que essa customização ou adaptação envolveu?

Vamos dizer que, naquela época — estamos falando da década de 1960 —, as organizações comunistas iniciaram a luta armada no Brasil. Essa luta armada foi de 1966 até 1974. Nos três primeiros anos de luta armada, nós apanhamos, e muito. Muitos feridos, muitos mortos. Quando falo "nós", eu digo, claro, Exército, Marinha, Aeronáutica, Polícia Militar, Polícia Civil e civis mortos. Apanhamos muito porque não sabíamos como combater isso aí. Até que, em dezembro de 1968, foi aprovado o Ato Institucional nº 5, que permitiu a tomada de diversas posições de natureza política, mas também permitiu a execução de um determinado planejamento por parte da defesa do Estado, com a criação dos DOIs. Os DOIs foram criados no começo de 1969, graças ao AI-5. O primeiro foi o de São Paulo — a Oban, Operação Bandeirante. Depois, o do Rio de Janeiro. Depois, em outras regiões militares. Começamos aquele aprendizado de como combater a luta armada, que era praticamente um terrorismo, era bomba aqui, bomba ali. Tudo começou com nove bombas lançadas em Recife. É gozado que às vezes falo isso e todo mundo me olha espantado porque essa história foi escondida. Ninguém conhece isso. A história foi escondida por toda a imprensa, a mídia infestada de comunistas que dizem que não houve nada disso. Poxa, como que não houve nada disso?! E os nossos mortos?!

Aliás, vou fazer outro parêntese. É claro que em um papo desses eu me entusiasmo. Existe uma frase de Einstein que gosto muito de citar: "Quando não sei uma coisa, é muito fácil: vou lá estudar e vou saber. Mas o pior é quando não sei que não sei. Aí não tem jeito". O que tem a ver isso com os nossos mortos? Nós não sabemos quem foram nossos mortos! Vocês acreditam nisso? Tem uma lista com 100 mortos, outra com 110, outra com 120. Nós temos cerca de 10 listas relacionando pessoas que morreram — militares, mas a maioria civis. Cada morto tem duas, três linhas. É claro que determinados mortos foram glorificados; esses, todo mundo sabe. Mas, nas entrelinhas, estão coisas que nós não sabemos. Na realidade, nós não sabemos sobre os nossos mortos. O que fizeram os comunistas que estavam nesses governos passados? Criaram a Comissão da Verdade. Foi com essa comissão que eles descobriram os mortos deles. Poxa, eu elogio a Comissão da Verdade! Foi uma decisão tomada por eles — pela esquerda —, e fizeram a coisa correta. Depois da guerra, amainados os radicalismos — pelo menos, isso é o que se espera —, eles foram buscar a história dos mortos deles. Por acaso, deram um monte de dinheiro, mais de 1 bilhão [de reais], de indenização para as famílias dos mortos deles... Relacionaram em torno de 500 mortos. Tudo bem, não vou entrar nesse mérito de se é verdade ou não. Estou elogiando o trabalho da Comissão da Verdade. Nós nunca tivemos uma Comissão da Verdade. Nós nem sabemos quantos dos nossos morreram.

Coronel, antes de o senhor fechar o parêntese: por que o Orvil não tratou disso?
Por quê? Vou contar. Querem saber como começou essa história do Orvil?[10] Ainda não escrevi sobre isso, ainda não.

Se o senhor quiser falar, sim.
Bom, uma parte eu escrevi. Fiz uma apreciação, acho que em 1984, eu já estava como analista de inteligência no CIE. "Apreciação" é um documento que faz parte da inteligência, onde nós colocamos nossa opinião sobre um determinado fato. Escrevi essa apreciação falando que a história estava sendo mudada. Vejam: estou

---

[10] Referência a um projeto secreto do Centro de Informações do Exército para dar a versão dos militares sobre a luta armada durante o regime militar, em reação à publicação do livro *Brasil nunca mais*, pela Arquidiocese de São Paulo, que nomeava diversos agentes públicos perpetradores de violações de direitos humanos durante o mesmo período.

contando uma história aqui que pouca gente sabe, vai ficar aí para os registros. Fiz essa apreciação, mandei para meu chefe, o coronel chefe da Seção de Inteligência. Naquela época eu era tenente-coronel. Mandei para todos os oficiais, em torno de 20, que trabalhavam comigo como analistas. Nessa apreciação, escrevi que estavam mudando a história, que a teoria de Gramsci já estava crescendo no mundo e no país, com a atuação do comunismo na área cultural, entre professores, estudantes etc. Já comecei a observar isso e achava que nós tínhamos que dar uma resposta. Escrevia, em um determinado ponto: nós estamos cheios de livros deles e não temos nenhum livro nosso. Então, eu dizia que nós tínhamos que escrever um livro contando como a luta armada foi, segundo a nossa visão. Qualquer coisa que se faça, existem duas ou três visões. Não estou dizendo que a nossa era a correta. Para mim, era a correta. Não estou brigando por isso. Mas defendo minha opinião, como acho que todo mundo tem direito e tem que defender a sua opinião, a sua consciência.

Então, escrevi isso e mandei para o chefe, que não tomou nenhuma decisão. Aí mudou o chefe, veio outro coronel, Agnaldo Del Nero, de Cavalaria, assumir a seção. Eu era da Artilharia, mas sempre me dei bem com esse pessoal de Cavalaria. Del Nero: grande, um dos melhores oficiais que encontrei na minha vida. Um belo dia, ele me chamou. Vi que em cima da mesa ele tinha a minha apreciação. "Olha, quero dizer que vou levar isso aqui para o chefe do CIE." "Está bom." Levou, passaram-se uns 10, 15 dias, voltou: "O ministro autorizou a escrever o livro". Cacilda! Eu vibrei, não é? E ele já me disse, alguns dias depois: "Olha, o nome-código vai ser Orvil, porque Orvil é 'livro' ao contrário". Aí houve várias reuniões. Eu me lembro de que a Seção de Contrainteligência, com o Porto Alegre, meu amigo, recomendou que nós contratássemos um escritor. Houve várias propostas, mas a que ganhou — decisão do chefe do CIE — foi que quem iria escrever o livro seria a minha seção, isto é, do coronel Del Nero, que era a Seção de Inteligência.

Aí o Del Nero me chamou: "Romeu, sei que você tem uma grande experiência porque foi do DOI. Então, você vai me ajudar muito na organização do Orvil. Eu queria que, inicialmente, você listasse umas 20 organizações para a gente escrever sobre elas". Seriam as principais organizações que fizeram a luta armada no Brasil, como ALN, MR-8, MRT etc. Havia muitas, tínhamos 160 organizações no Brasil, ao longo de toda a história. Mas ele queria as 20 principais. Consegui fazer isso. Aí ele reuniu todo mundo e falou: "Cada um vai escrever sobre uma ou duas organizações. O Romeu já escolheu, vai escrever sobre o MR-8, MRT e mais uma".

Eram três. "Todos, quando terminarem de escrever sobre cada uma, vão entregar para ele, porque nós temos que ter um padrão de linguagem." Ele, o coronel Del Nero, ia escrever também, mas alguém tinha que exercer o papel de dar aquela redação final para manter um padrão de linguagem. Então, fui escolhido para isso. Havia um analista da parte estudantil, um analista de religião, um analista de movimentos sindicais, mas não eram analistas que tinham trabalhado com a subversão. Eu já tinha até feito a minha primeira organização, que foi o MRT, quando recebi a primeira. Estava escrito lá que houve um assalto ao banco, dava o nome de seis ou sete militantes que tinham participado. Quando fui verificar, fiz uma pesquisa e vi que um deles já havia sido preso naquela época do assalto... Fui conversar com o coronel Del Nero.

Isso foi no final de 1985, dezembro. Aí entrei em férias, 30 dias. Quando voltei, final de janeiro de 1986, ele me disse: "Olha, tirei você da carteira" — eu era da carteira de análise de um dos partidos comunistas —; "vai passar para um amigo seu, que veio, e você vai descer para o primeiro andar. Vou te dar uma sala na qual você vai trabalhar sozinho. Você é que vai escrever o livro. Você e eu". Ele me deu a sala onde era o cassino de oficiais. A maioria dos oficiais do Exército ficou contra mim, porque era o local em que, quando acabava o almoço, acabavam as peladas de futebol, eles iam conversar e beber e tal... Fiquei sozinho em uma sala enorme trabalhando, escrevendo o Orvil. Foi assim no mês de fevereiro, março... Acho que, quando chegou em abril, ele me chamou: "Romeu, se nós continuarmos assim, nesse ritmo, vamos levar uns dois, três anos para acabar o livro. Portanto, você não vai acabar, nem eu, e não vamos cumprir a missão. Você tem alguém para indicar para trabalhar com a gente nisso?". "Tenho, tenho um oficial." Até pouco tempo eu não falava o nome, mas ele me autorizou a citar o nome dele: coronel Lattari, também de Cavalaria, eu tinha sido chefe dele no DOI. Escreve muito bem, um analista de primeira. Eu o indiquei e uma semana depois ele estava trabalhando conosco. Deve ter chegado por volta de maio de 1986. Então, ficamos nós dois e o coronel Del Nero escrevendo a parte dele.

Foi assim durante o ano de 1986 inteiro. Quando chegou em meados desse ano, fui ao coronel Del Nero e disse: "Coronel, nas minhas pesquisas, tenho observado uma série de dados sobre as ações, o resultado, as consequências das ações comunistas. Mortos e feridos em bombas, tiroteios etc. Acho que nós não podíamos perder esses dados. Nós tínhamos que escrever alguma coisa sobre os nossos mortos". Chamo de "nossos mortos". Resposta do coronel Del Nero: "Romeu, o problema é o seguinte: isso, é claro, é importante, mas vai ficar para outras pessoas. O nosso objetivo, o nosso foco, agora, é escrever o Orvil. Então, vamos deixar isso para depois e vamos terminar o Orvil". Concordei com ele. Foco: missão.

Então, cumprimos nossa missão. Foi escrito o Orvil durante o ano de 1986. Eu saí, em janeiro de 1987, para comandar o Forte de Copacabana. Aliás, o ministro Leônidas me chamou — ele esteve comigo aqui na época do DOI — e falou que minha missão era transformar o forte em museu. Eu me lembro de que falei: "Mas, ministro, não sei nada de museu!". A resposta dele, que nunca esqueci: "Você não sabe nada de museu, mas você cumpre missão". Então, aconteceu de eu parar, fiquei três anos aqui, nos anos de 1987, 88 e 89, transformando uma unidade operacional — o Forte de Copacabana — no Museu Histórico do Exército, que está aí até hoje.

Foi isso que, infelizmente, aconteceu sobre os nossos mortos. Palavra do Del Nero, que morreu uns anos depois: "Outros farão". Não, nunca ninguém fez. Só houve tentativas individuais esporádicas. Nenhuma instituição militar assumiu essa missão para escrever, como o CIE assumiu a missão, mandada pelo ministro, de escrever o Orvil. Portanto, os nossos mortos, nas minhas palavras, ainda estão insepultos. É uma vergonha. Ninguém sabe que nós não sabemos dos nossos mortos. Isso é terrível e dói.

Coronel, o senhor estava falando da experiência dessa comunidade de inteligência que existia. Na época do governo Collor, quando o SNI foi extinto, houve um processo de desestruturação no nível federal, mas a atividade de inteligência se dá muito a partir de contatos pessoais. Quando houve a extinção do órgão, isso se desestruturou em termos institucionais, mas as pessoas continuaram tendo contato e se reunindo? Ter acabado com o órgão não acabou com uma certa organização, um certo modo de pensar e de agir? De certa maneira, isso teria contribuído para a continuidade nesse processo de inteligência?

Claro, claro. Bacana essa pergunta, porque envolve aqueles cinco anos de "trevas", de 1990 a 1995, e envolve a comunidade de inteligência. A partir de 2000, fiquei, por duas gestões, como chefe da inteligência do estado do Rio de Janeiro. Participei da criação da inteligência de segurança pública. Escrevi a primeira doutrina, aqui no Rio de Janeiro. Escrevi a doutrina nacional, lá em Brasília. E as duas vezes saí brigado com o governo do estado. Mas, em 2013, fui convidado pelo subsecretário de Inteligência para criar e assumir a Escola de Inteligência de Segurança Pública do Estado do Rio de Janeiro. Quando criei a escola, fui fazer o programa, isto é, toda a ordenação da doutrina. Decidi criar uma quinta disciplina, que chamei de OrgISP — Organização de Inteligência de Segurança Pública, como ela se organiza. Porque senti que na segurança pública, um dos pontos fracos era a organização de uma agência. Então, criei essa disciplina, com cinco problemas básicos para organizar: planejamento, sistemas, doutrinas, estrutura e recursos — recursos humanos e recursos materiais.

No sistema, eu trabalho muito com os conceitos de integração e, mais, de interação. Você pode ter integração, mas não ter interação. A interação é o contato. Todo sistema de inteligência, começando desde lá no SisBIn — Sistema de Inteligência da Abin —, e, antes, o SisNI — Sistema de Inteligência do SNI —, tem a "comunidade", que foi se formando ao longo dos anos. A comunidade nada mais é do que uma conexão homem a homem. É o contato pessoal entre os profissionais. Você tem, basicamente, o agente e o analista. Chamo todos eles de profissionais de inteligência. Essa conexão, esse contato, essa interação entre os profissionais de inteligência se dá não só pela realização, por exemplo, de palestras e de estágios, mas — e principalmente — pela organização de reuniões: um chope, um uísque, reuniões sociais onde você conhece o analista do antigo Cenimar — da Marinha —, o analista do CIE, o agente do DOI de São Paulo, e você está lá tomando um chope amigo, então você passa a conhecer. Então, essa comunidade vai formando uma cola. A comunidade representa o conhecimento pessoal entre os agentes. Você tem a compartimentação — que é um dos princípios da inteligência — que, associada ao sigilo, faz com que a gente não transmita os conhecimentos. Mas existe essa relação — prefiro usar o termo "interação" — entre o pessoal da inteligência. Então, existe a comunidade.

Tive que explicar tudo isso para responder à pergunta. O que aconteceu naquele período? Eu disse inicialmente que as agências militares se "ensimesmaram", se fecharam em si mesmas porque não sabiam o que estava acontecendo lá na DI/SAE. Viram que aquilo não era bem inteligência. Mas as relações pessoais continuaram a existir. Tanto é que, no dia 9 de novembro de 1994, quando começou a Operação Rio,[11] nós já tínhamos uma agência para combater o crime organizado, que serviu de agência de inteligência para a Operação Rio, e, dos

[11] A chamada Operação Rio foi oriunda de um convênio entre a Presidência da República e o governo do estado do Rio de Janeiro. Negociações ocorreram até o princípio de novembro de 1994, e a operação, então, passou a ser implementada pelo Comando Militar do Leste (CML). As regras de engajamento do Exército foram tornadas públicas em 13 de novembro de 1994, data na qual os militares já patrulhavam as ruas do Rio de Janeiro.

meus seis ou sete analistas que havia, recebi mais 30... De onde vieram? Da inteligência federal, da Polícia Federal, da Polícia Rodoviária Federal, da PM, da Polícia Civil. Então, todo esse pessoal foi trabalhar lá comigo. A ideia não foi minha, eu apoiei. Não vou dizer o nome da pessoa que organizou. Ele teve a ideia de organizar uma reunião da comunidade durante a Operação Rio. Então, essas reuniões começaram a ser organizadas quase que mensalmente no CML. Era uma reunião para a qual se convidavam todos os órgãos — claro, dois, três ou quatro de cada órgão — para um auditório. Fazia-se uma ou duas apresentações, tipo palestras. Depois se reunia, ou no salão nobre do CML, ou na Marinha, ou íamos lá no Clube Militar — a parte social. Portanto, sim: a comunidade foi importante na reativação da área, do sistema de inteligência.

Já perguntamos sobre o que havia de igual e de diferente na atividade de inteligência militar em relação às organizações comunistas e às organizações ou facções do crime organizado. O senhor respondeu que houve basicamente uma adaptação ou customização. O senhor poderia dar algum exemplo?

Posso. Escrevi uma nota de aula, que chamo de "planejamentos". Nesses planejamentos existem quatro níveis de decisão: política, estratégica, tática e operacional. A inteligência, pela conceituação clássica, é um órgão de assessoria. Portanto, ela não tem que fazer política, ela tem que acompanhar a política do órgão que está assessorando. Portanto, se é uma inteligência de segurança pública, ela tem que seguir a política de segurança pública. Bom, a inteligência, no conceito clássico que nós estamos difundindo, ela não atua, não executa: ela assessora, produz conhecimento para alguém tomar a decisão. A inteligência tem, portanto, que ser vista como um órgão de *staff*. Esse é o conceito clássico de inteligência, como é o conceito atual, que difundo e defendo.

Naquela época anterior foi diferente, porque nós só conseguimos combater com a criação do DOI, porque nós estávamos apanhando. Ninguém sabia muito bem o que estava acontecendo. Com a criação do DOI, foi implantada uma nova política que chamo de "política dos dois braços". Vamos lá: acabei a EsAO em 1974. O general Reynaldo Mello de Almeida era o comandante do I Exército, um dos maiores generais que conheci, tinha sido meu comandante lá em Curitiba. Foi o presidente que o Brasil nunca mereceu ter. Ele me convidou para ir para o DOI. Quando cheguei na 2ª Seção do CML, acho que setembro de 1974, fui recebido pelo general Reynaldo. O chefe do estado-maior era o general de brigada Leônidas Pires Gonçalves. Foi ali que nós nos conhecemos. O chefe da 2ª Seção era o coronel Sérgio Pasquali — que, por muitos anos, comandou aquela missão estudantil no Brasil inteiro, Projeto Rondon.[12] Me apresentei para o coronel Pasquali, ele falou: "Olha, capitão Romeu, você está vindo para o DOI, mas você não vai para o DOI. Você vai fazer um estágio aqui na 2ª Seção. A luta armada está acabando. Daqui a pouco, os DOIs não vão mais prender, eles vão voltar às suas políticas tradicionais de produzir conhecimento, e você vai ser o responsável por isso: *pari passu* vai transformar um DOI que — vamos chamar assim — 'prende e arrebenta', um DOI que colhe as informações e vai também prender e interrogar, para um órgão que somente vai trabalhar em informações". No caso, ainda era informações, não se chamava inteligência ainda.

Essa compreensão, esse significado todo que estou transmitindo para vocês, só foi se formando na minha cabeça algum tempo depois. Então, a gente sabe que o tempo é que vai forjando *pari passu* a nossa compreensão de tudo o que ocorreu. Chamei isso, mais tarde, de "política dos dois braços": com um braço você colhia o dado, o conhecimento, e com o outro braço você dava a porrada — prisão, interrogatório. Portanto, em uma mesma cabeça, você tinha um órgão de inteligência produzindo conhecimento e prendendo. Uma força muito grande, que só existia, no mundo, nas organizações de países radicais. Então, por exemplo, você tinha, lá no nazismo de Hitler, organizações que faziam isso. Nas organizações comunistas, também. Então, eram organizações que buscavam o conhecimento e que prendiam — isto é, a política dos dois braços. Mas a missão que eu estava recebendo era que eu, *pari passu*, fosse transformando esse DOI em um DOI que iria somente produzir conhecimento.

Cheguei ao DOI em meados de outubro de 1974. Portanto, essa foi a política que implantei. Confesso: levei dois anos para implantar isso, porque foi uma mudança gradativa de procedimentos. Então, fui, pouco a pouco, transformando. Depois que cheguei, ninguém mais morreu no DOI, ninguém. Fiquei cinco anos e meio lá. Cheguei como quarto no comando; quando saí, era o segundo no comando. Saí em janeiro de 1981 para fazer a Eceme. Aí, tem um pequeno exemplo. Em abril de 1980, recebi um pedido do pessoal de operações para soltar uma bomba no Riocentro. Um papel, como esse daqui. Estava lá um pavilhão, e dizendo que

---

[12] O Projeto Rondon é uma iniciativa interministerial coordenada pelas Forças Armadas brasileiras que leva estudantes universitários para conhecer e realizar atividades assistenciais em locais distantes dos grandes centros urbanos brasileiros. O projeto foi criado no regime militar, em 1967, foi extinto em 1989 e posteriormente recriado em 2005, a pedido da União Nacional dos Estudantes (UNE). Atualmente, o projeto é coordenado pelo Ministério da Defesa.

"vai soltar a bomba aqui nessa caixa de luz, que vai apagar a luz e vai sacanear o *show* deles". Olhei isso, aí proibi: "Ninguém vai soltar bomba. Acabou, acabou, não vou fazer, não". Saí em janeiro do ano seguinte para fazer a Eceme. A bomba foi explodir em 30 de abril daquele ano, de 1981, que deu aquela merda toda lá do Riocentro.[13] Se bem que, nessa merda toda, morreu um sargento nosso, não morreu ninguém do lado de lá. Mas foi um erro, um erro estratégico que aconteceu. Aconteceu porque eu saí, senão não teria acontecido.

Mas a ordem, ou a sugestão da bomba, veio de quem?
Não, não veio ordem, não recebi ordem de ninguém. Eu era o segundo no comando. Eu, praticamente, recebia ordem só do chefe do DOI, ele confiava em mim. Então, eu não recebia ordem de ninguém. Vieram me propor. Muitos anos depois, vim descobrir de onde veio isso aí tudo. Prefiro não falar disso, já falei no inquérito do Exército e para o Ministério Público Federal. Mas eu proibi. Comigo não houve, enquanto eu estava lá.

O senhor ficou de dar algum exemplo de como foi essa adaptação ou customização da inteligência, do comunismo para o crime organizado, das organizações de esquerda para as facções. Como isso ocorreu no contexto da Operação Rio?
Vejam: nessa época da Operação Rio, nós não tínhamos ainda a inteligência de segurança pública. Tínhamos a inteligência da Polícia Militar — a Polícia Civil não se preocupava com isso — e tínhamos a inteligência militar, que praticamente não sabia nada do problema das facções. Nós estávamos vindo de cinco anos de trevas. Foi isso que abriu a nossa cabeça. Porque eu estava chefiando a análise.

Deixa eu contar outra coisa. A Operação Rio começou no dia 11 de novembro de 1994. No dia 9, já estava tudo organizado, o Camara Senna já tinha ligado para mim, já tínhamos conversado. O coronel Laranjeira estava voltando do rancho, nós olhávamos para o salão de honra, estava cheio. Havia quase 10 mesas cheias de pessoas trabalhando no planejamento do futuro governo. Ele falou: "O que você

[13] Referência ao Caso Riocentro, um atentado a bomba perpetrado por militares do Exército brasileiro e da Polícia Militar do Rio de Janeiro durante um *show* que comemorava o Dia do Trabalhador. Um militar do Destacamento de Operações de Informações do Centro de Operações de Defesa Interna (DOI-Codi) do I Exército, o sargento Guilherme Pereira do Rosário, morreu quando a bomba explodiu em seu colo. Outro militar, o então capitão Wilson Luís Chaves Machado, ficou ferido na explosão. Foram realizados dois inquéritos policiais militares para investigar o caso: um em 1981 e outro em 1999. O caso também foi investigado pela Comissão Nacional da Verdade. Os responsáveis pelo atentado jamais foram punidos.

acha, Romeu, de a gente organizar aqui um Disque Denúncia?". Eu disse: "Acho muito bom. Denúncia, nós não temos". A ideia, portanto, do Disque Denúncia foi do Laranjeira. Topei. Ele, no dia seguinte, ligou lá para a Vila Militar, falou com o comandante da EsCom — Escola de Comunicações —, que nos mandou uns sete ou oito, entre cabos e sargentos, para serem operadores de telefone. O Laranjeira ligou, na época era a Telerj, que colocou, em um determinado canto lá do atual CML, uns sete ou oito telefones para eles atenderem no mesmo número, era o 253-1177. Hoje acrescentaram o número 2 por problemas técnicos. Mas o mesmo número foi criado lá. Portanto, o Disque Denúncia, do atual — meu amigo — Zeca Borges[14] foi criado no CML. Os pedidos de busca, quando a gente aciona alguém, ou a gente manda um informe ou a gente manda uma informação para que eles tomem as providências. Era o que nós fazíamos para as forças militares que estavam atuando na Operação Rio. Ouso dizer que mais de 50% das operações desencadeadas foram com dados chegados pelo Disque Denúncia. Vejam só: o que chega no Disque Denúncia até hoje são dados, não são conhecimentos. É o analista que tem a obrigação de transformar dados em conhecimento. A nossa inteligência estava mal, eu já disse isso. Eram as trevas. Então, com o Disque Denúncia, a população começou a transmitir dados.

Durante a Operação Rio, não houve grandes prisões de traficantes, nada disso. Fiz duas palestras em Brasília sobre a Operação Rio, naquela época. Nós tivemos o que chamo de "fracasso" da Operação Rio: não conseguimos prender nenhum traficante chefe de facção, porque não tínhamos dados. Mas, quais foram os pontos positivos? Primeiro, a presença da autoridade. Já falei do Brizola, na década de 1980, que não podia entrar. Nós entramos, ocupamos e mostramos que temos condições de colocar a presença do Estado quando se age corretamente. A presença da autoridade, que acabou com esse negócio de não poder entrar. Segundo: a conscientização que veio. Qual a autocrítica feita quando nós trabalhávamos na época? É que não tínhamos inteligência. A autocrítica dessa conscientização desses quatro ou cinco anos sem inteligência.

Foi aí que, durante os planejamentos do novo governo, do Marcello Alencar, o CML juntou várias posições no nosso salão nobre. Foi tudo planejado, o que iria ser feito no governo. Foi ali que foi decidida a restauração da extinta Secretaria de Segurança, e decidida também a criação de uma inteligência ligada ao secretário de Segurança. Porque, vejam: não havia inteligência no estado.

---

[14] José Antônio Borges Fortes foi fundador do Viva Rio e criador do Disque Denúncia.

Só havia a inteligência da Polícia Militar, ainda muito fraca e ainda muito voltada para aquela fase da luta armada contra os comunistas. Ainda não havia uma inteligência de segurança pública. Portanto, foi ali, em novembro/dezembro, com a Operação Rio, que houve a autocrítica de que nós não tínhamos nada e a conscientização de que nós tínhamos que fazer alguma coisa. Então, a Operação Rio foi fundamental nisso.

A ISP foi criada no dia 1º de janeiro de 1995, no novo governo do Marcello Alencar. O Camara Senna me chamou: "Romeu, o novo governo vai recriar a Secretaria de Segurança Pública e nós vamos criar um órgão de inteligência de segurança pública ligado ao secretário. Você quer assumir?". Falei: "Ô, Camara, cheguei aqui em setembro, estou aqui há dois, três meses. Não posso deixar o Exército. Vou cumprir meus dois anos aqui, tá? Mas ajudo em tudo o que for necessário". Aí ele me pediu para indicar várias pessoas que, no meu entender, poderiam assumir esse novo órgão. Mandei uma lista de 10 nomes para ele, que escolheu o coronel de Cavalaria — também meu amigo — Sérgio Krau, que tinha trabalhado no DOI. Ele foi o primeiro diretor do Sisp — Sistema de Inteligência de Segurança Pública. Eu me lembro que, em um domingo de manhã, ele ligou: "Romeu, o general Camara Senna me convidou, e aceitei ser o diretor. Sei que você trabalhou no DOI, fez a reorganização lá". Ficamos conversando, ele perguntando minha opinião sobre a estrutura do novo órgão. Falamos sobre análise, sobre arquivo, sobre as operações, sobre tudo. No final, ele disse: "Olha, estou com vontade de chamar esse órgão de Central de Inteligência Policial — CIP". Falei: "Krau, por que 'Central'? A palavra 'Central' dá uma conotação de intermediária, de temporariedade. Por que não 'Centro', como o CIE, como o Cenimar, como o Cisa? 'Centro' é permanente e para nós interessa que esse órgão seja permanente. Vai começar agora e acabar logo depois? Não". Ele concordou. "E por que 'Policial'? Você vai ser assessor de inteligência do secretário de Segurança. Estou sabendo que vai ser recriada a Secretaria de Segurança. E mais: você vai ter Polícia Civil, Polícia Militar e o Corpo de Bombeiros. O conceito de segurança pública vai ser ampliado chamando um novo componente — o Corpo de Bombeiros." Ele concordou. Então, nesse telefonema, num domingo, o primeiro ou segundo de dezembro de 1974, foi criada a ISP — a Inteligência de Segurança Pública. A criação formal foi dia 1º de janeiro de 1995, com o governo Alencar. Foi recriada a Secretaria de Segurança Pública e foi criado ali o Centro de Inteligência de Segurança Pública, chefiado pelo coronel Krau, que ficou quase dois anos. Em 1996, ele foi convidado para um órgão, pediu para sair. Logicamente, eu tinha terminado o meu tempo e automaticamente fui ser o diretor do Cisp. Começou aí o meu trabalho todo na criação da inteligência de segurança pública. Inicialmente em um determinado governo e depois em um outro governo, bem mais à frente. Mas aí são outros problemas.

O que foi feito com a inteligência do CML pós-Operação Rio? O senhor mencionou que eram de seis a oito profissionais, e que cresceu para quase 30. Depois que a Operação Rio acabou, o que houve? Continuaram acompanhando o crime organizado? Outra questão, já entrando um pouco no seu período como chefe da inteligência de segurança pública: houve o ingresso de mais elementos das Forças Armadas nessa organização, além do coronel Krau e do senhor?

A primeira pergunta é o que aconteceu com o início da Secretaria de Segurança Pública, a criação do Cisp, chefiado pelo coronel Krau. Eu tinha aquela Subseção de Crime Organizado, continuei lá até setembro de 1996. É claro que, de uns 30, ela voltou para umas seis, sete ou oito pessoas. Mas continuou com a mesma estrutura. Menor, mas continuou funcionando. Apoiei a criação do Cisp. Nós, lá no CML, criamos dois cursos pequenos, de 10, 15 dias, para a formação de oficiais da Polícia Militar e do Corpo de Bombeiros e delegados da Polícia Civil e inteligência — pensando na inteligência de segurança pública que estava sendo desenvolvida pelo Krau lá no Cisp. Organizei tudo isso, no período em que fiquei lá, até setembro de 1996. Aí, saí, fui para lá. A 2ª Seção sempre continuou com essa linha. Com a minha saída, a parte do crime organizado continuou um certo tempo ainda com seis ou sete. Hoje voltei como PTTC lá no CML. Existem três pessoas trabalhando no crime organizado. Porque, hoje, existe toda uma estrutura montada na inteligência de segurança pública, que está voltada para o crime organizado. Naquela época não havia. O papel do Exército não é produzir conhecimento sobre as facções, é acompanhar as outras produções e auxiliar no que for necessário. Portanto, apesar da minha saída, ela continuou durante todos esses anos.

Segunda pergunta: se houve ingresso de outros militares das Forças Armadas. Que eu me lembre, não. Quando cheguei lá, o subdiretor do Cisp era um comandante da Marinha. Mas ficou pouco tempo comigo e depois saiu. A partir daí, não houve, nunca mais. Eu já estava representando o Exército, não precisava de mais ninguém do Exército lá. É gozado que os meus subdiretores, durante todo o tempo em que fiquei lá, eram delegados da Polícia Civil. Eu deveria, normalmente, ficar mais amigo do pessoal militar. Mas meus grandes amigos foram da Polícia Civil. Tenho grandes amigos na Polícia Militar, mas os maiores amigos, com quem trabalhei mais, foi com a Polícia Civil. Mas nunca houve nenhum oficial do Exército chefiando nem o Cisp nem, depois, a Subsecretaria de Inteligência, que foi organizada alguns anos mais tarde.

O senhor, em dois momentos, esteve à frente da inteligência de segurança pública. Houve algum tipo de interação da inteligência de segurança pública, do governo do estado, com as operações de GLO que aconteceram nesse período? O Exército, quando ia fazer essas operações, utilizava as informações da inteligência de segurança pública? Havia elementos da inteligência de segurança pública lá com o Exército?

Veja só, não fiquei todos esses anos trabalhando na parte de inteligência de segurança pública. Participei de um total de mais de seis anos. Três anos em uma primeira gestão — setembro de 1996 até março de 1999. Saí brigado. Depois, um determinado governador — não vou dizer o nome aqui — me convidou novamente. Aí fui trabalhar de março de 1993 até agosto de 1996, quando saí brigado por um problema que descobri, de corrupção. Não aceitei, denunciei. Bom, isso são outros problemas. Já prestei testemunho em uma sindicância e em um inquérito da Polícia Federal. Mas não gostei do que vi, e pedi para sair. É claro que deixei grandes amigos na segurança. No Exército, nunca deixei de participar. Participei muito na área federal, porque a Senasp vira e mexe me convidava para ir a Brasília participar de reuniões para revisar a doutrina, coisas de inteligência. Mas passei muito tempo fora da atividade. Só voltei em 2014, quando recebi um convite para criar a Escola de Inteligência de Segurança Pública. Então, não estive à frente todo esse tempo para falar sobre detalhes dessa interação.

O princípio que nós usamos é "interação", que é essa ligação, essa conexão que deve haver entre o pessoal da comunidade. A pergunta foi sobre o negócio da inteligência do Exército, no caso do CML, com a inteligência de segurança pública. Em todos os momentos em que tive contato com uma e com outra, entendi que essa ligação sempre existiu, nunca deixou de existir, e as nossas polícias — tanto a Polícia Civil quanto a Polícia Militar — sempre cooperaram de uma maneira muito positiva com a inteligência do Exército. Nunca ouvi na área de inteligência nenhum ruído que falasse sobre desentendimentos entre a inteligência de segurança pública e a inteligência militar do CML, e sempre houve interação entre esses dois órgãos.

O senhor esteve à frente da Escola de Inteligência de 2014 em diante. Naquele momento, a grande operação de GLO no Rio de Janeiro foi na Maré, a Operação São Francisco. O senhor se lembra se na escola houve estudos sobre isso?
Quando cheguei à escola, em 2014, eu tinha diversos assuntos que faziam parte do programa, que eram de natureza conjuntural. Procurávamos estudar as facções, o crime organizado, os sequestros, a criminalidade de um modo geral. Tive uma grande experiência com sequestros em 1997. Ajudei a colocar o sequestro a zero. Mas quem executou mesmo isso foi um dos maiores delegados de polícia que eu já conheci, o doutor Reimão.[15] Em maio de 1998, os sequestros no Rio de Janeiro foram a zero. Então, eu tinha muitas ligações com policiais civis e policiais militares. Mais com os policiais civis. Mas, quando fui para a escola, continuei com essa parte conjuntural. Quando chegou em meados de 2014, comecei a me aperceber de que não era minha missão. Como diretor de uma Escola de Inteligência, não era minha missão apresentar análises conjunturais. Quem tinha que fazer isso eram as agências que estavam atuando na ação de combate ao crime organizado. Então, fui *pari passu*, naquele primeiro ano, retirando os aspectos conjunturais. A partir de 2015, o programa que a escola tinha era absolutamente doutrinário.

É claro que a gente ouvia. Ouvi dizer, por exemplo, que a ação do Exército na primeira grande missão, no Alemão, foi uma. Mas, quando chegou na Maré, muita coisa foi melhorada. Agora, não sou a pessoa que pode traçar detalhes, falar sobre a experiência na área de inteligência ou mesmo na área militar. Apenas ouvi dizer, nesses cinco anos. Não consegui ficar mais o ano de 2019, em que eu completaria seis anos. Infelizmente, o Witzel acabou com a Secretaria de Segurança e pedi a minha demissão no dia 2 de janeiro. Então, passei quase todos os meus cinco anos na escola trabalhando em doutrina. Acho que fiz a coisa correta.

Qual a sua opinião sobre a interpretação que foi dada à segurança no Manual de GLO? Na primeira versão, o termo "ameaça" é definido de uma maneira mais teórica, seriam "atos de agressão", uma definição mais abrangente da ameaça. Na segunda versão, de 2014, que foi a que substituiu a versão de 2013, esse termo "ameaça", que dialogaria com o termo "segurança", passa a ser trocado pelo termo "Apop" — agente perturbador da ordem pública. Qual a sua opinião sobre essa mudança? Houve alguma participação sua nessa mudança?
Não participei em nada disso aí. Participei muito da doutrina de inteligência de segurança pública. Isso aqui é da GLO, é a doutrina do Exército, não participei.

---

15 Marcos Alexandre Cardoso Reimão.

Mas a inteligência é uma parte muito importante nas GLO, não é?
É, mas estou dizendo que não participei na elaboração de nada dessa parte da doutrina de GLO. Mas isso não quer dizer que eu não possa fazer comentários. Por exemplo: "ameaça" é um conceito permanente da análise de riscos. Ainda hoje, ministrei para o Ministério Público do Rio de Janeiro uma aula sobre fundamentos da análise de risco, onde a ameaça é permanente. Nunca ouvi falar desse Apop. Aliás, acho muito esquisito. Dizer que o traficante é um perturbador da ordem pública? Nós estamos passando açúcar no criminoso. Bom, não estou querendo criticar isso aí. Estou achando esquisito, porque nunca vi isso aí. Eu trabalho com doutrina de inteligência. Não sou especialista em segurança pública.

Aliás, é uma coisa ridícula, hoje todo mundo é especialista em segurança pública. Eu não sou. Eu me considero um especialista na área de inteligência. Claro que, na inteligência de segurança pública, a inteligência é a atividade e a segurança pública é o objeto. Mas não sou especialista no objeto segurança pública. Agora, vejo que o objeto segurança pública no Brasil — vou falar um palavrão — está uma merda. Estamos com uma indefinição de segurança pública. Primeiro, em termos de planejamentos. Para se planejar qualquer coisa, criei o que chamei de Projeto PEP. É o seguinte: para se planejar qualquer coisa, nós começamos estabelecendo a política desse objeto, depois a estratégia desse objeto e depois o plano, que envolve as duas, os dois níveis de decisão. Nós temos quatro níveis de decisão: político, estratégico, tático e operacional. Então, começamos com a política de qualquer coisa, de um objeto — política de Estado, política de um governo, política da prefeitura, política dos transportes, política de segurança pública. Depois, estabelecida a política, lógica e racionalmente estudada, nós vamos para a estratégia. Depois, para fazer a parte tática-operacional, existe um conceito que é o plano. Porque a parte tática e a operacional se mesclam muito, é mais fácil você fazer o plano juntando a parte tática-operacional. Isso é um planejamento básico. Bom, vamos ver o que temos. Em 6 de janeiro de 2017 foi criado um Plano Nacional de Segurança Pública. Foram para o terceiro P. Não sei se existia, antes de 2017, uma política ou uma estratégia... Estou falando de planejamentos e estou falando de segurança pública. Em 2018, acho que foi o ano áureo da segurança pública neste país, o que chamo de ano marcante para a segurança pública.

Um parêntese lá para trás. A Senasp foi criada em 1997 no bojo da reflexão crítica de que nós não tínhamos nada em termos de inteligência. A partir de 1995 — no caso, estou falando do governo federal — entrou aí o Fernando Henrique,

que começou a criar diversas e grandes organizações sobre segurança pública. Então, a Senasp foi criada em 4 de setembro de 1997. Onde? Dentro do Ministério da Justiça. Segurança pública não era um assunto que merecesse um ministério.

Bom, em 2018, que chamei de ano marcante, foi criado, pela primeira vez neste país, um Ministério de Segurança Pública. Então, foi a partir de 2018 que a segurança pública neste país criou uma identidade própria em nível federal. Com essa criação, em 11 de junho de 2018, foi criada a Política Nacional de Segurança Pública. Começaram corretamente. Se bem que, no final, como a segurança pública não estava ainda bem desenhada, colocaram lá Política Nacional de Segurança Pública e Defesa Social. Portanto, a segurança pública ficou meio indefinida, mas já apareceu lá com uma identidade própria. Em 29 de maio desse ano de 2018, foi criado o Plano Estratégico de Segurança Pública. Se bem que misturaram aí: em vez de ser Estratégia de Segurança Pública, virou Plano Estratégico de Segurança Pública. Mas vejam que estão seguindo uma ordem lógica de planejamento. Em dezembro de 2018, foi criado o Plano Nacional de Segurança Pública e Defesa Social. Então, vejam, o PEP: a política, a estratégia e o plano. A Abin, através do GSI, também criou sua política, sua estratégia e seu plano em nível federal. Isso tudo foi em 2018. O que aconteceu, no ano seguinte, em 2019, paradoxalmente? Foi extinto o Ministério de Segurança Pública. A segurança pública voltou a ser uma parte do Ministério da Justiça. Ficou Ministério da Justiça e Segurança Pública. É claro que, se você entrar na parte política, foi o começo do Bolsonaro, então ele quis colocar a segurança pública sob os braços do Moro. Mas brigaram, o Moro saiu e a segurança pública ficou ainda indefinida como uma secretaria dentro de um ministério. E mais: no Rio de Janeiro, foi extinta a Secretaria de Segurança Pública. Portanto, a partir de 2019, em nível federal, perdeu *status*, e, em nível de estado do Rio de Janeiro, perdeu tudo. Nós não temos segurança pública no estado do Rio de Janeiro?! Não tem secretaria. E a defesa social está dentro da segurança pública? O que é a segurança pública?

O que eu quero dizer? É que nós ainda não temos neste país uma definição, uma conceituação correta, lógica, racional, bem estudada, bem definida, do que seja a segurança pública. Não só conceitualmente, mas também organizacionalmente. Qual é o conceito de segurança pública que nós temos? Será que segurança pública é a ação da Polícia Militar e da Polícia Civil? Nós temos duas polícias, e uma briga com a outra, as duas não se dão. Na realidade — vou usar uma palavra forte, mas é para chocar —, elas se odeiam. Uma fala mal da outra. Estou lá há muitos anos e vejo isso. Essa é a realidade que muita gente quer esconder. Portanto, enquanto houver duas polícias separadas, nós não vamos nem chegar a uma conceituação do que seja segurança pública. Está indefinida em nível nacional, e, aqui no Rio de Janeiro, não existe. Em 2018, foram criados três documentos pelo Ministério de Segurança Pública daquela época: política nacional, estratégia e plano. Mas, a partir daí, acabou. Não tem mais nada. A segurança pública era um ministério, aí caiu para ser Senasp novamente. Está uma confusão. E a segurança pública, é federal? É estadual? Hoje, muita gente defende a ideia de a segurança pública ser municipal, como nos Estados Unidos. Quem manda na segurança pública nos Estados Unidos é o prefeito, não é o governador. Então, por exemplo, no ano retrasado foi criada mais uma polícia, a Polícia Penal.[16] Estamos criando outras polícias, e quem coordena tudo isso? Qual é o espírito, qual é o conceito doutrinário que coordena a Polícia Penal, a Polícia Militar, a Polícia Civil? Não sei. Está faltando isso. Por favor, se eu puder ajudar com alguma coisa nesta entrevista, que fique esta minha dúvida, esta minha pergunta: qual o conceito atual de segurança pública neste país?

[16] A Emenda Constitucional nº 104/2019, promulgada em 4/12/2019, criou a Polícia Penal, órgão responsável pela segurança do sistema prisional federal, estadual e do Distrito Federal. Com isso, os agentes penitenciários passaram a ser denominados policiais penais.

General Franklimberg Ribeiro de Freitas

Franklimberg Ribeiro de Freitas é general de brigada. Natural de Manaus, nasceu em 31 de janeiro de 1956. Ingressou na Academia Militar das Agulhas Negras (Aman) em 1976 e foi declarado aspirante a oficial da arma de Infantaria em 1979. Formou-se na Escola de Aperfeiçoamento de Oficiais (EsAO) em 1989. Realizou o curso de Altos Estudos Militares entre 1997 e 1998 e o Curso de Política, Estratégia e Alta Administração do Exército (CPEAEx) em 2006. Foi assessor parlamentar do Exército junto ao Congresso Nacional de 2003 a 2006. No exterior, comandou o contingente brasileiro na Operação das Nações Unidas em Moçambique (Onumoz), em 1994, e foi oficial de ligação do Exército brasileiro no Centro de Armas Combinadas do Exército dos Estados Unidos no Fort Leavenwork de 2006 a 2008. Foi chefe do Centro de Operações do Comando Militar da Amazônia (CMA) de 2012 a 2013. Na reserva, trabalhou como assessor parlamentar e de Relações Institucionais do CMA de 2014 a 2016 e presidiu a Fundação Nacional do Índio (Funai) em duas ocasiões: de janeiro de 2017 a abril de 2018 e de janeiro a junho de 2019. Em 2018, chefiou a equipe de transição da Secretaria de Segurança Pública do Estado do Amazonas e atuou como membro do Conselho Consultivo da Belo Sun Mining Corp.

Entrevista realizada por Celso Castro, Adriana Marques, Verônica Azzi e Igor Acácio em 14/4/2021.

Em 1994, o senhor participou da Operação Rio, havia recém-chegado de uma missão de paz em Moçambique.[17]
Quando nós chegamos ao Rio de Janeiro, o coronel Faia, comandante do nosso batalhão, o 26º Batalhão de Infantaria Paraquedista, nos cumprimentou, agradeceu e nos concedeu uma dispensa de cinco dias para ficarmos em nossas residências. Terminamos essa dispensa e retornamos. O coronel Faia me falou: "Franklimberg, foi desencadeada a Operação Rio. Nós estamos realizando operações de GLO em diversas comunidades no Rio de Janeiro e vou precisar contar com a sua subunidade, que ainda está se apresentando inteira, para compor mais uma subunidade para uma missão". Falei: "Coronel, tudo bem. Nós estamos prontos. A companhia está se apresentando. Nós podemos participar, sim". A companhia pronta, adestrada. Na segunda semana, nós fomos deslocados para o morro do Pavão-Pavãozinho. Lá, nossa companhia pegou um setor da comunidade e, felizmente, nos três dias ou quatro em que ficamos na operação, nós, por intermédio de uma denúncia anônima do Disque Denúncia, encontramos sete fuzis que estavam enterrados em um local lá no morro.

O emprego da sua unidade tinha a ver com fato de ela ter tido a experiência em Moçambique?
Quando a nossa companhia retornou de Moçambique, depois de uma missão de paz, ela estava extremamente adestrada. Ela já se adestrou para operações de GLO antes de embarcar para Moçambique. Quando retornou de Moçambique, todo o efetivo estava pronto para cumprir aquela missão.

Esse adestramento, antes de ir para Moçambique, como foi? Foi na própria brigada, ou tinha alguma preparação especial?
Existe uma preparação orientada pela ONU para que uma companhia de fuzileiros faça o adestramento: patrulhas de diversas formas, montagem de pontos de bloqueio, controle de estradas e controle de vias urbanas, técnica de revistas, emprego de animais nas revistas, controle de distúrbios civis, técnicas de negociação. Fazíamos também treinamento de tiro, é lógico. Ou seja, existe uma série de instruções que são preconizadas pela ONU e eles nos passam antes de nós seguirmos para a missão.

---

[17] A referência é à participação brasileira na missão da Organização das Nações Unidas em Moçambique (Onumoz). O Contingente Brasileiro para a Operação das Nações Unidas em Moçambique (Cobramoz) foi enviado para a região da Zambézia, reduto do grupo armado Resistência Nacional Moçambicana (Renamo), para garantir o cessar-fogo, apoiar o programa de desmobilização e colaborar no recolhimento e destruição das armas dos guerrilheiros combatentes.

Através de manuais ou tinha a visita de alguém para ajudar?
Não, era por intermédio de documentos que eles encaminharam para o Brasil. O Coter, que era o nosso escalão acima, e depois, naturalmente, o Estado-Maior das Forças Armadas, nos repassavam essa documentação, e dentro do batalhão nós fazíamos esse treinamento. Agora, é importante destacar o seguinte: o 26º Batalhão de Infantaria Paraquedista é um batalhão de pronto emprego do Exército brasileiro. Ele não possui recrutas. Ou seja, todos os militares que estão lá — cabos, soldados, sargentos, oficiais — já passaram por essas instruções nas suas unidades de origem. Ou seja, não posso comparar o adestramento de um soldado paraquedista engajado no 26º com [o de] um soldado engajado num outro batalhão.

O senhor esteve em uma missão de paz da ONU. Depois, retornando, participou logo, com a sua companhia, de uma operação de GLO. Qual é a diferença entre uma e outra?
Quando nós chegamos a Moçambique, havia uma preocupação nossa quanto às ações a serem realizadas. Tínhamos nossas regras de engajamento treinadas, regras da ONU. O que observamos quando chegamos lá? As forças beligerantes — Renamo e Frelimo[18] — já estavam exauridas pela guerra. Então, o que aconteceu? Houve a assinatura de um acordo de paz em Roma — o chamado Tratado de Roma, no final de 1992. Ou seja, eles já estavam aptos a receber tropas da ONU para fazer o cessar-fogo, desmobilização, eleições, e cada um seguir seu caminho. Então, não havia mais o risco, vamos chamar assim. O risco de conflito era muito pequeno. Na realidade, quando tínhamos algum problema durante alguma patrulha nossa lá na Zambézia, era justamente porque estava demorando o processo de desmobilização. Era muita gente para ser desmobilizada, e a ONU tinha poucos grupos para fazer esse trabalho. Essa missão de desmobilização não era missão da tropa, era missão dos observadores militares espalhados em determinados pontos. Nós, tropa, sempre estávamos circulando em volta dessas *assemble areas*,[19] fazendo patrulha para proporcionar segurança para o trabalho desses observadores. Ao passo que, no Rio de Janeiro, no Pavão-Pavãozinho, havia uma população que via de vez em quando um tiro "traçante" à noite em cima do morro. Então, é uma situação um pouquinho diferente você estar numa situação de paz e você estar numa missão de GLO em uma das comunidades do Rio de Janeiro. Não vou nem falar do Alemão, nem da favela da Maré. Estou falando de 1994, Operação Rio, morro do Pavão-Pavãozinho.

[18] Tanto a Renamo quanto a Frelimo são partidos políticos em Moçambique atualmente.
[19] Termo utilizado nos manuais de assuntos civis da ONU para designar um local de apoio para civis que estão em uma área de conflito que pode ser uma escola, uma igreja, ou um hotel, por exemplo.

As regras de engajamento eram diferentes aqui? Elas já tinham mais ou menos sido estabelecidas?

Eram similares, porque a preocupação com quem está do outro lado é grande. Ela é na África, ela é na Europa, ela é aqui no Brasil. Uma das preocupações que a gente tem, muito grande — isso é muito importante a gente comentar —, é com a legalidade das ações, particularmente nas operações de GLO no Rio de Janeiro. Qual era o amparo legal que tínhamos em 94 a respeito de emprego de GLO? Tínhamos a Constituição Federal de 88, em que, nas destinações das Forças Armadas, uma delas é a Garantia da Lei e da Ordem. Naturalmente, por iniciativa do presidente da República ou dos demais poderes. E uma Lei Complementar 69, de 1991, que dizia, entre outras coisas, que as missões de GLO seriam determinadas pelo presidente da República ou os demais poderes, quando esgotados os instrumentos relacionados à segurança pública previstos no artigo 144 da Constituição. Esse era o amparo que nós tínhamos. Então, existia preocupação? Claro que existia. Tivemos algumas pessoas que foram detidas no Pavão-Pavãozinho — porque, lá dentro, tinha droga escondida dentro de casa —, e as pessoas reclamavam: "Vou botar meu advogado, vocês não podem fazer isso! Vocês não são polícia!". O cara gritava com a tropa. Mas, claro, numa operação dessa, uma operação integrada, nós tínhamos, no nosso posto de comando, um cartório para onde todos esses incidentes eram levados, e lá, sim, existia pessoal — delegados, inspetores da polícia — que realizava esse processo administrativo que é o auto de prisão em flagrante. Não era conosco. Então, tem essa pequena diferença, em relação a uma missão de paz e uma missão aqui.

Sua experiência na Operação Rio como comandante de companhia consegue dizer sobre o dia a dia de uma patrulha, não de alguém que comandou a operação de cima. Então, gostaríamos de aprofundar alguns detalhes mais práticos. Houve conflito, algum tipo de enfrentamento que foi respondido? Como era fazer uma patrulha naquele ambiente? O arcabouço jurídico, como o senhor mencionou, ainda estava um pouco frágil.

Coube a nossa companhia um determinado setor; ou seja, todas as nossas ações vão ser realizadas apenas naquele setor. Dentro desse setor, nós distribuímos. Se tenho uma companhia, tenho três pelotões, então cada um fica com um terço. Esses pelotões montam suas bases dentro da comunidade. Lá, eles iniciam, com seus grupos de combate, diariamente, patrulhas pelo interior da comunidade. Quando ocupamos o Pavão-Pavãozinho, não encontramos resistência como o

Exército brasileiro encontrou na ocupação da favela da Maré. Foi diferente. Nós realmente chegamos de madrugada com nossas viaturas, blindados, fomos até lá em cima. Cada um foi para o seu grupo. Quando a comunidade acordou, nós já estávamos no interior da comunidade, no interior da favela. De lá, começamos a circular. Em razão do aspecto dissuasão, não houve, praticamente, nenhum confronto. Ninguém iria, em sã consciência, realizar um disparo contra uma força que se encontrava na favela, porque nossa presença era muito grande. Se essa pessoa desse um tiro, existia um grupo de combate com 10 homens para revidar, dentro do princípio da autodefesa. Felizmente, não houve nenhum incidente nesse aspecto.

Uma das coisas que acontecia lá, no nosso dia a dia, é que passávamos circulando nas comunidades e parávamos, claro, em cada birosquinha para tomar um cafezinho, uma água, bater um papo, conversar, explicar nossa presença lá. Isso é muito importante, fazer amizade com o pessoal da vendinha ali, porque eles sabem das coisas. Eles falavam assim para a gente: "Olha, major, senhor vai ficar aqui uma semana, depois o senhor vai embora. Se eu falar qualquer coisa aqui, a complicação vai ser grande pra gente depois. O senhor está entendendo a nossa situação, major?". "Claro que estou. Mas, olha, se tiver qualquer probleminha, está aqui o telefone do Disque Denúncia. Fala, que ninguém vai tomar conhecimento e tal." Foi nesse processo que muitas pessoas nos passaram informações sobre ilícitos que estavam ocorrendo dentro da favela. Felizmente, não houve necessidade — graças a Deus — de nenhuma troca de tiro.

E a munição não letal, já era padrão?
Naquela oportunidade, nós não tínhamos ainda munição não letal no corpo de tropa. Apenas o Batalhão de Polícia do Exército ou talvez o Batalhão de Forças Especiais dispusesse desse equipamento. Mas nós tínhamos granada de gás lacrimogêneo. Isso aí nós tínhamos, para uma necessidade de emprego.

Além dessa experiência no Pavão-Pavãozinho, o senhor teve alguma outra participação na Operação Rio?
Na Operação Rio, não. Um pessoal foi, depois, para o morro do Borel, Muquiço. Mas a nossa companhia foi desfeita, cada um foi para a sua origem. No caso, voltei para a minha função de oficial de administração do batalhão. Quando retornei para a Brigada Paraquedista, um coronel que esteve lá em Moçambique foi trans-

ferido para a EsAO, a Escola de Aperfeiçoamento de Oficiais. Ele estava na EsAO quando soube que eu ainda estava no 26º. Ele disse: "Franklimberg, venha aqui para a EsAO. Aqui você pode participar de um grupo de estudos para fazer concurso para a Escola de Comando e Estado-Maior". Falei: "Graças a Deus!". Então, fui transferido no meio do ano. Foi a minha sorte: fui para a EsAO, fiquei como instrutor de uma seção. No outro ano, fiz concurso para a Escola de Comando e Estado-Maior e, felizmente, fui aprovado.

Nessa época, na EsAO, já havia algo específico sobre doutrina de GLO ou preparação para esse tipo de emprego no espaço urbano?
Claro, claro. Nós temos uma carga horária nas nossas escolas dividida entre os diversos tipos de operações: ofensiva, defensiva, movimentos retrógrados... No final, existe uma carga horária menor para outras atividades. Entre estas, Garantia da Lei e da Ordem e operações de paz. O foco das nossas escolas é a nossa atividade-fim, que é a defesa da pátria. Então, se já existia? Sempre existiu. Nós fazíamos o exercício para dar o planejamento, discutíamos como seria a ocupação, quem faria o quê.

Depois isso deve ter aumentado, não?
Exato. As ações de GLO cresceram muito de importância. Só na década de 1990, acho que foram mais de 30 ou 40 operações. Que eu me lembro aqui: em 1991, tivemos a visita do papa; em 92, a Eco-92; em 94 e 95, a Operação Rio; em 97, a greve da Polícia Militar de Minas Gerais; greve da Polícia Militar de Tocantins. Tivemos uma série de eventos que foram moldando o arcabouço jurídico de amparo legal para as operações de GLO: Lei Complementar 69, Lei Complementar 97, Decreto 3.897, 117 e 136.[20] Por que faço essa observação? Porque, quando fui trabalhar no gabinete do comandante do Exército, fui para a Assessoria Parlamentar, onde acompanhamos esses projetos de lei no Congresso Nacional. Normalmente, quem ocupa essas funções são oficiais já com uma certa experiência, para poder facilitar o andamento do processo.

---

[20] Referência à Lei Complementar nº 136, de agosto de 2010, que altera a Lei Complementar nº 97, de junho de 1999, que "dispõe sobre as normas gerais para a organização, o preparo e o emprego das Forças Armadas" para criar o Estado-Maior Conjunto das Forças Armadas e disciplinar as atribuições do ministro de Estado da Defesa.

De 2010 a 2014, o senhor comandou a 1ª Brigada de Infantaria de Selva em Roraima e depois foi chefe do Centro de Operações do Comando Militar da Amazônia. O senhor podia nos falar sobre eventos de GLO ou similares, sobre treinamento, preparo, nesse período e lá na Amazônia, em particular?
Claro, com o maior prazer. Sou de Manaus, e todo mundo gosta de trabalhar onde nasceu. Como comandante da 1ª Brigada de Infantaria de Selva, participamos de algumas atividades de GLO como treinamento previsto no nosso programa-padrão. Todas as unidades do Exército brasileiro cumprem um programa de treinamento previsto no programa-padrão, como nós chamamos. Além dessas operações, nós recebemos, como missão, em 2011, preparar o 15º contingente que ia para o Haiti. É claro que nossas unidades subordinadas iriam participar com a maior parte do efetivo e nós íamos receber frações de fora para compor esse grupo. Assim foi feito. Recebemos lá em Boa Vista, montamos exercícios para 800 militares que chegaram de fora para essa operação.

Qual foi o foco para treinamento desses militares que iam para o Haiti? GLO. Sendo que, como já era o 15º contingente, as experiências dos contingentes anteriores foram repassadas para o Brasil, foram transformadas em novos treinamentos e o foco do treinamento do 15º foi justamente treinar os tipos de missões mais comuns que eles iriam desencadear lá no Haiti. Com isso, nossos militares da brigada, aqueles que não estavam previstos para seguir para o Haiti, os que ficaram de fora... nós participamos também apoiando aquele treinamento. Então, em termos de GLO, nós tivemos uma oportunidade muito boa de atualização.

Mas, além de GLO, éramos uma brigada de vigilância na faixa de fronteira com a Guiana e com a Venezuela. Tínhamos também inúmeros problemas de ilícitos transfronteiriços. Daí, além dessas missões de GLO, nós também treinávamos e praticávamos muito as operações de coibição aos ilícitos transfronteiriços, amparados pela Lei Complementar 136, de 2010. Foram inúmeras as operações que fizemos lá em Boa Vista sob o guarda-chuva da Lei Complementar 136. Como falei anteriormente, na Assessoria Parlamentar participei do acompanhamento da elaboração da Lei Complementar 117. Só que quando você é designado para acompanhar esse processo, não éramos nós, assessores, que preparávamos a lei, era o Estado-Maior do Exército, em ligações com a Marinha e a Força Aérea, que elaboravam a proposta. Essa proposta, depois de aprovada, ia para o Ministério da Defesa e seguia para o Congresso Nacional, onde era trabalhada no Congresso Nacional pelos assessores parlamentares do Ministério da Defesa, do Exército, da Marinha e da Aeronáutica. Todos nós trabalhávamos em convencimento dos senadores e dos deputados federais, para que essa lei fosse aprovada.

Essa experiência de GLO eu tive, portanto, como comandante de companhia, como assessor parlamentar e depois como comandante de brigada e chefe do Comando de Operações. Mas aconteceu uma coisa interessante. Quando houve a greve da Polícia Militar da Bahia, em julho de 2001, foi uma tropa da Brigada Paraquedista para lá, naturalmente do 26º Batalhão de Infantaria Paraquedista. O que aconteceu de interessante nessa greve? Depois de algum tempo, o governador César Borges já não tinha mais controle sobre seus instrumentos de segurança previstos no artigo 144 da Constituição. Foi quando ele realmente formalizou que estavam esgotados seus meios e pediu a intervenção federal. Feita essa intervenção federal, o que se observou no emprego da nossa tropa em Salvador? Que havia arrombamentos de supermercados, assaltos, todo tipo de delinquência possível. O que acontecia? Nossa patrulha encontrava um grupo arrombando um supermercado, detinha os principais suspeitos e levava para a delegacia, para a autuação. Quando chegava na delegacia, a Polícia Civil estava em greve, a delegacia estava fechada. Olha a situação que a tropa passou! Então, só tinha uma forma: era liberar. Fazia as devidas anotações e liberava. Em razão desse problema, em agosto de 2001 foi aprovado o Decreto 3.897, que, entre aspas, conferia o chamado "poder de polícia" para as tropas das Forças Armadas no emprego em GLO para, justamente, evitar problemas daquela natureza. Esse decreto foi muito importante porque estabeleceu o poder de polícia. Ele disse também que deveriam estar "esgotados", entre aspas, os instrumentos de segurança pública do Estado — que ele discriminou em indisponíveis, insuficientes e inexistentes — para que as tropas federais pudessem ser empregadas. Ele também caracterizou que as operações de GLO deveriam ser episódicas, de caráter temporal — em um determinado tempo — e em um local predefinido.

Esses itens constantes do Decreto 3.897, em 2004, por ocasião da aprovação da Lei Complementar 117, foram inseridos na Lei Complementar 117. Isso foi muito bom. Quem foi o relator da Lei Complementar 117, para a nossa surpresa? Quando nós estávamos no Congresso Nacional, o então governador César Borges, da Bahia, tinha sido eleito senador. Ele se voluntariou para ser o relator da Lei Complementar 117. São coisas que acontecem. Praticamente todas as demandas que vinham acumuladas, fruto da nossa experiência com operação de GLO, foram introduzidas na Lei Complementar 117, que introduziu também o combate aos ilícitos transfronteiriços. Porque, se você está em um pelotão especial de fronteira fazendo o seu trabalho de vigilância, e daqui a pouco passa um carregamento de madeira no rio ou você inspeciona uma embarcação com droga, ou ouro, ou qualquer outra coisa... Nós já tivemos experiências de que a tropa do Exército não poderia fazer aquilo porque não era legal estar fazendo operação de vigilância de madeira na faixa de fronteira. Com isso, ao longo dos anos, nós vínhamos acumulando essa demanda. Ela foi materializada na Lei Complementar 117, autorizando as tropas do Exército brasileiro a coibir os ilícitos transfronteiriços. Então, a partir daquele momento, nós tivemos o amparo legal. Quando foi em 2010... a Marinha e a Força Aérea não tinham sido incluídas na Lei Complementar 136. Então, foram também introduzidas as atividades da Marinha nos rios interiores e da Força Aérea na revista de aeronaves. Ou seja, tudo foi uma sucessão.

O senhor consegue precisar quando a instrução de GLO passou a fazer parte tanto do Programa-Padrão de Instrução para o pessoal recrutado quanto para o pessoal profissional?

Desde o tempo em que ingressei no Exército brasileiro, em 1976, nós recebíamos instruções de CDC, naquela época. Quando fui declarado aspirante a oficial, fui servir no 57º Batalhão de Infantaria Motorizada, no Rio, o REI. Dentro do programa de instrução, nós tínhamos controle de distúrbios civis. Tínhamos instrução de PCTran — Posto de Controle de Trânsito —, tínhamos instruções de revistas e algumas outras similares. Toda unidade do Exército brasileiro tem o chamado CTTEP — Capacitação Técnica e Tática do Efetivo Profissional. Quando eu estava no 26º Batalhão de Infantaria Paraquedista, praticamente todas as nossas instruções eram do tipo CTTEP, porque todos são profissionais. Mas, lá no REI, naquela época, nós tínhamos também CTTEP em determinados momentos, para os quadros, para a gente atualizar os quadros sobre esse tipo de atividade. Tanto é que o 57º Batalhão de Infantaria Motorizada Escola, dentro de uma ação de GLO, ou de necessidade — vamos chamar assim — de manutenção do patrimônio público, é responsável pela segurança da Refinaria Duque de Caxias. Em consequência, nós precisamos, anualmente, ir lá na refinaria fazer nosso reconhecimento. Se por acaso houver a necessidade de manter a refinaria funcionando, nós temos essa responsabilidade perante a sociedade de manter ela incólume.

Então, quando vocês perguntam em que ano o Controle de Distúrbios Civis, GLO, foi colocado no PP, no programa-padrão, realmente é um pouco difícil explicar. Mas o que nós temos de dados? Em 2014, foi criado o Manual de GLO do Ministério da Defesa. O Exército já tinha um, de 2010. Ele atualizou esse de 2010 agora em 2018. O Exército brasileiro também criou uma tropa especial de Garantia da Lei e da Ordem lá em Campinas. Nós temos o 28º Batalhão de Infantaria Leve, que trata exclusivamente de instruções de GLO. Ou seja, em razão do crescente emprego das Forças Armadas, particularmente do Exército brasileiro, em operações de GLO, houve um aperfeiçoamento da força para a preparação dos seus quadros para emprego nessas operações, da mesma forma como também houve uma evolução do respaldo legal para emprego das Forças Armadas em ações de GLO. O Plano Estratégico de Fronteiras fala nisso, mas foi criado em 2011 e nós já tínhamos inúmeras operações anteriores.

O treinamento que se tem para GLO na Amazônia é o mesmo que se tem em outras regiões? A Amazônia não tem algumas características que são particulares, de problemas com os quais se tem que lidar ali, que a gente não encontra similares em outras áreas?
Nós temos dois tipos de instruções de GLO na Amazônia: aquela do programa-padrão e a instrução para coibição dos ilícitos transfronteiriços. Por quê? Em Manaus, em Porto Velho, em São Gabriel da Cachoeira, nós não temos uma favela da Maré, nós não temos um morro do Alemão, nós não temos um Pavão-Pavãozinho para fazer uma operação de GLO típica. Mas nós temos tráfico de drogas, garimpo ilegal, biopirataria, queimadas e outros problemas referentes àquele tipo de área de operações. Então, a maior parte da nossa instrução, das nossas atividades, são referentes a esse tipo de operação, de coibição aos ilícitos transfronteiriços.

Por exemplo, nós temos um pelotão lá em Maturacá, na fronteira com a Venezuela. Esse pelotão é cercado por uma comunidade indígena. Para que eles vão treinar operações de GLO naquele pelotão? Nós não concebemos isso. Então, lá, ele faz patrulhamento, que é uma das missões do pelotão: fazer o chamado *refront*, que ocorre todo ano. Eles realizam patrulhas na área de fronteira. Eventualmente, encontram um local de garimpo, alguém retirando madeira, algum estrangeiro que está lá sem autorização da Polícia Federal e assim por diante. Então, na Amazônia a prioridade das operações está voltada para a coibição dos ilícitos transfronteiriços amparados pela Lei Complementar 136. Essa aí é a grande diferença. Mas, por exemplo, nós tivemos a Copa do Mundo que aconteceu em Manaus. Eu, como chefe do Centro de Operações do Comando Militar da Amazônia, fui o coordenador de Defesa de Área daquela região. Então, nós tivemos que montar a preparação, a estrutura para a Copa do Mundo em Manaus. Lá, realmente, as atividades são voltadas para aquela GLO do Rio de Janeiro, de Recife, de Salvador. Na realidade, é uma operação interagências em que cada um tem sua responsabilidade.

O chefe do Centro de Operações do Comando Militar da Amazônia tem a responsabilidade de gerenciar todas as operações realizadas no âmbito do CMA, em todos os níveis. Temos um sistema de comando e controle em que, se tem um pelotão realizando uma patrulha na faixa de fronteira em São Joaquim, nós temos um mapa em que consta o dia em que saiu e o dia previsto para voltar. Nós realizamos periodicamente grandes missões, operações interagências, tipo a Operação Ágata.[21] É muito interessante esse tipo de operação. Você é chamado em Brasília, recebe a missão, recebe o local — 4 mil, 5 mil quilômetros de faixa de fronteira. Lá em Brasília, você está com o representante da Polícia Federal, um representante do Ibama, um representante do ICMBio, de todas as agências envolvidas. Posteriormente, marcamos uma reunião em Manaus para a qual todos os órgãos mandam seus representantes, agora com o chefe do centro de operações. Uma coisa muito importante nesse processo é o trabalho da inteligência. Nós não podemos deslocar um helicóptero que custa 10 mil reais a hora de voo para um determinado local se não temos certeza de que vamos ter um alvo lá naquele local. Então, nessas reuniões preliminares, nós consultamos o pessoal do Ibama, do ICMBio, da Polícia Federal, da Polícia Militar, para sabermos onde estão os problemas deles. É feito esse quadro de demandas de presença do Estado nessas regiões e, a partir desse quadro, nós fazemos o planejamento da operação. Então, em determinado momento nós reunimos nossos meios e iniciamos essas operações.

Um dos objetivos da Operação Ágata é mostrar a presença do Estado brasileiro na região, e também coibir as atividades ilícitas. É uma operação diferente de uma operação de GLO tradicional. Quando você entra numa favela na Vila Kennedy, no Rio, você está sujeito a levar um tiro. Quando você vai para uma operação na faixa de fronteira, você está levando um saco de feijão, um saco de arroz para a população. Uma população carente, uma população pobre. Nós levamos dentistas e médicos para atender à população. Vejam a diferença entre uma operação integrada de GLO e uma operação de faixa de fronteira, que é essa operação interagências. Além disso, em 2013 nós tivemos uma participação importante em uma operação de coibição às queimadas na Amazônia, chamada Hileia Pátria.

---

21 Iniciadas em 2011, as operações Ágata são operações interagências de vulto nas áreas de fronteira. Nelas, milhares de militares, juntamente com policiais e outras autoridades, trabalham em patrulhas fluviais e terrestres para coibir atividades de mineração ilegal, tráfico de drogas e armas e outros ilícitos fronteiriços. Nessas operações, os militares também oferecem serviços à população civil sob a rubrica das ações cívico-sociais (Aciso).

Ficamos seis meses nessa operação. O nosso general Mourão passou por essa experiência agora, comandando essa grande operação na Amazônia. Nessa operação que nós realizamos na Amazônia, em 2013, ficamos o primeiro mês apenas fazendo operações de inteligência, levantando todos os pontos onde nós poderíamos atuar. É claro que não foram todos, mas nós, após um mês, desencadeamos a operação. Foram seis meses. Você observa no Inpe ou em qualquer quadrinho sobre desmatamento na Amazônia e vai ver uma curva que desce e sobe quando passa por 2013 graças à efetividade dos comandantes de brigada, da Polícia Federal, do Ibama, do ICMBio, da Polícia Rodoviária Federal, que trabalharam nessa operação. Além disso, tive uma outra experiência que foi como CDA — coordenador de Defesa de Área — para a Copa do Mundo de 2014. Nós fizemos, desde 2012, uma preparação para receber esses jogos da Copa do Mundo lá em Manaus. Felizmente, como era esperado, não tivemos nenhum problema. Mas também foi uma operação interagências, com uma relação excepcional com os outros órgãos envolvidos nesse tipo de operação.

Nessas operações interagências entram em contato culturas organizacionais muito diferentes. Na prática, como é que isso se estrutura, do ponto de vista de uma pessoa formada pelo Exército?

Conforme está previsto, também na Lei Complementar 97 e [na Lei Complementar] 117, em uma operação de GLO ou uma operação interagências, o comando da operação, constitucionalmente, cabe às Forças Armadas. Todos os órgãos voltados à segurança pública previstos no artigo 144 da Constituição Federal sabem disso. Então, quando nós vamos para uma operação interagências, como falei anteriormente, nós primeiro fazemos uma reunião no Ministério da Defesa, onde recebemos as ordens para o cumprimento daquela missão. Lá, já vai um representante de cada órgão desses, e ele também já passa para seu escalão subordinado. Participei de inúmeras reuniões dessas ou operações dessas. Eles ficam muito felizes em estar trabalhando com as Forças Armadas porque têm a oportunidade de observar nosso padrão de trabalho.

É claro que, como está previsto na Lei Complementar 136, preservada a competência das polícias judiciárias, nós sempre levamos também, nas operações — por exemplo, contra garimpo ilegal ou desmatamento —, alguém do Ibama e da Polícia Federal para fazer as devidas autuações. Só que eles vão ter que desembarcar de rapel sobre as árvores. Eles nunca fizeram isso. Às vezes, o garimpo está dentro da selva, mas você vê as barracas na fotografia aérea, aqueles toldos de lona azul no interior da selva. Você sabe que ali tem garimpeiro. Então, qual é a forma de chegar naquele local? O helicóptero chega, lança as cordas e os nossos militares descem primeiro. Depois, desce o pessoal da Polícia Federal, do Ibama e quem quer que seja. Claro que, para eles fazerem isso, lá no CMA ou nas brigadas, há um treinamento anterior para aqueles aptos para essa atividade. Ou seja, com isso, eles gostam muito de realizar operações com a gente.

Outro aspecto que eu gostaria de destacar: o Ibama, por exemplo, em determinado setor, tem três agentes. Como é que esses três agentes vão fazer uma autuação em uma madeireira que tem uns 15 jagunços armados? Eles não vão. Eles falam isso para a gente. Mas quando eles chegam lá e atrás tem umas cinco viaturas do Exército, Polícia Federal e outros, eles vão e cumprem a missão deles. Então, essa interação, institucionalmente, é benéfica para todos. O Exército, porque está participando da operação, cumprindo o previsto na Lei Complementar 136, mas ele está preservando a autoridade da polícia judiciária que vai fazer a autuação, que no caso aí é a Polícia Federal, o Ibama ou o ICMBio.

O senhor mencionou essas viagens a Brasília para se coordenar nessas operações interagências. Isso acontece no âmbito do Ministério da Defesa? Envolve o Estado-Maior Conjunto? Como é que funciona?

No Ministério da Defesa, tem a chefia do Estado-Maior Conjunto das Forças Armadas. Normalmente, todos os que ocupam essa função são mais antigos do que os próprios comandantes das forças. Por quê? Quando o Ministério da Defesa planeja uma operação, quem coordena é o Estado-Maior Conjunto das Forças Armadas. Naturalmente, o Exército brasileiro, a Marinha do Brasil e a Força Aérea colocam à disposição seus meios para que essa operação seja planejada e executada. Quando nós tínhamos uma missão tipo a Operação Ágata, dentro do programa previsto no Plano Estratégico de Fronteiras, havia uma chamada inicial dos representantes dos comandos militares de área, aqui em Brasília, para que nós recebêssemos a posição do Estado-Maior Conjunto sobre a operação que ia ser feita. Então, o Estado-Maior Conjunto dizia: “A situação é essa, estamos com esse problema, é isso e aquilo. Vão falar aqui o representante do Exército, o representante da Marinha, da Força Aérea, do Ibama, da Polícia Federal”. Todos falavam. A partir daquele momento, era dada a missão: “Nossa missão vai começar dia tal, terminar dia tal, os recursos vão ser passados dessa forma”. Em suma, era alinhado, no nível — vamos chamar, me permitam a expressão — “girafa”, como seria a operação. Retornando para as nossas sedes — no meu caso, o Centro de Operações do Comando Militar da Amazônia — eu informava tudo isso ao meu comandante, e é claro que ele dava luz verde. Eu convocava os comandantes de brigada, que vinham até Manaus, aos quais eu também passava as mesmas informações: "Olha, nós vamos fazer uma operação assim, assado. Lá vocês vão receber o pessoal do Ibama, da Polícia Federal, do ICMBio, da Polícia Militar, da Polícia Civil para apoiar as ações de vocês. Portanto, façam os contatos necessários, que aqui em Manaus vou fazer os meus".

O senhor acha que a experiência nas ações de GLO, que antigamente eram mais raras, mas depois ficaram mais recorrentes, tem algum impacto na carreira do oficial?
Não. No meu ponto de vista, não tem nenhuma influência. Porque todos nós fomos formados na academia, com as mesmas instruções; todos nós somos aperfeiçoados na EsAO; e uma grande parte faz a Eceme. Em todos esses ambientes, nós recebemos instruções referentes a determinados assuntos. Alguns participam, outros não. Alguém que está lá, por exemplo, no Mato Grosso, só vai ter problema na faixa de fronteira; quem está no Maranhão, não vai ter problema. A participação ou não em atividades de GLO não significa que um militar é melhor preparado do que outro. Não é essa a concepção do Exército a respeito da avaliação dos seus oficiais.

General José Elito Carvalho Siqueira

José Elito Carvalho Siqueira é general de exército, nasceu em 1946, em Aracaju. Estudou no Colégio Militar de Salvador de 1959 a 1963 e ingressou na Escola Preparatória de Cadetes do Exército (EsPCEx) em 1964. Graduou-se na arma de Infantaria em 1969, na Academia Militar das Agulhas Negras (Aman). Concluiu a Escola de Aperfeiçoamento de Oficiais (EsAO) em 1978 e cursou a Escola de Comando e Estado-Maior do Exército (Eceme) de 1983 a 1984. É doutor pelo Army Staff College de Camberley, no Reino Unido. Em 1993, foi comandante-geral da Polícia Militar de Alagoas. Entre 1995 e 1997, foi adido militar do Exército e da Aeronáutica na África do Sul. Chefiou a segurança da Presidência da República de 1997 a 1999. Comandou as Forças de Paz da Missão das Nações Unidas para a Estabilização no Haiti (Minustah) entre 2006 e 2007. Foi comandante militar do Sul de 2007 a 2008. Exerceu as funções de secretário de Ensino, Logística, Mobilização, Ciência e Tecnologia (Selom) e chefe do Estado-Maior de Defesa (2009-2010) no Ministério da Defesa. Foi ministro-chefe do Gabinete de Segurança Institucional da Presidência da República de 2011 a 2015.

Entrevista realizada por Celso Castro, Adriana Marques,
Verônica Azzi e Igor Acácio em 31/8/2021.

Em 2009 e 2010, o senhor foi chefe do Estado-Maior da Defesa. Nessa função, ocorreu a GLO do Complexo do Alemão, no Rio de Janeiro.

No Ministério da Defesa, eu era um executante. O emprego das Forças Armadas na Garantia da Lei e da Ordem é uma coisa prevista em lei, e ela é definida no tempo, espaço e área. Ela não é uma intervenção global, não é uma situação generalizada, muito pelo contrário: o governador continua sendo o responsável pelo estado, mas, naquele local, hora e prazos determinados, o comando é do Exército — normalmente é do Exército, porque é quem coordena essas ações. Às vezes, a gente junta essas duas situações, como se fosse uma desordem generalizada. Não: era uma situação localizada. O governador precisa oficialmente dizer que não tem condições de resolver aquele problema e se sujeita a isso. Ele é que pede a GLO.

Lá no Alemão, nós éramos um escalão de execução. Não cabia mais a nós saber se devia ser ou não. Nós recebemos a missão e executamos — aliás, muito bem executada. Foi quando nós ocupamos de cima para baixo, como tem que ser. O problema maior em qualquer situação hoje no mundo resolve-se por duas expressões em inglês: *presence* e *deterrence*, presença e dissuasão. Infelizmente, nossas autoridades não estão exercendo essa presença, autoridade e dissuasão. A partir do momento em que você exercita essa autoridade, as coisas se resolvem naturalmente. Um exemplo muito claro são os nossos pelotões de fronteira na Amazônia. Temos cerca de 30 pelotões de fronteira, distribuídos em toda a fronteira amazônica, com 60 soldados cada e isolados de todo mundo; mas lá tem o Estado, tem presença e tem dissuasão, tem escola, saúde, comunicações, e tudo funciona bem, os problemas são mínimos.

Voltando à pergunta: ali não nos cabia análise, e sim execução, e com presença e dissuasão resolve-se. O problema é que nós fazemos alguma coisa em nossas favelas ou na nossa segurança pública e depois saímos dela. Foi o que nós não fizemos no Haiti. Nós ocupamos Cité Soleil e não saímos mais. Aí é a presença do Estado, a população ver que há alguém lá dentro sofrendo e resolvendo os mesmos problemas. Com 30 dias você tem a credibilidade de estar ali, e com poucos meses você resolve o problema. No nosso caso aqui, nós entramos e saímos, não há uma presença e uma dissuasão eficientes.

Foi no nível em que o senhor estava que foram decididas as regras de engajamento no Alemão? Como foi esse processo?

As regras de engajamento não são nenhuma novidade. Lá na ONU, nós temos esse manual, e são mais de 100 regras de engajamento. Elas são absolutamente flexíveis, de acordo com cada situação. No Alemão, não é diferente da Rocinha, ou de Madureira, ou Mangueira, o que seja. As diferenças são nas condicionantes, nos problemas. Nós não podemos ficar oscilando por causa do local. Temos que ter regras de engajamento, justamente para que, na confusão ou na complexidade de uma situação, nós não percamos o foco. Então, as regras de engajamento são muito claras, e nós adaptamos. No Ministério da Defesa, nós fizemos isso, com o ministro Jobim lá, ainda. Adaptamos as regras de engajamento, que tinham que ser executadas, independentemente da opinião do governador ou de quem quer que fosse. Nós só iríamos lá naquelas regras. Inclusive, um detalhe muito interessante: dentro do Alemão, nós tínhamos uma delegacia específica. Não adiantava você prender uma pessoa e ter que sair dali para uma delegacia não sei onde para entregar alguém. Tudo tinha que ser lá. Não houve uma improvisação, nada disso. Houve uma real adaptação, baseada no que nós tínhamos de inteligência. E foi muito bom. Agora, vocês sabem como é essa situação nossa, de problema de Justiça, de advogado, essas coisas. Por isso mesmo é que nós nos cercamos dessas pessoas, para também nos ajudarem. Por isso é que nós tínhamos o Poder Executivo, o Poder Legislativo e o Judiciário lá presentes: para poder ajudar e otimizar as ações. E deu certo também. Então, essa integração de ações é uma coisa lógica, tem que se fazer sempre. Lá na fronteira, quando atuamos, nós assumimos a coordenação de tudo: Polícia Federal, Rodoviária Federal, Ibama, Incra, Funasa, todo mundo embaixo do mesmo chapéu de coordenação. Isso é o fator de sucesso.

A partir de um determinado momento, o Exército passou a ter poder de polícia em áreas de fronteira. O senhor poderia falar desse contexto, de quais eram as dificuldades de não ter esse poder de polícia?

Essa é uma pergunta interessante, e lá no GSI, inclusive, fiz um mapa de dois metros e meio, que está no gabinete da Presidência e dos ministros, do Sistema Brasileiro de Inteligência, no qual nós colocamos a faixa de fronteira iluminada, diferenciada, porque não é uma faixa de um quilômetro: são 150 quilômetros para dentro do país, onde nós temos autonomia. Na minha época comandando Tefé, eu não tinha essa autonomia. Então, por exemplo, eu ia fazer uma operação em

Tabatinga, que é na fronteira com a Colômbia, e convidava e chamava a Polícia Federal, a Polícia Rodoviária Federal etc., mas dificilmente eles iam. Tinham problemas de área, problemas outros, administrativos. Eu sabia que havia barcos que podiam estar traficando ou ter algum problema ilegal qualquer, eu parava o barco, mas eu não podia entrar para inspecionar. Se tivesse uma droga lá dentro, eu também não podia prender, porque não tinha o poder de polícia. E só quem estava na área era o Exército. Então, esse poder de polícia agilizou tremendamente as situações. Esse aumento de apreensões que vocês veem hoje, nas áreas de fronteira, o Exército faz um serviço de inteligência — junto, é claro, com os órgãos de segurança pública —, e há hoje uma integração bem mais lógica, bem melhor, em proveito de todos nós. Então, isso foi uma grande coisa, na área da fronteira. A nossa fronteira oeste é uma fronteira bastante problemática para os próximos anos, talvez até mais que a fronteira amazônica, e estamos todos atentos quanto a isso.

Isso influenciou positivamente a questão de operações interagências? Mudou a característica da GLO depois disso?
Não, a GLO não é bem... A operação interagências na fronteira é até mais... não vamos dizer complexa, mas ela é muito mais constante e com muito mais variedade de missões, porque ali você tem Incra, Ibama, Polícia Federal, Exército, Marinha, Aeronáutica. Às vezes, em uma GLO, até mesmo como no Alemão, apesar de ter vários órgãos envolvidos, é uma situação muito mais pontual. Já na fronteira é uma coisa espraiada, com uma variedade muito grande de ações. O aspecto interagências é fundamental. Como palavra, acho melhor até integração, mesmo. A integração é fundamental em qualquer coisa no mundo.

Lembrando da sua experiência no Haiti como force commander, *qual é a diferença entre uma missão de paz e uma GLO, como, por exemplo, no Alemão?*
É difícil a gente fazer uma comparação, vamos dizer assim, lógica, porque a ONU é um órgão internacional, com regras estabelecidas. Na época em que estávamos no Haiti... fui depois do falecimento do general Bacellar, na emergência, e chegamos lá 15 dias antes das eleições. O Haiti não tem Exército desde 1995, quando o Aristide cortou o Exército — quando chegamos lá, já tinha 10 anos sem Exército. Só tem a PNH — Polícia Nacional do Haiti, que não tem condição nem de ser polícia, quanto mais polícia e Exército. Então, era uma situação caótica. É um país pobre, como vocês sabem muito bem. A ONU, naquela época, tinha 18

missões no exterior e somente duas regidas pelo capítulo VII,[22] que éramos nós e o Congo. A missão ONU é uma missão humanitária, na sua origem e na sua maioria. Então, nós estávamos ali numa missão de exceção, se pudermos assim falar. Aí há uma certa similaridade com a Garantia da Lei e da Ordem. E foi o que nós fizemos. Se tinha que acabar com a violência dentro do Haiti, nós tínhamos que ter presença e dissuasão. Fomos para dentro do problema, não ficamos fora do problema e discutindo politicamente. Nunca vai resolver. Aí é a similaridade. Mas lá era somente eu. Quando ocupei Cité Soleil, havia três anos que a Polícia Nacional do Haiti não entrava lá, a inteligência era zero. Meu trabalho de inteligência foi difícil, com as Forças Especiais, mas tivemos que fazer, porque não tinha nenhuma inteligência. Ou seja, a analogia existe um pouco, mas tem essas especificidades. Aqui, quando nós fazemos, é um pedido do governador ao presidente, para um problema localizado, pontual; o estado continua trabalhando, desenvolvendo, com seus outros problemas.

O senhor ficou no GSI durante quase cinco anos, e ao final ele foi extinto.

Foi o motivo de eu ter saído. Foi um erro crasso da presidente, e é claro que eu não podia concordar, e por ética e até respeito a 80 anos de ministério, em cinco minutos saí. Não podia deixar de fazê-lo.

Quando o senhor estava no GSI, ocorreu a operação na Maré. O senhor podia falar disso?

Em quatro anos, tivemos 12 ou 13 garantias da lei e da ordem, então não vou, talvez, me lembrar de detalhes. Havia sempre um componente político muito grande, seja do governador Cabral ou do Pezão, porque havia interesses. Era um período absolutamente positivo para o Rio de Janeiro, com visita do papa, Copa das Confederações, Copa do Mundo, Olimpíadas. Então, havia uma natural volta de atenção para o Rio de Janeiro, o que era uma coisa muito bacana, nesse aspecto, mas você via perfeitamente que havia um componente político ali forçando umas situações de presença para, vamos dizer assim, contrabalançar deficiências que naturalmente o estado tinha.

---

[22] O capítulo VII da Carta das Nações Unidas provê ao Conselho de Segurança poderes para a manutenção da paz mundial e aplica-se especificamente a situações em que o Conselho determina que existe uma ameaça à paz, quebra da paz ou um ato de agressão que comprometa a paz mundial. As missões de capítulo VII da ONU, como a Minustah em questão, são em geral missões nas quais os recursos a outros capítulos da Carta, mais brandos, foram vistos como insuficientes. Portanto, o recurso a um mandato de capítulo VII permite a aplicação de medidas mais robustas de uso da força para a estabilização e imposição da paz.

A Maré é uma favela que tem das melhores, entre aspas, delimitações dentro do Rio de Janeiro, porque ela é numa área relativamente plana, é ao lado de um quartel, inclusive, com a lagoa ali do lado, atrás do Galeão. Então, a Maré tem um problema que era mais ou menos o problema que nós tínhamos no Haiti: é muito horizontalizada. Já as outras favelas são verticalizadas. No Haiti era assim, tudo horizontalizado: você não via 10, 20 metros à frente; você não tinha um ponto de observação, de controle. A Maré não é absolutamente a situação mais sensível do Rio de Janeiro, mas ela tem aquela facilidade do acesso pela água. Então, ali houve um trabalho de inteligência bastante grande, mas era uma situação muito específica. Não era um interesse de segurança nacional; era um interesse do estado, como foi o Alemão e como foram outras ali. Nossa preocupação era não fugir do foco, delimitado no tempo e espaço, para cumprir aquela missão da melhor forma.

Eu me lembro de uma dessas GLOs no Rio, que era de três meses, e de quando informei à presidente Dilma que já íamos recuar. Ela concordou, mas depois não fez: o governador Cabral e o Pezão forçaram a barra para ficar mais três meses, sem nenhum argumento convincente. Era para dar férias aos policiais militares, pra isso e aquilo. Ela, politicamente, teve que ceder em algumas situações. Ora, ora! Um chefe tem que lidar com isso, e não ficar passando. Fui radicalmente contra. Então, esse é o ponto. Não há problema nenhum em fazer GLO em qualquer lugar do território nacional. O Exército está pronto para qualquer coisa. Agora, precisa é ter definição do que tem que fazer, e não um componente político fazendo uma situação qualquer e o Exército entrar. Não, não pode. Nós não somos órgãos de governo, e sim de Estado. Esse é o cuidado.

Com base na sua experiência, o senhor viu ao longo do tempo alguma evolução, em termos do treinamento, de preparação, do aperfeiçoamento das forças para atuarem em missões de GLO?

Antes mesmo de ter GLO, em todos os planejamentos nossos de instrução, em todas as nossas escolas militares e em todos os níveis, nós tínhamos uma grande ala de emprego que se chamava segurança interna. Em um país-continente como este nosso, você não pensar na segurança interna é de um amadorismo sem limites. E somos uma república federativa, onde a grande autoridade do estado é o governador, não é o presidente. Então, você tem que lidar com isso. É um componente político correto, mas você não pode, como segurança nacional, como defesa nacional, ficar pensando em guerra para fora; você tem que ver os problemas internos, que são muito mais emergentes para as nossas famílias, para os nossos filhos. Então, antes mesmo de GLO, nós sempre tivemos instruções de segurança interna. Foi ótimo a GLO acontecer, porque tornou-se um decreto, uma lei, em que você *formatiza*, dá direções e limites. Isso foi muito bom, mas não foi uma novidade operacional. A gente operava na Amazônia; eu era tenente, nos anos 1970, e já estava dentro da selva amazônica. Não fiquem vendo a GLO como uma coisa inusitada. Não é. E temos centenas de ações que podem ser feitas ou amoldadas para fazer esta ou aquela GLO, seja na Amazônia, seja no Nordeste, seja no Sul. Não há nenhum problema operacional de fazer a GLO, em qualquer lugar do território nacional. O problema da GLO é o componente político. A ação, militarmente falando, é zero problema. Estamos prontos — e temos que estar — em qualquer lugar do território nacional. O problema é foco e saber exatamente o que tem que fazer. Se soubermos, teremos a ação correta para fazer. E é bom que assim seja, porque garante a segurança interna do gigante Brasil, e não de um país pequeno.

O senhor poderia falar mais sobre as regras de engajamento que criou na época em que estava no GSI?

Eu já tinha passado pelo Haiti, já tinha vindo do Ministério da Defesa, onde teve GLO, e estava no GSI. Então, nós adaptamos, realmente, as regras para os objetivos específicos de cada GLO. Há o aspecto, por exemplo, de você poder disparar contra uma pessoa armada. Ora, é claro que você tem que disparar, se você estiver em uma missão. Se você está em um quadrilátero onde você tem responsabilidade de garantir a lei e a ordem e uma pessoa armada afronta você, você vai esperar primeiro receber um tiro para depois atirar? Não. Na ONU nós fizemos isso. Qualquer cidadão ou cidadã que está ostensivamente carregando arma e fazendo ameaças à tropa, nós podíamos eliminar. É claro, sempre olhando os fatores colaterais com relação à população. Nós passamos aqueles anos todos no Haiti e não tivemos nenhum efeito colateral. Dentro de Cité Soleil havia 250 mil pessoas inocentes morando, e não tivemos nenhum incidente. Nenhum.

As regras de engajamento não são para dificultar; elas são para esclarecer. Porque na hora das operações, ao longo do dia e da noite, durante vários dias, aqueles militares têm que estar absolutamente cientes do que podem e do que devem fazer. Eles não podem ter dúvidas. Então, no fundo, as regras de engajamento são até uma proteção jurídica para o bom desempenho dos militares ali. Isso ocasionou discussões: “Não pode atirar!”. Vem cá, como que não pode atirar?!

Agora, se eu atirar erradamente, está bem, vou para a Justiça pagar o meu erro, mas se estou ali, tenho que saber o que fazer. Então, isso é muito importante.

No Alemão, nós levávamos nas equipes elementos da polícia, para poder arrombar, se fosse o caso, algum barraco, alguma pequena casa daquelas. Porque ele é a autoridade policial mais adequada para fazer aquela ação. Por isso também o lado interagências. Então, era uma situação bastante delicada. Mas as regras de engajamento davam essa credibilidade e confiabilidade àqueles jovens militares, que estavam ali em situações de perigo, saberem fazer exatamente o que estava autorizado fazer, e não ter dúvidas. Porque aí as mortes podem acontecer erradamente dos dois lados.

Para fazer essas regras de engajamento, teve alguma resistência?

A resistência foi o seguinte: "O governador quer? Nós vamos, nessas condições". Não fiz resistência nenhuma. "Se não tiver essas condições, não iremos." E o ministro Jobim concordou perfeitamente, e a presidente também. Vai fazer o quê? "É assim que temos que ir. Não é brincadeira. Ou vamos nessas condições, ou não iremos." Então, o governador homologou. Tinha que ser. Nós não iríamos lá arriscar nossas vidas e até comprometer a vida dos outros, fazendo uma coisa absolutamente amadora. Seria ruim para todos os lados. E a operação, graças a Deus, foi realmente muito boa, tanto ela como as demais. Mas é que a situação do Rio é essa, a gente... É a sanfona, é aquilo que falei anteriormente: você faz, ocupa, faz a presença e dissuasão e depois vai embora.

Vocês lembram bem dos *strong points* [pontos fortes] no Haiti, dos pontos fortes que nós desdobramos dentro das favelas. O que eram os *strong points*? Verdadeiros quartéis, 24 horas do dia, não só fazendo as operações militares, mas fazendo também as operações absolutamente essenciais e humanitárias. Eu, no Haiti, a cada 15 dias, abria poços de água com a engenharia; asfaltei a favela inteira; reabri escolas; fiz mais de 40 mil atendimentos médicos com o meu pessoal militar. Aí você começa a adquirir uma certa confiança de todos que estão ali. Agora, se você vai, passa dois dias e vai embora... Aquela população fica então sujeita ao poder interno forte que tem ali, danoso, e que é uma minoria. Em qualquer favela do Rio de Janeiro, 90% das pessoas que estão lá são absolutamente honestas e querem criar suas famílias, seus filhos, trabalhar etc., mas ficam coagidas por aquele poder ali dentro.

Tivemos, depois, a intervenção federal no Rio, que foi de uma natureza diferente das GLOs tradicionais. Como o senhor acompanhou essa questão?

Uma coisa é uma intervenção federal; outra é uma GLO. Não diria a você que são coisas tão distintas, mas elas não são iguais. Numa intervenção federal, você tem uma intervenção do poder político, legislativo etc. dentro do estado. Isso não aconteceu. O governador continuou sendo governador, o prefeito continuou sendo prefeito. O que nós tivemos foi uma ampliação de Garantia da Lei e da Ordem. E isso não é bom. Porque, como falei, o ideal é que a Garantia da Lei e da Ordem seja muito clara em área e em tempo, e esses componentes políticos fazem com que essa área e esse tempo não fiquem tão reais. No entanto, todas essas missões reais, quaisquer que sejam, são lições aprendidas.

Nós somos um Exército de 150 anos sem guerras. Para nós, é claro, é uma benção. Por outro lado, nossa sociedade não tem o sentimento de perda, de destruição, esse sentimento de longo tempo com uma situação caótica. Então, eu brincava, lá no Haiti, botei até isso no relatório aqui para o pessoal do Brasil, que aqueles seis meses que as tropas passavam no Haiti valiam mais do que seis anos treinando no Brasil. Hoje, nós temos mais de 30 mil militares do Exército com experiência de Haiti, de general a soldado. Temos tropas adestradas no Haiti em todo o Brasil. Não é adestrada somente em operação; é adestrada em equilíbrio emocional, em apoio à população, em trato com a criança, com a mulher, em trato com as autoridades, em ficar longe da família seis meses, em enfrentar o medo. Enfim, essas situações não se aprendem na sala de aula. Então, é uma coisa fundamental. Encaramos muito naturalmente qualquer GLO. O que interfere são justamente as heterogeneidades do componente político.

Para a carreira no Exército, qual é a importância de um oficial ter participado dessas atividades relacionadas à segurança pública? Isso pesa em alguma coisa?

Para efeito de carreira, de mérito, não. Pesa pela experiência adquirida.

Ao longo do tempo, a preparação para operações de GLO passou a ser algo rotineiro até para o recruta, até para o efetivo variável. Todo recruta do Exército é treinado em fazer operações de tipo polícia. Quando isso começou a acontecer de forma permanente e em todo quartel do Brasil?

O tempo, vou lhes dizer que são décadas, mesmo. Desde tenente que fazemos isso. Quando você fala Garantia da Lei e da Ordem, você joga para o lado mais atual, mas é como falei: as operações de segurança interna faziam parte dos nossos manuais há 50 anos — controle da população, controle de distúrbios, segurança na fronteira, *checkpoints*... Isso sempre existiu, e sempre tivemos problemas dessa natureza, desde o início da República. Então, a história mostra que nossa segurança interna é um objetivo muito mais imediato do que a segurança externa. No estudo estratégico, você não vai começar a planejar segurança externa quando a prioridade é segurança interna. Então, como nós temos 17 mil quilômetros de fronteiras terrestres, com 10 países diferentes, e uma costa atlântica absolutamente fundamental, nós temos a segurança externa real para pensar, e pensamos nela. No meu tempo de tenente, a Amazônia tinha 10 mil homens; hoje tem 35 mil. E não aumentamos o efetivo do Exército. A minha brigada de Tefé veio de Santo Ângelo, no Rio Grande do Sul; a brigada que hoje está lá em Boa Vista, em Roraima, veio de Niterói; a de São Gabriel da Cachoeira veio de Petrópolis.

Então, não vejam isso como uma coisa nova, não, pelo contrário. É muito bom que tenhamos procedimentos para a garantia de nossa estabilidade interna. É muito bom para nossa população, para nossa família, nossas estruturas. Eu, quando fazia operações lá no Sul, botava 15 mil homens na fronteira. Aí ocupava tudo. É claro, falava com os governadores, com segurança, polícia... Todo mundo envolvido. É treinamento para todos nós, é interesse para todos nós. Ocupava Itaipu, é claro. Como é que você vai cuidar de Itaipu, se você não conhece nem onde é o portão de entrada? É uma coisa lógica. Como é que você vai cuidar de um aeroporto, se você não sabe nada do aeroporto? Então, isso é um assunto que é absolutamente profissional. É não ser amador.

Agora vou dar um dado curioso para vocês. Curioso não, porque é real. São quase 80 anos que, no mundo, não há um combate convencional semelhante ao da Segunda Guerra Mundial. As guerras hoje são menores, mas são tão perigosas ou sensíveis como as outras. São mais localizadas, mais setorizadas. O que nós temos que fazer? Eu sou Forças Especiais. Quando fiz Forças Especiais — lá se vão quase 50 anos —, tínhamos no Brasil uns 20 [homens em] Forças Especiais. Hoje nós temos uma brigada de Forças Especiais. Por quê? Vocês já ouviram falar em *asymmetric operations* [operações assimétricas], não é? Antigamente era a guerra convencional e a não convencional. Mas e *asymmetric operations*, o que são? Operações especiais. E a segurança interna não deixa de ser uma operação especial. Enfim, nós temos que aproveitar aqueles meios e aquelas doutrinas de 80 anos atrás, mas saber, com a inteligência, aplicar ao momento atual. É isso que nós estamos fazendo.

Segurança interna e segurança externa ao mesmo tempo, é claro. Temos um Exército competente, capaz e que está em condições de resolver qualquer problema que o Brasil precise, não tenham dúvida disso. E são pessoas como todos nós, cidadãos que usam farda para trabalhar, cidadãos que têm responsabilidade, como vocês, também, desfrutando esse tempo e pesquisando. Cumprimento vocês por essa iniciativa, porque repito aquilo que falei: defesa é um assunto de todo cidadão; não é um assunto militar. Vários países do mundo têm *defense studies*, *strategic studies* [estudos de defesa, estudos estratégicos]. Os nomes são variáveis, mas o foco é o mesmo. Hoje, você tem uma meia dúzia de universidades americanas com MBAs em *defense studies*. Falei com alguns reitores aqui para colocar assuntos estratégicos. Qual é o problema de um médico, ou de um engenheiro saber o problema estratégico do Brasil? É importante que ele saiba, como cidadão.

Quando eu estava no gabinete do ministro Tinoco,[23] como ele sabia que eu tinha estudado na Inglaterra, um dia se virou para mim — eu era um reles tenente-coronel e disse: "A partir de amanhã, você é meu intérprete". Eu disse: "Sim, senhor". E a primeira visita que ele recebeu foi Dick Cheney, que era secretário de Defesa dos Estados Unidos. Estou dizendo isso porque tem relação com o que acabei de falar. O Dick Cheney era civil e era o secretário de Defesa dos Estados Unidos. Mas era um civil com 25 anos de *defense studies*. Ele era um civil, mas que entendia de defesa tanto quanto um militar. Ele não entendia da parte operacional, mas ele entendia a importância do tema defesa num país. Fica a sugestão aí, para a área de ensino. Os alunos ficariam certamente com uma visão bem mais ampla do problema brasileiro e mundial.

[23] Carlos Tinoco Ribeiro Gomes foi ministro do Exército de 1990 a 1992, durante o governo Collor.

Almirante Carlos Chagas Vianna Braga

Carlos Chagas Vianna Braga é vice-almirante, nasceu em 30 de setembro de 1964 na cidade do Rio de Janeiro. É bacharel em ciências navais com habilitação em engenharia eletrônica (1985). Concluiu o curso de Aperfeiçoamento de Oficiais do Corpo de Fuzileiros Navais em 1993 e o curso de Estado-Maior para Oficiais Superiores em 2001 na Escola de Guerra Naval (EGN). Possui o curso de Altos Estudos de Política e Estratégia na Escola Superior de Guerra (ESG, 2012). Realizou uma especialização em análise, projeto e gerência de sistema na Pontifícia Universidade Católica do Rio de Janeiro (PUC-Rio, 1996-1997) e o curso de extensão política e estratégia na Universidade Federal do Rio de Janeiro (UFRJ, 2012). É mestre em ciências navais pela EGN (2002) e doutor em relações internacionais pela PUC-Rio (2015). Sua experiência no exterior inclui o curso Bofors Instructors Training na Suécia (1987), os cursos Air Defense Artillery Officers Basic (1991) e Air Defense Artillery Officers Advanced (1995), realizados na Air Defense Artillery School do Exército, e um mestrado em *military studies* pela Marine Corps University, todos nos EUA (2000). Também cursou o Senior Office Peacekeeping Support Operation da Defense Canadian Academy (2001) e o Gestion de Crises da Université Pantheon-Assas, Paris-2, na França (2019). Foi assistente do primeiro *force commander* da Missão das Nações Unidas para a Estabilização no Haiti (Minustah, 2004-2005), coordenou a participação da Marinha do Brasil nas operações de ocupação da Vila Cruzeiro e do Complexo do Alemão em 2010 e foi o chefe do Estado-Maior Conjunto da Coordenação Geral de Defesa de Área durante os Jogos Olímpicos e Paralímpicos (Rio-2016). Também foi assessor especial do ministro da Defesa. Atualmente é comandante da Força de Fuzileiros da Esquadra.

Entrevista realizada por Celso Castro e Adriana Marques em 14/10/2021.

Sua primeira experiência com GLO foi na Eco-92, mas depois o senhor participou de várias outras missões desse tipo.

Sim. Na época da Eco-92, eu trabalhava na então Bateria de Artilharia Antiaérea e recebemos a incumbência de fazer a segurança do Riocentro, onde ocorreria a Cúpula dos Governantes de Estado. Foi a primeira experiência. As Forças Armadas entraram lá até um pouco tardiamente, por decisão do presidente. É o primeiro marco formal em termos de emprego das Forças Armadas em GLO após a Constituição de 88.

Depois, em 1994, tivemos o que alguns chamam de Operação Alvorada, outros chamam de Operação Rio. Eu era assistente da Divisão Anfíbia lá na Ilha do Governador e o comandante da divisão foi o responsável, na Marinha, pela condução dessas operações. Então, tive a oportunidade de acompanhar. A Marinha participou no morro do Dendê, depois participou na comunidade da favela Kelson's, participou ali atrás do Hospital Naval Marcílio Dias, participou nas duas comunidades que nós temos aqui: Parada de Lucas e Vigário Geral. Teve uma apreensão bastante significativa, para aquela época.

Depois, teve uma operação conjunta, que se chamava Operação Arcanjo, lá no morro do Alemão. Isso aí já nos idos de 94-95. Em 2004, fui para a operação de paz no Haiti. Era para ser oficial de inteligência, mas acabei sendo assistente do general Heleno, o primeiro *force commander*. Um comandante brilhante. Passei um ano com ele, trabalhando como assistente e, em um bom período da missão, como porta-voz militar da Minustah, do comando da operação como um todo. Mais adiante, a gente estava iniciando uma parceria com a PUC e com a UnB, no Pró-Defesa houve uma aproximação muito forte e acabei tendo um convite para fazer o doutorado na PUC. Comecei em 2011, defendi minha tese em 2015. Basicamente, ela tratava do uso da força na comunidade internacional, tanto em operações de paz quanto intervenções humanitárias.

No final de 2010-2011, na época eu estava entrando no doutorado, coincidentemente a gente teve a operação da Vila Cruzeiro e do morro do Alemão. Eu estava comandando o Batalhão Logístico e recebi a incumbência do comandante da Força de Fuzileiros, de coordenar a atuação da Marinha naquela operação. Foi uma atuação muito peculiar, por uma série de razões que ficaram bem-vistas no Rio de Janeiro naquela época. Um momento difícil. Foi uma outra experiência muito interessante nessa interação com as forças de segurança, com as comunidades, essas coisas todas.

Mais adiante, já promovido a almirante, fui designado para ser chefe de estado-maior do coordenador-geral da Defesa de Área do Rio de Janeiro para os Jogos Olímpicos, que era, na época, o general Fernando, o comandante militar do Leste. Passei dois anos no planejamento e na execução da segurança dos Jogos Olímpicos e dos Jogos Paralímpicos; nestes, já tendo o general Braga Netto como coordenador-geral, porque o general Fernando tinha sido designado para o Estado-Maior do Exército e o general Braga Netto assumiu o CML. Foi uma experiência também bastante intensa, a dos Jogos Olímpicos, o maior evento esportivo do mundo. Finalmente, já promovido a almirante, e depois dos Jogos Olímpicos, fui designado para o Ministério da Defesa, para ser assessor especial do ministro, que era o general Fernando. Fui também o coordenador da comunicação social do Ministério da Defesa durante o período todo — dois anos e pouco. Foi uma oportunidade boa de presenciar essas interações todas da parte de segurança pública. As mais notáveis talvez tenham sido a atuação na greve dos policiais no Ceará e as operações Verde Brasil e Verde Brasil 2, que foram iniciativas inéditas em termos de GLO ambiental.

Em 1992, o senhor era um oficial ainda jovem, moderno. Nessa época não havia nenhuma doutrina, nada muito já definido em relação à atuação em operações desse tipo, de segurança pública. Ou havia?

Isso é uma coisa muito interessante. Às vezes, a gente tem uma percepção que é um pouco diferente da minha, pelo menos. Como acabei estudando muito o assunto, a gente vai lidando com a prática e com a teoria. Depois que a gente vira acadêmico, acaba tendo que se confrontar com as duas coisas ao mesmo tempo. Uma das coisas com que a gente se surpreende é que boa parte das pessoas, muita gente boa, fala: "Operação de GLO é coisa da Constituição de 88". Aí, quando a gente vai olhar as nossas constituições, desde 1891, desde a primeira pós-império, ela já fala em garantir a lei no interior. Depois, em 1934, ela já fala explicitamente em Garantia da Lei e da Ordem. Em 1967, vai falar isso daí. Então, na história, só tem uma constituição — acho que foi a Constituição de Getúlio — que não fala no assunto, porque era um outro regime. Mas a realidade é que todas as Constituições brasileiras falam isso, desde o início. É algo ao contrário de países como os Estados Unidos, onde havia uma prevenção da atuação das Forças Armadas no interior do país como uma forma de cercear a liberdade e a autonomia dos estados federados. No Brasil, a cultura era ao contrário desde o início. Ou seja, as Forças Armadas tiveram uma participação muito forte na consolidação do processo de independência e na consolidação do território nacional. Ao contrário da América espanhola, que acabou se fragmentando toda, o Brasil está aí e boa parte disso é essa presença. Então, a presença das Forças Armadas, nesses momentos mais agudos, não é uma novidade por si só. As doutrinas atuais, GLO, vejo como uma coisa que foi evoluindo. Às vezes de uma forma mais ou menos explícita, em termos doutrinários. Mas não é uma novidade. Ou seja, a gente não pode dizer que a partir de 1988 se passou a atuar na Garantia da Lei e da Ordem. Se for olhar ao longo da história do Brasil, o tempo todo teve isso daí: nas secessões, nos grandes desafios que o país enfrentou, volta e meia as Forças Armadas se faziam presentes, de uma forma ou de outra. Então, essa é uma separação que gosto sempre de colocar antes de a gente entrar em 1992.

Em 1992, eu era um oficial moderno, recém-promovido a capitão-tenente, e a gente não entendia muito bem. Recebemos uma missão de fazer a segurança do Riocentro. Assim foi feito. Partimos para lá. Foi uma decisão presidencial que, depois, estudando, fui ver que se demorou um pouco a tomar. Não se sabia exatamente se ficaria só com as forças policiais ou não. No final, decidiu-se isso. Ao Exército coube uma segurança de área, de modo geral, do Rio de Janeiro. Então, tem fotos dos blindados, aqueles Cascavel do Exército, em vários locais: próximo ali a São Conrado e outras coisas. Faziam a segurança do trajeto das autoridades no Rio de Janeiro como um todo.

Ao corpo de fuzileiros navais coube, especificamente, a missão de fazer a segurança do Riocentro, que era o local onde seria realizada a cúpula das autoridades todas. Dentro desse pacote de segurança, a minha área era a defesa antiaérea. Eu tinha feito todos os cursos de defesa antiaérea. A Marinha tinha recebido no corpo de fuzileiros navais um sistema de defesa antiaérea que, na época, era o mais moderno que existia. A gente recebeu essa missão e se preparou muito para isso. Ou seja, controlou todo o tráfego aéreo, o que entrava, o que podia entrar. Aí vinha, às vezes, algum chefe de Estado e trazia o seu próprio helicóptero. Então, teve uma série de desafios interessantes, naquele momento, para entender como era a complexidade da missão. Tinha um outro aspecto interessante: ela estava muito claramente estabelecida, tanto em termos de tarefa — propósito — quanto em termos espaciais e temporais. Ou seja, o espaço era aquele do Riocentro. O tempo era aquele até o final da cúpula, e estava encerrado.

Então, é uma coisa que gosto sempre de separar. Às vezes a gente trata a GLO como um animal único, mas, apesar de ele estar na Constituição como um animal único, cada tipo tem suas próprias características. Identifico pelo menos cinco tipos que são bem diferentes. A gente tem os grandes eventos — que começam realmente com a Eco-92, e o último grande evento talvez tenham sido os Jogos Olímpicos —, que têm as suas peculiaridades. São muito intensos, mas também acabam; ou seja, o evento acabou, acabou a missão.

A gente tem também as questões ligadas à insegurança pública, como essa da Vila Cruzeiro, morro do Alemão, Maré, essas coisas todas que são muito mais complicadas, porque a própria temporalidade é difícil de ser estabelecida. Então, existe uma tendência a perdurar *ad eternum* na ausência de outra solução. Então, ela tem uma característica muito mais complicada.

Tem também a segurança dos processos eleitorais, que é uma coisa que, às vezes, se mistura com a GLO, mas algo que já acontece no Brasil em todas as eleições. Todas, rigorosamente todas. Não tem uma eleição aqui no Brasil em que não haja o emprego das Forças Armadas no que a gente chama de GVA — Garantia da Votação e Apuração. No ano passado, foram mais de 400 localidades. O juiz eleitoral pede, vai para o TSE, pede ao Ministério da Defesa, e automaticamente vai. É uma coisa que passa de forma muito transparente e natural, tanto na parte da garantia física, como também na parte de logística nas áreas mais distantes.

A gente tem também a situação das greves policiais, que é outra situação bastante complicada em termos de emprego das Forças Armadas na Garantia da Lei e da Ordem, porque nesse momento elas não estão substituindo ou reforçando ou complementando uma coisa que a polícia não consegue fazer. Elas estão fazendo o que a polícia não quer fazer. Às vezes existe uma possibilidade de confronto, como a gente já teve em Salvador, há mais tempo, com a Marinha, inclusive com morte de policial na época, há quase 30 anos — causou uma comoção grande. São operações difíceis por essa razão, porque a gente vai ocupando um lugar de uma força que está em greve — muitas vezes se parece até com um motim —, e as Forças Armadas entram. Então, elas incomodam, porque elas estão fazendo o papel da outra força. Às vezes, existe uma possibilidade de confronto, a linha é muito tênue entre as coisas todas.

Temos ainda outras situações, como as Forças Armadas em GLO para a parte de logística; a própria parte ambiental, como é essa novidade agora na Verde Brasil. Então, cada uma tem uma característica completamente diferente. Não dá para botar todo mundo no mesmo bolo: é GLO. Se não houver uma percepção muito clara do que é a missão, a gente corre um risco muito maior do que precisa. É essa a minha compreensão.

A Operação Rio, em 1994, foi do segundo tipo de GLO que o senhor descreveu.
Exatamente, essa foi bastante diferente da Eco-92. Foi um problema de insegurança pública, numa daquelas ondas de insegurança do Rio de Janeiro, algumas vezes muito mais políticas do que qualquer outra coisa. É uma narrativa que sobe de acordo com o momento que está se vivendo na época. Houve a decisão de empregar as Forças Armadas para atuar em determinadas comunidades, determinadas áreas que eram consideradas como focos de violência. A visão que se tinha na época, principalmente das forças policiais, era de que esses locais serviam de refúgio para criminosos que, a partir deles, seguiam para fazer ações em outros locais.

Houve então uma divisão de tarefas, novamente, entre a Marinha, o Exército e a Força Aérea. Mais a Marinha e o Exército. A Força Aérea um pouco menos, até pela capacidade de Infantaria da Força Aérea, que acaba sendo um pouco menor. Cada um recebeu determinadas áreas onde deveria atuar. No caso da Marinha, a primeira operação foi no morro do Dendê, na Ilha do Governador. Um morro difícil, uma área bastante complicada. Mais adiante, a gente recebeu a favela Kelson's, que é também chamada Marcílio Dias, que fica em Ramos, perto do viaduto da Penha, do lado do Centro Social Almirante Alexandrino, da Marinha. Bem pobre, realmente. Depois, atuamos bem aqui do lado,[24] entre Parada de Lucas e Vigário Geral. Uma área muito difícil, até hoje. Tem a "Faixa de Gaza" que separa as duas comunidades. Havia uma rivalidade muito grande entre as duas. Na época, foi feita uma apreensão de drogas e armamentos considerada descomunal para aquele momento. O depósito estava enterrado e foi-se desenterrando e, a cada vez, aparecia mais coisa. Foram cinco caminhões para retirar o material todo. Fez-se operação naqueles morros do Lins de Vasconcelos, que ficam atrás do Hospital Marcílio Dias. Por fim, uma operação conjunta envolvendo as três forças, que foi no Complexo do Alemão.

Naquela época, já se tinha a preocupação de ter uma doutrina própria para esse tipo de operação?
Sim. Existe sempre uma doutrina para atuação em ambiente urbano, isso aí não tem novidade, são coisas que já vêm há muito tempo e é um processo evolutivo, no mundo inteiro. No Brasil, há um ambiente urbano bastante típico, bastante

---

[24] Comando da Força de Fuzileiros da Esquadra em Duque de Caxias, Rio de Janeiro (RJ).

diferenciado, que é o ambiente da comunidade, principalmente uma comunidade mais vertical do que horizontal. Isso traz uma série de desafios. Cada vez que a gente vai ser empregado em uma determinada missão, em uma determinada tarefa, existe uma preocupação de, primeiramente, através de lições aprendidas, ir evoluindo para as próximas vezes, até estabelecer uma doutrina mais consolidada. Essa doutrina não é imutável, ela evolui com o decorrer do tempo. Mas isso é uma preocupação constante, porque, para cada missão em que as Forças Armadas são empregadas, existe a preocupação de fazer bem-feito. Então, esse processo doutrinário é muito importante. Desde o primeiro momento, ou seja, 1994, quando começou a operação, já foram várias lições aprendidas, relatórios e apresentações que fiz e que mostravam as preocupações: com a interação com as forças policiais, com a atuação de assessoria jurídica, a delegacia de polícia judiciária e militar.

Olhando para essa época quase 30 anos depois. O que havia de diferente em relação a hoje, em termos do emprego das Forças Armadas — no caso, especificamente da Marinha, dos fuzileiros — nesse ambiente?

O diferente talvez fosse que há muito tempo que não éramos empregados nesse tipo de operação. Como falei, tem a tradição em emprego da Garantia da Lei e da Ordem, mas a gente não tinha um histórico recente na época. Então, muitas coisas eram novidades. O formato, na época, era muito comum: fazia-se um cerco, uma investidura e um vasculhamento. Eram três fases clássicas da operação que era feita naquela época, era uma doutrina, de um modo geral, que já vinha desse tipo de operação urbana. Então, você cercava a área onde se ia atuar. Na investidura, você ia para dentro da área. A partir dali, fazia-se um vasculhamento e, como a área estava cercada, quem tentasse sair era capturado, alguma uma coisa assim.

Isso já era algo que se estudava e se treinava antes, ou foi uma coisa desenvolvida para este contexto?

Com adaptações, já existia uma doutrina para operações urbanas, limitadas para essas áreas, para fazer alguma coisa nesse sentido. Ela foi sendo desenvolvida, aperfeiçoada, aprimorada. Mas não posso dizer que seja uma novidade absoluta, uma coisa assim.

No seu curso na Escola Naval, havia alguma coisa parecida com esse tipo de atuação? Na Aman agora está tendo um treinamento específico para isso, porque passou a fazer parte do leque de possibilidades operacionais do oficial. Antigamente não tinha. Tinha SIEsp, essas manobras de operações especiais. Os fuzileiros navais são a força expedicionária por excelência. Havia alguma formação no Brasil para empregar esse tipo de tropa dentro do nosso território?

Essa pergunta ficou ótima, me dá a oportunidade de comentar bastante essa composição das duas metades da pergunta. Como falei, a parte de combate em área urbana não tem novidade, já existe há muito tempo e os formatos são treinados. Desde quando eu era tenente, já existia e existe até hoje uma pista que a gente chama de pista de combate em localidade, que fica na Divisão Anfíbia, na Ilha do Governador, que é uma simulação de umas casas e muros que a equipe tem que ir passando, e tem toda uma tática e uma técnica empregadas, exatamente para diminuir os riscos na hora de passar cada obstáculo, que se assemelha a uma pequena cidade, bem pequena mesmo. Então, isso aí já existe desde o tempo em que eu era tenente.

O combate urbano não é novidade. Na Segunda Guerra Mundial, a gente teve. O David Galula, que é um teórico que trata desses assuntos de insurreição, já coloca uma série de coisas de como se comportar nesse tipo de ambiente. Ele foi bastante estudado lá nos Estados Unidos, como foi estudado aqui. Então, são coisas que vão evoluindo. Elas estão escritas e, à medida que a necessidade vai aparecendo, vão se incorporando mais ou menos. As forças têm uma tendência a se preparar mais para o que a gente julga que está mais próximo. Ou seja, a gente se prepara para a missão constitucional, que, sem dúvida nenhuma, a principal é a defesa da pátria. Isso aí não pode ser relegado a segundo plano em nenhum momento. Para as outras missões, ou seja, a própria GLO, que está na Constituição — até no mesmo nível da defesa da pátria —, à medida que ela vai se tornando mais frequente, vai aumentando o preparo. Na parte militar, é importante a gente ter esse contexto. Na academia, a gente consegue separar e fazer, em termos teóricos, uma abordagem muito bem-feita e desenvolver tudo isso teoricamente muito bem. Quando a gente vem para uma aplicação militar, não adianta ter uma teoria muito bonita, porque no primeiro tiro isso aí já vai cair por água abaixo. Então, são esses empregos constantes que vão aperfeiçoando. E também não adianta só o treinamento, porque o treinamento, por mais que ele tente ser real, não consegue mostrar o que vai acontecer realmente na prática. A gente acaba se preparando, de certa forma, para a guerra anterior, para o último evento que a gente teve. Então, o que vai dando um preparo cada vez melhor são essas atuações, que vão dando a competência profissional e a experiência.

Aí entro na segunda parte, aproveitando a questão do fuzileiro como força expedicionária. A Marinha do Brasil tem uma característica muito interessante: ela é uma marinha completa, que tem uma força naval, tem força de fuzileiros navais e tem a aviação naval também, além da própria força de submarinos. Além de ser uma marinha completa, ela faz, no Brasil, coisa que cinco instituições diferentes fazem nos Estados Unidos. Lá você tem a Marinha que é a *blue water navy* típica, a US Navy. Aí você tem a Guarda Costeira, que no Brasil nós não temos. Quem faz a guarda costeira no Brasil é a Marinha. Então, aqui a Marinha é US Navy e é US Coast Guard, ao mesmo tempo. Ela também é USMC, ou seja, ela tem o corpo de fuzileiros navais, que nos Estados Unidos é uma força à parte, separada. Ela é, também, ao mesmo tempo, autoridade de administração marítima e autoridade marítima, enquanto que nos Estados Unidos há o Maritime Admin., que é um outro órgão totalmente separado e totalmente independente. E ela faz também o papel que é feito pelo NOOC americano, que é a parte de oceanografia, essas coisas todas. Então, ela tem uma característica diferente. É difícil comparar com algumas outras marinhas. Ainda tem um sexto item, que não aparece de maneira formal, mas que ela é das poucas que faz, que é a atuação na parte humanitária. Na Amazônia, há vários locais que, se não forem os navios de assistência hospitalar da Marinha, não têm assistência de saúde. É o normal para uma Marinha fazer isso? Não. Mas, em um país como o Brasil, é a alternativa que sobrou. A Marinha brasileira é uma *blue water navy*, mas, ao mesmo tempo, também é uma série de outras coisas. O Brasil tem recursos limitados, não adianta ficar dividindo para um monte de gente, criando várias instituições estatais.

Com isso, a Marinha acaba tendo que atuar de forma expedicionária e, ao mesmo tempo, tem que atuar no território nacional. Historicamente, isso já acontece. Aí vem o caso dos fuzileiros navais, que têm quatro características que acho que são as que mais vão distinguir o corpo de fuzileiros navais de qualquer outra força aqui no Brasil. A primeira delas é que é uma tropa profissional. Todos os fuzileiros navais, desde o soldado mais moderno até o almirante de esquadra comandante-geral, todos foram aprovados em concurso público e todos são submetidos a um longo processo de treinamento e de cursos. A gente não tem conscrição no corpo de fuzileiros navais. Todos são profissionais. Isso daí dá uma certa estabilidade.

O segundo aspecto é a questão do pronto emprego. Hoje, aqui na Força de Fuzileiros, em 24 horas tenho que ter um batalhão pronto para atuar em qualquer lugar do Brasil. Ou seja, quando alguma coisa acontecer, tem que já estar pronto. A gente tem a Força de Emprego Rápido e toda a mentalidade gira em torno do pronto emprego. No emprego em Vila Cruzeiro e morro do Alemão, em menos de 12 horas a gente botou a tropa na rua para fazer uma missão completamente diferente. Essa é a filosofia do pronto emprego: estar pronto para ir.

Aí, vem o terceiro, que é a capacidade expedicionária. Todas essas características dependem uma da outra. Ou seja, você não consegue ter a próxima, se você não tiver a primeira. A questão da capacidade expedicionária é ir para qualquer lugar para operar, seja em uma operação de guerra, seja em uma operação que a gente chama de "emprego limitado da força", que é uma operação de GLO ou uma operação de paz, seja também em uma operação humanitária, como a gente fez, por exemplo, quando levou um hospital expedicionário lá para o Chile, por ocasião do terremoto, ou levou aqui para a Região Serrana do Rio. Aí tem uma distinção. Na literatura, a gente vai encontrar as operações expedicionárias, normalmente, como sendo operações fora do território nacional. Não gosto dessa distinção para o caso brasileiro. Porque, no Brasil, eu sair daqui para ir operar, como a gente fez agora em uma operação de fronteiras contra crimes transfronteiriços, em que a gente chegou à [fronteira] Arco Sul-Sudeste, para operar lá em Foz do Iguaçu, levar 1.600 homens, a mais de 1.500 quilômetros, isso é expedicionário. O Brasil é grande demais.

Aí vem um outro elemento, muito ligado à nossa identidade, que é a capacidade anfíbia, que é se projetar do mar para a terra, no que a gente chama de conjugado anfíbio, a partir dos navios da Marinha, em um litoral hostil ou potencialmente hostil. Em alto-mar, a gente não tem problema de soberania, o navio pode permanecer o tempo que quiser, onde ele quiser, sem atentar contra a soberania de ninguém, e se projetar na forma expedicionária onde se julgar que seja necessário, a partir do mar, caracterizando a tal da capacidade anfíbia.

Então, são essas as características que eu reputo importantes e que permitem essa flexibilidade de operar nos mais diversos tipos de ambientes, como tem acontecido. A gente não tem, então, no corpo de fuzileiros navais, uma tropa especializada em combate urbano, ou em operações de selva. Aqui, na Força de Fuzileiros da Esquadra, os batalhões têm que estar preparados, e o ciclo de adestramento faz com que estejam, para operar nos mais diversos ambientes potenciais.

No Haiti, o senhor foi assistente do general Heleno, o primeiro force commander. *Como foi essa experiência?*
Fiquei lá um pouco mais de um ano. Foi excepcional sob todos os aspectos. Acho que foi uma experiência de vida, aprendi horrores nesse ano em que estive lá. A gente teve oportunidade de conviver desde o nível tático até o nível político, tentando entender os meandros de uma operação de paz, os meandros de um governo como o do Haiti, as nossas operações, as dificuldades iniciais. Tive a ventura de ser assistente do general Heleno, que é uma das figuras mais fantásticas, mais brilhantes que já conheci. Aprendi demais com ele. Na realidade, fui para o Haiti, inicialmente, para ser oficial de inteligência da transição. Na época que a gente chegou lá, havia uma Força Interina Multinacional — que era Estados Unidos, Canadá, França e Chile — e ia ser feita a transição para a Minustah. Quando, no meio da transição, estava prevista a chegada do *force commander*, o general Heleno, fui designado para recebê-lo. Fui para o aeroporto e recebi a orientação de permanecer com ele durante todo o período dessa transição até que chegasse o assistente dele. Em um determinado momento, ele decidiu que o oficial que iria para ser assistente dele ficaria com a minha função e que eu permaneceria como assistente. Eu não o conhecia, até porque eu era um oficial da Marinha e ele era um oficial do Exército. Acabei ficando esse ano todo com ele, indo a todos os locais, participando de todas as reuniões de alto nível, de todas as operações, de todas as coisas, e tive a oportunidade de verificar, na prática, as dificuldades da implantação de uma missão de paz. Quando a gente chegou lá, não tinha nada. Toda a missão estava chegando, os funcionários civis chegando, tudo chegando. A gente teve a oportunidade de assistir ao crescimento da missão.

Uma dimensão da Minustah, principalmente na primeira fase, foi o combate à criminalidade, às gangues. O que era diferente lá, quando ocorria um emprego em ações de combate à criminalidade, de uma GLO, por exemplo, aqui, em 1994, na Operação Rio? Levou-se alguma coisa da experiência daqui para lá, ou, ao contrário, lá foi uma coisa diferente que, depois, se trouxe para cá?
Uma pergunta interessante. Eu diria que sempre leva. Essas coisas são intercomunicáveis. A gente leva para lá algo do que foi feito aqui antes e depois traz de lá para cá. A principal diferença, para mim, é a moldura legal, de um modo geral. Ali, a gente está sob o mandato da Organização das Nações Unidas. As regras de engajamento são as regras de engajamento estabelecidas pela ONU. Existe um memorando de entendimento que coloca as imunidades, as coisas todas que se

tem. Aqui no Brasil, quando a gente vem para uma operação, a moldura é exclusivamente a moldura legal brasileira.

Aí temos outro aspecto, que é a questão do ambiente geográfico em que a gente está trabalhando. Ou seja, a própria parte cultural, de idioma, o local. Aqui, no Rio de Janeiro, por exemplo, muitos militares acabam morando nos próprios locais ou próximo. Lá no Haiti, o militar morava dentro do seu aquartelamento, e lá ficava. Saía para a ação e voltava para lá. Aqui, ele vai, é empregado eventualmente em uma ação dessas de GLO, e depois volta para a sua vida normal, no mesmo local da cidade em que ele está vivendo. Uma coisa é fato: mesmo as favelas mais violentas de Porto Príncipe não se comparavam às que a gente tem aqui. Disso aí não tenho dúvida nenhuma. Aqui é muito pior, estão muito mais bem-armados. Ou seja, tem uma série de coisas que são diferentes. As pessoas, às vezes, tentam aproximar muito. Sou muito cuidadoso nessa aproximação.

O senhor disse que em 1992 foi feita uma divisão de área: a Marinha ficava em um espaço e o Exército ficava em outro. Não havia, naquela época, a experiência de atuar em conjunto com outras forças, e também do que hoje chamamos de uma operação interagências?

[O início da década de 90] 1992, 1994, é uma época pré-criação do Ministério da Defesa. Acho que é importante circunstanciar isso, porque, na época, havia os três ministérios militares e mais o Emfa, que também era um ministério. Então, essas operações eram meio que coordenadas pelo Emfa, mas sem a força que o Ministério da Defesa teria. Ou seja, havia a interação das três forças. Na época a gente chamava a operação de combinada; depois, o nome virou conjunta. A gente tinha uma tradução diferente, na época. Enquanto o mundo todo chamava de *joint* a operação conjunta que nós temos hoje entre as Forças Armadas de um mesmo país e *combined* a operação multinacional, o Brasil chamava de combinada uma operação que era entre as três forças. Não sei por que, mas foi uma coisa que durou muito tempo até trocar o nome e passar a ter o nome que a gente tem hoje, que é operação conjunta, entre as três forças singulares.

Quando o Ministério da Defesa vem, em 1999, ele passa a consolidar mais esse emprego conjunto das forças. Há um aumento significativo em função da criação do Ministério da Defesa. Ele vem trabalhando muito forte nessa parte através do Estado-Maior Conjunto das Forças Armadas. Hoje, é muito grande a importância das operações chamadas interagências. No caso do Haiti, ela era interagências desde o começo, dentro do modelo da ONU. Todos trabalham exatamente nesse conceito de operação multinacional e integrada. Um dos primeiros exemplos é a própria Minustah. Ela é um marco não só para o Brasil, também é para a própria ONU. Também não é só no âmbito da ONU, porque tem-se que trabalhar também com as forças haitianas, mais especificamente com a única força armada existente, que era a PNH — Polícia Nacional do Haiti —, um organismo complicadíssimo naquela época: pouca capacidade, pouco efetivo, emprego político.

Voltando para o Brasil. Na Vila Cruzeiro, em 2010, já tinha também essa característica de ser uma operação interagências?

Tinha. A própria operação em 94, ela foi interagência com a polícia, teve interação com a polícia. Ou seja, é uma coisa que vai crescendo. O nome é relativamente recente, interagência vem da doutrina americana, *interagency*. Ela nasce lá e a gente vai adaptando e aprendendo junto. Inicialmente, com um certo preconceito, até pelo desconhecimento. Às vezes, existe um preconceito contra a agência A, B, C ou D, mas, na realidade, tem-se que entender a questão cultural. Determinadas agências simplesmente têm a cultura de se fazer de determinada forma, e outras agências ainda não podem fazer aquilo por questões até estruturais. Não é que não queiram. Então, a gente tem que entender que, se você disser para as Forças Armadas "vamos fechar a rua tal a partir de seis horas da manhã", cinco e meia da manhã já está tudo pronto para fechar às seis. Às seis já está tudo fechado, não vai passar nada. É cultural. Para outras agências, às seis horas da manhã ainda se está começando a preparar para fechar. É pior ou melhor? Não: é entender que as culturas são diferentes.

Sobre a ocupação da Vila Cruzeiro, em 2010. Para a Marinha, não foi caracterizada como uma GLO, mas como uma ajuda logística, com o empréstimo dos blindados, embora tripulados pelos fuzileiros. O Bope é que saía de dentro das viaturas para a ação. Havia uma preocupação de não caracterizar como GLO para não envolver o arcabouço jurídico-legal?

Mais ou menos. Primeiro, a caracterização foi como apoio logístico de transporte. A palavra "empréstimo" foi colocada pelo cara da PM, mas eu não caracterizo assim, não. Caracterizo como apoio logístico de transporte. O fuzileiro foi com seu equipamento embarcado e também com gente para fazer a autoproteção dentro dele. Então, cada blindado tinha a tripulação para manusear o aparato e uma equipe fazendo a própria segurança, além dos PMs. O que ocorreu, na maior parte das vezes? O blindado subia; quando chegava a um determinado ponto, o PM do Bope desembarcava e o blindado continuava lá para fazer sua própria proteção, e às vezes descia.

Quantos cabem dentro?
Depende. Tenho desde os menores, em que vão caber 11, até os maiores, em que cabem 22. Isso sem contar os tripulantes. Nos que cabem 11, dois eram meus e nove eram da polícia; no de 22, quatro eram meus, o resto da polícia. O CLAnf, que é aquele blindado anfíbio, o maior de todos, que eles falavam que passava por cima de tudo, nesse aí cabem 22. Ele passa por cima até de carros e vai embora. A orientação foi essa. Não tinha como ser diferente, senão ficava no meio do fogo cruzado ali. Tem algumas imagens bem fortes disso aí.

O senhor estava exatamente onde nesse dia?
Eu estava aqui, inicialmente. Ou seja, a gente recebeu os blindados aqui, em um outro prédio ali atrás. A gente fez a reunião com o comando do Bope na minha sala. Eu era o comandante do Batalhão Logístico. A gente recebeu às seis horas da manhã o comando do Bope, todos eles. Começou-se a fazer um treinamento de adaptação para eles saberem como embarcar no carro, como sair. A gente fez as reuniões técnicas e táticas dentro, discutir para onde se ia, onde não ia, como é que seria a operação.

O Bope deve ter ficado mais aliviado de ir nos blindados da Marinha do que naqueles Caveirões...
Sim, não tenho dúvida, porque os blindados daqui têm uma capacidade melhor para esse tipo ação. Os Caveirões são adaptações. O CLAnf, o maior de todos, hoje está na terceira geração. Há três anos, recebemos 20 novos, comprados dos Estados Unidos. É o mesmo carro anfíbio que o corpo de fuzileiros navais americano usa. Ou seja, é uma coisa que está realmente no estado da arte.

Os fuzileiros desempenharam alguma função de policiamento, de bloqueio, ou era só transporte?
Era o transporte, a segurança dos blindados e o bloqueio da segurança do seu material. Era a autodefesa, que é um direito que não pode ser negado.

Houve incidentes?
Houve pequenos incidentes, mas nada de grande. O blindado tomou muito tiro, mas muito tiro mesmo. Alguns desses tiros passaram a primeira blindagem e só ficaram na segunda blindagem. Ou seja, se fosse um veículo ruim, teria até tido perda de vidas.

Depois dessa experiência, o senhor foi chefe do Estado-Maior Conjunto, Coordenação-Geral de Defesa dos Jogos Olímpicos e Paralímpicos.
Essa foi outra experiência bastante única. Quando a Marinha me designou para ser chefe de estado-maior, estava começando o planejamento dos Jogos Olímpicos. Eles tiveram um modelo de segurança em três eixos, que era um modelo único aqui no Brasil: segurança pública, defesa e inteligência. Não havia uma autoridade única, cada eixo desses estava sob a subordinação de uma autoridade. Então, a defesa estava com o Ministério da Defesa. A segurança pública estava... aí era uma bola também meio dividida, porque ela ficava com o ministro da Justiça, mas também ficava com os governadores do estado, as forças policiais. A gente tinha a parte de inteligência, que era pela Abin e pelo GSI. Eram esses três eixos atuando de forma articulada, sem uma subordinação de um eixo a outro. Foi o modelo, em função das disputas da época, que se estabeleceu. Assim foi feito o nosso planejamento. As Forças Armadas iam ser empregadas, inicialmente, apenas para duas coisas: força de contingência e proteção de estruturas críticas. Força de contingência significa ficar nos quartéis, pronto para fazer o que for necessário, caso acontecesse algum imprevisto. O segundo eram estruturas críticas, tipo hidrelétricas, essas coisas todas.

Ou seja, se tudo tivesse sido exatamente como planejado inicialmente, as Forças Armadas não apareceriam em nada, as forças de segurança pública fariam todo o papel. Era essa a ideia. Só que, logo no início, isso começou a mostrar que não ia sair. Começaram a aparecer solicitações do eixo segurança pública para o eixo defesa. Então, foi aquela questão de reforçar o policiamento próximo dos locais de evento, reforçar o policiamento ao longo dos eixos, tipo Linha Vermelha, Linha Amarela, essas coisas todas. No final, a gente estava com tropas empregadas pelo Rio de Janeiro inteiro e não foi diferente nas outras cidades-sede. Demandou um esforço interagências grande; o tempo todo, todas as discussões eram interagências. A gente tinha os comitês que se reuniam o tempo todo. O Comitê Integrado de Segurança se reunia para articular quem ia fazer o que e qual seria a forma mais otimizada. Além disso, participava o próprio

Comitê Organizador dos Jogos Rio-2016, que tinha sua segurança privada também, dentro dos eventos. Participava a parte de segurança pública, com Polícia Federal, Polícia Rodoviária Federal, polícias estaduais, Guarda Municipal e, do nosso lado, as Forças Armadas. Então, a gente tinha as reuniões que ocorriam semanalmente aqui no Rio de Janeiro, com a participação de todos esses atores ou seus representantes envolvidos nisso aqui.

Foi uma experiência muito rica. A gente não teve nenhum grande incidente. De tudo o que se dizia do Brasil, foi um exemplo de jogos muito bem-sucedidos, quando comparados até com outros países desenvolvidos, que tiveram uma série de incidentes. Na parte de inteligência, se discutia se iam ocorrer manifestações contra os jogos. Em 2014, haviam ocorrido aquelas confusões todas das grandes manifestações. Então, havia um risco muito grande, uma preocupação muito grande, com as manifestações. No final, as manifestações acabaram sendo muito pequenas, mas muito pequenas mesmo. Mas foram uns dias tensos, de acompanhamento, a expectativa... A quantidade de material que foi apreendido, de bolsas esquecidas, que a gente teve que detonar achando que tinham alguma coisa e, na maior parte das vezes, só tinha roupa velha. Em função da campanha de informação que foi feita, a própria população, qualquer coisa, estava denunciando. O nosso dia a dia era de reuniões muito integradas com todos esses atores que entraram. O meu papel como chefe de estado-maior era exatamente integrar esses atores todos para que a coisa funcionasse a contento. O principal que eu vejo, nessas operações interagências, é que não adianta... O militar tem muito a questão da unidade de comando. Mas, em uma operação dessas, interagências, é muito mais importante unidade de esforço do que unidade de comando. Ou seja, é todo mundo entender e se sentir dono da operação para que a coisa aconteça. Se achar que é unidade de comando, não tem os meios para fazer cumprir efetivamente. Então, o cara diz que vai fazer, mas não prioriza e não acontece. Por isso é que o mais importante é realmente a questão da unidade de esforço. É todo mundo se sentir um pouquinho dono daquele sucesso.

Nessa interação com os órgãos de segurança pública, ficam visíveis ou influenciam diferenças de cultura organizacional?

Sem dúvida nenhuma. Acho que, talvez, a principal lição de qualquer desses contatos interagências é exatamente a questão cultural, das diferentes culturas operacionais, e entender o que isso significa. Muitas vezes, a gente acredita que a organização pode fazer, mas às vezes ela não pode. Não é que ela não queira. Simplesmente ela não tem a capacidade. Às vezes, é o contrário, ela tem a capacidade, mas não quer fazer, por alguma questão política. Ou seja, tem uma série de pequenas coisas que vão aparecendo, e essa sensibilidade de compreender até onde cada organização pode ir para potencializar o que ela pode fazer — e não o que ela não pode fazer — é que é essencial.

As diferenças são grandes. A gente pode ter exemplos. Volto à questão lá de 2010, da Vila Cruzeiro. Naquela reunião que mencionei que ocorreu no batalhão, quando a gente sentou na minha mesa para conversar — éramos oito —, em qualquer operação militar, a primeira coisa que a gente pede é a carta, que é o mapa. É da nossa cultura. Quando perguntei: "Cadê a carta?", o comandante do Bope disse: "Não tem. Está na minha cabeça". Por que estava na cabeça? Porque existe um risco de vazar, um medo de que aquelas coisas escritas... Então, são as coisas culturais. Eles já conheciam tanto o local, que bastava dizer: "É a rua tal". Ou seja, para aquela equipe aquilo era muito fácil, coisa que para nós já não era, porque não era o ambiente operacional do nosso dia a dia. Então, são umas coisas culturais que a gente tem que entender. Não adianta criticar: "É um absurdo". Não, não é um absurdo. A cultura é essa. Assim funciona para eles.

Tem também outro exemplo que comentei, da questão de quando se vai fechar uma rua: quando é que começa? A parte militar, de um modo geral, ela trabalha H-24. Então, o camarada vai lá, e é isso aí. Algumas instituições civis, o cara tem o expediente. Então, se não terminar no horário, o cara vai pagar uma hora extra. Às vezes tem limitações legais. Na questão das organizações humanitárias também, é mais forte ainda. Você tem organização que vive de muito pouca coisa. Ela faz aquele trabalho de formiguinha. Às vezes você entra com um monte de coisas e você destrói aquele trabalho de formiguinha que a outra organização estava fazendo. Então, são essas coisas todas que acho que são o segredo principal das operações interagências: é entender justamente o que cada um traz para a mesa, na hora de se sentar.

Uma coisa que acabei esquecendo de mencionar, mas que acho que é importante, pois poucas pessoas têm essa noção. A questão da GLO, a partir da Constituição de 88, de um modo geral, vinha ocorrendo por um despacho presidencial. Ou seja, a gente tinha uma exposição de motivos do GSI, se não me engano... Ministério da Defesa, GSI, e o presidente assinava o despacho, saía no *Diário Oficial*: "Autorizo". Era isso. Nos Jogos Olímpicos, a gente fez uma série de reuniões com a parte judiciária — Ministério Público, Ministério Público Militar, essas coisas todas — exatamente para entender toda essa parte do amparo legal, porque há sempre uma preocupação grande de proteger quem está na operação. Uma das coisas que apareceu na época, e foi até uma sugestão do Ministério Público Militar, é que o amparo legal, só com o despacho presidencial, parecia muito fraco, muito fluido. Então, a primeira vez que passaram a ser utilizados os decretos de GLO foi exatamente nos Jogos Olímpicos.

Isso reforçava o mandato legal?
Reforçava o mandato legal porque havia um decreto, ou seja, era um instrumento legal. O decreto regula uma lei. Então, ele dizia: "De acordo com a Lei tal, está autorizado o emprego das Forças Armadas no local tal, no período de tanto a tanto...". Isso aí aparecia de forma muito clara e deixava a cobertura legal mais consistente e clara para todo mundo, ou seja, ficava muito claro quais eram os limites daquela atuação. Em vez de ser só um "autorizo" genérico, em cima de uma exposição de motivos, que vinha assinada por um ministro, era um decreto que saía assinado pelo presidente da República.

Nós conversamos muito com oficiais do Exército. Ao longo de décadas, eles não viam a participação nesse tipo de missões como algo, vamos dizer, mais nobre na carreira. Isso é coisa de polícia. E a polícia não vence o crime, ela convive. Na convivência, tem todos os malefícios e os riscos que advêm daí. Quer dizer, embora as Forças Armadas fossem acionadas eventualmente, para alguma missão, não era visto como algo bom na carreira. Não sei se isso mudou agora, porque o emprego passou a ser muito mais frequente. De 1992 para cá, é uma coisa comum de acontecer na carreira de um oficial. Não sei, na Marinha, qual é a dimensão disso. Qual é a sua impressão?
Primeiro: não sou, em hipótese alguma, entusiasta das operações de GLO. Meu entendimento é que ela está na Constituição e, quantas vezes for acionado, vou buscar cumprir da melhor maneira possível a operação de GLO. Ou seja, já se vão quase 30 anos desde 92. Toda essa geração de oficiais já nasce com essa questão do GLO muito presente. No levantamento que eu tinha feito para o Ministério da Defesa eram quase 150 eventos e mais de 8.500 dias em operações de GLO. Então, é muita coisa, é uma coisa que acontece com consistência. Tenho a perfeita ideia de que é uma coisa que não se vence. Por isso é que, quando falei daquele modelo de cinco tipos — que não é o modelo formal, você não vai encontrar isso em nenhum manual —, fiz questão de separar. Eu entendo que, por exemplo, numa GLO em um grande evento, a gente vence. Ou seja, o fato de chegar ao final do evento e

não ter acontecido nada significativo é uma vitória. Já numa GLO de violência urbana, você vai em uma operação desgastante, você não resolve.

Vou entrar no exemplo da última GLO que a gente estava fazendo, este ano: operação contra os crimes transfronteiriços na fronteira Arco Sul-Sudeste. Levei 1.600 fuzileiros lá para a fronteira com o Paraná — Guaíra, Foz do Iguaçu. A gente fez bloqueio junto com a Polícia Federal, essas coisas todas. É um processo desgastante. Porque você vai revistar a pessoa que está atravessando a fronteira, aí você olha aquele carro todo ferrado, aquelas coisas todas. Concordo que não é uma ação nobre. E não se vence. Aquele tráfico de formiguinha vai continuar. Ele pode parar no período em que você está lá, mas, na semana seguinte, ele volta.

Na Vila Cruzeiro, gerou uma imagem boa, porque foi uma novidade, mas depois volta a coisa toda. Teve também a falência das UPPs e tal. Na intervenção federal, já se sabia: o desgaste de imagem acaba sendo muito grande. Embora haja uma expectativa de que vá melhorar, sabe-se que, quando sair, o poder público não vai fazer o que deve ser feito: ocupar e desenvolver. Vai ter um efeito de opinião pública que, a longo prazo, pode desgastar a imagem das Forças Armadas.

Concordo, ela pode desgastar. A força armada cumpre as determinações que recebe. Agora: é a solução? Não é. A força armada pode entrar, mas alguém tem que vir depois para estruturar a parte social. Não adianta a gente ter só as Forças Armadas tentando segurar ali se não houver uma melhora para aquela população. Quanto mais esse emprego é recorrente, menos expectativa se tem. Às vezes a pessoa até quer colaborar com a força quando ela entra em uma operação, quer trazer informações. Mas hoje ela sabe que aquela operação vai durar um tempo limitado, que as Forças Armadas vão embora e que vão voltar os mesmos. Aí a pessoa tem medo até de retaliações seríssimas.

Há situações, como no México, em que as Forças Armadas, os fuzileiros também, têm um engajamento permanente. O senhor não tem o receio de que no Brasil possa virar algo desse tipo?

Existe sempre uma preocupação de que não vire. Mais recentemente, agora, no governo Bolsonaro, tem sido menos utilizada a GLO, exceto a parte da operação da GLO ambiental, que é um animal bastante diferente, que ainda não ficou muito bem definido, os riscos são diferentes. Mas tem sido menos usada. A pressão, nas Forças Armadas, é que elas sejam utilizadas somente quando for necessário. A vulgarização do emprego das Forças Armadas é muito ruim. A Vila Cruzeiro foi um sucesso por conta da surpresa, exatamente isso. Quando as Forças Armadas entrarem, têm que trazer algo de novo e algo melhor do que o que está acontecendo. Se vai o tempo todo, é mais do mesmo. Ela vai, contém um pouquinho ali, daqui a pouco volta.

A utilização é um sintoma da falta de eficiência da segurança pública no Brasil.
Sim, não há dúvida. Aí a gente tem essa questão que é essa mistura entre a segurança internacional e a segurança nacional. Aí mistura, e as Forças Armadas acabam aparecendo em alguns momentos em que ocorre esse tipo de mistura.

Perguntamos para os nossos entrevistados lá do Haiti: preferia uma missão de paz ou uma GLO? Uma missão de paz, não tinham a menor dúvida.
Não há dúvida. A missão de paz é muito mais nobre, sob todos os aspectos.

No Exército foram sendo formalizados manuais, uma doutrina. Na Marinha aconteceu isso também?
Também. A Marinha tem — hoje já está completando 10 anos — o Comando de Desenvolvimento Doutrinário do Corpo de Fuzileiros Navais, que acompanhou esse processo desde o início. Os manuais estão sendo feitos ou revisados, com as lições aprendidas, técnicas, tudo isso. São dois os principais que fazem isso. Criou-se um Manual de GLO, de 2013, aí foi mudando. Tem o Comando de Desenvolvimento Doutrinário do Corpo de Fuzileiros Navais. Tem também outro, mais voltado para operações de paz, que é o Centro de Operações de Paz de Caráter Naval. Todos os dois ficam na Ilha do Governador.

No Exército, a palavra que se emprega não é mais "força adversa", até a terminologia vai mudando.
Vai mudando. Passa por "força adversa", passa por Apop, que é "agente perturbador da ordem pública". Todos esses nomes, no final, têm uma preocupação muito mais com as questões legais e jurídicas do que com a questão fundamental do emprego. Na hora em que vai escrever que houve um tiroteio, inevitavelmente aparece a frase: "Diante de agressão infundada, ilegal, foi obrigado a reagir". Tudo isso é uma preocupação com as consequências legais do processo. Então, a gente tem que separar bem as mudanças doutrinárias que vêm a reboque das necessidades táticas das mudanças doutrinárias que vêm a reboque das necessidades legais. São bem diferentes. Algumas são só semânticas, no sentido da proteção, por-

que, às vezes, o troço mal descrito gera uma interpretação equivocada que acaba incriminando o militar em uma ação pela qual ele não foi responsável. Então, existe uma preocupação com todo esse pacote semântico também.

O senhor pode falar um pouco sobre as GLOs nas greves de polícia e as ambientais?
Foram as duas mais recentes. A greve de polícia traz, conforme falei — isso apareceu muito forte na questão do Ceará —, uma preocupação em não ter um confronto entre a polícia e a força armada, que acaba entrando para cumprir um papel que a polícia não está fazendo, ou seja, dando segurança à população naquele momento. Mas, ao mesmo tempo, evita-se um confronto com a polícia. Por exemplo: os policiais militares amotinados tinham ocupado o batalhão, e as ruas em volta eram todas cercadas. Num determinado momento, pensou-se em se recuperar aquela instalação. Depois, avaliou-se e pensou: "Não, melhor deixar a negociação política para recuperar e continuar só fazendo a segurança pública". Porque um confronto com a polícia teria consequências muito complicadas, imprevisíveis. Então, é um momento tenso, é um momento difícil esse das greves de policiais, e que tem um aspecto complexo, porque a greve é ilegal e muitas vezes tem cara de motim. São aplicadas punições severas, como expulsão do serviço, essas coisas todas. A maior parte das punições é revertida depois nos órgãos políticos, como a Assembleia Legislativa do Estado. Isso aí gera uma vontade de se fazer mais e mais. Então, é uma coisa que não está muito bem acertada até o momento. Ou seja, tem aquela máxima de que tropa armada não pode fazer greve, não pode fazer motim, mas às vezes isso acaba ocorrendo. Ainda que a sanção efetivamente ocorra, depois ela acaba sendo aliviada por uma razão ou por outra.

Já a GLO ambiental ocorreu num outro contexto muito interessante e que foi muito difícil. É uma coisa nova. Basicamente, dando aos órgãos ambientais duas coisas principais: a parte logística, ou seja, levá-los aonde eles precisam ir, e a segurança para fazer a sua atuação. Muitas vezes a gente tem na Amazônia, ou em outros locais, um fiscal do Ibama para um número grande de coisas a serem feitas. É um processo que o Brasil já vinha passando. Não é de hoje, tem bastante tempo que essas estruturas foram muito enfraquecidas em termos de efetivo de pessoal. O pessoal ficou até envelhecido, de certa forma. Então, tenta-se atenuar as carências todas com o emprego das Forças Armadas para dar essa parte logística e dar a parte de segurança. São essas as duas modalidades principais.

Isso não ficou muito bem compreendido durante muito tempo. Pessoas falavam: "As Forças Armadas estão cuidando...". Não, não estão, até porque não tinha a parte legal, a parte do conhecimento técnico. Essas coisas continuaram sendo dos órgãos ambientais: Ibama, ICMBio, os próprios órgãos estaduais. Aí são feitas grandes reuniões interagências, enormes, com todos os envolvidos de todas as áreas — Polícia Federal, Ibama, ICMBio, Polícia Rodoviária, Abin, os órgãos de segurança estaduais. Foram criados os comandos conjuntos nas três áreas, exatamente para coordenar as ações. Em Brasília, o Censipam, que é uma coisa que pouca gente conhece. Um comitê gestor foi criado ali, onde se juntavam os representantes de todos esses órgãos para decidir quais os alvos seriam atacados naquele momento. Então, tinha um levantamento por parte da cartografia, imagem de satélite. A imagem de satélite era comparada. Tinha o Incra, para saber de quem era o terreno, se era um terreno federal ou se era um terreno que pertencia a algum ser privado, ou se era parte indígena. Aí entrava a Funai também. Ou seja, é um troço muito integrado que foi feito durante bastante tempo com algum resultado. Não é um resultado simples, porque o Brasil é muito grande, cabe a Europa inteira aqui dentro. Então, às vezes, as pessoas têm expectativas de soluções rápidas, que não vão ocorrer.

Então, as Forças Armadas foram empregadas. A gente estava preocupado se ia ter desgaste de imagem. No final, acredito que nesse evento específico não teve. Ou seja, saiu-se bem da forma como se conseguiu ser empregado. Eu até, já como comunicação, vim a trabalhar bastante com vários jornalistas em termos de explicar o que estava acontecendo, o que era, o que estava sendo feito, quais eram os resultados que estavam sendo alcançados, o que a gente trazia de bom na história toda. Mas é, de novo, uma coisa que não pode se perpetuar. Ou seja, não é atribuição das Forças Armadas fazer combate a crimes ambientais. Ela só pode continuar pelo tempo que for possível. O ideal é fortalecer os órgãos ambientais para que eles possam fazer cumprir sua missão de modo próprio. Basicamente é isso que vejo nessa GLO ambiental. Foi uma novidade. Não foi ruim, para o momento que o país vivia.

Hoje em dia, falo para vocês com muita liberdade, que é muito difícil a gente saber onde está a verdade em determinadas coisas. São tantas narrativas diferentes para todos os lados que a gente não consegue ter uma noção exata de onde está. É tudo tão polarizado que... Mas, nesse caso ambiental, independentemente do nível de devastação que se estava tendo ou não, o fato é que a repercussão para o país, sob todos os aspectos, era muito ruim. Independentemente do que se acredite ou não. Então, o emprego das Forças Armadas serve também como uma sinalização interna e externa do comprometimento com o combate aos crimes ambientais. Aí é que esse cenário ambiental passa a ser importante. As Forças Armadas têm a vantagem de, por terem um aparato logístico maior, conseguirem fazer uma coisa mais robusta, conseguem dar uma demonstração de um comprometimento maior no combate aos crimes ambientais. Mas também, de novo, é uma coisa que não pode se perpetuar para sempre, porque existem órgãos que são destinados a cumprir esse papel.

General Adriano Pereira Júnior

Adriano Pereira Júnior é general de exército, nasceu em 29 de maio de 1949. Ingressou na Academia Militar das Agulhas Negras (Aman) em 1968 e foi declarado aspirante a oficial da arma de Cavalaria em 1971. Cursou a Escola de Aperfeiçoamento de Oficiais (EsAO) em 1980. Realizou o curso de Altos Estudos Militares na Escola de Comando e Estado-Maior do Exército (Eceme) em 1986 e 1987 e o Curso de Política, Estratégia e Alta Administração do Exército (CPEAEx) em 1996. Exerceu a função de assessor especial do interventor da Polícia Militar em Alagoas no ano de 1993. No exterior, foi subcomandante do grupo de observadores militares da Missão das Nações Unidas para a Verificação dos Direitos Humanos na Guatemala (Minugua) em 1997 e adido naval e do Exército no Equador de 1998 a 2000. Foi comandante militar do Leste de 2010 a 2012, período em que ocorreu a Operação Arcanjo e a Conferência das Nações Unidas para a Sustentabilidade. Foi secretário nacional de Proteção e Defesa Civil de 2013 a 2016. Passou para a reserva em março de 2014.

Entrevista realizada por Celso Castro, Adriana Marques,
Igor Acácio e Verônica Azzi em 13/5/2021.

No seu período como comandante militar do Leste, de 2010 a 2012, ocorreu a Operação Arcanjo, no Complexo do Alemão e na Penha. Como o senhor viveu essa experiência de participação direta na segurança pública?
Cheguei ao Rio em maio de 2010, assumi o comando. Em novembro, o Rio teve quase 100 assassinatos e quase 200 veículos incendiados. O crime organizado resolveu descer do morro e atacar as principais vias de tráfego do Rio. Atacaram ônibus. Cada veículo que eles paravam, mandavam os ocupantes saírem e incendiavam. Então, estava um clima horroroso no Rio. Eu era o comandante militar do Leste e não tinha contato nenhum com segurança pública no Rio. Não fui procurado naquela época, ainda, no início do mês, nada, pelo governador ou pelo secretário de Segurança Pública, mas ali tomei uma atitude de policiar com o Exército a avenida Brasil. A Vila Militar está em Deodoro e o QG do comando está no Centro, ou seja, a avenida Brasil é a via de ligação por onde passam muitos veículos militares a serviço. Antes de a gente fazer essa ação, houve um carro da Força Aérea que foi parado, não lembro se foi em Guadalupe. Eles estavam desarmados, era um carro que estava em operação de logística. Mandaram os militares descerem e incendiaram o carro. Então tomei essa atitude de policiar a avenida Brasil com tropa, por decisão própria, para proteger meus subordinados, que eram obrigados, a serviço, a percorrerem a avenida, e reforçamos o policiamento na Vila Militar.

Quais eram as regras de engajamento para os militares que estavam patrulhando a avenida Brasil?
A regra de engajamento era fornecer segurança aos veículos circulando ali. Eram cinco postos fixos, entre Deodoro e a rodoviária do Rio, que nós tínhamos para fazer uma intervenção, caso ocorresse algum problema. É lógico, havia as regras, o que eles podiam e o que eles não podiam, mas era basicamente uma dissuasão. Tanto que na avenida Brasil não houve, depois que nós botamos esses postos, nenhum incidente com mais ninguém, não só militares. A via ficou segura. Não houve nenhuma ação, a não ser a montagem desses postos, não tivemos problema. Foi mais a dissuasão, o respeito de ter uma tropa ali armada, em condições de atuar. Esse mesmo princípio usei no Alemão — a dissuasão. Outro motivo para fazer a segurança da avenida Brasil: estava havendo o Campeonato Mundial de Tiro Militar, com delegações de quase todos os países, e o estande de tiro é lá na Vila Militar — depois ficou até para as Olimpíadas. A circulação era ali. Então, nós estávamos muito envolvidos com esse campeonato e com a preparação dos V Jogos Mundiais Militares, que iriam acontecer em seguida.

Nesse período, novembro, o CML não foi acionado, até o dia 27. Mas, antes de eu ser procurado pelas autoridades estaduais para conversar sobre segurança pública, eles fizeram a invasão da Vila Cruzeiro. Eles levantaram pela inteligência que o comando de todas aquelas operações que estava ocorrendo em todos os bairros, todas as ordens e a preparação saíam lá da Vila Cruzeiro, que é uma das comunidades do Complexo da Penha, e eles invadiram a Vila Cruzeiro. Foi uma operação que produziu imagens e teve um impacto muito forte. Inclusive aquela imagem feita pela TV Globo, dos bandidos saindo da Vila Cruzeiro por uma área aberta, de campo, fugindo para a área do Alemão. Ou seja, em termos de combate, a invasão da Vila Cruzeiro foi muito mais marcante do que a invasão do Alemão, que vai acontecer mais tarde.

A invasão da Vila Cruzeiro, tomei conhecimento da mesma forma que a população do Rio: quando liguei a TV pela manhã, as imagens estavam lá. Não tive nenhum contato de que ela iria acontecer. Ela aconteceu, foi planejada, dirigida, tudo pela força de segurança do Rio, no dia 25. Mais tarde, ou naqueles dias, eles decidiram que deveriam investir no Alemão. Então, acho que no dia 26, eu estava no CML e fui procurado pelo secretário de Segurança Pública, mais o comandante da Polícia Militar e o diretor da Polícia Civil, para conversar se o Exército poderia colaborar, se eles precisassem, para fazer a invasão do Alemão. Eles pensavam que o Exército poderia fazer uma linha de cerco, para que eles pudessem entrar, e o Exército manteria o cerco. Eu disse a eles que era uma operação que transcendia a minha autoridade decidir, mas que meios para fazer isso nós possuíamos, e eles sabiam disso. Aí houve um contato do governador com o governo federal, com o ministro da Defesa, que era o Nelson Jobim. No dia 27, recebi a ordem, à noite, de participar dessa operação de cerco, de colaborar com as forças de segurança pública do estado do Rio na operação de invasão. Eu estava numa cerimônia no IME — era, se não me engano, a formatura dos novos engenheiros. Saí dessa reunião, fui para o QG — eram oito ou oito e meia da noite —, acionei a Brigada Paraquedista, recebi lá o general comandante da Brigada, o estado-maior, conversamos, e no outro dia, às onze horas, nós fomos para a rua.

O planejamento foi feito à noite e na madrugada. A brigada foi com um batalhao para lá e ocupou uma linha, cercando o Complexo do Alemão e uma parte da Penha. Foi o que o estudo indicou. Onze horas da manhã, os caminhões chegaram lá, foram recebidos a tiros, ainda na avenida. De cima da favela, os bandidos atirando. Mas durou 10 ou 15 minutos e passou. Aí eles ocuparam os postos e ficaram fazendo o policiamento preparatório para o cerco desse morro, ou seja, evitando inclusive que, sabendo que ia haver invasão, fosse retirado lá de dentro armamento ou materiais ilícitos, droga e coisas desse tipo. Aí nós fechamos de fato o cerco, para fazer o apoio de baixo para cima. O Exército não entrou no complexo; ficou na periferia, fazendo a segurança.

Essa ideia de fazer uma operação de cerco, de não subir, de deixar que a polícia subisse, foi uma decisão do senhor, como comandante? Veio do governo federal? Como funcionou esse processo?

Nós fizemos o que o governo do estado pediu. A solicitação que o governo do estado fez, já na primeira conversa, era que nós fizéssemos o cerco, e a autorização dada pelo presidente da República, quando baixou o decreto para a GLO, estava muito clara: nós estávamos fazendo o cerco atendendo ao que o estado pediu, nem mais nem menos. Então, quem entrou no Alemão no dia da invasão foram as tropas da Polícia Militar, Polícia Civil, Polícia Federal — o Exército fez o cerco. Nesse cerco a gente apreendeu muita coisa: o pessoal tentando retirar de dentro das comunidades o material ilícito. Nosso trabalho foi muito de apreensão de materiais ilícitos, até dinheiro, que saíam de lá.

Tem até uma história. Depois que terminou a invasão, nós ficamos ainda fazendo o cerco, enquanto a força policial fazia as investigações internas e o policiamento lá dentro, fazendo prisões, apreensões de material. Ficamos praticamente um mês lá, fazendo o cerco. Nesse mês, teve um fato que causou muita polêmica. É que um militar nosso revistou a mochila de uma menina que saía da escola. Aquilo foi um escândalo. Mas, dentro da mochila dela, tinha 30 mil reais. Ou seja, os traficantes estavam usando os estudantes para retirar dinheiro e droga lá de dentro, submetendo a população a serviço deles. Então, houve uma discussão muito, muito forte. Acho que revistar a mochila... Porque nós tínhamos um sistema de inteligência muito forte, instalado lá, que apontava. A gente não revistava todas as crianças. E não era uma revista: "Levanta a mão. Cola na parede". Chama a criança, conversa, aí ela fica nervosa: "Me passa a tua mochila". A criança tira a mochila, entrega. Não havia nenhum trauma para a criança, pelo contrário. Como cidadão, enxergo que eu estava protegendo a criança, porque as outras crianças não poderiam mais ser usadas como "aviõezinhos" para retirar material de lá, sofrer a violência. Elas estavam fazendo aquilo por ordem do tráfico, para carregar nas mochilas da escola o material ilícito. Então, nós passamos um mês lá fechando o cerco e fazendo o controle de acesso e de saída dessas comunidades, até que nós entramos, depois.

Uma vez um oficial que atuou na operação me disse que estava no cerco, que o Exército não entrou, mas que depois de algum tempo teria recebido ordem de entrar, porque a polícia estaria saqueando os esconderijos, as casas dos traficantes. Isso procede?
Não, não procede dizer que nós entramos por causa disso. O que acontece é que o nosso mandato — ou seja, o decreto presidencial — nos colocava nessa situação de ficar cercando. O que estava acontecendo lá dentro... Nós temos informações de policiais que fizeram ilegalidades. É bem diferente. Eu não posso, por um ou dois elementos, culpar uma instituição. A Polícia Militar é uma instituição muito, muito grande. Houve desvios? Houve. Os militares nossos que estavam lá sabiam? Sabiam. Mas não podiam interferir. A operação era deles. Lá dentro, era deles; o cerco era nosso. Mas tem histórias assim, de agente da polícia cavando dentro do barraco, e que foram encontrados... de viatura da PM entrando...

Bem antes disso, tem uma história. Eu era ainda coronel, chefe de estado-maior da Vila Militar. A segurança da vila é militar, é área militar. Houve um assalto ao Banco do Brasil lá dentro da Vila Militar. Entraram no carro que faz a manutenção e coloca dinheiro nos caixas eletrônicos. O carro entrou, parou em frente ao banco, desceram uns caras uniformizados, entraram na parte eletrônica, falaram com as pessoas que estavam ali: "Fiquem só em um caixa, porque nós vamos consertar esse aqui". E levaram o dinheiro. Ou seja, não foi um assalto a mão armada, foi um assalto inteligente. Eles roubaram o carro em determinado ponto, foram para a favela, trocaram de roupa com os agentes, levaram o funcionário que sabia mexer nos caixas e fizeram. Então, nós tínhamos uma operação de segurança lá, também, funcionando o tempo todo, mas restrita ao entorno e ao interior da Vila Militar como um todo, aquele complexo. E tinha um bandido lá que era famoso, o Celsinho da Vila Vintém. E nós recebemos informações que ele saía de uma favela ou de uma comunidade para outra dentro de carro da polícia. O carro ia lá, ele embarcava no carro com os PMs... Ninguém para o carro da PM. Tinha que passar, algumas vezes, por área que os militares poderiam estar fazendo bloqueio. E nós não vamos fazer inspeção em carro da Polícia Militar, não é? Então o Celsinho usou, durante um tempo, viaturas. Então, desvio de conduta, você vai encontrar em todas as instituições desse tipo.

Apesar de ter sido prescrito na planificação das UPPs que o apoio das Forças Armadas seria necessário no momento inicial para entrar com uma força maior, que a polícia não tinha a capacidade de impor com o aparato de segurança estatal, ao longo do tempo houve críticas no sentido de que eles não conseguiam mais agir sem a ajuda dos militares. O senhor acha que a polícia acabou criando uma certa dependência operacional em relação às Forças Armadas?
Não, discordo um pouco. Porque na entrada na Vila Cruzeiro, a Polícia Militar não pediu apoio nenhum: entrou e foi. Das ações ligadas aos dois complexos, foi a mais pesada, em que houve tiroteio e uma resistência muito mais forte do que ocorreu lá no Alemão, onde se esperava que fosse haver uma reação dos bandidos muito mais forte. A conquista do Alemão pela Polícia Militar e pelas outras forças que estavam trabalhando junto foi bem mais tranquila do que na Vila Cruzeiro, que é menor. Então, acho que a Polícia Militar não criou essa dependência. Mas teve a outra fase nossa. No final de dezembro, sai um outro decreto, um acordo entre o presidente da República e o governador, para que os nossos militares ocupassem os dois complexos, para a manutenção da ordem e a incolumidade das pessoas e do patrimônio. Ou seja, a segurança pública. Aí, sim, nós passamos a patrulhar e a ser responsáveis pela segurança daquelas comunidades, e ficamos assim 22 meses, trabalhando diariamente como polícia. É onde surge a Força de Pacificação Arcanjo, nós é que botamos o nome. O vice-governador, na época, me falou: "Preciso disso até que eu possa formar novos policiais em quantidade para ocupar as UPPs que nós vamos instalar aí". Quando nós saímos, em agosto de 2012, havia cinco ou oito UPPs instaladas. Então, nós tivemos um período de 22 meses no qual a principal missão não foi a de cerco; foi fazer o policiamento e a segurança pública.

Que tipo de doutrina existia nesse momento, para basear essa mudança de operações? Como isso foi desenvolvido?
Primeiro: não foi o governo federal que mudou. O governo do estado foi ao governo federal e solicitou que, por um período não especificado, as forças do Exército ocupassem esses dois complexos e se encarregassem de todo o policiamento, porque o estado não dispunha de policiais para esse tipo de operação. Tinham que ganhar tempo para formar novos policiais para instalar as UPPs. Essa mudança é uma mudança que chamo de postura da força, de *cerco* para *ocupação*. Então foi muito mais fácil. Como nós já estávamos cercando, já se conhecia, nós já tínhamos mapeado toda a favela, através de drones, onde eram as ruelas. Tínhamos tudo

pronto. Já conhecíamos como eram essas comunidades, em termos de topografia e de edificações e vias de acesso. Então, foi uma mudança de posição.

E aí houve uma mudança na estrutura da força. Nós tínhamos a Brigada Paraquedista cercando com um batalhão, e depois tivemos que colocar dois batalhões, um voltado para o Complexo da Penha e um voltado para o Complexo do Alemão, e um general comandando os dois batalhões, coordenando essa ação. Na época, o primeiro comandante foi o próprio comandante da Brigada Paraquedista. Nós fizemos GLO. O Exército tem esse preparo em algumas unidades, especificamente, como a brigada de Campinas. Não sei se é assim até hoje, mas, na época, era a brigada que estudava GLO, desenvolvia a doutrina e treinava e criava normas, ou regulamentos ou o *vade mecum* de como atuar nessas áreas. Ou seja, nós tínhamos uma cabeça pensante, uma brigada, um general e todo o estado-maior, e ali se desenvolvia muito da doutrina de operações de GLO. Então, nas unidades militares como um todo existe instrução de GLO.

Qual é a dificuldade que tem o militar de trabalhar com GLO com a população no território nacional? É bem diferente de trabalhar com a ONU. A ONU tem um mandato e tem a regra de engajamento dela. Então, a operação de imposição de paz, se o outro lado está armado, você atira. Você não pergunta. É diferente quando você pede a um militar brasileiro para atuar dentro de uma área de brasileiros, onde não são inimigos. É bem diferente. Então, você tem que fazer essa adaptação, mas é adaptação de pensamento, de cabeça, de conduta. A operação em si é igualzinha como se fosse lá fora: são postos fixos de segurança e patrulhamento intensivo. É o que já falei: dissuasão. Ou seja, você não dá tempo de o bandido, o marginal, pegar uma arma e sair para a rua. Você não cria espaço para ele. A gente pode comparar, por exemplo, o Alemão com Copacabana, comparar o Alemão com Brasília, com o que você quiser. Por que lá em Copacabana tem crime armado, com gente armada forte, e em Brasília não tem? Tem que parar e pensar. Não tem porque nao tem espaço. A favela simplesmente oferece... Que nem a guerrilha lá da Guatemala: eles não estavam nas cidades; eles estavam nos vulcões, em locais de difícil acesso, no meio do mato, porque lá eles podiam ter espaço para se preparar, tinham instalações de comunicações, fábrica de munição, uma porção de coisas. Isso a favela também tem. Mas eles não podem ter isso em Copacabana. Então, eles têm lá. Então, quando você põe uma tropa lá dentro e abafa, bota muita gente bem-armada, adestrada, você inibe esse tipo de ilegalidade.

Há o tráfico. Teve uma repórter da Globo que foi lá fazer uma entrevista, no *Jornal Hoje*, o jornal do meio-dia, e ela falou para mim: "Poxa, general, fui lá e tem tráfico". Eu digo: "Em Washington tem tráfico; em Bonn tem tráfico; em Brasília tem tráfico. Lá tem tráfico. Lá tem usuário. Ou seja, existe, sim. Agora, você não viu ninguém armado lá. Você não viu nenhuma pessoa tendo que cumprir ordem de traficante" — que é uma coisa de que a sociedade brasileira devia se envergonhar. Nós tínhamos que nos envergonhar. Nós viramos as costas para essas comunidades. A gente adora escrever, adora ir para a televisão falar, mas o que essas pessoas sofrem... Falam muito na violência policial na favela. E a violência do marginal na favela?! Ela é diária e constante, a população está submetida às leis do tráfico. Eu tenho histórias, ninguém me contou; as pessoas vieram falar. Temos uma história completa de 22 meses. As primeiras vezes que os militares iam lá, todo mundo baixava os olhos, nem olhavam para os militares. A impressão que dava era de que a população estava contra os militares. Não: estava com medo de o traficante achar que eles poderiam ser colaboradores da tropa que estava lá. E tem o final da missão, em que eu ia para lá de bermuda e sandália com um amigo, passear dentro dessas comunidades, sem segurança pessoal, usando a segurança que estava lá instalada. E vi as pessoas me procurarem e quererem me levar para conhecer... "Ah, abri um salão de beleza." "Abri uma..." Essas pessoas passaram a ter vida de cidadão, que todos nós temos e nós não queremos dar o direito a eles de ter. Isso é muito triste.

São assuntos que me apaixonam, não só como militar, mas como cidadão, porque nós temos que dar solução. Uma senhora me procurou um dia na igreja da Penha, entre o Natal e o Ano Novo. Eu estava fazendo uma inspeção lá na área e parei na igreja da Penha, e veio uma senhora me agradecer porque agora ela estava conseguindo dormir, e achei estranho. Dormir?! Ela morava na praça São Lucas, na Vila Cruzeiro. Era o local em que os marginais faziam festas. Botavam mesas com droga e bebida, e podia começar a qualquer hora, de qualquer dia, e durar horas ou dias, com música alta. E ela morava ali na frente, então, no outro dia, ia trabalhar. À noite, ela não dormia, pelo som alto na frente. Vocês imaginam isso? Imaginam quantas crianças se jogam embaixo da cama, quando começa um tiroteio entre traficantes, mesmo quando a polícia não está? Vocês sabem quantas meninas que são mais bonitinhas, o traficante fica de olho, vai lá, bota uma arma na cabeça do pai e leva ela? Ouvi essas histórias de pai e de mãe. Um dia, conversando com um casal que me procurou lá... Isso tudo, lá no final;

no início, ninguém procurava o Exército, ninguém denunciava nada, ninguém fazia nada. Era medo. Quando nós estávamos para sair, todos queriam que a gente permanecesse. O que recebi de pedido... até abaixo-assinado. Mas eu estava parado, chegou um casal, começou a conversar comigo, dizendo como melhorou a vida. Tenho fotos de rua com movimento à noite, como se fosse uma rua num bairro qualquer do Rio, as pessoas com crianças, à noite, passeando, coisa que não acontecia. Esse casal começou a conversar comigo e eles agradecendo, e eu disse: "Não, não agradeçam; é um direito que vocês têm, de ter essa vida normal. E imagino como é que era a vida de vocês, com o traficante mandando aqui". E ele disse assim: "Não, o senhor não imagina!". Aí ele me contou a história da filha dele: entraram no barraco, botaram o fuzil na cabeça dele e levaram a filha de 15 anos.

Então, são essas histórias que não sei por que a gente não vê em estudos. A gente só vê falar em violência da polícia. Sou contra a violência. Se vocês olharem todas as minhas declarações, nunca foi conquistar o território; sempre foi proteger a população. Nós estivemos 22 meses lá, não 22 dias. Não teve uma bala perdida, não teve ninguém atingido por estilhaço ou... Teve um ferido, por confronto nosso; teve um morto, já próximo à nossa saída de lá, acho que foi em maio ou junho de 2012, em que uma patrulha nossa, chegando em uma localidade... Estavam acostumados a passar ali à noite. Tinha um grupo posicionado, conversando, e um dos elementos virou para a tropa, que vinha numa das vielas... Tem que andar lá dentro para saber como que é, porque é muito difícil, não é um campo aberto. Ele pegou uma arma — estava armado — e atirou. Um soldado da patrulha atirou e matou esse marginal. A missão do soldado era essa: "Se receber fogo, você vai atirar". Foi a única morte, em 22 meses.

Mas tem uma coisa que gosto de ressaltar. Sabem por que deu certo a operação, principalmente logo no início? Apoio da sociedade. Parece que o Rio ganhou uma energia — e acredito muito nisso de energia — muito forte de resolver o problema. E a gente recebia essa energia positiva diariamente, através da mídia, através das pessoas. E dizer sempre que o problema é da polícia? Não! O problema é nosso, o problema é da sociedade. Nós vivemos numa democracia. Ou não é democracia? O problema é da sociedade. Nós temos que resolver. Agora, temos que resolver com coisas que funcionam. Nós não podemos aceitar que o policial entre e seja recebido a tiro. Também não podemos aceitar que o traficante dê ordens e comande populações inteiras que vivem em comunidades, que vivem em favelas. Eles têm que ter cidadania. Uma das coisas que nós mais tivemos problema lá:

som alto. Depois de estar tudo bem, não tinha mais problema, volta e meia tinha um entrevero num bar. Um dia, uma repórter me cobrou: "Mas, general, só o som alto?!". Digo: "Você mora onde? Se tiver alguém te incomodado com o som após a hora, você não liga para a polícia e a polícia vai lá? Por que um favelado não pode fazer a mesma coisa? Você é mais cidadã que ele, tem mais direito que ele?". Então, o Exército ia lá e, se o cara não quisesse abaixar o som, o som era abaixado e o cara era detido por descumprir ordem ou por desacato. Só tem um jeito de a gente resolver isso: é força — não precisa ser militar —, é presença do Estado forte, que não dê chance de ter o homem armado.

O tráfico, meus amigos, vai pelas entrelinhas, vai acontecer, mas o absurdo é você ter o armamento que você tem nas favelas do Rio. E o que nós fizemos lá foi isso mesmo: ação de presença muito forte, patrulha 24 horas por dia, postos 24 horas por dia. Eram 1.600 homens. Desses, acho que eram uns 500 na rua o tempo todo. Saíam esses 500, vinham outros 500. E junto com isso, uma ação de cidadania. Um grupo nosso passou a ir às escolas, a conversar com as professoras e a trocar os símbolos. Você chegava ao local, tinha um muro com um menino armado, um desenho, um grafite desses: "É desses que as meninas gostam". Nós apagávamos, limpávamos aquilo ali e botávamos um soldado com a bandeirinha. "Olha, esse é o seu futuro: segurança."

Por que a UPP não deu certo? Primeiro, porque é muito pouca gente. Não faz ação de intimidação. Não vou falar intimidação porque é uma palavra pesada, mas uma ação de abafa, ou seja: "Se eu sair, o cara me vê; se eu sair armado, vai ter alguém ali que vai me ver e vai me reprimir". Não tinha esse efetivo. E também porque era só polícia. Eu tinha lá psicólogos, eu tinha lá gente de comunicação, eu tinha gente voltada para a educação, e nós fizemos um trabalho muito completo. E a prefeitura e o governo do estado, na época, atuaram muito bem conosco. O que pedi para o governador e para o prefeito, fui sempre atendido. No outro dia, eu conseguia os meios de que precisava. Não adianta botar só a polícia. Ou seja, se o Exército vai para lá e faz só o patrulhamento, mesmo o intensivo... Ele tem que também despertar a cidadania e mostrar para essas pessoas que elas podem viver bem e devem... Podem, não; elas têm o direito de viver bem! E o Estado tem o dever de dar essas condições.

É muito triste. Não sei se vocês já viveram em comunidade, se já estiveram em comunidade. É muito triste a gente ver... O Alemão foi uma alegria para mim quando deu certo e foi uma tristeza muito grande quando nós saímos e, um ano, um ano e meio depois... Porque se criou um laço. E eu não ia lá todos os dias, imaginem para a tropa que estava lá. Eu ia lá de vez em quando, mas criou um laço até afetivo meu com a comunidade, de estar participando ou ouvindo as histórias. O Bernardinho levou uma escolinha de vôlei para lá! Era uma vida normal. As pessoas andavam na rua tranquilas. O teleférico... Quem atendia nas estações? Quem trabalhava? Gente da comunidade. Te recebiam com um sorriso. Até em turismo nós pensamos. Conversei com algumas pessoas lá e eles começaram a fazer turismo com o teleférico. Meu Deus do céu! Pena a gente ter regredido. É incrível a gente conquistar algo... Aquelas pessoas, não sei o que passa pela cabeça delas, depois de terem passado por um período que foi muito bom, não tenho dúvida. Vinte e dois meses em que elas tiveram paz e foram cidadãs, e agora voltar para isso aí. Desculpem espichar a conversa, mas é que... Não tem jeito. O coração fala também. Soldado não é um pedaço de granito, não. Às vezes tem que ser, mas quando não tem, não é, não.

Quando ocorreu a Operação Arcanjo, o Brasil estava em missão no Haiti e o senhor recebeu tropas e soldados que tinham vindo de lá. Já havia, nesse contexto, uma discussão mais estruturada, em termos doutrinários, sobre missões de estabilização. Então, essa discussão sobre pacificação não era uma discussão circunscrita ao que estava acontecendo no Brasil na questão da segurança pública, mas havia também a dinâmica desses soldados que voltavam do Haiti. O senhor falou da brigada em Campinas, e agora se fala muito sobre operações urbanas. Há trabalhos que enquadram o que aconteceu na Operação Arcanjo como uma operação de amplo espectro. O senhor concorda com isso? E o senhor poderia falar um pouco sobre essa troca de experiências entre os soldados que vinham do Haiti, e se isso teve algum impacto positivo para a operação?

Posso ir por partes. Na primeira tropa que foi para lá, a Brigada Paraquedista, alguns elementos tinham experiência do Haiti. A maioria, não. Isso se repetiu em todas as tropas que foram para lá. A cada seis semanas, nós trocávamos a tropa. Quando recebi a missão, fui estudar, ver o que tinha de registro de todas as outras operações de militares do Exército nas favelas do Rio, e tirei algumas conclusões. Não é só apontar a falha. O que causou a falha? Como posso criar algo que evite que essa falha venha a se repetir? Então, ela foi uma operação completamente diferente de todas as outras, na sua estruturação. Primeiro: redigi um acordo que depois foi aprovado e assinado pelo ministro da Defesa e pelo governador. Esse acordo delimitava uma área, no mapa, certinho, da rua tal à rua tal... Aquela área passou a ser a área da Força de Pacificação. Então, ali dentro dessa área não podia entrar nenhuma outra força de segurança, fosse qual fosse, sem autorização do comando da tropa que estava colocada lá. A Força de Pacificação tinha policiais militares, que foram escolhidos pelo governo do estado e colocados à nossa disposição. Esses trabalhavam com o mesmo gorro, o gorro azul da Força de Pacificação, junto conosco. Mas uma viatura da PM, uma viatura da delegacia, não podia entrar nesses limites para fazer qualquer ação, mesmo que fosse com mandado judicial, sem passar pelo comando da tropa, que estava lá no terreno, e informar aonde ia e o que ia fazer, e ia acompanhada por pessoal nosso. Cumpria a missão e saía. Gosto de dizer que 80% do sucesso da operação é decorrente desse acordo. Então, ele estabelecia regras de engajamento, tudo aprovado. Foi tudo estudado. E nós estivemos quase um mês, desde o final de novembro, até a ocupação, trabalhando nessa estruturação. Houve uma estrutura diferente. A segurança pública daquela área, quem estava tomando conta lá era um general de brigada, que era o comandante da tropa. Primeiro foi da Brigada Paraquedista, depois foi de uma brigada de Minas Gerais, depois foi da 9ª Brigada, que é do Rio, da Vila Militar, depois tivemos uma brigada de Campinas, depois tivemos uma brigada do Rio Grande do Sul. Nós tivemos tropa de todo o Brasil trabalhando lá, ao longo do período. Havia um rodízio.

Esse acordo previa muita coisa e evitou muitos erros que foram cometidos nas outras operações, porque havia comando único. A Polícia Militar termina o mandato dela aqui na área tal. Da rua tal para cá é conosco, não é com a Polícia Militar, não é com a Polícia Civil. Nós tínhamos uma delegacia da Polícia Civil lá dentro, que era outra coisa. Os militares, em todas as outras operações, se fizessem alguma prisão em flagrante, tinham que levar a uma delegacia, entrar na fila e relatar para o delegado, fazer a ocorrência, e normalmente o preso era liberado. Lá dentro, não: a delegacia era nossa. Havia uma delegacia civil e uma delegacia militar, e o crime de desacato, lá, era cobrado. Às vezes eu vejo muitas pessoas fazendo alusões assim: "Ah! Só desacatou, levou para a delegacia e ficou preso...". Está bom. Seja você a desacatar. Pega um policial vibrador, que gosta de ser polícia, e no primeiro dia que ele sai para a rua, vem um moleque, xinga, desrespeita: ele pega, leva para a delegacia. No outro dia, o moleque está lá de novo, xingando ele. Você quer que esse policial tenha orgulho, tenha vontade de exercer a função? Se ele é um cara de princípios, ele larga, sai fora. Ele perde o *élan* de ser policial. O crime de desacato é um crime de desrespeito a uma autoridade. Isso tem que ficar bem claro. E lá nós cobramos muito isso, para não desacreditar a tropa. Por que termos toda a juventude vendo um desacato e não acontecer nada? Nós perdemos a credibilidade. Daqui a pouco, outro se encoraja para fazer. Coisa às vezes de jovem que está vivendo há anos naquele ambiente pesado, quase que de guerrilha, e de repente tem uma tropa lá, há um desacato. E depois todos foram julgados na Justiça Militar. Mas eles foram presos. Teve a prisão, dois ou três dias lá, seguindo a lei, a preventiva ou a provisória, conforme o caso. Não sei se até hoje ainda tem algum processo correndo no STM, mas eles eram julgados até no STM. Então, isso aí é fundamental. O acordo já previa isso.

Esse acordo com as regras de engajamento foi feito no CML?
Não redigi as regras: redigi o acordo. E o acordo previa que deveria haver uma regra de engajamento e que ela deveria ser aprovada pelo Ministério da Defesa e pelo governo do estado. Aí um grupo redigiu. O acordo, fui eu que redigi. É lógico, com um ou outro assessor, mas a redação foi basicamente minha. O que decorreu desse acordo, outros documentos, outras normas, aí o pessoal trabalhou em cima disso. Mas todos esses documentos têm a chancela dos dois níveis de governo: estadual e federal. Governo civil: governador e presidente ou ministro da Defesa, que era o Nelson Jobim. Isso aí foi fundamental para nós.

E a rotação de contingente, que teria que mudar a cada três meses, colocar novas unidades e tal? Isso foi estabelecido já nessa época?
Isso não foi estabelecido no acordo, porque aí é uma coisa do meu comando, trocar ou não trocar. O acordo dizia qual era a missão, mas lá não tinha ordem: "Tem que ser o batalhão tal". E por que trocar? Desgaste. Essa tropa que ia para lá, ficava afastada da família, ficava em regime de internato direto. Ela estava dormindo nos alojamentos ou trabalhando na rua. É lógico, tinha mesa de jogos, tinha algum entretenimento ali para eles, alimentação, tudo isso. Só para a logística dessa turma, desses 1.600 homens, havia 200 homens trabalhando lá. Então, tinha todo o conforto, mas eles ficavam como se fosse em operação. Aí não dá para você ficar infinitamente. Segundo: você, policial ou militar, passa numa viela daquelas ali e, por um motivo qualquer, um morador começa a invocar com você; daqui a dois dias, a tensão entre vocês vai crescendo... Aí são tensões pessoais. São pessoas que estão lá. Não são robôs. Aí chega um dia que essa tensão pode resultar num outro tipo de contato que não seja o verbal, e pode haver até uma agressão. Então, o rodízio tinha esses dois aspectos: a necessidade de descansar a tropa e evitar o contato.

Eu tinha um rodízio interno. Havia um batalhão no Alemão e um batalhão na Penha. Cada batalhão tinha quatro companhias, e cada companhia, quatro pelotões.

Ou seja, furando um pouco a doutrina, que fala em três. Mas lá a necessidade era de quatro. O batalhão tinha a área dele, aí você dividia a área dele em quatro, e cada área dessas tinha um capitão que era o responsável por aquilo. Quem era responsável por tudo que acontecesse ou deixasse de acontecer em segurança pública na área? Era o capitão, que, por sua vez, dividia a área dele por quatro, botava um pelotão em cada uma, tinha um tenente em cada área dessas. É uma coisa que você não vê, por exemplo... No Rio, quando há um problema num bairro, falam: "Qual é o batalhão?". Pergunto sempre: "Qual é o pelotão que é encarregado da segurança pública?". Porque a PM tem tenente, tem capitão, tem major, não tem? Por que é batalhão? Se você mora no Rio, você sabe qual é o batalhão responsável pelo seu bairro. Mas você sabe quem é o tenente que é responsável pela segurança da área em que você reside? Deveria saber. Deveria ter algum tenente. Acho que não tem. Os tenentes ficam meio que misturados, fazendo o que eles chamam de ronda. Mas eles fazem ronda em qualquer local do Rio, ou seja, eles não têm essa responsabilidade. O Exército não trabalha assim. Se eu boto um soldado meu lá no ponto A, naquele ponto lá, o que acontecer ou deixar de acontecer, a responsabilidade é minha. Eu delego a ele a missão e ele há de cumprir aquilo ali, mas não posso delegar a responsabilidade; a responsabilidade vai ser minha.

E ali dentro, o que eu fazia? Rodízio, também, de pelotão. Ou seja, um pelotão que estava nessa região aqui, o capitão trocava... Aí era um problema dos capitães e dos coronéis. Mas eles tinham que fazer rodízio, inclusive de companhia. Então, você trocava um cara que estava acostumado a ver as mesmas caras da comunidade durante uma semana e jogava para... E muita gente dizia: "Poxa, general, isso está errado, porque agora que eles conhecem a área". Digo: "Mas aí eles também estão conhecidos e estão conhecendo. Então, troca, vão conhecer outra área". E funcionou. Funcionou exatamente para haver uma certa separação entre o militar e o cidadão que está... não o trabalhador, porque lá a maioria sai de manhã cedo e volta à noite, mas aquele que fica lá. Tinha lá mototáxi ligado ao tráfico; tinha traficante lá dentro... Vai dizer que não tinha? Nós prendemos todos eles? Não. Aqueles que a gente conseguiu dar flagrante foram presos, foi cumprida a lei, mas... E eles cumpriam determinações de cima, às vezes, de provocar as patrulhas. Então, quando você roda, você alivia a carga emocional do soldado em relação a uma determinada pessoa. Você evita problemas futuros. Então, o rodízio foi salutar. Aproveitando o rodízio para dizer: no início foi, a tropa que foi para lá tinha 40% de pessoas que tinham experiência no Haiti. No restante do tempo, não, tinha 10%, 15%, 20%. E culturas diferentes. Tinha soldado do

Rio Grande do Sul, soldado que foi meu comandado lá e ocupou e se relacionou com a população carioca muito bem. Então mostra também que a nossa doutrina tem pontos muito positivos, ela funciona bem, a instrução funciona bem, porque eles cumpriram a missão. Não há muita diferença entre a qualidade do serviço prestado na missão cumprida por cada um desses grupamentos que estiveram lá.

E sobre as questões de operação de amplo espectro, operações urbanas, estabilização: há um nexo entre isso e as operações de GLO?

Acredito que não. Já li algumas coisas... Hoje mesmo eu estava lendo um trabalho de mestrado ou doutorado, não lembro, a pessoa defendendo muito as ideias de Foucault, cidades falidas, também, e outros trabalhos são muito citados, e sempre fazendo uma correlação internacional. Não vejo assim. Trabalhei lá em Alagoas, era um problema; trabalhei no Rio, era outro problema; no Rio Grande do Sul são outros problemas. Não consigo fazer essa ilação. O que tem, que se pode fazer de contato, é que as operações militares... Aí é guerra. Há uma operação da ONU, como já falei, aí o protocolo que rege é a ONU. Então, uma força de imposição de paz está lá resguardada pelas Nações Unidas. A violência é de guerra. A diferença de guerra convencional em campo aberto é que se o meu fuzil estiver apontado para lá, lá só tem inimigo, posso apertar o gatilho. Hoje, está havendo uma parte desse conflito muito dentro das cidades. Estamos vendo a Síria, as cidades sendo destruídas. Ali você não deveria apontar o fuzil para um lado e achar que o outro lado tem só inimigo. A população não sai das localidades. Quando você vai para a Primeira Guerra, tem aquela grande coluna de pessoas, que eram os refugiados. Ia haver uma batalha, eles saíam da área. Hoje, os exércitos têm combatido dentro até de cidades. E isso tem sido muito frequente. Como conduzir isso? O que posso tirar da GLO para uma operação de combate urbano? Ou o que posso tirar do combate militar ou da guerra convencional para a GLO? O ambiente. Mas não muito mais que isso. Porque GLO é no território nacional e envolve só nacionais. São brasileiros. Não é uma força que queira derrubar governo. Normalmente, a GLO é contra marginais ou fora da lei, mas você está envolvido com pessoas brasileiras, que você tem que proteger. Em uma operação de combate convencional, mesmo quando ocorre dentro de uma cidade, você está em um território inimigo, e aí você não tem tanto compromisso na proteção daquelas pessoas.

Fiz uma declaração numa entrevista no Rio, lá no final da minha passagem, que me rendeu muitas críticas. Falei: "Nós tivemos, no Alemão e na Penha, um sucesso que os americanos não tiveram em Bagdá...". Isso repercutiu, principalmente entre alguns amigos: "Poxa! Você está comparando guerra...". Eu disse isso, mas veio a continuação: "...porque nós conseguimos conquistar a população". Ou seja, nós fomos melhores nessa missão de ter pacificado uma comunidade porque nós conseguimos que a população nos visse com bons olhos e ficasse do nosso lado. Mas cortaram toda a entrevista, puseram só um pedacinho. E botaram na primeira página: "General disse que, no Alemão e na Penha, o Exército brasileiro tinha mais sucesso que os americanos". Bom, deixa para lá, não vou nem comentar. Mas tem essa diferença. Agora, você vai ver muita literatura... Porque de fato muita coisa da GLO dá para utilizar na guerra urbana. Não acho que GLO é guerra, não. Mas muita coisa que aprendo para a guerra urbana — como entrar num edifício com segurança — serve também para a GLO. Elas se complementam, mas são bem diferentes. Eu não misturo, não.

O senhor falou que, no começo, tinha mais soldados que tinham vindo do Haiti e depois isso foi diminuindo. Nas entrevistas que fizemos com os force commanders *da missão de paz no Haiti, havia sempre uma comparação entre o que as tropas tinham feito no Haiti e o que estava sendo feito em termos de operações de GLO no Rio de Janeiro. Acha que houve um processo de retroalimentação, uma influência do que o Brasil fez no Haiti para as operações de GLO no Rio de Janeiro? Ou as Forças Armadas brasileiras, e o Exército em particular, já tinham uma experiência em operações de GLO, e, na verdade, a experiência brasileira é que foi aperfeiçoada no Haiti?*
GLO no nosso Exército é bastante antiga. Se formos olhar os registros, vamos ver que há muitos anos o Exército brasileiro participa ou executa Operações de Garantia da Lei e da Ordem. Tem algumas que são temporárias, como essa do Alemão e da Penha, que é a manutenção da ordem e a incolumidade das pessoas e da propriedade. Você tem a Justiça Eleitoral. Quando tem uma eleição, é uma GLO temporária. Mas tem umas que são permanentes: fronteira. Os pelotões de fronteira, o pessoal que está na fronteira, eles estão fazendo GLO. Eles têm essa atribuição de parar um barco lá na Amazônia e fazer uma revista para ver se não está passando droga; de combater ilícitos transfronteiriços, como se chama. A Marinha, no mar, e a Força Aérea, no dia a dia dela, também. Os ilícitos no espaço aéreo são controlados pela Força Aérea. Você não tem uma polícia aérea, não é? Mas nós temos umas missões de GLO que as pessoas esquecem que são permanentes, que a gente executa todos os dias, e tem essas temporárias. Essas já são bem mais antigas que o Haiti.

O Haiti, acho que foi uma oportunidade de melhorar o treinamento de um número maior de militares. Quanto tempo o Exército brasileiro teve tropa lá no Haiti? Se somar essas horas com as horas que teve de GLO no nosso território, lá foram muito mais horas. Então, aquela missão serviu como treinamento. Mas separo bem: a do Haiti era da ONU; a do Alemão e da Penha era nacional. Eu tinha toda uma jurisprudência, tinha todo um Ministério Público olhando para nós, desconfiado do que estava acontecendo e do que poderia acontecer. Quando nós entramos lá no Alemão e na Penha, a primeira noite eu não dormi. Tinha 1.600 homens armados, dentro de 17 ou 18 comunidades, fazendo patrulha e tal, e toda hora achando que... "Daqui a pouco vai haver um problema, vão atirar, vão acertar uma criança, vai dar problema." Graças a Deus, na outra noite, já estava mais relaxado, aí já consegui dormir, e depois, então, não houve problema nenhum; aí ficou até bem leve. Mas a responsabilidade do comando não é só: "Então, vai para lá e faz". Você é responsável por tudo que acontecer lá, então é muito pesado. Já no Haiti é meio diferente, você tem muita responsabilidade com a tua tropa, com o teu soldado que está lá na frente, mas não com quem está no entorno dele. Aqui, não; aqui você tem uma responsabilidade até maior com quem está no entorno, que são as pessoas que vivem na área, do que com o teu soldado, porque eles não têm nada a ver com isso. Esse é o foco. Então o Haiti foi, sim, um bom campo de treinamento e de melhorias. Muita coisa nova foi criada lá, foi desenvolvida para o Haiti e pode ser aproveitada hoje. Além do treinamento das pessoas, ficam as lições aprendidas — o que nós aprendemos lá, isso é desenvolvido — e o que pode ser aplicado aqui, no treinamento das nossas tropas. Então, nós vamos ter sempre tropas melhores para desempenhar a GLO, pós-Haiti, com certeza; mas não são operações similares, não.

Desde o final dos anos 1950, começou a entrar na Eceme, mas depois também na Aman, a doutrina de guerra antissubversiva. Na Aman, criaram a SIEsp, não sei se já na sua época de cadete ou depois. Quer dizer, havia o inimigo interno. Em que medida essa doutrina corre o risco de continuar no tempo, quando se enfrentam criminosos, traficantes?... Quer dizer, embora a natureza não seja mais no sentido de uma subversão ideológica e política, em que medida ainda é o mesmo tipo de arcabouço doutrinário e de emprego da força?

Peguei a academia exatamente na época que começou a SIEsp. O Exército brasileiro estava parado meio no tempo e aí, em 1968, estavam começando a aparecer os boinas-pretas, os comandos, o pessoal que fazia operações especiais. Hoje, nós temos uma Brigada de Operações Especiais, que trabalhou no Alemão e na Penha com um grupo, me assessorando na parte de ações psicológicas. Mas peguei o início. Bom, mas se você é soldado, tanto faz na guerra convencional, como na guerrilha, como na GLO, você tem que saber atirar, tem que saber usar uma arma. Mas vai haver sempre pontos que, em um treinamento para um determinado tipo de operação, você utiliza aquele conhecimento também em outras operações. Na época, nós falávamos em dois tipos de guerrilha: a urbana e a rural. Na contraguerrilha urbana, praticamente não tem nada que se aproveite para GLO, porque eram operações mais de polícia, de pequenos grupos, ou seja, não é uma operação de GLO em que você põe 1.600 homens policiando diariamente. Você tem uma inteligência que nota alguma coisa e determina uma investigação, levanta e se faz. Mas aí se atua pontualmente. Isso se faz muito na contraguerrilha urbana. Nós tivemos uma guerrilha urbana. Foi em São Paulo que o Exército desenvolveu a Operação Bandeirante, chamada de Operação Oban. Foi onde nós ganhamos alguma experiência na contraguerrilha urbana. Mas nós não vivemos nenhum momento em que se tivesse uma força guerrilheira capaz de enfrentar a força governamental, em nenhuma localidade.

Mas há controle territorial do tráfico sobre certas áreas em favelas e comunidades. Inclusive, a dinâmica da disputa entre diferentes facções é muito por domínio de territórios. Na guerrilha urbana, não; eram ações pontuais pela cidade.

Você tem muito isso lá no Oriente Médio: metade é de uma etnia e está em conflito com a outra, e ocupa metade da cidade. Você vai ter um conflito urbano. Se você trouxer para cá, seria a guerrilha e a contraguerrilha. Mas nós não tivemos isso. A gente estuda, tem regras e normas de como atuar, de como fazer, mas é uma coisa que não aconteceu e, também, acho que perdeu... Eu mesmo tenho muito pouco conhecimento sobre isso aí, se houvesse um problema agora, eu teria que estudar de novo os manuais, para ver. A guerrilha rural, sim. Tem muito a ver com GLO. Talvez, 50% das coisas que você use na guerrilha rural você vai usar aqui: definir uma área, controlar o acesso... Ou seja, na guerrilha rural, você cerca uma área e eles não podem sair para buscar, não podem entrar suprimentos para eles. Foi o que a gente fez lá no Alemão. É tudo controlado. Então, muita coisa da guerrilha rural você pode aplicar para GLO, no meu entendimento. Não sou especialista nessa área, mas pode ser aplicado, sim. Agora, sobre a guerrilha urbana, não vejo isso.

O senhor acha que a participação em operações de GLO tem algum impacto na carreira? É positivo para um oficial ter participado desse tipo de operação?
Tudo que você faz ou deixa de fazer ao longo da carreira militar vai interferir na tua carreira. Mas a GLO é uma operação como outra qualquer. Você pode comandar uma operação de GLO, participar e ir muito bem nessa operação: você vai receber as observações positivas. Mas, se você cometer falhas na GLO ou deixar de cumprir algumas coisas, você vai ter observações negativas, que vão interferir na carreira. Mas não é valorizado, a GLO não tem mais valor que as outras. Porque você pode não ter conhecimento hoje, mas amanhã você adquire esse conhecimento. Mas valores, não. Então, o que se mede muito são os valores: como você se comportou em determinada situação, olhando para os teus valores, o teu comportamento em si. Se você tomou uma decisão errada por falta de conhecimento, posso corrigir, mas se você tomou uma decisão errada porque teus valores não são corretos... Eu treino e te dou conhecimento e habilidade, mas mudar a cabeça das pessoas é mais difícil. Mas a GLO não é a cereja do bolo, não. Você está sendo mais uma vez testado num tipo de operação; pode se sair bem ou mal. É mais ou menos por aí. A GLO não é *aquela* operação. É mais uma operação. E tem que ser assim, porque senão quem está nos gabinetes ou quem está na Amazônia, por exemplo... É tão duro estar lá no meio da selva, num pelotão de fronteira, isolado! É muito mais duro do que estar, às vezes, patrulhando o Alemão e a Penha. Porque no Alemão e na Penha, ele sabe que ele vai ficar ali três semanas e vai sair, e lá na Amazônia ele vai ficar dois anos em um pelotão no meio da selva, distante de tudo. Então, não dá para valorizar mais uma que outra, senão você cria castas. Tem que tratar todo mundo igual. Missão é missão, e comportamento no desempenho dela é o que conta.

Uma diferença em relação às Forças Armadas e a polícia em geral é que as Forças Armadas são treinadas para uma missão-fim de combate, de derrotar o inimigo, de vencer a batalha. A polícia, em relação ao crime, tem uma relação de controle, você não acaba com o crime. Quer dizer, há uma certa convivência, de alguma maneira, que não acontece na missão-fim das Forças Armadas. As Forças Armadas, contudo, têm sido empregadas constantemente em questões relacionadas à segurança pública. Isso pode ser visto como um sintoma da falência do sistema de segurança pública e não de um desejo militar de participar disso. Mas em que medida essa recorrência e essa extensão de experiências em relação à segurança pública podem conflitar com a missão-fim do combate?
Isso eu ouvi muito: "O militar é preparado para matar". O militar é disciplinado, ele aprende a atirar no inimigo, mas ele também, como é disciplinado, é treinado

para reconhecer quem é inimigo e quem não é inimigo, e é treinado também para saber qual é o limite dele. Algum jornalista um dia me falou: "Mas vocês são treinados para chegar com um fuzil atirando". Eu digo: "Se precisar. Mas a gente vai ter que avaliar se vai precisar fazer isso ou não. Se precisar, ele vai atirar, mas se não precisar, ele não vai atirar". Então, quando você recebe a missão, o comandante tem que ser muito claro e definir quais são os teus limites.

Vou dar um exemplo meio fora, mas que está dentro de GLO também, que é o do *sniper*. Você tem uma segurança de autoridades no Rio, como Rio+20; o carro do presidente dos Estados Unidos ou da França vai percorrer do aeroporto... Porque a vida dele fica na área de segurança nossa na hora que o avião dele entra no espaço aéreo, até sair de novo. Então, você tem que estar 24 horas cuidando dele. Quando ele sai da Base Aérea lá do Galeão em um carro, se dirigindo para o hotel em Copacabana ou em Ipanema, você pode ter um ato terrorista durante o trajeto. É lógico, você tem que fazer a varredura desses trajetos, tem que fazer a segurança, mas você põe *sniper* no prédio. Se aparecer um terrorista e ele puder impedir a ação, para defender a autoridade e evitar o crime, ele vai atirar. Hoje, nós já desenvolvemos dispositivos com tecnologia que você consegue ver o que o *sniper* está vendo, no centro de comando, e você pode botar uma norma mais restrita: só atira mediante ordem. Ou seja, alguém, lá na sala de comando, vai ver: "Não é o caso". "Ok." A tecnologia hoje permite você fiscalizar... Não, não é fiscalizar; é dar limites. Você consegue isso hoje.

Mas o militar, embora ele seja precipuamente treinado, condicionado para a guerra, para a defesa de um território, ele também é formado com valores, com princípios, com respeito à hierarquia e à disciplina. Se não houver respeito à hierarquia e disciplina, aí nem na guerra nem em lugar nenhum você vai ter uma tropa eficiente e confiável. Então, no Alemão e na Penha, a primeira fala que tive com todos os contingentes que foram para lá, lá no Campo de Instrução de Gericinó, era essa: "Vocês vão proteger famílias iguais às de vocês, que moram nas favelas". Então, a missão: proteger a população. E toda hora isso era muito batido com eles pelos comandos subordinados, pelos comandantes que estavam lá na hora. Aí eles fizeram isso. Então, a gente teve pouquíssimos conflitos. Com disparo de arma, foram três, em 22 meses.

Não tenho vergonha de falar, mas obtivemos a pacificação. Toda minha palestra, no final, terminava assim: "Nós cumprimos a missão e devolvemos a cidadania às famílias que moram nessas comunidades". Porque eram duas palavras: pacificar e proteger o cidadão. O soldado aceita bem isso. Ele incute isso e ele vai cumprir. Nós temos um Exército que não é só bem treinado; ele é bem-preparado. E é um Exército que, nessas horas, é muito respeitado no Brasil, pela população, e é respeitado no mundo. Queiram ou não, nós somos brasileiros, apesar de todo esse período que nós estamos levando de 1980 para cá, de perda da cidadania, perda do orgulho nacional, que está produzindo tudo isso que nós estamos vivendo. Você não muda as instituições. Você muda a instituição mudando as pessoas. Não necessariamente trocando as pessoas, mas mudando a cabeça. E nós abandonamos a educação. Quem sou eu para falar sobre educação com esse grupo, mas ensino é uma coisa, educação é outra. Conheço muita gente de nível escolar baixo e muito bem-educada e conheço muita gente com doutorado e muito mal-educada. Então, no Brasil, a gente mistura essas coisas.

Educação é para ser cidadão. Você forma grandes médicos, grandes advogados e engenheiros. E cidadão, você forma? Há quantos anos que nós não formamos mais cidadãos? Você não tem mais compromisso com o teu entorno, então, é: "Quero levar vantagem, o meu grupo tem que levar vantagem". É isso que nós estamos vendo aí. Eu me assusto quando vejo uma notícia sobre uma médica, com impressão digital de borracha, marcando ponto para outros médicos que iam faltar. Quer dizer, ela pode ser uma excelente médica, mas, como cidadã, ela não foi formada. Nós abandonamos a formação cidadã. A mãe não está mais em casa, o pai também não, e nas escolas é que ensinam. Então, hoje, você ensina nas escolas; não educa. E por que nós não educamos? Por que a pessoa reclama do prefeito e do vereador e não vai à Câmara e não muda? Porque ela não sabe que ela pode mudar, porque ela não foi educada. Quando ela comete um pequeno delito, está faltando educação; não está faltando ensino. Pode ser um pós-graduado e estar cometendo um delito, a mesma coisa de um que não tem expressão cultural maior, o ensino dele é básico. Então, essa dicotomia de educação e ensino tem que voltar. A Estônia, que é um dos países que deu um salto na educação muito grande, se olhar, está lá: educação cívica e educação cidadã, com a mesma importância da matemática, da biologia, da física, dos idiomas. E nós não temos isso. Temos que recriar nas escolas a educação para exercer a cidadania. Eu me preparo para ser médico, mas ninguém me prepara para ser um cidadão. E isso está faltando. No dia em que a gente conseguir isso, a gente consegue melhorar um pouco. A situação que a gente vive hoje... Para onde você olha: na política, falta cidadania; para onde você olha, o que está faltando é educação para o exercício da cidadania. Não dá para entender um país que tem petróleo, que tem minério, que tem terra agricultável, que tem uma riqueza potencial enorme e que tem gente miserável, passando necessidade. Não dá para entender. Está faltando educação. É um desabafo de um homem que tem 73 anos e que adora viver neste país, que gosta demais daqui, e que ainda tem orgulho de ser brasileiro.

General Tomás Miguel Miné Ribeiro Paiva

Tomás Miguel Miné Ribeiro Paiva é general de exército, nasceu em 29 de setembro de 1960 na cidade de São Paulo. Entrou para a Escola Preparatória de Cadetes do Exército (EsPCEx) em Campinas em 1975 e foi declarado aspirante a oficial da arma de Infantaria em 1981. Formou-se na Escola de Aperfeiçoamento de Oficiais (EsAO) em 1991. Cursou a Escola de Comando e Estado-Maior do Exército (Eceme) de 1997 a 1998. Possui o curso de especialização em gerenciamento de projetos pela Fundação Getulio Vargas (FGV). É professor *honoris causa* da Academia de Guerra do Exército do Equador. Foi ajudante de ordens do presidente da República de 1992 a 1997 e de 1999 a 2000. No exterior, assumiu a função de assessor militar do Brasil junto ao Exército do Equador de 2000 a 2002 e foi subcomandante do Batalhão de Infantaria de Força de Paz do sétimo contingente brasileiro na Minustah em 2007. Comandou a EsPCEx de 2010 a 2011, a 11ª Brigada de Infantaria Leve em Campinas de 2012 a 2013, a Força de Pacificação da Operação Arcanjo VI nos complexos da Penha e do Alemão no Rio de Janeiro (2012) e a Academia Militar das Agulhas Negras (Aman) de 2013 a 2015. Foi chefe do gabinete do comandante do Exército de 2015 a 2018, quando assumiu o comando da 5ª Divisão de Exército em Curitiba. Em 2019, tornou-se chefe do Departamento de Educação e Cultura do Exército, permanecendo na função até 2021. Atualmente é comandante militar do Sudeste.

Entrevista realizada por Adriana Marques,
Verônica Azzi e Igor Acácio em 13/12/2021.

Em 2007, o senhor foi para o Haiti, ser subcomandante do batalhão brasileiro. Poderia nos contar sobre essa experiência?
Cada contingente tem seu acerto operacional. O meu comandante preferiu ficar com a parte de relacionamento, de contato com a Minustah. Fiquei tanto no preparo quanto conduzi operacionalmente a parte do emprego. Então, fui o comandante operacional da tropa, vamos dizer assim. Tinha um estado-maior muito bom. A gente estava vivendo um período imediatamente após a conquista de Cité Soleil, que foi em 2006-2007. Então, coube a nós a consolidação da conquista de Cité Soleil. Era um trabalho arriscado, diferente. Ali, a gente ainda teve um resquício de período de combate contra as gangues. Como vocês sabem, também comandei a Força de Pacificação dos complexos da Penha e do Alemão. São poucos os oficiais que tiveram a oportunidade de terem duas missões dessas daí. Muitas pessoas me perguntavam: "O que é mais difícil: o Haiti ou o Alemão?". São coisas diferentes. Lá não é GLO, aqui é. Você garante a lei e a ordem do seu país; lá, você tinha um memorando de entendimento, um protocolo, um programa das Nações Unidas com o Haiti, do qual você era fiador. A missão era diferente. Em um primeiro momento, foi quase uma imposição da paz, embora isso não estivesse previsto.

Meu contingente teve um preparo muito bom, de praticamente seis meses. Diferente do que vivi no Alemão, que foi bem mais rápido para adaptar a tropa para ir para lá, embora a tropa fosse experiente. Lá no Haiti, trabalhei selecionando pessoas desde Santa Maria, que foi meu contingente, preparando muito bem essas pessoas com informações do contingente que estava lá em operações no Haiti. O contingente que estava lá combateu bastante para poder conquistar Cité Soleil. Teve muito enfrentamento. Então, foi uma experiência muito boa, mas no limite das operações convencionais. A gente poderia falar assim: é parecido com uma operação de atuação dentro do ambiente urbano, atuação de forças convencionais. Por exemplo, a gente conquistou Cité Soleil basicamente com operações em localidade. É o que a gente chama de fase convencional: isolamento, cerco e investimento — são as três fases da operação. Isso a gente faz muito bem. E foi feito porque teve o componente político, que é o componente que determina. No caso, havia um representante do secretário-geral lá. Ele entendeu que era o momento de a gente tomar aquela medida.

O cerne da missão era garantir o ambiente seguro e estável para que o desenvolvimento pudesse ocorrer. A gente garantiu isso; o que não ocorreu foi o desenvolvimento vir depois. Faltou essa parte, que nunca foi missão da Minustah.

A Minustah nunca se propôs a garantir o desenvolvimento. Ela sempre se propôs a preparar o ambiente seguro e estável para que as agências e o Haiti, junto à comunidade do Conselho das Nações, pudessem modificar aquela condição. Em 2010, veio o terremoto, aí virou uma missão humanitária. O que era muito ruim, ficou terrível com aquela quantidade de mortos, aquele negócio todo. Mudou o escopo da missão. Mas a primeira parte da missão, até 2007, até o meu contingente, a gente, através de um esforço conjunto de vários países, mas basicamente da tropa brasileira, conseguiu um resultado muito bom de melhorar as condições de segurança do Haiti, basicamente de Porto Príncipe, que era o centro de gravidade dali, e deixou pronto para que houvesse, efetivamente, uma melhoria de condição de vida e uma reversão daquele estado de país falido.

Depois, mas antes de ir para a operação no Rio, o senhor comandou a Brigada de Infantaria Leve de Campinas. Foi nesse período aí que a brigada mudou de nome, deixando de ser brigada GLO?

Foi. Nós entendemos que todas as brigadas têm que fazer tudo. Em algum momento alguém entendeu que tinha que ter uma brigada mais especializada. Lá era uma brigada blindada, mas os blindados foram embora. Acabou sendo bom, porque se criou o embrião do Centro de Instrução de Garantia da Lei e da Ordem, que é um centro bacana e que agora também está virando Centro de Instrução de Operações Urbanas. Hoje, a gente tem algumas tendências nas operações de Forças Armadas modernas. Uma delas é que as guerras são no meio do povo. Antigamente a gente via aquelas guerras em espaço continental. Não é que não possa ocorrer ainda, mas, hoje, os objetivos são os centros populacionais. Temos observado os conflitos no Iraque, no Afeganistão: terminam no meio do povo. Sempre é uma dificuldade muito grande. Outra coisa que tem acontecido: sempre com muita gente em volta. Operações interagências são outra tendência, operações de vários atores. Outra, operações centradas em rede. Muita tecnologia, muitos meios. Então, você tem que ter conhecimento de tudo, uma pletora enorme de informações. Você tem que ser superior, em termos de informações operacionais. Podemos falar, também, de outra tendência: operações em multidomínio. São vários domínios — espacial, aéreo, espectro eletromagnético, terrestre e naval, tudo junto e misturado. Então, ficou mais complicado.

Em 2011, fui promovido a general e fui para a 2ª subchefia do Coter, que é uma missão de gerenciamento das operações de emprego do Exército brasileiro. Até me surpreendeu, porque eu era muito moderno. Estavam ocorrendo operações; em todas elas, eu tinha alguma responsabilidade. Não na parte de comando, absolutamente. O Coter não comanda nada, ele coordena e controla. Então, era interagir com eles, visitar, ver o que precisava e repassar recursos, coordenar essas coisas todas. Estavam ocorrendo, nesse período, a Operação Arcanjo e a Operação Serrana, que foi uma operação humanitária quando teve aquele desastre na região de Petrópolis, Teresópolis, morreu gente, ficou gente soterrada, aquele troço todo. Mas a Operação Arcanjo era a principal operação. Ela tinha começado a acontecer em 2010. Tivemos aquelas imagens espetaculares da fuga daquela quantidade de gente. Estava dentro da política de polícia comunitária do Sérgio Cabral, que era o governador do estado. Ele conversa com o presidente Lula. O ministro da Defesa era o Nelson Jobim. Elabora-se um documento e começam a empregar a tropa. A tropa chegou ali em dezembro de 2010. Em 2011, ela começa a ocorrer efetivamente. Então, foi uma iniciativa clássica de Garantia da Lei e da Ordem. Delimitou a área, colocou ali uma Força de Pacificação comandada por um general. Era uma operação interagências, mas não uma operação conjunta, porque você só tinha Exército. Depois, na Maré, você tem Exército e Marinha.

O general comandante começou com a Brigada Paraquedista e duas forças-tarefa: uma sempre empregada no Complexo da Penha e outra no Complexo do Alemão. Inicialmente, as pessoas ficaram muito mal instaladas — em barracas, em iglus, sem conforto nenhum. Cada FT dessas, no valor batalhão. O efetivo total de 1.600 militares. É bastante gente. Desses, você empregava, efetivamente, 1.100 militares, 550 para cada complexo. No primeiro momento, com um apoio muito grande da mídia e uma liberdade de ação razoável da tropa que estava sendo empregada. Com o tempo, isto foi, como a gente esperava, diminuindo, diminuindo, até que chegou... Então, teve a Arcanjo I. Depois, na Arcanjo II, foi a tropa da 9ª Brigada, saiu a Brigada Paraquedista. Mais ou menos três meses. Na Arcanjo III, foi a tropa da 11ª Brigada, a brigada que eu viria a comandar. Depois, na Arcanjo IV, voltou a tropa da 9ª Brigada. Então, o general Leme, que era o comandante da 9ª Brigada, foi duas vezes, ele repetiu. Depois, na Arcanjo V, mais para o fim do ano, foi a tropa da 4ª Brigada, de Juiz de Fora. Já era uma adaptação, porque estavam começando os grandes eventos, eram os Jogos Mundiais Militares. Então, a tropa da 1ª DE estava voltada para lá. Na Arcanjo VI, se volta para a 11ª Brigada.

Aí, saio do Coter e assumo a 11ª Brigada, já sabendo que iria, em 10, 15 dias, para o Rio de Janeiro. Fui designado para comandar a brigada no meio de dezembro, e no meio de janeiro eu já estava indo para o Rio de Janeiro. Então, tinha que visitar e conhecer as unidades e, ao mesmo tempo, ir para a operação. A operação foi de janeiro até, mais ou menos, abril, fiquei três meses. Foi um período em que tinha havido um desgaste natural, até da paciência da população, que vai se esgotando com aquela ocupação continuada. Meu contingente foi o que começou a passar a área para as UPPs, as Unidades de Polícia Pacificadora, polícia comunitária, no final da minha missão. Então, a gente sentiu a necessidade de dar uma retomada, de ser um pouco mais contundente, um pouco mais "braço forte", menos "mão amiga".

Como a tropa interagia com a população nesse período? O senhor falou do "braço forte": o que acontecia no terreno?
Não vou falar de legislação, vou falar da minha experiência prática. Tive as experiências do Haiti e do Alemão. No Haiti, a gente tinha muito mais liberdade de ação. Primeiro, porque era um país destruído. Então, quando você faz qualquer tipo de ação humanitária, aquilo ali é muito bem aceito e muito rápido. Eles precisam de tudo. O controle democrático é muito menor, então aumenta, muito mais, a responsabilidade daquilo que você vai fazer. Se você tinha que investigar, entrar em uma casa… com respeito, você entrava. Não tinha como buscar um juiz, porque não havia. Então, tinha que haver um equilíbrio e um comedimento muito maiores na maneira como você ia atuar. Você tinha saído de uma experiência de quase combate urbano para uma experiência de pacificação. Toda a ajuda humanitária, por exemplo, sempre dava uma confusão, porque era todo mundo faminto, todo mundo desesperado por tudo. Quando você ia distribuir comida, sempre dava em quebra-quebra, em gás de pimenta, alguma coisa… Era difícil, nesse aspecto aí. Mas o povo aceitava muito bem.

No Complexo da Penha e no Alemão, é o nosso povo. Então, o cara chega muito aberto, porque é a nossa gente. Na sua maioria, quase a totalidade, é gente séria, honesta, trabalhadora, mas que está acostumada a ser dominada por um percentual pequeno de gente ligada ao crime organizado que domina aquilo ali. A primeira coisa que estranhei, quando cheguei aos complexos da Penha e do Alemão, foi que as informações não batiam com o que eu queria saber exatamente. "Quantas pessoas moravam ali?" "400 mil pessoas." Aí comecei a procurar, me certificar se isso batia com a realidade. Procurei o Instituto Pereira Passos, me disseram que era impossível, que, pela medição de satélite, eram cerca de 240-250 mil pessoas. Outra coisa: com quem eu podia falar? O líder comunitário é ligado às pessoas que dominam, ao crime organizado. O crime organizado, ele é difuso. Se você tiver 1% ou 1,5% dessas pessoas que estão ligadas ao crime organizado, dá o quê? Três mil, 3.500 pessoas ligadas ao crime organizado que dominam essas 240 mil pessoas. Então, ficou difícil, como a gente fala, "conquistar coração e mente". No primeiro momento, pensei em pegar a experiência do Haiti, de atuar e tentar ajudar as pessoas com alguma ação humanitária. Era mais difícil, porque você não identificava as lideranças e nem identificava, efetivamente, quais eram as necessidades. Tem muita liderança, muita gente — ONG, líder comunitário, líder evangélico, igreja católica. Então, aquilo que, no Haiti, ficava um pouco mais fácil por conta da carência que a gente tinha no país como um todo, no Rio de Janeiro, na comunidade, havia várias iniciativas difusas ocorrendo, sem coordenação, muitos projetos, muito dinheiro empregado, muitos projetos sociais. A conversa não era fácil, tudo um pouco mais complicado.

O desgaste que ocorreu... porque o tráfico de drogas nunca parou. Lá no Haiti, não tinha tráfico de drogas, porque a população é tão miserável... O que tinha muito, no Haiti, era arma. No Rio de Janeiro também tinha muita arma. Mas a gente conseguiu, efetivamente, com a Operação Arcanjo, diminuir o número de armas longas, que a gente tinha ali expostas de uma maneira ostensiva, o tempo todo. O tráfico de drogas, não. Em nenhum momento a gente conseguiu que a venda de droga para varejo parasse. Porque a venda de drogas já é doméstica. Pelo menos, essa foi a minha leitura. Então, a gente tinha muito incidente com venda de drogas.

À medida que foram se passando os contingentes, as pessoas foram repetindo, senti um pouco de necessidade de retomar a intensidade do patrulhamento. Não há crítica a nenhum contingente anterior. Mas, como as pessoas vão se acostumando e às vezes a gente fica em mais pontos de visibilidade, dentro do interior da comunidade as coisas começam a voltar a acontecer. Então, essa atitude que a gente tomou de retomar o patrulhamento ostensivo, de maneira inopinada — você aparecer com um grupamento de patrulha em algum ponto —, gerou muito enfrentamento. Até que a coisa estabilizou. Então, tive um primeiro mês e meio, mais ou menos, de muita troca de tiros ali, nesses encontros fortuitos com as pessoas. Mas aquilo ali acabou sendo bom, porque fez com que a gente retomasse o ponto do começo da operação, quando o cara ainda estava com medo. Aí, passamos para o próximo contingente, acredito, em melhores condições do que a coisa estava vindo.

Havia, nesse momento, intercâmbio de tropas que vinham do Haiti e iam depois para o Rio de Janeiro?
Havia, mas como a gente tem essa rotatividade grande, muita gente era substituída. Você tem o militar temporário, por exemplo. Ninguém foi para o Haiti recruta, nem foi para o Alemão recruta. Mas militar temporário já tinha dado baixa no meu contingente. Pode ter um ou outro quadro que tenha ido para o Haiti. A preparação para o Haiti estava muito redonda, muito boa. Eu estava seguro de que eles estavam tranquilos. Atiraram muito. Sabiam progredir. Tinham confiança na técnica. O grande segredo é você ter uma tropa com autoconfiança para controlar a ansiedade, a preocupação de atirar a qualquer momento. Você tem que atirar de maneira muito consciente naquilo que você está vendo. Então, a preparação, nesse aspecto, para o Haiti, como ela é de seis meses, é uma preparação muito melhor. O cara estuda toda a parte do que é previsto de legislação da ONU, quais são as condutas, como ele aborda as pessoas, as regras de engajamento. O cara está muito atento para esse negócio. Aprende um pouquinho de *creole*. No Rio de Janeiro, foram dois meses. Então, ele não teve esse tempo de preparação que a gente deu para o cara ir para o Haiti.

O senhor acha que os soldados que tiveram a experiência no Haiti atuavam melhor quando vinham para o Rio de Janeiro?
Não tenho dúvida nenhuma. Essa experiência, seguramente, dá mais segurança, dá mais confiança. Outra coisa: no Rio de Janeiro, a gente mudou nossa organização para o combate. No grupo de combate, que é a unidade básica de atuação, são normalmente nove militares: um sargento, um cabo e sete soldados. A gente mudou: o nosso grupo de combate tinha 10 militares, divididos em dois Grupos de Patrulha, cada um com cinco soldados e um sargento. A gente nunca atuou parecido com a polícia, nunca atuávamos só com dois caras sozinhos. Sempre atuava com um grupo de patrulha.

Ainda mais: quando assumi, identifiquei que a gente, quando entrava nas vielas, estava sendo enfrentado com tiro de pistola. A gente dava de cara com um pontinho de venda de drogas: são três caras, um cara com pacotinho, vendendo, um com a sacolinha de dinheiro e um de segurança, com a pistola. Aí o cara olhava, atirava de pistola e saía correndo. Qual é a arma que o cara tem, no grupo de patrulha, para responder? O fuzil. Então, mudei, a primeira arma passou a ser a pistola. Então, o cara começou a atirar de pistola, respondia de pistola. Atrás da pistola, tinha uma arma não letal e, depois, tinha o fuzil. No Haiti, era totalmente diferente. Inclusive, a prescrição de armas era outra, na regra de engajamento. No Haiti, cansei de fazer patrulha com a tropa com fuzil — arma alimentada, carregada e destravada. Então, exige uma disciplina, um controle enorme. Está no meio de crianças, de pessoas. No Alemão, não. A gente estava com a arma alimentada, não estava carregada e destravada. O carregamento era mediante ordem. Ordem de quem? Do sargento comandando o grupo de patrulha. Então, se ele sentisse ameaça, mandava carregar. Só executava tiro mediante ordem dele. Prescrições diferentes, situações diferentes.

E como era atuar com a polícia, tanto no Haiti quanto no Rio de Janeiro?

Obviamente, quem atuou com a polícia do Haiti tem que achar a polícia do Rio de Janeiro muito melhor para atuar. Agora, o problema da polícia, em parte... Vamos desqualificar a questão de eventual desvio de conduta que possa haver, porque a gente se prende muito nisso. A gente tem um problema crônico de segurança pública no Brasil, e a gente tem um aparelho policial, tanto civil quanto militar, insuficiente. Essa é uma realidade, é uma premissa que a gente tem que admitir. A gente está falando aqui do Rio de Janeiro, mas não está falando, por exemplo, do Nordeste, que é mais violento. Tem estado da Federação em que a Polícia Militar é muito boa, tanto em recurso quanto em formação. Eles são cerca de 85 mil pessoas. Já foram quase 100 mil. Mas esse efetivo, pelas regras da corporação, vai dar 15 mil, 10 mil pessoas por dia na rua. Era o que acontecia nos complexos da Penha e do Alemão. Então, eu tinha dois batalhões de campanha no meu comando. "Vamos fazer uma operação com a polícia". Quando você juntava com a polícia, tinha 12, porque a polícia está empregada o tempo todo. Por isso é que a Força Nacional de Segurança Pública é uma força composta, foi uma solução elaborada para ter uma reserva dentro do Estado brasileiro. Você não consegue botar 2, 3 mil. Quem consegue botar 2, 3, 4 mil é só o Exército. Falta polícia, esse é o problema.

Eu disse que tinha 550 na Penha e 550 no Alemão. É um efetivo bom. O cara rodava o tempo todo, de dia, de noite — patrulha o tempo todo. Mas vamos trocar isso daí por UPP. O cara falava: "Vamos botar 2.200 policiais para a UPP". Dentro do sistema de polícia, que é 24 por 72 horas, você divide por quatro, dá 550. Para os dois. Então, você divide 550 por três — porque são oito horas, das 24 horas. Você vai ter, praticamente, 90 caras, onde eu tinha 550. Dá para você manter esse sistema em uma área conflagrada? É impossível. Para ter uma polícia cidadã? É impossível. A conta não fecha. Do ponto de vista de continuidade o resultado é ruim, porque no final você sai e volta tudo. O povo que está lá — ordeiro, honesto, sério — sabe que isso vai acontecer. É por isso que você não conquista nunca coração e mente, porque ele sabe que você está lá por um tempo e sabe que você vai sair. Quando você for sair, a conta vem. Vai voltar tudo o que era antes. Essa era uma lida que a gente tem que tentar resolver.

O senhor acha que esse tipo de operação traz algum nível de desgaste para a imagem das Forças Armadas?

Olha, acho, honestamente, que a gente não tem que se preocupar com o desgaste. Traz desgaste a operação ruim, principalmente quando você sabe que o resultado final tende a ser ruim. Agora, o que eu acho é o seguinte: há um certo preconceito e desconhecimento de como a gente opera e de como a gente atua. Acho, por exemplo, que a melhor iniciativa que a gente teve de Garantia da Lei e da Ordem nos últimos anos, por incrível que pareça — também não teve continuidade —, foi a intervenção federal. Na intervenção federal, você, efetivamente, teve oportunidade de mexer no aparelho policial. Aí, tem um cara que foi craque nesse negócio, que é o general Richard, meu companheiro no alto-comando. Esse camarada atuou no coração das polícias, botando gente séria. Botou o Laviano[25] para comandar a Polícia Militar. Botou, para chefiar a Polícia Civil, um cara que atuava comigo no Alemão, que era o diretor da Delegacia de Homicídios.[26] A gente gastou um dinheirão para poder aparelhar a polícia. A polícia não sabia nem fazer a licitação. Quem moldou esse sistema foi o general Braga Netto, que foi o interventor, foi o gabinete do comandante do Exército. Coloquei 80 militares — que ele pediu — de administração, de intendência, caras excepcionais, para pegarem aquele recurso que veio. Aquele recurso federal fez diferença. Se a intervenção tivesse continuado no seu ideário, talvez a gente tivesse uma chance melhor de estar mais organizado para enfrentar esse desafio. Porque o desafio continua, persiste. Ele vai continuar.

Ultimamente, acho que tem sido um acerto a gente não ter operações de GLO similares à operação do Alemão, similares às operações da Maré, porque elas produzem um efeito imediato, que é razoável, mas elas não são duráveis no tempo. Elas não conseguem modificar o *status quo*. Teria que ser uma coisa permanente, com outras iniciativas que a gente tenha que tomar, até que a gente

---

[25] Coronel Luis Claudio Laviano.

[26] Delegado Rivaldo Barbosa.

possa entregar, para o aparelho policial — que é o responsável efetivo —, as áreas, em boas condições; para uma polícia reequipada, reformada, reestruturada dar conta. Com outras iniciativas, obviamente, que tem que haver, que são muito maiores do que as iniciativas que a gente, só de segurança. A parte de educação, de trabalho, a parte de saneamento. Tem que modificar tudo na comunidade, para a gente poder substituir a atividade do crime por uma atividade decente.

Toda operação de GLO é uma operação interagências?
Toda. Total. Porque você tem agências de cultura diferente. A própria Polícia Militar de cada estado é diferente. E você tem a Polícia Militar, a Polícia Civil, órgãos federais. Tem que ter sinergia, a gente tem que se despir de vaidades, tem que compartilhar, que conhecer, que coordenar, que confiar. Todas essas coisas são fundamentais para que você tenha êxito em uma operação. Se um ator quiser predominar, dá estresse, dá problema. Não são só as operações de GLO em localidades; também em operações na faixa de fronteira é fundamental. O Exército é só um dos atores nas operações de faixa de fronteira. Tem Receita Federal, Polícia Federal, agências ambientais, Instituto Chico Mendes, tudo isso aí. Acho que tem que ter sinergia.

Nós temos agora a Operação Acolhida. O senhor vê alguma semelhança entre o envolvimento das Forças Armadas nas operações de GLO e outras de caráter mais humanitário?
A Operação Acolhida é uma operação interagências, mas o centro da operação, o principal ator, é o Exército brasileiro. Nós não temos dúvida disso. Tem um general lá, com um efetivo de 500 militares. É uma operação típica da gente? Não necessariamente. É uma operação de acolhimento, uma operação humanitária. Mas a gente tem feito. Ela, prolongada no tempo, pode virar uma Operação Pipa. Já ouviram falar da Operação Pipa, no Nordeste? A gente distribui água, emergencialmente, para o semiárido nordestino, há mais de 20 anos. Era uma operação que era para ser emergencial. Essa tropa que está lá, está fazendo falta em algum local. Mas a gente está mantendo.

Então, a tendência é sempre que a gente se envolva, cada vez mais, em operações de ajuda humanitária. Até porque, hoje, tem um conceito novo: o "conflito dos três quarteirões". Você, em uma comunidade, em uma mesma cidade, pode estar atuando combatendo em um quarteirão, fazendo operação de polícia em outro quarteirão e operação humanitária em outro quarteirão. A gente tem os princípios de guerra: surpresa, objetivo, simplicidade, manobra, ofensiva... são nove, não vou descrever todos para vocês. Mas tem dois que a gente está pensando, que acho que são princípios modernos. Um seria legitimidade: é o sentido de você atuar rigorosamente dentro da lei. O outro seria moderação: é você empregar a violência mínima necessária para poder atuar, em respeito, justamente, a esse conceito, de que falei anteriormente, de que esses conflitos estão terminando sempre no meio do povo. É uma preocupação que você tem que ter e que, no passado, o pessoal não tinha. Na Segunda Guerra Mundial, o que morreu de civil foi um absurdo. O pessoal bombardeava cidades inteiras. Populações civis foram dizimadas. Quando isso ocorre, nos dias de hoje, a comoção internacional é enorme. Hoje é uma preocupação que a gente tem.

Agora, o real é o seguinte: se a gente tivesse o aparelho policial, tanto a parte ostensiva como a parte investigativa, funcionando bem, a gente teria pouca ação de GLO. A ação de GLO tem que ser interpretada como uma exceção. Só que o Estado não interpreta como uma exceção, interpreta como uma complementação. Na ausência do aparelho policial, na ineficiência do aparelho policial, você vai lá e atua. As nossas características de atuação são diferentes. Então, a gente, no Haiti, pôde atuar mais em força. Também atuou em ação humanitária, mas com objetivo tático. Não era a gente que tinha que fazer ação humanitária. A gente atuou mais em força do que nos complexos da Penha e do Alemão. Quando aconteceram os atentados na França, lá no Bataclan, aqueles três atentados que aconteceram ao mesmo tempo,[27] a França, que é o berço das liberdades e garantias individuais, topou bancar o estado de defesa para pegar os terroristas com operações militares sem ordem judicial. Aqui no Brasil, nunca aconteceu. Você nunca teve liberdade de ação para atuar, para tentar resolver uma situação aguda de segurança pública com utilização de força, em um estado de defesa, um estado previsto constitucionalmente, onde o camarada tivesse um regime legal diferente, para que você pudesse conter e colocar ordem naquela operação. A gente pode mais ser polícia. A gente é mais efetivo que a polícia, em termos de letalidade. Essa é uma realidade. Então, o que acontece? A gente pode ajudar em ações humanitárias? Pode. Mas, efetivamente, isso não vai resolver o problema. Quem tem que resolver o problema é o Estado como um todo. O Estado tem

[27] Referência aos atentados terroristas ocorridos em 2015 em Paris, França. Houve explosões no Stade de France, um tiroteio num restaurante e um tiroteio em massa no teatro Bataclan, onde tocava a banda Eagles of Death Metal. No total, 137 pessoas foram mortas (incluindo os sete terroristas) e 416 pessoas ficaram feridas.

que aportar recursos, aportar pessoas, conduzir políticas públicas para mudar aquele *status quo* que é o cerne de onde prolifera a insegurança pública. Esse é o meu entendimento.

O senhor, depois da Operação Arcanjo, foi comandar a Aman. Já havia lá algum tipo de instrução, de preparação para operações de GLO?
Sempre tem, normal. Faz parte do currículo da formação do oficial combatente de carreira atuar em todas as missões constitucionais que o Exército desempenha. Tanto que a manobra escolar, que é o coroamento do ano de instrução, tem tudo junto e misturado.

Depois do comando da academia, o senhor foi chefiar o gabinete do comandante do Exército, na época o general Villas Bôas. Aí ocorreram as operações na Maré.
Nos complexos da Penha e do Alemão foram 18 meses. Isso é caro para manter. Na Maré foram 14 meses. A Maré já foi, na minha interpretação, um pouco pior que os complexos da Penha e do Alemão. "Pior", em termos de que já tivemos vítima, ali morreu o cabo Mikami. A Maré é uma favela plana, então as pessoas já tinham dificuldade de ocupar as posições de altura, que era uma coisa que a gente fazia lá em Cité Soleil. Aí o cara, para entrar em casa, pegar laje, tem que ter mandado. O camarada que domina a laje atira na tropa. Tem muita troca de tiro. Então, houve uma efetividade durante a operação? Claro que houve. Durante um tempo, aquele estado calamitoso de descontrole de segurança pública naquela área fica diminuído, melhora. Mas, depois, volta. Esse é o problema.

Depois, o Exército recebe a missão de atuar no âmbito da intervenção federal.
A intervenção federal foi a única coisa diferente. Foi logo depois do Carnaval. Uma reunião presidencial, um decreto presidencial. O presidente Temer arcou com o custo político. Em paralelo a isso, ele já tinha mudado, criado o Ministério da Segurança Pública, botou o Raul Jungmann lá. E nomeou interventor o comandante militar do Leste, que era o Braga Netto. Aí o Braga Netto, como interventor, pega o Richard, recém-promovido a general de divisão, e o coloca como secretário de Segurança Pública. Reorganizou a segurança pública do Rio de Janeiro e criou o Gabinete de Intervenção Federal. Achei que o resultado foi bem consistente. Aí, quando houve a eleição, mudou o governo. O novo governador optou por modificar todo o esquema. O legado da intervenção, ele praticamente mudou tudo.

Como foi receber a notícia da intervenção?

Recebeu como ordem. Não recebeu sorrindo, recebeu como ordem. Foi uma decisão política. A gente cumpre. Foi o que foi feito. Nós nos adaptamos e toda a energia do Exército brasileiro e do comandante — na época, o general Villas Bôas — foi canalizada para proporcionar os meios necessários ao Braga Netto para que ele cumprisse a missão. O Exército aportou tudo o que podia para que ele tivesse a melhor condição. Os generais que ele queria, a gente selecionou, para que ele tivesse a melhor condição para cumprir aquele desafio que teve pela frente. O que foi diferente é que foi uma intervenção só na área de segurança pública, o governador foi mantido. Depois, o governador acabou sendo preso. Era o Pezão. Mas o Braga Netto era o interventor na parte de segurança pública. Acho, efetivamente, que ele e a equipe de intervenção fizeram um trabalho espctacular, um trabalho muito bom que não teve sequência.

O senhor acha que isso foi devido ao fato de que o Exército estava ali no comando efetivo das operações, de que não era uma operação interagências?

Ela continuava uma operação interagências. Ele teve a habilidade de conversar com várias agências. Mas havia uma unidade de comando. Algumas boas iniciativas, boas práticas, boas decisões foram tomadas no sentido de melhorar a condição do aparelho policial no Rio de Janeiro. Acho que faltou a atuação política naquele momento. Por exemplo, quer ver uma coisa que não mudou? Nenhuma lei mudou. Nenhuma lei foi aprovada. O governo, que tem a iniciativa de decretar uma intervenção federal, tinha que buscar, no Legislativo, um arcabouço legal que proteja a ação. Esse arcabouço legal não ocorreu. Por exemplo, podia ter uma lei que agilizasse o sequestro de bens apreendidos na mão do crime organizado para que eles passem para as ações sociais ou ações de segurança pública. O cara que fizesse algum tipo de atentado a algum agente de Estado, de segurança, teria um julgamento mais rápido. Alguma coisa nesse sentido. Poderia ter havido. Não aconteceu. Acho que foi uma oportunidade perdida. Acho que, no futuro, isso ainda vai ter que ser discutido, sob pena de a gente ficar rodando o tempo todo em um círculo vicioso, sem uma solução definitiva. Porque a gente, hoje, tem áreas onde as pessoas são reféns do crime organizado.

Olhando sua experiência desde a Operação Rio até a intervenção federal, o que mudou em termos doutrinários nesse tipo de operação?
Mudou o seguinte: o Exército, hoje, é diferente. Ele evoluiu com as experiências e as lições aprendidas nas operações. Por exemplo, as coisas hoje não se resolvem só no domínio físico, no domínio dos equipamentos, dos meios, dos materiais — blindados, armas, munição... Não. Hoje, você tem que ter superioridade de informações, tem que ter um domínio informacional maior, melhor. Você tem que construir uma narrativa que seja baseada na legalidade, mas uma narrativa capaz de proporcionar uma maior sinergia, que comunique bem. Você tem que ter muita inteligência integrada com tudo isso. Você tem que ter muito esclarecimento para a população, muita comunicação social. Você tem que trabalhar nas redes sociais. Você tem que trazer a comunidade para junto. Lá no Haiti, um sucesso que a gente teve na operação humanitária foi quando a gente parou de definir onde iríamos fazer operação humanitária e começamos a reunir as lideranças. Então, eles organizavam e a gente ficava por trás. Essas são as melhores iniciativas: a própria comunidade participar da decisão daquilo que se vai fazer na área social. Por isso é que as ações humanitárias não podem ser nossa prioridade, porque nós não somos especialistas nisso. A gente tem que colaborar com as iniciativas, que têm que estar sendo motivadas pelo poder público e pela força da comunidade. Só que hoje a liderança comunitária está nas mãos, é um agente, do crime organizado. Para fazer um serviço na comunidade, o cara tem que pedir autorização ao cara do crime organizado. O líder comunitário vai falar com o cara. Então, é mais complexo do que a gente imagina. Acho que esse aspecto é fundamental para a gente ter êxito no futuro.

Nos últimos anos, houve uma diminuição no número das grandes operações de GLO.
Acho que foi uma coisa boa, acho que faz parte também do aprendizado de que esse modelo que foi executado é um modelo inseguro, que não produz um efeito que seja duradouro.

Por que o senhor considera isso um modelo inseguro?
É inseguro para a tropa e inseguro para a população. Inseguro para a população porque se a tropa não estiver muito condicionada... Nesse aspecto, até acho que a atuação da tropa foi muito boa, porque a gente produziu muito pouca baixa em civis, em inocentes. Você podia ter uma coisa muito pior. E é inseguro para

a tropa porque o cara não se sente totalmente seguro para, dentro das regras de engajamento, atuar às vezes em defesa própria. Ele fica preocupado com as consequências que virão depois. A gente teve um caso ali de dois militares que se envolveram, na Arcanjo V — um contingente antes do meu —, na morte de um menino, do Abraão. Eles acabaram indo para a Justiça comum. Agora, foi aprovada uma lei para que a Justiça Militar — que é uma Justiça extremamente eficiente e rápida — julgue os casos de militares que estão envolvidos em operações de GLO, por conta de uma intenção do Estado. Acho que tem que ter um arcabouço legal diferenciado. Retorno àquilo que falei: nada foi mudado em termos de lei. Aí, quando você fala de lei, há um preconceito, o cara fala: "Vocês estão querendo licença para matar". Ninguém está querendo licença para matar. Olha como a gente atuou no Haiti. No meu contingente, a tropa brasileira era muito bem recebida em todos os locais em que a gente estava. Então, acho que a moderação, o respeito, a humanidade fazem parte da nossa conduta. É natural do nosso soldado. Quando ocorre um problema, são exceções.

No caso da Maré, a operação foi mais numerosa, teve mais tropas do Exército lá, e de fuzileiros também, do que no Alemão. E ela é mais letal tanto para o lado da tropa quanto para a população. Ao que o senhor atribui isso? Qual é a grande lição aprendida ali, daquele momento?

Vou falar do ponto de vista militar, do ponto de vista tático. Terreno: uma favela horizontal, com dificuldade de você… Eles tinham que ter, talvez, conseguido mandados de busca e apreensão para poder entrar em algumas casas e ocupar posição de altura. Acho que isso daí seria fundamental para poder manter o prosseguimento das operações. Esse é um problema tático que entendo que aconteceu. Não é crítica. Cada comandante com as suas circunstâncias. No Alemão, no começo, a gente teve essa liberdade de fazer. O pessoal subia. Hoje em dia, a laje é da casa. No Alemão e no Haiti, em Cité Soleil, você tinha algumas, que conseguíamos estabelecer como pontos fortes. Eu tinha uns cinco ou seis pontos fortes, que eram bases irradiadoras de patrulha. Na Maré não deu para fazer isso daí. No Alemão, deu para fazer. Tinha uma casa verde, uma casa amarela. Dava para fazer em uma condição melhor. Mas não foi uma letalidade também absurda. Teve mais troca de tiro.

No final do governo Fernando Henrique, houve uma atuação bastante frequente em greves de polícias. Como foi essa experiência?
Não participei dessa experiência. Eu já estava, inclusive, fora. No final do governo Fernando Henrique eu estava no Equador. Mas eu acompanhava de longe. Essa experiência foi coordenada, em parte, pelo GSI, junto da Abin. Assessoravam o presidente e cabia a ele determinar. O Ministério da Defesa estava recém-criado e aí vinham as ordens, principalmente para o Exército, atuar em GLO nos locais onde ocorria greve de polícia. Foi principalmente no Nordeste, vários estados apresentavam problemas, basicamente salariais. Se questionou um pouco o contrassenso de serem instituições militares que estavam parando. É uma coisa que não pode ocorrer. Com o tempo, a tendência é que isso daí se resolva, essa é uma outra coisa para se questionar no âmbito da sociedade. Quando acontece um negócio desses, dentro do nosso quadro legal, não se coaduna que a Polícia Militar, que é uma instituição baseada na hierarquia e na disciplina, pare, em qualquer circunstância, como a gente também não pode parar. Outra coisa: a nossa Força Nacional de Segurança, que foi criada há algum tempo para ser uma reserva federal para poder intervir nesse tipo de operação, também é insuficiente.

Nós não falamos ainda de uma coisa que é fundamental nessa problemática toda: a questão de presídio. Hoje, a gente já tem 700 mil presos no Brasil. Só no estado de São Paulo são 207 mil presos. Isso é uma coisa que não tem fim. E mais quantas pessoas estão ainda foragidas? A gente tem uma superpopulação nos presídios, em todas as unidades da federação. Isso é um problema. Também é outra coisa que envolve, seguramente, o arcabouço legal, mudança de lei, mudança de comportamento da sociedade, muitos fatores que vão influenciar diretamente em uma solução sistêmica, séria, para poder enfrentar esse problema, que é crônico. Não acredito que haja uma solução mágica ou rápida. Tem que ser uma coisa planejada, tranquila, flexível — para ir mudando de acordo com o tempo e com os novos desafios — e que envolva todos os setores da sociedade, inclusive nós. Não acredito que haja solução para esse problema, sem que a gente ajude de alguma maneira. Está tudo "linkado": segurança na faixa de fronteira, segurança pública nas cidades, narcotráfico internacional, problema de drogas... Tudo, tudo ligado.

Qual é o impacto da participação em missões de segurança pública para a carreira militar?
Acho que, do ponto de vista profissional, te dá uma experiência diferente. Acho que é bacana para você, embora seja triste, em alguns aspectos, constatar *in loco*

esse tipo de realidade. Mas te faz amadurecer. Todo militar que passa por essa experiência, se ele teve perspicácia, fica mais prudente, inclusive na hora de emitir juízos de valor. Ele verifica que todos nós somos passíveis de erro, que a situação é difícil. Andei muito com a tropa. É um ser humano que está ali. Quando ele está em um beco e alguém atira, ele não sabe se aquele tiro está vindo contra ele, se está sendo dado por um colega, ele não tem muita ideia. Por isso ele tem que ter muito adestramento, muito treinamento, muita tranquilidade. Tem que haver muito controle dos comandantes para poder manter a tropa coesa, disciplinada, bem atenta. Isso influi, isso é avaliado. Quando o cara participa operacionalmente, é uma oportunidade que a gente tem de aferir, na prática, como o camarada desempenhou os atributos que ele aprendeu na escola de formação. Mas o camarada que não passa por isso, por falta de oportunidade, é avaliado igualmente. Mas, quando o camarada é um cara combatente, que participou de missões, que teve seu desempenho atestado, que enfrentou essas situações, obviamente ele é visto com respeito pelos companheiros e pelos superiores.

Almirante Reinaldo Reis de Medeiros

Reinaldo Reis de Medeiros é contra-almirante. Natural da cidade do Rio de Janeiro, nasceu em 12 de dezembro de 1967. Ingressou na Escola Naval em 1987 e lá formou-se bacharel em eletrônica em 1990. Formou-se na Escola de Aperfeiçoamento para Oficiais do Corpo de Fuzileiros Navais em 1997. Realizou o curso de Estado-Maior para Oficiais Intermediários em 2000 e o curso de Estado-Maior para Oficiais Superiores em 2007, ambos na Escola de Guerra Naval (EGN). Concluiu o curso de Estado-Maior Conjunto na Escola Superior de Guerra (ESG) em 2016. No exterior, foi adido de Defesa Naval e Exército na Colômbia e realizou o curso de Altos Estudos Militares (2017). Participou da Missão das Nações Unidas para a Estabilização no Haiti (Minustah) de junho de 2008 a junho de 2009, em que exerceu a função de oficial de estado-maior. Comandou o Grupamento Operativo de Fuzileiros Navais no Complexo da Maré (2014) e durante a intervenção federal na área de segurança pública no estado do Rio de Janeiro em 2018, no âmbito da Operação Arpoador-2018. Atualmente é comandante do Centro de Educação Física Adalberto Nunes e presidente da Comissão de Desportos da Marinha.

Entrevista realizada por Adriana Marques,
Verônica Azzi e Igor Acácio em 16/11/2021.

Qual foi sua primeira experiência com operações de GLO?
Minha primeira participação direta em uma operação de GLO foi em 2014, quando ocorreu a Operação São Francisco. Estávamos no contexto de grandes eventos ocorrendo na cidade do Rio de Janeiro, no Brasil como um todo: Jornada Mundial da Juventude, Jogos Mundiais Militares, Copa do Mundo, Jogos Olímpicos. Todas essas operações foram realizadas nesse escopo. Às vezes, a gente associa operações de GLO àquelas operações para eventualmente solucionar um problema de violência urbana. Mas nem sempre, conceitualmente, é sobre isso. Tive uma participação na operação no Complexo da Maré; se não me engano, foi de maio de 2014 até junho de 2015. Comandei por duas vezes o que chamamos de Grupamento Operativo de Fuzileiros Navais, ficávamos presencialmente na comunidade. Fiquei, por duas oportunidades, em períodos de 72 dias na minha primeira participação; em outra, algo em torno de 60 dias. Essa foi a minha primeira experiência em operações de GLO.

Após isso, quando ocorreu a intervenção federal, em fevereiro de 2018, nós já tínhamos ali, desde junho de 2017, operações de GLO, que ocorreram até a emissão de um decreto para que fosse acionada a intervenção federal na área de segurança pública do estado do Rio de Janeiro. Quando assumi o comando de uma unidade aqui na Força de Fuzileiros da Esquadra, foi decretada a intervenção federal. Aí foi a minha segunda participação, na qual estive durante toda a intervenção federal comandando um Grupamento Operativo de Fuzileiros Navais. Minha experiência, basicamente, é essa, comandando tanto na Maré quanto em diversas comunidades no Rio de Janeiro, naquelas operações durante a intervenção federal, que foi de fevereiro até 31 de dezembro de 2018.

O senhor poderia falar sobre a sua experiência na Maré?
Durante essa operação, nós tínhamos um general que era o comandante dessa, assim chamada — talvez erroneamente —, Força de Pacificação. Acredito que as pessoas acabam associando a uma operação de paz operações que, ao meu juízo, têm uma moldura jurídica completamente diferente.

Bem, esse complexo gira em torno de algo como 16 comunidades, pegando desde o Conjunto Esperança, no canal do Cunha, na avenida Brasil, indo em direção à Zona Oeste, até o piscinão de Ramos. À Marinha, inicialmente, couberam as seguintes comunidades: Conjunto Esperança, Vila do João, Salsa e Merengue e mais uma depois. O complexo, como um todo, é dividido por áreas. Como o Exército possui um efetivo maior, coube ao Exército uma faixa no terreno maior que a da Marinha. Esse complexo era dividido em quatro subáreas: três batalhões de Infantaria do Exército e o Grupamento Operativo de Fuzileiros Navais; é como se tivessem quatro unidades encarregadas de realizar essas operações no Complexo da Maré.

As tarefas eram as mesmas, porque todas essas quatro unidades estavam subordinadas a um general. Esse general não era sempre a mesma pessoa, e também havia uma rotação dessa tropa, em torno de dois meses, mais ou menos. Inicialmente, o Exército empregou a Brigada de Infantaria Paraquedista, com os seus três batalhões de Infantaria. Em uma outra ocasião, ele empregou a 9ª Brigada de Infantaria, também aqui do Rio de Janeiro, e depois passou a fazer uso de tropas de fora da cidade do Rio de Janeiro: de São Paulo, do Planalto Central, de Brasília, do Norte... Ou seja, havia uma rotação, uma oxigenação maior por parte das tropas do Exército. Em relação à Marinha, os fuzileiros navais estão concentrados no Rio de Janeiro e têm um número bem inferior ao do Exército, e tem militares que estão em tarefas administrativas ou de apoio. Com isso, percebeu-se que havia necessidade de empregar tropas de fuzileiros navais de fora da cidade do Rio de Janeiro: de Ladário, Belém, Manaus, Rio Grande. Isso, de maneira a permitir não só a rotação de pessoal, uma vez que a atividade era bastante desgastante, como também oferecer oportunidade para que essas tropas aqui do Rio de Janeiro prosseguissem com suas atividades normais de adestramento. Se isso não acontecesse, o adestramento da força poderia ser um pouco comprometido, inviabilizado em função do envolvimento direto nessas operações.

A tropa ficava permanentemente na comunidade. Quando digo "na comunidade", não significa ela estar patrulhando o tempo todo, mas as instalações de pernoite normalmente ficavam em uma instalação segura, em um quartel próximo à comunidade da Maré. No caso do Exército, eles ficavam no CPOR, na avenida Brasil; os fuzileiros navais ficavam em uma unidade da Força Aérea, se não me engano o Grupamento de Apoio, também bem próximo à comunidade. Então, em questão de cinco minutos, realizando um deslocamento rodoviário, nós já estávamos dentro da nossa "zona de ação", o nome que os militares atribuem a uma área da qual são encarregados. As tarefas eram semelhantes, até porque nós recebíamos ordens de um general — unidade de comando. O general atribuía as tarefas, que normalmente são patrulhas motorizadas, patrulhamento ostensivo, a presença, por si só, dentro da comunidade, 24 horas.

Quando se decide que um grupamento vai, como é que se dá o preparo?
Quando se percebe a necessidade de emprego de determinada tropa, principalmente de fora da cidade do Rio de Janeiro, há um alerta, de modo que haja um preparo. Fui comandante do Grupamento Operativo da Maré, mas eu não era comandante de uma unidade aqui no Rio de Janeiro. Na época, eu era capitão de mar e guerra, servia aqui na Força de Fuzileiros da Esquadra, salvo engano na Seção de Operações, quando fui lançado como comandante desse grupamento operativo. Mas, naquela época, eu não tinha tropa subordinada a mim. Então, o que eu percebia? Muitas vezes — particularmente na Maré — aqueles militares que já tinham tido experiência nessas operações foram destacados, visitaram unidades fora da sede, fora do Rio de Janeiro, para instruí-los, passarem alguma experiência acerca dessas operações dentro das comunidades. Havia também a chegada com uma certa antecedência na cidade do Rio de Janeiro, de maneira que esses militares também pudessem absorver algum tipo de adestramento para a atividade. Então, eram essas duas maneiras de tentar encorpar o adestramento desse pessoal. Porque os militares que estão fora da cidade do Rio de Janeiro — por exemplo, em Manaus — atuam em outro tipo de ambiente. É um ambiente ribeirinho, um ambiente de selva. Os militares que atuam no Rio Grande, no Sul do Brasil, são voltados mais para segurança interna, segurança de portos e instalações. É claro que, de maneira geral, há um adestramento básico que é de conhecimento de todos os militares. Mas, com o passar do tempo, aqueles militares que estão em Ladário, por exemplo, estão mais voltados para operações ribeirinhas. Aqueles militares que estão na cidade do Rio de Janeiro, eles estão mais voltados para as operações anfíbias, que seria o carro-chefe aqui dos fuzileiros navais. A depender da localização da tropa, ela é mais vocacionada para determinada atividade.

Quando o senhor comandou a tropa de fuzileiros de Rio Grande, havia algum preparo sistemático para enviar, por exemplo, tropas aqui para o Rio de Janeiro nesse contexto de grandes eventos?
Não. Comandei lá em 2012-2013, salvo engano. Normalmente, a tropa fica voltada para a sua atividade normal. Eu diria que essas operações de GLO ocorrem normalmente, entre aspas, de uma maneira às vezes até "inesperada". Então, tanto o Exército quanto a Marinha devem manter seu adestramento normal, em que pese estar escrito, na Constituição Federal: "Defesa da Pátria, Garantia dos Poderes Constitucionais, da Lei e da Ordem". É uma atividade das Forças Armadas.

Mas, normalmente, elas estão voltadas para o adestramento de defesa da pátria. É claro que, durante o dia a dia, existem determinadas atividades em que acaba ocorrendo uma sobreposição, ou são adestramentos que podem ser aproveitados em operações desse tipo — como patrulhamentos, que o pessoal chama de Posto de Controle e de Trânsito. Existem algumas atividades que podem contribuir para esse tipo de atividade. Mas isso não quer dizer que estava se preparando para uma operação de GLO, especificamente.

O senhor participou dessas operações de GLO também já no contexto da intervenção federal. O senhor pode falar um pouco mais dessa experiência? O que mudou?
Bem, em relação à operação lá na Maré, nós ficávamos de forma permanente na comunidade. Se fui cinco dias para casa, nos primeiros 72 dias, foi muita coisa. Então, a intensidade era maior. Era todo dia e final de semana. Minha primeira passagem por essa comunidade foi durante a Copa do Mundo, assisti toda a Copa. Não tive oportunidade de ver nenhum jogo do Brasil durante esse período, ir ao Maracanã, não fui. Como nossa atividade era constante, de longa duração, ela foi bastante desgastante.

Tivemos aquele período de junho de 2017 até fevereiro de 2018, quando ainda se estava no contexto somente das operações de GLO, sem intervenção federal. A intensidade das operações era menor. Uma vez que foi decretada a intervenção federal no Rio de Janeiro, com um interventor federal, continuam ainda operações de GLO. A mudança é que, naquele momento, o general Braga Netto, na época comandante militar do Leste, passou a ter subordinadas a ele as instituições de segurança pública do Rio de Janeiro. Ele, na época, tinha dois chapéus: era comandante militar do Leste e interventor na área de segurança pública do Rio de Janeiro. Então, como ele tinha, na mão dele, o comando conjunto, essas operações acabaram se intensificando na frequência e na duração. A cada dois dias, além do patrulhamento ostensivo que ocorria na cidade do Rio de Janeiro, tinha patrulhamento nas comunidades, patrulhamento em que eventualmente ocorriam alguns confrontos, a cada dois, três dias.

Aquelas operações de GLO no segundo semestre de 2017, quando ainda não estava sob o escopo da intervenção federal, eram de curta duração, duravam, no máximo, um dia, ou mesmo metade de um dia. Elas se destinavam basicamente a fazer um cerco em determinadas comunidades, de modo que a Polícia Militar pudesse entrar e a Polícia Civil pudesse cumprir seus mandados. Basicamente era isso. Com a intervenção federal, além de a intensidade, frequência e duração das operações aumentarem, o formato das operações foi evoluindo. Inicialmente era cerco. Depois, começamos a... não vou dizer "fazer o papel da polícia", mas começamos a entrar nas comunidades, a conquistar espaços no terreno que retiravam determinadas vantagens dos marginais, locais que eram vantajosos taticamente para as comunidades, de maneira que a Polícia Militar e particularmente a Polícia Civil pudessem cumprir os seus mandados, realizar as prisões que se fizessem necessárias. Então, o escopo foi mudando completamente.

Durante a intervenção federal, cada caso é um caso, porque em cada comunidade tem um jeito. Os terrenos são diferentes. Existem comunidades completamente planas, como no caso da Maré, em particular. Também depende da facção criminosa que atua naquela região, já que têm comportamentos diferentes em relação à presença do Estado. Umas são mais agressivas do que outras. Então, tem todo esse contexto. São coisas diferentes.

Tanto na Maré quanto na intervenção federal, há um desgaste na presença da tropa, por ter sido de longa duração — na Maré, algo em torno de um ano e quatro meses, mais ou menos. Há um desgaste também para a população, por mais que a maioria da população, que trabalha ali, tenha suas atividades normais no dia a dia. Dada a cultura das pessoas ali, elas acabam tendo envolvimento direto ou indireto com o tráfico. Quando falo "direto ou indireto", é porque o tráfico acaba, querendo ou não, movimentando a economia daquela comunidade. Ali, existem bares, salões de beleza, mercadinhos que vendem a carne para o churrasco, a cerveja. Então, ali na Maré, em particular, a presença das Forças Armadas é diferente de uma operação da Polícia Militar, que entra em determinada comunidade e naquele mesmo dia sai, em regra. Na Maré, foi um ano e quatro meses com a tropa ali dentro da comunidade. Isso, de certa maneira, tira a liberdade de manobra, a liberdade de movimento dos marginais, que tecnicamente chamamos de agente perturbador da ordem pública. Com isso, a economia daquela comunidade acaba sendo prejudicada, porque o baile *funk* acaba não acontecendo, o salão de beleza acaba tendo uma frequência reduzida, os mercadinhos param de vender, a quentinha do olheiro do tráfico já não sai com tanta facilidade. Então, a economia informal que gira ali em torno do tráfico acaba sendo prejudicada e isso acaba, por incrível que pareça, gerando também um descontentamento. É um troço bastante complexo.

Outra coisa: as pessoas entendem que aquilo tem um prazo de validade. As Forças Armadas não ficarão ali eternamente. Então, fica difícil nós querermos comprometimento da população que reside naquela localidade, porque já ocorreram várias operações aqui na cidade do Rio de Janeiro e as coisas não foram resolvidas após a saída das tropas. Então, como há esse "prazo de validade", a população local fica com um pé atrás nessa participação. É complexo, porque depois que a tropa sai dali eles podem ser torturados, podem ser expulsos. Há uma série de represálias com relação à população que mora nessas comunidades.

Durante a intervenção, por conta dessa estrutura hierárquica do CML, qual era a relação da polícia com as Forças Armadas? Existia algum tipo de hierarquia, em termos da implementação dessas operações na prática, durante a intervenção, comparado com o que acontecia nas GLOs? As polícias estavam subordinadas a vocês de alguma maneira, no campo?

Na Maré, não tínhamos intervenção federal. Eram operações de GLO. Então, nós podemos raciocinar como algo muito semelhante com operações interagências. Tínhamos não somente a Polícia Militar participando das operações, como também a Polícia Civil. Mas eu diria que mais no sentido de colaboração, não havia subordinação. Havia também tratativas, por exemplo, com o Detran, com a Comlurb, com vários órgãos estaduais e municipais, de maneira que se pudesse recuperar ali a comunidade como um todo. Então, é como se fossem, basicamente, operações interagências, no sentido de colaboração, e aí a gente tem que entender a cultura organizacional de cada estrutura dessas. São culturas diferentes. A gente precisa entender isso, não tem jeito. Em relação às Forças Armadas, ficava mais fácil. O general, dando uma ordem para a Marinha e para o Exército estarem em tal local às seis horas da manhã, o pessoal estará lá cumprindo o que ele determinou. Mas com a prefeitura, existem outras ingerências, é um negócio mais no sentido de colaboração, de entender. Todos esses atores eram muito importantes para que as coisas fossem resolvidas.

Já durante a intervenção federal... Acaba sendo uma operação interagências também. A diferença é que o general Braga Netto, que era o interventor, tinha dentro do seu guarda-chuva, subordinada a ele, a Secretaria de Segurança Pública. Então, realmente, nesse caso, havia uma subordinação da Polícia Militar e da Polícia Civil ao secretário de Segurança Pública, que era, na época, o general Richard, um general de divisão. Então, a Polícia Militar, a Polícia Civil, a Secretaria Penitenciária e o Corpo de Bombeiros estavam, sim, subordinados ao interventor. Nas operações que eram realizadas na Maré, não havia essa subordinação. Mas eu reforço aqui: também havia um sentido de colaboração com outros atores, como, por exemplo, a Polícia Federal, e também com órgãos estaduais e municipais, como a Guarda Municipal.

O senhor acha que houve algum ganho, alguma melhora, com essa subordinação? O que o senhor viu de positivo e de negativo nessas molduras diferentes?

Bem, durante a intervenção federal, qual foi a mudança? A gente pode traçar um paralelo de junho de 2017, quando já tínhamos as operações de GLO na cidade do Rio de Janeiro, até fevereiro de 2018, quando temos resultados que são mensuráveis, inclusive dados do Instituto de Segurança Pública, com relação à comparação de dados sobre roubo de veículos, roubo de cargas. Todos esses dados sobre segurança pública nesse período são melhores do que os dados, se nós formos comparar, de fevereiro a dezembro de 2018, quando nós estávamos sob a intervenção federal. Esse é um fato. O que eu penso? Como ocorria uma subordinação da Polícia Militar e da Polícia Civil, o interventor pôde intensificar as operações. Ele aumentou a duração e exigiu também maior participação, no bom sentido, da Polícia Militar e da Polícia Civil. Até mesmo o modelo de participação das Forças Armadas foi alterado, ocorrendo uma participação mais incisiva durante a intervenção federal. Os resultados que foram auferidos durante a intervenção são muito melhores.

Quanto aos pontos negativos de um e de outro período, acho que, independentemente da intervenção ou das operações de GLO, em que pesem as duas serem operações de GLO, acho que ainda falta os outros atores participarem. Isso é de conhecimento de todo mundo, a gente sabe que empregar as Forças Armadas para solucionar um problema de segurança pública não irá resolver o problema. Então, existem outros problemas que precisam da participação de outros atores. A gente vê, no final, como aconteceu na Maré, o problema da instalação da UPP: até hoje não se instalou UPP nenhuma lá. Temos vários outros casos. Aquela operação no Alemão, que foi gravada na televisão, cinematográfica, com a fuga dos marginais. Aí todo mundo: "Está resolvido o problema do Rio de Janeiro". Meses depois, tivemos tudo de volta. Não solucionou. Porque não é um problema cuja solução é exclusiva dos órgãos de segurança pública do Rio de Janeiro. Outros atores precisam estar envolvidos. A gente percebe claramente a cultura dessas pessoas. É um outro mundo. Nós, que moramos em nossos bairros, vivemos num outro mundo, completamente diferente. Por exemplo, se olharmos como as crianças são educadas ou criadas, se observarmos a cultura desenvolvida naquele ambiente. A gente vê crianças ali com hábitos que a gente não está acostumado de ver no nosso dia a dia, a gente fica impressionado e meio chocado com o que a gente vê: consumo de bebida alcoólica, de drogas, o envolvimento de crianças no crime...

Eu me lembro de um caso aqui. É bom contar essas histórias. Era uma criança que tinha menos de 12 anos, tinha até o codinome de "Sementinha do Mal". Ele não poderia nem ser apreendido pela DPCA — a Delegacia de Proteção à Criança e ao Adolescente. Não pode. Ele era "radinho" do tráfico, dava o alerta antecipado da aproximação da tropa. Ele foi preso — preso não, detido — várias vezes. A gente nem levava para a delegacia, porque não tinha como ele ficar preso. Então, em um determinado momento, um sargento comentou comigo que foi falar com a mãe dele: "Poxa, olha só, a senhora cuida dele, porque ele já foi pego várias vezes com o radinho. Isso vai trazer um problema para a senhora". Aí a mãe respondeu: "Por favor, não se meta com meu filho. O meu marido está preso e quem põe dinheiro em casa é o meu filho". Então, são coisas desse nível. Há um envolvimento muito grande de crianças e adolescentes no tráfico. É difícil você combater isso.

Usam também de artifícios. Como há um comércio bastante razoável nessas comunidades, muitos deles possuem carteira assinada. Não necessariamente trabalham lá na comunidade, mas, quando há algum problema com a polícia, eles se transformam em trabalhadores. Então, essa guerra de informação também é algo muito complexo. Na época, na Maré, tínhamos ainda um problema que foi o crime doloso contra a vida, cometido contra civil, por parte dos militares. Era atribuição do Tribunal do Júri. Então, havia uma complicação jurídica também. Durante a intervenção federal, isso passou para a Justiça Militar. Muita gente acha que isso é corporativismo. Mas não é. Está aí um exemplo recente, vocês devem ter acompanhado. Se não me engano ocorreu em Deodoro, durante a intervenção federal.[28] Uma patrulha do Exército efetuou uma série de disparos, indevidamente, em uma família. Acho que era um pintor, salvo engano. Eu não

---

[28] A referência é ao caso Evaldo Rosa, ocorrido em abril de 2019, meses depois de as tropas da intervenção federal se retirarem do Rio de Janeiro. O músico e sua família estavam em um carro na estrada do Camboatá, em Deodoro (bairro do Rio de Janeiro), e militares que patrulhavam o entorno de uma organização militar alvejaram o veículo com dezenas de disparos. Além de feridos no entorno e dentro do carro, o músico Evaldo Rosa não resistiu aos ferimentos e morreu no local. Dias depois, o catador de recicláveis Luciano Macedo, atingido por disparos naquele dia, quando tentava ajudar a família do músico, também faleceu. O caso ganhou enorme repercussão pública e, em outubro de 2021, oito militares foram condenados em primeira instância por homicídio doloso. Sete dos acusados foram condenados a 28 anos de reclusão e o tenente Ítalo da Silva Nunes, militar mais antigo na operação, foi condenado a 31 anos e seis meses de reclusão. Quatro militares foram absolvidos por não terem disparado suas armas. Os condenados recorrem em liberdade até que seus recursos sejam julgados em última instância.

me lembro exatamente. Vários disparos. Foram condenados, recentemente, pela Justiça Militar, alguns acho que a quase 30 anos.

O que a gente percebe? Que, para o militar, a falta de respaldo jurídico também é muito ruim. Se um militar descumprir as regras de engajamento ou cometer qualquer deslize em uma operação como essa, a carreira dele fica completamente comprometida. Ele não pode mais ser movimentado para fora de sede, fica em uma condição que chamamos de *sub judice*. Ou seja, não é mais promovido, não pode ir para uma comissão no exterior, não pode cursar... há uma série de impedimentos. Qual a diferença da Justiça Militar para a Justiça comum? É que a Justiça Militar resolve o problema dele mais rápido. Na Justiça comum esse troço se arrasta durante anos e o militar fica marcando passo. A carreira dele fica estacionada até que aquilo efetivamente seja resolvido. Não se resolveram todos os problemas com essa mudança, mas, pelo menos, se resolve de uma forma mais célere.

Mas se o caso acaba na Justiça Militar, e se a investigação criminal não foi feita com a diligência que tem que ser feita, surge um problema, não é?

Bom, não sou um profundo conhecedor do direito a respeito dessas questões. Vou colocar aqui a minha opinião. Não estou falando apenas de inquéritos dentro do escopo de operações de GLO. Quando a Justiça Militar percebe que o inquérito foi conduzido de forma inapropriada, ele retorna para que sejam cumpridas novas diligências, para que a apuração seja realizada de maneira mais assertiva. Os promotores, a Justiça Militar como um todo, a meu juízo, possui ferramentas e experiência até para a materialidade do crime. Coloca-se sempre uma dúvida sobre o suposto corporativismo. Eu penso o contrário. A meu juízo, para as pessoas que estão num Tribunal do Júri, e que eventualmente irão fazer o julgamento de um militar perante um criminoso, a emoção a favorecer um militar é muito maior do que a de favorecer o bandido, em função de toda a insatisfação da população, de uma maneira geral, acerca da segurança pública. Já na Justiça Militar, temos esse exemplo bastante recente que ocorreu durante a intervenção federal: todos, salvo engano até o mais antigo, foram severamente punidos. Então, acho que a Justiça Militar possui ferramentas para que sejam efetuadas diligências de maneira que o inquérito possa ser aperfeiçoado e que se chegue a uma conclusão apropriada.

O senhor fez um curso na Colômbia, em 2017. A guerra civil lá já estava mais encaminhada, havia um processo de pacificação. Há uma literatura que diz que as UPPs se inspiraram, em certa medida, no que aconteceu na Colômbia. O senhor vê algum paralelo, olhando para a situação colombiana?

Essa experiência que tive na Colômbia, em 2017, foi, na verdade, para realizar um curso de Altos Estudos Militares. É um curso realizado pelo Exército, pela Marinha e pela Força Aérea colombianas. É como se fosse algo semelhante aqui na ESG. Para os coronéis que cursam é mera formalidade, pois eles sabem que serão promovidos. Não é um curso voltado para esse tema em particular que estamos tratando. Mas, comparando as duas situações, percebi que, mais uma vez, a questão jurídica vem à tona. Muitos militares, companheiros deles, estavam respondendo juridicamente sobre a questão do combate ao tráfico na Colômbia. Por vezes, perdendo a carreira, sendo expulsos. Não vou dizer que ocorreu uma perseguição, mas os relatos que eles contam é que tem que tomar muito cuidado em como a história é contada, a memória. Eles estavam até fazendo um estudo sobre a memória, fazendo um museu. Eles se ressentiam de uma memória para contar a história na versão deles. Visitei, com outros coronéis, alguns museus, principalmente em Medellín, que teve um sério problema. A pessoa que guiava contava a história: "Olha, isso aqui aconteceu assim". Aí o coronel: "Não, não foi isso; o que você está falando é mentira". Então, você vê que a maneira como a história é contada acabou gerando um reflexo para a vida desses militares. Então, muitos companheiros desses militares que estavam cursando estavam com a carreira comprometida por conta desse enfrentamento aí, de questões jurídicas.

Com relação à UPP, me parece que, realmente, foi em Medellín que isso ocorreu. O problema é que na Colômbia existem vazios demográficos. No Brasil também, nós temos vários vazios demográficos. Mas na Colômbia, em particular, conversando com esses oficiais colombianos, como o Estado não está presente na maior parte da Colômbia, principalmente na área de selva, onde o tráfico prevalece, para o agricultor é economicamente muito mais rentável, é muito difícil competir o plantio da coca com o plantio de qualquer coisa. Então, o Estado não está presente. Não há estradas que cheguem a esses lugares. Então, eles ficam vulneráveis, suscetíveis à cooptação por parte do tráfico. Economicamente, o Estado não consegue competir com o tráfico.

No local em que eu morava, a sensação de segurança que eu tinha era ótima. Eles possuem a Polícia Nacional, que está no mesmo nível das forças que eles chamam de "forças militares", e está subordinada diretamente ao Ministério da Defesa. A Polícia Nacional lá teve uma atuação grande também em relação ao combate ao tráfico; ela possui meios militares — helicópteros de combate, embarcações, carros blindados. Me chamou muito a atenção essa organização da polícia. Agora, eles possuem vários problemas. Um deles é essa falta da presença do Estado, principalmente nesses vazios demográficos, o que acaba concorrendo para que o tráfico consiga estar ali presente. Assim como aqui, em nossas comunidades, faz-se necessária a presença do Estado. É fundamental.

Na Colômbia, eles trabalham com essa discussão sobre doutrina de guerra urbana, conflito assimétrico. Em que medida essa doutrina se relaciona com uma doutrina que pode ser aplicada pelas Forças Armadas em situações como de segurança pública?
O tráfico, em determinado período da Colômbia, se fez muito presente em ambiente urbano. Mas, em um determinado momento, foi permitido o uso da força por parte dos militares. Muitos narcotraficantes então se esconderam, se homiziaram em área de selva. Ali, a doutrina, pelo que pude conversar com militares da Força Aérea e do Exército, eram operações militares, inclusive com emprego de aeronaves nossas, que foram compradas pela Força Aérea colombiana — o Super Tucano. Essas aeronaves realizavam bombardeio em área de selva, conseguiam identificar a sensação de calor desses bandidos. Com isso, por meio da atividade de inteligência, da infiltração de unidades especiais, conseguiam identificar os alvos e eram realizados bombardeios. Isso aqui é completamente diferente do nosso modelo. Eles realmente utilizavam a força. O bandido, lá, utilizava uma cobertura, algo semelhante a um poncho, e a molhava para diminuir a emissão de calor. Depois do bombardeio, o pessoal de operações especiais ia até o local, recolhia computadores, *notebooks*. Uma atividade maciça, de operações especiais, com emprego de aeronaves de asas rotativas. Eles acabaram se aperfeiçoando nisso. Deixaram um pouco de lado — talvez tenha sido um prejuízo — o combate convencional, a atividade de defesa da pátria. Eles realmente desenvolveram uma grande habilidade para, principalmente em ambiente de selva, combater os narcotraficantes, com emprego de aeronaves. Não é uma doutrina que a gente possa assemelhar à nossa para o emprego. Nosso ambiente nessas comunidades realmente é urbano, em particular no Rio de Janeiro.

O Brasil teve que desenvolver doutrina, ao longo dos anos, para emprego doméstico de Forças Armadas. Teve também que adquirir novos meios, ou adaptar os já existentes, para poder lidar com essa realidade operacional. O senhor considera que isso pode prejudicar o adestramento para o combate convencional, no caso brasileiro?
Com relação à doutrina, já há doutrina para operações de GLO. Essa doutrina é um manual do Ministério da Defesa, o MD 33, que acaba contemplando as três Forças Armadas. Em relação aos meios, desde 1992 até hoje... É claro que, naquela época, nós tínhamos certas deficiências que, hoje em dia, foram completamente superadas. Então, se a gente perceber, no caso tanto do Exército quanto da Marinha, houve o emprego de blindados — tanto a viatura Piranha quanto a viatura M113, e o próprio CLAnf, que ficou famoso durante aquela operação do Complexo do Alemão. A Marinha vem adquirindo agora — não quero dizer que é para isso, mas poderão ser utilizadas, caso necessário — viaturas leves blindadas. Ao que me parece, o Exército também já adquiriu, durante a intervenção federal, algumas. Então, acho que não há necessidade de aquisição de novos meios. Mas existem outros componentes que fogem da atuação das Forças Armadas. Como eu disse, é a atuação de outros atores, a parte jurídica, que não é somente esse problema de Justiça Militar ou Justiça comum, em relação a crime doloso contra a vida cometido contra civil. Existem outras coisas que fogem das Forças Armadas. Elas não podem obrigar a prefeitura ou o estado a estarem presentes em determinada comunidade. A gente não tem ingerência sobre a Comlurb, ou sobre o Detran, ou sobre a Light, ou sobre quem implanta TV a cabo.

Outra experiência do senhor no exterior foi no Haiti. O senhor falou que às vezes se compara, de uma maneira inadequada, a experiência no Brasil com a experiência numa força de paz. O senhor poderia falar sobre isso?
No Haiti, minha experiência foi algo em torno de junho de 2008 a junho de 2009, permaneci lá durante um ano. Mas não foi dentro do contingente, como tropa. Fui como oficial de estado-maior, *staff officer* da Minustah. Trabalhei no JMAC,[29] que é uma célula de inteligência das operações no Haiti. Eventualmente eu acompanhava algumas operações. Quando falo que são coisas distintas, é porque, realmente, o escopo jurídico é diferente. Aqui, nós estamos sujeitos à nossa Justiça. Lá, em operações de paz, há uma resolução da ONU, há um mandato

[29] Referência ao Joint Mission Analysis Centre, organização de inteligência subordinada ao Departamento de Operações de Paz da ONU, criada em 2005.

da ONU a ser cumprido, há aquele acordo de *status* da força. Ou seja, há documentos que regulam os direitos e deveres dos militares e toda a parte jurídica. Inclusive, dependendo do tipo de operação de paz, em particular de imposição da paz, é permitido o uso da força. Determinados tipos de ações — por exemplo, patrulhamento motorizado, patrulhamento a pé, o PCTran, que é aquele posto de controle de trânsito —, determinadas atividades que ocorrem em uma operação de paz são semelhantes a algumas operações que são realizadas em operações de GLO. A diferença é o escopo jurídico. Aqui, você está atuando no meio dos seus nacionais. São contextos diferentes.

Como a participação em atividades domésticas, mais vinculadas à segurança pública, incidem na carreira, no caso específico da Marinha? É importante, por exemplo, para a carreira, para promoções, participar desse tipo de operação?
Não há como afirmar que é bom para a carreira. Na nossa doutrina militar-naval é previsto esse tipo de operação de GLO. Por mais que se tenha dado visibilidade a esse tipo de operação, principalmente aqui no Rio de Janeiro, não tenho como afirmar que, para quem participa, será bom para a carreira. O que posso afirmar é o seguinte: o não cumprimento das regras de engajamento, por parte dos militares, poderá, sim, causar prejuízos à carreira. Por exemplo, um comandante que não cumprir ou que orientar de maneira equivocada seus subordinados com relação ao emprego das regras de engajamento — usando de desproporcionalidade, não observando a legalidade, a razoabilidade, no emprego da sua tropa, que é a ponta da linha que está efetivamente tendo esse contato mais próximo com o Apop, ou agente perturbador da ordem pública —, tanto o militar que transgredir a regra de engajamento, assim como o comandante, poderão sofrer alguns problemas na carreira. Com isso, poderão perder promoções, perder comissões. Então, o que é bom para a carreira, acredito que seja o militar cumprir bem o seu papel, principalmente no aspecto relacionado à legalidade das normas.

Em uma operação como essa, o militar está muito exposto, principalmente em função, hoje em dia, do celular. Ele, hoje em dia, coloca, em questão de segundos, nas mídias sociais qualquer ação inapropriada de um militar que seja gravada. Hoje em dia, todo mundo está gravando tudo. Então, tem que tomar muito cuidado com relação ao comportamento, à correção de atitudes, em uma operação como essa, porque a exposição é muito grande. Os senhores devem ter observado, durante a intervenção federal ou mesmo durante a operação na Maré, aqueles conflitos com os moradores nas comunidades. Os moradores gravando os militares. Xingamentos. A versão que a mídia coloca na imprensa. Tudo isso gera um desgaste para os militares. Então, uma coisa que foi desenvolvida com o tempo: os militares passaram a utilizar câmeras GoPro no capacete, justamente para poder, caso fosse necessário, utilizar aquela filmagem para contextualizar a ação. Porque, senão, às vezes um morador, da janela, de um terceiro piso de uma residência na comunidade, está gravando a patrulha, tudo o que se está fazendo. Então, é uma exposição muito grande, nessas operações de GLO, principalmente as voltadas para o combate à violência urbana. Também as relacionadas a grandes eventos, que têm um destaque muito grande. Por exemplo, os Jogos Olímpicos, que foram um evento muito grande. Outras, de garantia de votação e apuração, tendem a ser mais tranquilas.

Então, não posso afirmar que seja bom para a carreira de um militar. Não sei se é muito bom. Acho que o militar — no caso, o comandante que estiver comandando a tropa — tem que orientar muito bem seus subordinados. As regras de engajamento também não são uma camisa de força para os militares. Na verdade, tem que saber fazer uso das regras de engajamento para legítima defesa de si e de terceiros. Um militar não pode perder um companheiro em função do medo de utilizar um armamento, porque isso acontece também. Todo esse receio que a gente tem discutido aqui, os aspectos jurídicos, com relação à carreira principalmente, o militar fica apreensivo, também, de efetuar um disparo de um armamento e eventualmente provocar um dano colateral. Então, em uma operação como essa, como as Forças Armadas utilizam muita gente, normalmente não há tanto confronto assim. Há um desencorajamento por parte dos bandidos, porque há uma desproporcionalidade de meios e de pessoal muito grande. Então, normalmente não há muita atrição. Em relação à Polícia Militar, os efetivos são pequenos, são reduzidos. Normalmente, quando a Polícia Militar entra em uma comunidade, há confronto. Já os nossos blindados nos protegem e, consequentemente, não precisamos atirar contra o Apop, contra o bandido. Com isso, o dano colateral é bastante reduzido.

General Joaquim Silva e Luna

Joaquim Silva e Luna nasceu em Barreiras (PE) em 1949. Ingressou em 1969 na Academia Militar das Agulhas Negras (Aman), onde se formou na arma de Engenharia em 1972. Possui o curso de Oficial de Comunicações da Escola de Comunicações (1976) e o curso de Guerra na Selva do Centro de Instrução de Guerra na Selva (Cigs, 1979). Cursou a Escola de Aperfeiçoamento de Oficiais (EsAO) em 1981, a Escola de Comando e Estado-Maior do Exército (Eceme) em 1987-1988 e o curso de Política, Estratégia e Alta Administração do Exército em 1998. No exterior, foi da Missão Militar Brasileira de Instrução no Paraguai (MMBIP, 1990) e adido de Defesa Naval, do Exército e da Aeronáutica em Israel, de 1999 a 2001, período em que fez cursos de Combate Básico das Forças de Defesa de Israel. Foi chefe de gabinete do comandante do Exército entre 2007 e 2011 e chefe do Estado-Maior do Exército entre 2011 e 2014. Após sua passagem para a reserva, foi designado secretário de Pessoal, Ensino, Saúde e Desporto do Ministério da Defesa. Em 2015, foi designado secretário-geral do Ministério da Defesa. Ocupou o cargo de ministro da Defesa em 2018. Foi diretor-geral de Itaipu Binacional entre 2019 e 2021 e presidente da Petrobras de 16 de abril de 2021 a 28 de março de 2022.

Entrevista realizada por Celso Castro, Adriana Marques, Igor Acácio e Verônica Azzi em 11/2/2022.

General, nós tivemos, principalmente no Rio de Janeiro, grandes eventos esportivos e várias operações de GLO que os acompanharam. O senhor estava no gabinete do comandante do Exército ou era chefe do Estado-Maior do Exército quando isso ocorreu. Como o senhor vivenciou esse período?
Na primeira oportunidade, no morro do Alemão, 2010, eu era chefe de gabinete do comandante do Exército. Na outra, eu já era chefe do Estado-Maior do Exército. Um momento interessante.

Mas eu queria dar um passo para trás, para dar uma contextualizada, em função do trabalho que vocês estão fazendo, em termos de GLO. Se for observar a nossa Constituição, a partir da primeira, de 1824, até a de 1988, ela traz algumas ideias que são permanências, que foram preservadas. Há uma grande identidade das Forças Armadas com a nação brasileira, uma identidade muito bem consolidada. Exagerando, diria que está tão consolidada como o hino nacional, como a bandeira do Brasil. As nossas Forças Armadas estão incorporadas à alma da nação. Toda a formação da nossa nacionalidade está permeada pela presença das Forças Armadas. Em todos os seus movimentos, em todas as atividades, elas estiveram presentes. Na manutenção da integridade territorial, na unidade, que teve um momento em que esteve ameaçada. O nosso patrono do Exército, o duque de Caxias, é conhecido como "pacificador": tinha uma missão de participar de guerra, mas para pacificar, para unir, para manter junto, manter integrado.

Isso gerou uma identidade muito grande do Brasil, país, nação, com as Forças Armadas, o que, de alguma forma, facilita muito as nossas ações de GLO. Por quê? A nossa Constituição, no artigo 142, trata da defesa da pátria, da garantia dos poderes constitucionais, da lei e da ordem. Na realidade, ele cria dois *fronts*: um *front* externo, para tratar da defesa externa, e um *front* interno, quando está tratando de garantia de poderes constitucionais, de Garantia da Lei e da Ordem. Então, a primeira ideia que fica, que precisa ser bem percebida, é que GLO, para as Forças Armadas, é uma obrigação, está na Constituição; não é lei complementar, nada disso. É como se dissesse: tenho três filhos, Pedro, João e Paulo; são iguais ali, não estou fazendo diferença nenhuma. [GLO] Tem um valor, para a nossa lei, igual ao que tem a defesa da pátria. Então é uma ação para a qual as Forças Armadas estão preparadas. Há sempre uma dúvida: "Mas elas não têm material para isso, não se prepararam para isso...". Nessa época do emprego de tropa no morro do Alemão e na favela da Maré, que foram duas grandes ações, existiam duas brigadas que eram vocacionadas para isso em São Paulo, a 11ª e a 12ª.

Chamavam-nas até brigadas de GLO. Depois, com a evolução, a gente acabou colocando todas as tropas em condições de atuar nesse cenário.

Voltando um pouco atrás, depois dessa contextualização. Primeiro: as Forças Armadas estão preparadas para isso, há uma identidade muito grande, faz parte do nosso TO — teatro de operações — interno, a gente está trabalhando para manter a unidade das pessoas; quer dizer, não tem inimigo: são nacionais com nacionais. Então, aquela pessoa que está ali, no final do dia vai para casa se reunir com o pai dela; ela apenas estava participando de um momento em que teve que ser controlada pelas Forças Armadas. Essa percepção, acho que enriquece o tema.

Aqui no Rio, as duas principais GLO que tivemos foram no Alemão e na Maré. Uma, um ano e pouco, um efetivo em torno de 1.500, 1.600 homens, e a outra já foi o dobro, dois anos depois, 2014. Sempre há um aprendizado. Aquela Garantia da Lei e da Ordem, garantia da incolumidade das pessoas, do ir e vir, do patrimônio. Era essa atividade. E, em cada uma delas, tivemos peculiaridades diferentes. Havia impedimento das pessoas até de acesso a determinadas áreas. Eles colocaram aquelas barreiras que impediam de ir e vir. Tivemos que botar a engenharia para destruir, para permitir acesso de viaturas a determinadas áreas. Numa segunda ocasião, atuamos já com uma evolução maior, mas também no contexto de melhorar a segurança pública que estava ameaçada no Rio de Janeiro. Era essa a sensação que se tinha. Como é que as Forças Armadas poderiam contribuir com isso? Dentro de uma missão que lhes é constitucional. O aprendizado, sempre, é muito grande. Nós trabalhamos inicialmente com determinadas regras, depois teve uma evolução nessas regras de engajamento.

Ao longo do tempo, apesar de operações desse tipo, como o senhor mencionou, estarem de alguma forma sempre presentes na história do Brasil, houve uma evolução das operações, em termos de formato, de arcabouço legal, agora já chamadas de GLO, após a Constituição de 1988. O Ministério da Defesa foi muito importante nesse processo de formalização e de dar essa dimensão legal. Na sua experiência e, particularmente, como ministro da Defesa, como o senhor viu essa transformação ou essa evolução?

Acompanhei de alguma forma, exatamente porque ou eu estava no Estado-Maior do Exército, ou no Ministério da Defesa, como secretário-geral, depois como ministro. Isso se tornou necessário. O emprego de tropa era feito sempre, e ainda é feito, a partir de regras de engajamento que eram definidas para aquela missão específica, para aquela área específica, para aquele tempo definido. Isso aí, depois, foi normatizado e foi incorporado a uma legalidade. Num segundo tempo, o que houve foi transformar isso dentro da operação de natureza militar, que protege o pessoal envolvido nessas operações, para que ele possa ser, por qualquer incidente que haja, tratado pela Justiça Militar, que tem um nível de conhecimento, um nível de informação melhor ou maior sobre determinados aspectos. Então, consideramos que a grande evolução seria essa, através de lei complementar. Não me recordo agora o número delas, mas foram duas leis próximas que fizeram essa melhoria, consolidando as regras de engajamento e depois colocando as operações para fim de natureza militar. Isso deu mais uma segurança jurídica para o pessoal militar envolvido nessas operações. Para descrever, é fácil, mas, na hora de uma operação há dificuldade de definir qual é a força necessária, qual é o valor necessário; é complexo. Isso pode, depois, ser interpretado de forma divergente. Tudo isso foi consolidado dentro de um arcabouço e deu uma consistência maior a esse tipo de operação.

A partir do Alemão, a gente vê operações maiores, com muita gente envolvida. Como se deu essa adaptação dentro do Exército?
A gente sempre adapta nosso planejamento à missão. A missão dita mais ou menos a forma de fazer, e se absorve conhecimento à medida que vai sendo empregado. Aquilo que deve ser permanente deve permanecer como uma espécie de princípio ou uma regra, mas há aquilo que tem que ser adaptado para cada missão. O que se percebeu? Primeiro, nós aumentamos muito os efetivos. A Maré foi o dobro do efetivo do Alemão; quer dizer, o emprego da massa, que é um princípio de guerra. Logicamente, nós não estávamos em guerra, estávamos tratando de segurança pública. Mas o emprego da massa dá um volume maior, é uma forma de dissuasão, de evitar enfrentamentos. Então, a primeira percepção foi isso: evitar enfrentamento. Colocar uma massa maior. Ter maior quantidade de pessoas 24 horas no ar fazendo seus rodízios, para que eles possam estar em ponto de observação, capazes de inibir ou identificar, com o emprego de meios eletrônicos, a partir de drones, a partir de outros meios de inteligência, para poder se antecipar e evitar enfrentamentos. É sempre um cuidado muito grande, quando se atua em GLO, evitar enfrentamentos, perdas desnecessárias de vidas. Então eu diria que esse aperfeiçoamento se deu com a experiência, mas também com cada tipo de missão. Os efetivos empregados sempre foram crescentes. Na greve de caminhoneiros, os efetivos foram muito superiores.

A segunda evolução foi no tipo de arma: não letal. Anteriormente, se tinha um material com um elevado grau de letalidade. Então se avançou muito em diferentes tipos de armas não letais, que permitissem separar, controlar tumulto. O nosso pessoal recebeu também um investimento bastante grande em equipamentos para defesa própria e para fazer esse tipo de enfrentamento. Então, as evoluções se deram nesse sentido. E também a parte legal, que já informei, que é de transformar a operação como sendo militar. Também se criou ou reforçou uma estrutura muito grande de inteligência, que eu diria que ainda hoje permanece nos outros órgãos de segurança. Vale a pena lembrar que o SisBIn, nosso sistema de inteligência, tem 39 atores atuando, que quase nunca se reúnem. Então, foi uma oportunidade que se teve de juntar a maioria deles envolvidos com esses temas — Polícia Rodoviária, Polícia Federal e outros órgãos — para trabalharem juntos, montar um centro de comando e controle e monitorar essas ações. Então, teve uma evolução para as Forças Armadas, mas também para os órgãos de segurança que atuavam nisso. Percebeu-se a necessidade de melhoria na escolha das pessoas, teve mudança na forma de estruturar comandos, então foi um aperfeiçoamento. Mas a partir também do próprio enfrentamento que iriam ter, da missão, vamos dizer assim.

Além dessas operações de GLO, o senhor também acompanhou, no Ministério da Defesa, a Operação Acolhida. Como o senhor compara esse tipo de ação de missão humanitária com as operações de GLO?

São bem diferentes, em termos até do objetivo. Uma é de acolhimento de pessoas carentes, necessitadas, tem que demonstrar afetividade nas ações em vez de hostilidade. Participei de todos os momentos da Operação Acolhida, desde a decisão do presidente Temer — eu já estava ministro da Defesa — ali em Pacaraima, quando começou a entrar aquela quantidade grande de venezuelanos, e foi crescendo. A primeira preocupação da missão foi estabelecer, na linha de fronteira, um conhecimento do que é que estava entrando no país. Estavam entrando pessoas necessitadas, fugindo de uma situação delicada que se perpetuou, mas também contrabando, descaminhos. Utilizou-se na época somente a própria força que já estava ali, a 1ª Brigada de Infantaria de Selva, para poder cuidar dessa linha de contato imediato. Depois, com o crescimento, veio uma série de abrigos, de proteção, primeiramente na linha de Pacaraima mesmo. O pessoal chegava em Santa Elena de Uairén,[30] passava para a outra margem, numa espécie de ponte de

[30] Cidade venezuelana, capital do município de Gran Sabana. Fica a cerca de 15 quilômetros da fronteira com o município brasileiro de Pacaraima, no estado de Roraima.

controle. Aí, junto já com a Defesa Civil, junto com órgãos da ONU, já houve uma evolução grande. Depois, esse pessoal foi interiorizado para Boa Vista, porque muitos faziam um deslocamento longo, da ordem de quase 270 quilômetros de extensão, pela BR-174, com pouco apoio ao longo do caminho; era um sofrimento, se deslocavam a pé para chegar lá. Então se criou um apoio também para eles. E o terceiro estágio, que foi o da interiorização desse pessoal para o Brasil: definir os estados que voluntariamente decidiam receber, criar uma logística, que foi complexa, em termos de aeronaves, de recursos para permitir esse deslocamento, e as das pessoas que iam em condições de ser acolhidas em diferentes estados. Então foram três momentos diferentes.

Foi então uma operação militar mesclada com operação humanitária. Depois se definiu um comando, o general Pazuello esteve lá nesse período e ganhou um corpo, assim, a ser conduzido pelo Ministério da Defesa diretamente. Inicialmente, tinha ficado com o comando da brigada, mas depois passou para o Ministério da Defesa. E nos pareceu que foi uma forma muito importante de o Brasil demonstrar sua solidariedade com o povo venezuelano necessitado. Essa necessidade não terminou. Aquela fronteira é terrestre, quase toda ela permeável; ali não tem grandes rios separando. O rio em profundidade é o Uraricoera, mas fica a quase 100 quilômetros da linha de fronteira, e tem poucas cidades em torno. A principal delas é Pacaraima mesmo. Uma área de saúde muito precária. Isso foi uma necessidade imediata que o Brasil teve que atender, as Forças Armadas: colocar hospitais, colocar pontes de abrigo. Tinha que resolver a separação dos indígenas, que tinham uma série de exigências. Então foi um trabalho de acolhimento, um trabalho humanitário de atendimento à urgência, um trabalho de interiorização e um trabalho de segurança da nossa fronteira. Eu diria que, resumidamente, foi feito isso aqui. E consideramos exitoso, foi reconhecido pela ONU como um trabalho exitoso.

Gostaríamos de ouvi-lo sobre duas GLOs que foram diferentes das operações de segurança pública: a greve dos caminhoneiros e a do sistema penitenciário em Roraima.

A greve dos caminhoneiros, também participei do momento. Estava na mesa com o presidente Temer quando ele reuniu os ministros para decidir fazer uma intervenção, vamos dizer assim. Foi montado um centro de comando e controle dentro do próprio Ministério da Defesa, que passou a funcionar 24 horas por dia, num período de quase duas semanas, mais ou menos, com uma quantidade muito grande de órgãos, alguns atores bastante relevantes. Para mim foi surpresa a importância da Polícia Rodoviária Federal no controle dessa greve. A gente começou a perceber o nível de inteligência e de acompanhamento que eles têm. É surpreendente. Para mim, foi uma surpresa muito agradável.

O problema era preço de óleo diesel, e o impacto na sociedade, um custo muito elevado. As Forças Armadas colocaram um efetivo bastante elevado, com um cuidado muito grande, sem que houvesse enfrentamento. O mínimo de força necessário. Aí era o inverso: o máximo de inteligência, o máximo de emprego de meios civis, colocando Polícia Federal e Polícia Rodoviária presentes, e as Forças Armadas ficando mais em condições de fazer um controle, embora tenha sido empregado um efetivo de 39 mil homens, um efetivo bastante elevado para cuidar dessa missão. O êxito foi em cima disso. Era o cuidado de evitar enfrentamentos.

Não tivemos nenhuma vítima. Teve um caso específico em Vilhena, mas foi entre dois caminhoneiros que discutiram, um caso bem particular. Teve momentos de operações, por exemplo, como no porto de Santos, que foi o último ponto que ficou para ser desbloqueado. Foi uma decisão complexa, deixamos por último porque ali envolvia bastante risco. Então, foi uma operação muito bem planejada, preparada e feita no momento adequado, de modo que fosse liberado o trânsito sem haver enfrentamento. E outro momento também delicado, eu me lembro, foi em Arenópolis. Era um entroncamento em que vários caminhoneiros se juntaram para bloquear o acesso de cargas perecíveis que iam para Rondônia, para o Acre. Também foi um movimento que teve que ser feito com muito cuidado. E aí valiam muito as articulações com os líderes de caminhoneiros. Conversa, muito diálogo, muito entendimento. Na época, o presidente Temer decidiu fazer uma concessão com relação a custos, estabeleceu um preço durante um período, a Petrobras manteve um valor. Depois aquilo foi restituído à Petrobras. Mas ali foi muito trabalho de liderança, de conversa com líderes, e evitar enfrentamento. Deixando que os meios rodoviários, que foram os que mais atuaram nisso aí, fizessem esse contato direto, e as Forças Armadas ficando no sentido de comando e controle, logística, impedir que determinadas áreas fossem bloqueadas, mas sem haver esse contato direto com a população, com o caminhoneiro.

Essa operação da greve dos caminhoneiros foi a primeira GLO que se deu em todo o território nacional. Como foi desenhar essa GLO para o país todo?

É complexo. Normalmente, a própria definição de GLO define um tempo, um período definido, define uma área e uma missão específicas. Incorpora esses três parâmetros. Ela se enquadra ali dentro. Essa ali teve que ser um pouco mais diferente, em termos de tempo, que era acabar a greve do caminhoneiro; quer dizer, não tinha um tempo definido. Em termos de objetivo, a gente tinha claro que era evitar enfrentamentos, era convencer, enquanto se negociava com eles, com as lideranças, que deveriam encerrar, porque os danos causados ao país, à população eram muito superiores ao que eles estavam pretendendo. Era um ganhar de tempo, para que a vida voltasse à normalidade e o país voltasse a ser abastecido. Então, esse desenho acabou não ficando um registro específico: olha, para esse tipo de operação, faz essa natureza. Cria-se uma normatização específica para essa missão: o menor tempo possível, evitar confrontos, voltar à normalidade do país. É o ir e vir. Então foi uma adequação. Eu me lembro dessa redação, feita junto, na época, com o GSI, o general Etchegoyen. Sentamos juntos com a Casa Civil, com o presidente e com o Ministério da Defesa para encontrar a melhor forma de conformar essa missão, para que pudesse cumprir a sua finalidade.

E sobre a crise nas penitenciárias em Roraima?

Essa também foi uma coisa inédita para o Exército, para as Forças Armadas. Chegou a 33 o número de pessoas que foram assassinadas dentro da penitenciária Monte Cristo. Conheço muito Roraima, tenho um filho que nasceu lá, onde vivi seis anos, comandei Batalhão de Engenharia, fui capitão, fui coronel lá, então conheço bem aquela área toda, fico bem confortável para falar daquela região amazônica. A primeira missão era identificar o que é que tinha de material, identificar a segurança, então se levou mais pessoal técnico. Separavam-se os presidiários do local onde as Forças Armadas iam atuar, de modo que elas não tinham contato com nenhum preso. E se levantou muita vulnerabilidade que existia naqueles presídios. Havia uma quantidade grande de celular, de armamento de tudo que é natureza. E de como as pessoas entravam e saíam, levando esse material para dentro dos presídios. Foi uma oportunidade de melhoria do sistema penitenciário.

Depois, tivemos mais de 20 operações, quase todas no Norte. Os estados de Roraima, Rondônia, Amazonas, Acre e Pará solicitaram apoio, também, para a verificação de penitenciárias. Uma missão diferente, usando muito até material empregado para identificação em campo de minas, para identificar algum produto que estivesse escondido ou no chão ou em paredes ou em esgoto. Isso foi feito, e esse conhecimento foi repassado para os presídios. Na área de bloqueadores de celulares, eu me lembro, também foi intensificada essa ideia, mostrando quão relevante era isso; algumas penitenciárias usavam, outras não. E também a própria forma de acolher as visitas, de fazer isso de uma forma humanitária, lógico, mas com uma série de outros requisitos, que as Forças Armadas ajudaram a construir junto com os estados. A governadora Sueli Campos, na época governadora de Roraima, pediu muita documentação, solicitou que a gente ajudasse a conformar um trabalho nesse sentido. Fornecemos sugestões, ideias, mas ficou com a área de segurança pública do estado a redação dessa experiência que a gente teve, trabalhando com eles. Depois teve aquela separação de prisioneiros, que foram alguns segregados em prisões federais. Teve uma série de ações que decorreram desse tipo de ação. Então foi uma missão diferente. Eu não enquadraria tratar especificamente de um presídio como GLO. Temos que lembrar que a gente estava vivendo naquele momento os momentos de pico de criminalidade no Brasil.

No período do qual estamos falando, houve operações GLO relacionadas também a greves de polícia.

Esse é um tipo de missão mais complexa, porque tem que trabalhar com mudanças de comando, assumir quase que como uma intervenção na área, com um comandante designado para aquela missão. Quer dizer, ela é episódica, é durante um período definido, mas tem que, na maioria das vezes, mexer em comandos, alterar comandos. Logicamente, com apoio total do governo do estado, que é quem tem autoridade para tomar essas decisões. Então, conversar, alinhar com eles, identificar a necessidade de mudança em determinadas lideranças, e muita, muita negociação, muita conversa, de modo que aquelas pessoas que estão se sentindo injustiçadas por alguma razão possam ser atendidas — e normalmente tem parcialmente atendido aquilo que é considerado razoável pelo estado — ou, então, desistir.

O que importa saber é que o militar designado para assumir essa missão tem que ter uma capacidade de negociação e de persuasão muito grande, porque ele vai atuar junto com o secretário de Segurança do estado, com o governo do estado, que têm que, de alguma forma, aceitar aquele tipo de assessoramento.

No Espírito Santo, quando houve a cessação das hostilidades, o pessoal se convenceu de que devia retornar, de que eles iam perder a liderança que tinham com sua própria tropa. Então, tem muita conversa nisso aí. Evitar enfrentamento, logicamente. São forças que têm arma. O Exército foi com armamento, a polícia também. E entendimentos com governadores. A maior dificuldade, eu diria, é que se assumem compromissos, às vezes, com o estado, e o estado fica depois, ele, sem condições de honrar aqueles compromissos que foram assumidos a partir de acordos. E muitas vezes eles voltam a se queixar.

É um outro emprego, diferente. O que fica caracterizado é a necessidade de uma autoridade muito bem definida. Ela tem que se impor pelo exemplo, pela sua segurança, pela justiça com que trata os assuntos, pela apuração, pelo evitar o apadrinhamento. O sujeito se sente confortável perante aquela liderança. E que se sintam liderados. Depois, transferir isso para as pessoas que ficam ocupando aqueles cargos dentro dessa greve de polícia. Eu me lembro, a tropa saindo lá do Espírito Santo, nos caminhões, sendo aplaudida pela população e tudo o mais. Houve uma aceitação grande. E o governador contribuiu muito, na época, com a solução.

Outro episódio do qual o senhor participou, que foi uma situação também bastante particular, foi a intervenção federal no Rio de Janeiro. O senhor pode falar um pouco mais sobre esse processo?

Como ministro da Defesa, acompanhei esse momento junto com o presidente. Primeiro eu lembro o que detonou esse momento, qual foi o ponto, qual foi o estopim. Uma senhora, em Copacabana, declarando a calamidade que ela estava vivendo e mostrando e falando assim (isso saiu na mídia por tudo que é canto): "Meu Deus do céu! Não é possível que eu more, viva num país desse, não é possível não ter ninguém que nos ajude. Não é possível que eu fique tão indefesa dessa maneira!". Então, houve aquele clamor. Foi colocado no horário nobre da mídia. Aquilo chocou. No dia seguinte, numa reunião com o presidente, ele disse: "Vamos partir para a intervenção". Conversou com o governador do estado, o Pezão, teve um entendimento com ele, de modo que foi designado um interventor. A solução encontrada era que fosse o próprio comandante militar de área que já estava aqui, ele manteria o cargo, ia empregar tropas que estavam aqui no estado do Rio de Janeiro. Então o general Braga Netto foi indicado para essa missão. Ele precisou, de imediato, de um secretário de Segurança, para poder trabalhar por intermédio dele, e o general Richard foi o indicado para essa missão. E cumpriu, pelo que nós entendemos, com acerto. Ele é que ficou mais à frente dessa necessidade de reunir toda a Secretaria de Segurança, de trocar alguns comandos. Alguns, não: quase todos. E conversar muito com eles, fazer visitas, recuperar uma liderança que estava um pouco desacreditada. Fazer treinamentos, colocar material para o pessoal se sentir em condições de se preparar para sua atividade de segurança pública. E também reunir os órgãos de segurança pública, que não trabalhavam juntos na época, estavam dissociados. Foi montada uma área de comando e controle no quartel-general do comando, ali no Palácio Duque de Caxias, e ali tinha reunião permanente, com representantes das Forças Armadas, das polícias, da Polícia Federal, da Polícia Rodoviária Federal, da Abin... Vários órgãos de segurança trabalhavam diuturnamente acompanhando o desenvolvimento, e cada um contribuindo. Uma quantidade de inteligência muito grande era colocada. Já tinham mais informações, helicópteros com imagem em tempo real. Havia, na época, muito roubo de carga, então foi uma necessidade imediata de se reduzir isso, para se passar uma espécie de segurança. E acabou tendo uma redução.

Eu me lembro que tive que fazer uma apresentação, e construí essa imagem: como se fossem dois vasos de água onde estava entrando água; aqui, caía dentro de uma cúpula de água e por aqui saía outra água. Só que aqui, aqui era o armamento que vinha de fora, aqui era o armamento que saía. Tinha a imagem, que aparecia diariamente: um compactador destruindo o armamento que era recolhido. Só que, na mesma proporção que se recolhiam armamentos, não havia bloqueio desse armamento, entrava no Rio de Janeiro do mesmo jeito. Então teve necessidade de, a partir do mais distante possível, começar a fazer essa operação. As operações eram no Rio de Janeiro, mas, com ação da Polícia Rodoviária, da Polícia Federal e das próprias Forças Armadas, teve que fazer esses bloqueios ao longo do caminho, para evitar a chegada de mais armamento. Isso foi uma ação que, com o tempo, foi dando resultado. Essas cargas, que entravam aqui, foram sendo reduzidas. Acabou diminuindo a criminalidade.

A intervenção tinha um prazo. Quando começou foi definido que terminaria no final do ano. A União entrou com um recurso grande para empregar. Mas havia uma dificuldade longa de fazer esse processo licitatório, perdeu-se muito tempo. Foi designado um oficial general, general Laélio,[31] que foi o encarregado de fazer toda essa aquisição de meios, de material, de viaturas, de armamento, de uniformes. Embora o processo tenha começado no início do ano, foi chegar já no meio do ano, o que dificultou um pouco essa operação. Mas foi feito com entendimento. Essas mudanças que foram feitas no sistema, inclusive o próprio policial se sentiu reconhecido na sua atividade, se sentiu mais bem-preparado em ter um treinamento, mais bem-armado, com mais meios, com combustível. Ou seja, ele sentiu que o estado passou a enxergá-lo e dar-lhe meios para que pudesse

[31] General de divisão Laélio Soares de Andrade.

atuar como ele gostaria, e ele não tinha esses meios antes. Acho que o grande esforço dessa operação foi esse. O período coincidiu, ainda, com eleições, então teve Forças Armadas empregadas também na Garantia da Votação e Apuração, que é outro tipo de missão. Então coincidiu, naquela época, que a gente estava com várias missões, sempre envolvendo Forças Armadas, e, graças a Deus, com o mínimo de danos colaterais.

Houve, de alguém do governo, oposição à intervenção?
Não. O que houve foi os ministérios querendo oferecer sua contribuição, olhando o ponto de vista deles: como é que posso contribuir com isso? Com visões, e também com meios. Mas oposição, não houve, não. Logicamente as pessoas queriam que ela terminasse o mais rápido possível, que a operação não ficasse muito tempo. As próprias Forças Armadas achavam que ficar um ano inteiro não seria bom, haveria um desgaste, seria melhor limitar mais o tempo. Mas, tendo em vista essa logística complexa, acabou empurrando a missão um pouco mais para frente, impondo que ela ficasse até o final do ano.

Eu me lembro do processo da decisão. A forma de fazer, a forma da escolha, não estava nada pronto, não tinha nada já planejado no papel; isso foi sendo construído à medida que a decisão foi tomada. O presidente, numa reunião, tomou a decisão: "Reúnam-se e me tragam o planejamento inicial de como fazer". Trazendo já quem era para nomear comandante, qual seria o melhor interventor. Aí o Ministério da Defesa entrou nesse circuito, o comandante do Exército entrou nesse circuito também. Então isso daí foi uma conversa que foi sendo construída aos poucos. Houve, sim, momentos em que o próprio estado falou que já era tempo de retrair. Por outra parte, havia, da área da Polícia Militar, por incrível que pareça, a expectativa de que ficássemos o maior tempo possível, porque eles estavam recebendo recursos, estavam recebendo meios, estavam recebendo treinamento, estavam sendo valorizados naquilo que faziam, porque eles não se sentiam valorizados antes. Estavam na mídia de uma forma, vamos dizer assim, positiva. E tinham resultado. Você acompanhava quase que diariamente a diminuição no índice de criminalidade, de roubo de carga. Havia um acompanhamento grande dessas informações, e isso, de alguma forma, valorizava mais a ação da Secretaria de Segurança Pública do estado. Eu diria que, ao final, eles tiveram um ganho qualitativo e um ganho de percepção da sociedade também.

Na entrevista com o general Villas Bôas, que saiu em livro, ele disse que no início era contra a intervenção. O general Etchegoyen, que nós também entrevistamos, era a favor. Enfim, a decisão final foi do presidente. Mas como é que essas diferenças de visão, de opinião se resolveram?
Isso é normal, nós chamamos de trabalho de estado-maior. Reúne um grupo, sentam-se numa mesa, para ouvir as opiniões divergentes. É sempre aquela história de tese e antítese: a gente acaba tendo uma síntese, que é a melhor possível. Eu me lembro da percepção do comandante do Exército na época, o general Villas Bôas, de que isso pudesse ser feito como uma extensão da GLO que já havia na área. Por que não se prolonga ou se robustece a GLO? Mas o entendimento é de que o sistema de segurança pública estava tão deteriorado, estava tão ruim, que precisava ser feito dessa forma. Então, eu diria que foi quase uma decisão do comandante supremo das Forças Armadas. Ele falou: "A decisão é essa aqui, está tomada. Vamos construir agora dados em torno dessa decisão". Mas se sentou na mesa para conversar: se se fazia uma GLO ampliada, se colocava mais meios, se colocava um interventor. O general Etchegoyen participou intensamente desse trabalho, para ajudar a construir a melhor solução. Mas isso é normal numa decisão. A gente tinha opiniões divergentes, e no final concluía: apresente suas divergências aí dentro, no final a gente chega a um ponto de um consenso, que é sempre melhor. O pessoal diz que duas cabeças acabam pensando melhor que uma. E o somatório de um mais um dá um somatório maior que dois. Isso funciona nesses processos decisórios.

E qual era sua visão a respeito?
A minha percepção era de que deveria haver intervenção. Nós não tínhamos ideia, ainda, de como seria o formato e como iríamos fazer. Foi uma estratégia construída durante o jogo, vamos dizer assim. Era a necessidade de se colocar meios, recursos e material, porque a polícia estava completamente desestruturada. Criar um sistema de inteligência e melhorar muito a autoestima dos policiais, que estava muito em baixa, a partir da falta de meios. Precisava trabalhar muito na área de liderança. Isso ficou muito claro para todos nós. Abordamos isso com cuidado, a elevação da autoestima, a colocação de meios para que eles se sentissem seguros para irem para uma missão, não como alvo, mas com condições de enfrentar seu dia a dia, e a valorização do trabalho que faziam. Na época, minha percepção era de que deveria haver a intervenção, sim. Já havia uma GLO, já se estava vivendo esse momento aí agravado, e a imagem do Rio de Janeiro, que tem tudo a ver com

a imagem do Brasil no exterior, estava muito ruim. Tinha imagem de roubo de carro, imagem de morte, de arrastão. Era preciso estancar aquela hemorragia.

Nós entrevistamos o general Braga Netto, entrevistamos o general Richard e também pessoas em outras GLOs, e várias vezes ouvimos dizer que se sentiam como se estivessem enxugando gelo. Ou seja, a população gosta, geralmente, quando as Forças Armadas entram, porque estabiliza, traz uma segurança. Mas, quando saem, o estado não cumpre a sua missão no plano social, e volta a percepção da insegurança. Havia uma preocupação de isso, de alguma forma, desgastar ou afetar também a imagem das Forças Armadas?
A gente pode olhar a parte vazia e a parte cheia do copo. Essa é a parte vazia do copo. É o que incomoda: a gente saber que depois aquilo não vai ter continuidade. Num Estado onde há uma democracia, onde há alternância de governo, de poder, de percepção de realidade, essa descontinuidade acaba acontecendo. Então, às vezes, as Forças Armadas ficam com a impressão: estivemos lá, fizemos tudo isso, e volta tudo a zero. Como se fosse uma mola: esticou, soltou, ela volta de novo para o tamanho em que estava. Mas entendemos que, para aquele momento, era necessário. Quer dizer, pode ser que aquilo volte depois, mas volte com uma proporção menor. Até hoje, o índice de criminalidade é menor no país inteiro. Na hora em que terminou a operação, já tinha sido reduzido. Isso aí já dá o resultado, o êxito da operação.

O sentimento de que a gente está sendo empregado numa missão que não tem nada a ver, isso fica muito na nossa formação voltada para a guerra. A gente parte sempre da percepção de "quem pode mais, pode menos". Então preciso estar bem-preparado para a defesa da pátria, para essa parte externa, o combate externo. Se consigo fazer isso, consigo, também, trabalhar em boas condições dentro de um teatro de operação menor, menos hostil. Porque o final de qualquer conflito é a paz. Eu quero, no final dele, sentar para celebrar a paz. A própria canção do Exército fala isso: "A paz queremos com fervor; a guerra só nos causa dor". A paz é que é a motivação do emprego de Forças Armadas. A nossa estratégia é de cooperação. Vejam o caso da Venezuela: somos eternos vizinhos por um determinismo geográfico, vamos estar juntos eternamente; por que não conviver bem com eles? Então, vamos cooperar. Temos as diferenças, temos as decisões, mas cooperaremos com eles.

Existe isso também com o emprego de força dentro do próprio país. É sempre ruim, porque, o cuidado que se tem... você está trabalhando com brasileiro, o próprio irmão que está lá. Eu existo para protegê-lo e para defendê-lo e, de repente, estou atuando contra ele, num momento, numa circunstância em que ele está colocado do outro lado. Essa é a sensibilidade. As Forças Armadas não são simpáticas a esse tipo de operação por causa disso. Acho que se deve fortalecer muito o poder público. Ele, sim, é quem deve receber meios para evitar que se empreguem as Forças Armadas em GLO. Mas, quando houver necessidade, tem que estancar esse momento.

Voltando meio século no tempo: o senhor é da turma de 1972 da Aman. Naquela época, não fazia parte da formação do cadete o treinamento mais voltado para GLO. Não sei se já havia a SIEsp, que foi criada mais ou menos nessa época. Mas era um outro contexto, de Guerra Fria, guerra antissubversiva. Hoje em dia, já há treinamento especificamente de GLO na Aman, e isso também entrou na tropa, os recrutas já têm um treinamento específico para GLO. Quer dizer, isso foi entrando na carreira, na formação tanto do conscrito, do soldado profissional e do oficial. Como o senhor vê isso? É bom para a carreira, conta como ponto positivo para o oficial que participou de GLO, numa promoção?
Conta. É uma evolução, eu diria. Naquela época — entrei em 1969 na Aman, saí em 1972 — tinha um tipo de treinamento que eu diria até muito mais duro, mais rústico; tinha-se um cuidado menor com a própria segurança das pessoas. Isso foi sendo aperfeiçoado. Hoje, o risco que se tem nas operações de que os cadetes participam na Aman é quase zero. Eles têm um arcabouço de segurança, de material muito seguro. Na época, era menor. Também, a gente vivia um período, a década de 1970, em que ainda havia muito problema interno, no país, no período do governo dito "governo militar". Tínhamos uma série de ações de guerrilha, Araguaia, aquelas coisas todas. Então, tinha uma série de problemas e, de alguma forma, a academia também dava uma visão. Mas não nesse contexto de GLO. Ao longo dos anos, isso tem sido aperfeiçoado.

A participação do militar numa operação de GLO enriquece muito. Por quê? Ele está participando, primeiro, de uma operação real. O pessoal diz que uma das grandes frustrações do militar é que ele passa a vida inteira se preparando para a guerra, e não vai para a guerra. Numa GLO, ele participa de uma operação real. É como quem é empregado numa missão de paz: ele participa de uma operação real. Isso traz para o militar não só um maior conhecimento, uma maior segurança para suas decisões, um maior conforto, ele se sente até mais realizado: "Participei de uma situação real, tive que enfrentar e tomar decisões reais, e se eu fosse para um lado ou para o outro, podia transformar aquilo em vítima ou em sucesso". São soluções que não estão no livro, no *by the book*, tem que tirar da cabeça na hora, a partir da situação do momento. Então enriquece, contribui com o currículo do militar e é considerado, sim, como uma experiência. E, normalmente, nas promoções, tudo isso é analisado. Não quero dizer que isso seja decisivo para uma situação ou outra. Mas tudo é considerado no currículo do militar na hora de fazer escolhas ou ascender na carreira. Nossa vida é um funil muito fechado. Mas, principalmente, traz, para o próprio militar, uma segurança maior, uma serenidade em tomar decisões graves, na capacidade de ouvir. Porque aí ele ouve mais o assessoramento, não sai açodadamente numa direção que ele considera que é a melhor. Ouve, ouve, ouve. De repente, chega-se a uma decisão.

No governo Bolsonaro, nesses últimos três anos, houve uma diminuição muito grande de GLOs. Não têm sido pedidas ações nessa área de segurança pública, pelo menos que cheguem ao conhecimento público. A que o senhor atribui essa diminuição?
Essa parte aí já estou observando um pouco mais distante. Eu já estava na Itaipu Binacional, cuidando de outra área, e agora aqui, na Petrobras, cuidando de outra área. Mas a gente percebe realmente uma redução grande na criminalidade. Acho que tem uma série de medidas tomadas. Os próprios governadores perceberam que o custo da insegurança é muito elevado. Houve uma redução de recursos que eram destinados para áreas que favoreciam determinados grupos. Acabou essa quantidade de ações que tinha de sem-terra, no campo. A sociedade, boa parte dela passou a ter mais acesso ao próprio armamento, com leis que permitiram àqueles colecionadores menor dificuldade em ter acesso a seu armamento. Ali foi uma conjunção de fatores que se somaram e reduziu-se a criminalidade. Mas tão logo a criminalidade perceba que há um enfraquecimento, a tendência é haver uma involução. Estou no Rio de Janeiro e percebo que alguma coisa, esse ano, se deteriorou. Alguma coisa já se perdeu um pouco, em termos de segurança. É um conjunto de ações. O somatório de tudo isso reduziu a criminalidade, particularmente no campo. O reforço da Polícia Rodoviária em termos de efetivo, eles tiveram quase que dobrados os seus efetivos. Com a melhoria dos meios para trabalhar, melhorou muito, mas muito mesmo. A área de inteligência, o uso de drones, uso de informações. Então a inteligência passou a ter um conforto muito maior. As Forças Armadas continuaram repassando, em reuniões que têm, episódicas, aí com os estados, experiência de missão de paz. Lembrar que nós ficamos bastante tempo no Haiti. Trouxemos uma experiência grande. Tem a experiência do Congo. Então, isso é trazido. Acabamos passando isso para o país.

Eu deixaria como mensagem final, da minha parte, a importância de um trabalho como esse que vocês estão fazendo. Cumprimento um trabalho desses, a importância que tem para o Brasil. Temos que fazer um esforço para que as Forças Armadas trafeguem com naturalidade pela alma da nação, pela universidade, que as pessoas possam discutir. Não precisa concordar, não; mas precisa conhecer, saber. E é bom conhecer através dessas experiências. Um material desses, acho que tem um valor rico, como pessoas diferentes viram o mesmo fato, a partir de ângulos diferentes. Acho que isso aí enriquece muito. A percepção depende do ângulo que a gente observa. Eu queria concluir dizendo o seguinte: parabéns pelo trabalho que estão fazendo. É importante para o nosso Brasil.

General Sergio Westphalen Etchegoyen

Sergio Westphalen Etchegoyen é general de exército. Nasceu em Cruz Alta (RS) em 1º de fevereiro de 1952. Ingressou na Academia Militar das Agulhas Negras (Aman) em 1971 e foi declarado aspirante a oficial da arma de Cavalaria em 1974. Formou-se na Escola de Aperfeiçoamento de Oficiais (EsAO) em 1984. Realizou os cursos de Comando e Estado-Maior (1999-2000) e Política, Estratégia e Alta Administração do Exército (2001) na Escola de Comando e Estado-Maior do Exército (Eceme). Possui também o curso Senior Leader Mission oferecido pela ONU em Durban, na África do Sul (2005). Em sua atuação internacional, foi oficial de estado-maior da Missão de Observação das Nações Unidas em El Salvador (Onusal) entre 1991 e 1992 e chefe da Comissão do Exército Brasileiro em Washington, Estados Unidos, de 2001 a 2003. Comandou a Escola de Aperfeiçoamento de Sargentos das Armas de 1993 a 1995 e a Eceme de 2007 a 2009. Foi assessor especial do ministro da Defesa e chefe do Núcleo de Implantação da Estratégia Nacional de Defesa de 2009 a 2011. Foi nomeado chefe do Estado-Maior do Exército (EME) em 2015. Em 2016, assumiu o cargo de ministro-chefe do Gabinete de Segurança Institucional (GSI), permanecendo nesta função até o final de 2018. Atualmente é presidente do Conselho de Administração do Centro Soberania e Clima do Instituto para Reforma das Relações entre Estado e Empresa e diretor-presidente do Instituto Brasileiro de Autorregulação no Setor de Infraestrutura.

Entrevista realizada por Celso Castro, Adriana Marques,
Igor Acácio e Verônica Azzi em 10/1/2022.

O senhor foi comandante da Eceme de 2007 a 2009 e, em seguida, assessor do ministro da Defesa, e esteve envolvido na implantação da Estratégia Nacional de Defesa [END]. Como o tema da participação dos militares em atividades ligadas à segurança pública aparecia na Eceme e principalmente, depois, na discussão da END?
A lei de ensino do Exército diz que o sistema de ensino qualifica profissionais para as funções existentes no Exército. Tudo que estiver na lei que for função, atribuição de um militar, vai ser ensinado nas nossas escolas. Quando foi escrita a primeira estratégia em 2008, a lei já previa a estratégia. A lei é aprovada em 25 de agosto de 2010, ela modifica e amplia um pouco as missões de GLO.

E na Estratégia Nacional de Defesa?
No governo Fernando Henrique, foi aprovada a Lei Complementar 97, que acho que é de 1999. Depois, em 2004, veio a 117, que modificou e, aí sim, deu poder de polícia para as Forças Armadas. Mas tinha havido, em 1996, se não estou enganado, a aprovação da chamada Lei Bicudo, que foi a lei que tirou da competência da Justiça Militar os crimes dolosos contra a vida, passando à competência da Justiça Civil, e que modificava o artigo 9º do Código Penal Militar.[32] Eu estava no gabinete, na época o ministro era o general Zenildo, e o ministro da Justiça era o Jobim. Não vou dizer que isso é uma maluquice, porque não acho que Bicudo fosse maluco, mas é uma coisa muito complicada. Me digam o seguinte: quem, em qual Exército do mundo, se aprende a destruir de forma culposa? Que soldado no mundo, na guerra, dispara um fuzil para matar de forma culposa? Isso não existe. Ou seja, se eu disparar o meu fuzil é de forma intencional. Se eu disparar o obus da artilharia, largar uma bomba em Nagasaki, é de forma intencional. Sempre será doloso. Não existe a menor possibilidade de tu cometeres um crime militar, nesse tipo, de forma culposa. Ou seja, o crime culposo é por imperícia, imprudência ou negligência. Ele não decorre de intenção, como é o doloso. Além disso, ainda tem o dolo eventual. Então, toda ação militar ficou, a partir daí, amarrada num conceito e toda ela saía da Justiça Militar e ia para Justiça comum. Criticava-se muito na época. Mas boa parte dos processados nesses últimos escândalos queriam desesperadamente sair da Justiça do STM e ir para a Justiça comum.

---

[32] Referência à Lei nº 9.299, de 7 de agosto de 1996, que alterava o Código Penal Militar de 1969 para atribuir ao Tribunal do Júri a jurisdição sobre crimes cometidos por militares contra civis. A Lei nº 13.491, de 13 de outubro de 2017, muda a redação do Código Penal Militar para considerar crimes de atribuição da Justiça Militar aqueles praticados por militares em operação de paz, de Garantia da Lei e da Ordem ou de atribuição subsidiária.

Porque a Justiça comum, a gente sabe o que acontece no Brasil: as instâncias, os recursos, não sei o quê... Ou seja, de fato, tu tinhas uma dificuldade muito grande para operar, porque qualquer morte que fosse causada ia para a Justiça comum. Não consigo imaginar um tenente, o seu pelotão disparando por uma determinada razão e que aquilo não seja doloso. Não vejo a menor possibilidade de isso acontecer. Essa era a grande questão.

Outra questão era a falta que a gente tem, no Brasil, de instâncias de segurança pública, e aí é um déficit institucional nosso. Nós não temos uma guarda nacional ou uma polícia nacional ou o que for, nós não temos guarda costeira e nós não temos a mesma coisa em relação ao tráfego aéreo. Estas duas últimas coisas acabam sendo feitas pela Marinha e pela Força Aérea, respectivamente. Em consequência, nós temos um problema. Quem é a autoridade que deveria investigar o acidente, essa infelicidade que aconteceu em Minas agora, o Capitólio?[33] Deveria ser uma guarda, uma polícia especializada nisso. Mas a gente não tem. Então vai para a Marinha. O acidente aéreo do avião civil, pequeno, de transporte de passageiro, que caiu e matou a cantora Marília Mendonça vai ser visto pela Força Aérea, porque a gente não tem quem faça. Então, foi aí que se ampliou.

Se vocês olharem a modificação da Lei 117, que é a 136, de 25 de agosto de 2010, ela dá para a Marinha poder de polícia em todas as águas interiores, não só na faixa de fronteira, e dá poder de polícia para a Força Aérea na perseguição até onde baixar, não interessa onde estiver. Então, ela dá a perseguição continuada. O que acontecia? Se o piloto, vamos dizer, entrou pela fronteira do Acre e o avião caiu em Cruzeiro do Sul, ele seria julgado pelo juiz de Cruzeiro do Sul, lá no Acre. Isso não faz nenhum sentido do ponto de vista dos instrumentos de que o Estado precisa para defender a si mesmo e a sociedade. Não estou falando aqui de autoritarismo, de Estado policialesco. Estou dizendo que qualquer Estado do mundo tem instrumentos para se defender e defender sua sociedade. Nós achamos que isso não precisa e, infelizmente, continuamos achando também. Uma decisão soberana que nós tomamos

Vamos retornar à discussão do crime doloso. Então, se vocês olharem na Lei 136, ela diz o seguinte: que os crimes cometidos nas missões estabelecidas

---

33 Referência a uma tragédia natural ocorrida no parque Mirante dos Canyons em Capitólio, na região sudoeste de Minas Gerais, em 8 de janeiro de 2022, na qual a queda de uma rocha matou 10 pessoas que estavam numa lancha e feriu várias outras. Segundo a Polícia Civil de Minas Gerais, o motivo do acidente foi a erosão na base da rocha, acentuada pelo fluxo da água oriunda da cachoeira no local.

naquela lei serão julgados, investigados nos termos do artigo tal da Constituição Federal. O que é que diz o artigo tal da Constituição Federal? Que os crimes militares são da competência da Justiça Militar. Então era uma forma de dar uma volta no artigo nono, esse que foi modificado, do Código Penal Militar. Ou seja, remete à Constituição em vez de remeter à lei. E a Constituição manda; então, obviamente, a lei não poderá contrariá-la. Mas, como no Brasil já se diz que até o passado é incerto, a Justiça continua dando as suas interpretações. Mas isso é outro fato. A razão era essa. Tem forma de resolver isso? Tem. Criem-se instrumentos capazes de substituir as Forças Armadas. Acho que tem uma pergunta que não está sendo feita: por que é que quem deveria fazer não está fazendo? Antes de perguntar por que os militares estão sendo empregados nos crimes chamados transfronteiriços, na faixa de fronteira, falta uma pergunta anterior: por que não tem alguém fazendo isso e tem que chamar os militares? Essa questão é que acho que tem que ser respondida.

No Manual de GLO são previstas regras de engajamento, algumas das quais parecem inspiradas nas missões de paz da ONU. Como essa dinâmica funciona no âmbito das GLOs?
Não sei se essa comparação com as missões de paz é apropriada, porque numa missão de paz tu tens um mandato para cumprir e ele já te diz o que tem que fazer; ele já é quase uma regra de engajamento. E nós não tivemos nenhuma atuação, das que acompanhei, das que tive alguma responsabilidade, parecida com o mandato das Nações Unidas. Porque o mandato das Nações Unidas no Haiti atirava. O mandato que o Santos Cruz cumpriu no Congo era guerra. Isso é bom, isso não é ruim. Mas é muito triste, um povo que tenha que usar as suas Forças Armadas para combater seus problemas. Talvez seja essa a raiz da grande reação, que sempre teve e que imagino que continue tendo. É muito ruim, tu ter que empregar o teu próprio Exército, as tuas próprias Forças Armadas contra teu próprio povo, porque não consegue resolver aquilo. Sou muito crítico do emprego em GLO. Acho que todo mundo. É difícil que vocês encontrem algum militar que goste do assunto. A minha crítica vai na direção da pergunta que acho que está faltando: por que alguém não está lá? É muito fácil a autoridade dizer: "Eu não consigo fazer, chama as Forças Armadas e faz". E aí tu entregas toda a tarefa para quem não tem preparo, não tem estrutura material para aquilo. Ou seja, é muito superficial e inverídico o argumento: "Ah, os militares combatem inimigos, inimigos têm que ser destruídos". Isso é de uma pobreza argumentativa

trágica, porque não é nada disso. Ou seja, se tu assistires, por exemplo, numa aula da Eceme, como é que se destrói... O conceito de destruir o inimigo significa tirar-lhe a capacidade de se comunicar e de ter logística. Isso é destruir. Então, se eu romper a estrutura física que dê capacidade de logística e de comunicação, destruí o inimigo. Não é pegar, matar, esgoelar um por um, cortar. Não é isso. E essa argumentação pobre é trazida para o assunto. "Ah, o militar tem que combater o inimigo..." Não é isso.

A gente tem um problema muito grave, que é aquele que não está lá, que é a polícia. Os problemas mais sérios que nós vivemos foram onde? No Rio de Janeiro, no Pará, no Ceará, no Rio Grande do Norte, algum em Pernambuco, algum na Bahia. Mas o Rio de Janeiro não surpreende ninguém. E vocês e aqueles que sucederem vocês vão escrever muitos livros e fazer muitas pesquisas sobre isso, porque isso não vai se resolver. Esse assunto não vai ser resolvido. Não há interesse em resolvê-lo. Vejam bem: não estou dizendo que não há interesse objetivamente. Não há é vontade de resolver.

A primeira vez em que me sentei com o presidente Temer, a pedido dele, para fazer uma avaliação... Eu sugeria para ele que nós deixássemos no Rio de Janeiro, montadas, ou pelo menos que não desfizéssemos, as estruturas de inteligência que ficaram da Olimpíada. Sugeri: "Presidente, a gente não pode desmontar, porque o Rio de Janeiro está pegando fogo, vai pegar fogo. Acho que a gente tem que estar preparado, porque o problema virá". Ele disse: "Está bom. Me faça uma apresentação sobre isso". Marcou um determinado dia lá, chamou o ministro da Justiça, da Defesa e tal. Naquela primeira apresentação, nós tínhamos levantado dois óbices ao sucesso no Rio de Janeiro: a opinião pública e a imprensa do Rio de Janeiro. Elas podiam anular qualquer tentativa de resolver o problema do Rio de Janeiro. E foi exatamente o que aconteceu. E é o que acontece. Então, tu não tens uma sociedade, ainda, que tenha entendido coletivamente a necessidade de resolver o problema. A questão do Rio de Janeiro é viver o problema de 1 milhão e meio de pessoas que são tiranizadas diariamente pelo tráfico e que são absolutamente invisíveis.

Uma vez, o Jungmann e eu, quando éramos ministros, fomos a uma reunião em Ipanema, na casa de pessoas bem conhecidas. Reuniu diversas pessoas do assunto, muitos da Globo, e outros jornalistas, queriam nos ouvir sobre a questão do Rio de Janeiro. Aí um dos comediantes do Casseta & Planeta, um que fazia o Maçaranduba, contou, e depois mandei verificar e era verdade, que em algumas localidades, algumas comunidades do Rio de Janeiro, existe uma taxa que é paga pelas famílias para preservar as mulheres da família da violência sexual. Ou seja, nós estamos falando da *prima notte* do senhor feudal! O Rio de Janeiro não enxerga isso. Isso é uma tragédia nacional. Não estou acusando ninguém aqui. Estou dizendo o seguinte: enquanto o Rio de Janeiro não olhar para essa tragédia... Ou seja, o sujeito chega lá na Rocinha e diz: "Sou candidato a vereador e quero 300 votos aqui". "Ok: custa 300 mil reais. Paga 150 agora, 150 quando apurar." E ele vai ter os 300 votos! É assim que funciona. A pessoa tem que consumir o gás que eles determinam, a água que eles determinam, a *gatonet* que eles determinam, o filho está disponível, e a filha, ou a mulher, a mãe, ou sei lá quem não vai estar disponível se o cara pagar. Enquanto a gente não olhar para essas pessoas que, diariamente, são tiranizadas e olhar só para o nosso risco, que é real, mas é eventual — vocês estão seguros dentro de casa e certamente moram em lugares que têm outras estruturas —, isso não vai se resolver.

Então, não há vontade em resolver o problema. Vamos olhar a história dos governadores. Existe um descaso com essa questão, e ela é levada para a discussão mais simples: "Ah, o problema da polícia...". A polícia é um problema no Rio de Janeiro, não tenho dúvida disso. Mas, o que fazer? Como proteger? E quando digo que esse problema não vai ser resolvido é porque pergunto o seguinte, honestamente, raciocinando como pessoa saudável mentalmente, que pelo menos acho que sou. A gente olha uma geração de meninos que têm uma arma, que vivem na fantasia, na idade da aventura, saindo da puberdade, entrando na adolescência, ele quer ser um herói. Qual de nós não queria salvar uma namorada, nos seus 15, 16 anos? É natural. Mas agora ele tem uma arma, ele ganha num dia muito mais do que o pai ou a mãe dele ganham numa semana, ele pode ter a menina que quiser, ele anda com corrente de ouro no pescoço, e vou chamar esse jovem e vou dizer: "Olha, meu filho, quero te explicar o seguinte. Assim, a tua vida vai ser curta e vai ser infeliz. Vou te ensinar uma profissão. Tu vais ter que sentar para estudar. Depois, tu vais ganhar um salário mínimo por mês; e, trabalhando muito, suando muito, um dia pode ser que tu alcances o que teu pai está te dando". Vocês acham que nós vamos conseguir fazer isso? Não sei qual é a solução.

Sem querer ser piegas, é uma coisa que me atormenta todos os dias, porque tenho filhos, tenho netos. E tu não tens o que fazer. Se não tiver vontade política... Por isso que perguntei: por que não botar outro lá fazendo isso? Como os recursos financeiros são poucos, o cara sabe que vai recorrer para GLO, ele vai ter uma garantia ali, vai tirar a polícia dele, vai esvaziar o poder de não sei quem; isso, quando ele não fizer aquilo para resolver um problema da sua aliança política eventual com milícia, ou com quem quer que seja. Então, isso é muito complicado. Isso é muito difícil.

Estou falando do Rio de Janeiro. Quando a gente vai para a fronteira, a natureza do crime na fronteira é outra. Existe o que chamo de "paradoxo da fronteira": os crimes transfronteiriços impactam a fronteira muito menos do que impactam distância da fronteira, do que impactam remotamente. A droga passa na fronteira e gera uma estrutura de droga, de tráfico de armas na fronteira; mas o impacto dela vai ser lá no Rio de Janeiro, em São Paulo, em Porto Alegre, em Fortaleza. Mas tu tens que ter uma estrutura na fronteira. Que é, obviamente, muito menos povoada do que os grandes centros; tem crime, mas não tem a mesma estrutura, e o poder político está misturado. Então tu consegues, de alguma forma, controlar a fronteira; mas não consegue controlar o outro lado, a outra ponta, que é onde esse crime vai ter o seu impacto mais efetivo, que é nos grandes centros, onde estão os grandes mercados, onde eles vão acontecer. Então, quando tu botas para atuar na fronteira, tu tens até um cheirinho de que está fazendo alguma coisa a ver com soberania. Ok. Mas, lá no grande centro, a questão é outra, a questão deveria ser outra. E essa responsabilidade não é da União, ao menos por enquanto.

O Jungmann mantém um discurso muito apropriado, em que ele diz que desde a Constituição de 1824, a União nunca teve responsabilidade de segurança pública. Isso sempre foi uma questão das províncias ou dos estados. Mas sempre foi ausente, sempre foi omisso. Hoje a gente tem o crime transfronteiriço. Hoje a gente tem o PCC no Paraguai, na Argentina, na Bolívia, por aí vai. As relações internacionais são competência da União, não são competência dos estados. Como coordenar o Rio Grande do Sul, Santa Catarina, Paraná, Mato Grosso do Sul, Mato Grosso sem que tenha alguém da União fazendo isso? Então, isso tem que ser revisto. Mas isso não pode ser revisto a partir do emprego das Forças Armadas. Tem que existir outras coisas para isso. O único instrumento que a União tem no momento são as Forças Armadas. A Polícia Federal não tem estrutura para isso. E quando digo não tem estrutura, não é que não tenha competência. A Polícia Federal é muito boa. Ela não tem é estrutura. Quem tem capacidade logística para durar três meses numa fronteira? Então vão ter que ir as Forças Armadas. Então, essas faltas acabam criando distorções para dentro, e essas distorções acabam criando problemas de toda natureza, que nós estamos discutindo aqui.

Mas pensando em que o conflito se reflete principalmente nas áreas urbanas: qual a sua opinião sobre essa recente mudança de que o Centro de Treinamento de GLO vai passar a ser chamado de Operações Urbanas? Quais seriam as consequências disso para o emprego das forças?
Acho que a simples providência de trocar o nome de Garantia da Lei e da Ordem por Operações Urbanas foi uma belíssima providência, porque não pode criar uma estrutura para tratar do que não é intrínseco das Forças Armadas. Vai criar um centro para tratar de Garantia da Lei e da Ordem? Então, nós tínhamos que criar um centro de apoio à vacinação, um centro de instrução de apoio a calamidades, um centro de instrução de apoio a censo demográfico, como tantas vezes usam as Forças Armadas. Garantia da Lei e da Ordem não está na essência. Quando tu mexes na estrutura das Forças Armadas, vai junto o espírito dela, vai junto a alma. Operações urbanas, sim. Qualquer força armada faz operação urbana. É outra coisa. Operação urbana é um tipo de operação militar das mais complexas que existem. Os americanos têm uma expressão que acho que o nosso Exército ainda não encontrou: *war among the people*, que faz muito sentido. Então essa dificuldade, sim, faz parte da formação militar. Faz parte da arte da guerra. Tem alguém para cumprir? Vamos qualificar. Ok. Agora, a Garantia da Lei e da Ordem, tem que qualificar? Tem. Mas criar um centro de instrução, como tinha? Fui voto vencido. Se a gente criar um centro de operações subsidiárias, está bem. Mas um centro de Garantia da Lei e da Ordem?! O Exército está institucionalizando o que não gosta. Para quê? Para ter mais um problema? Gastar dinheiro, estrutura, gente, talento numa coisa que, se Deus quiser, amanhã acaba, que não é a sua missão?

No período da operação na Maré, 2014, 2015, o senhor era chefe do Estado-Maior do Exército. O que se fala sobre as lições aprendidas no Exército é que depois da Maré parece que fica derrotado o paradigma da ocupação, que essas grandes ocupações tipo Alemão, Maré acabam funcionando pouco e não são boas para o Exército, não são boas para a população. O que se aprendeu ali?
O Alemão e a Maré foram dois grandes laboratórios de combate em localidades, de guerra eletrônica e de inteligência: a forma de operar, de organizar, de se deslocar, os equipamentos, o que dá certo e o que não dá certo — foram os grandes ensinamentos que saíram de lá. Era a parte que o Exército mais se propunha a fazer: dar apoio às forças policiais, apoio de inteligência e apoio logístico. O problema é que tu tens... Vocês, claro, lembram daquela cena dos bandidos correndo, de arma na mão, fugindo do Alemão? Aqueles foram os que fugiram

naquele momento. Outros fugiram em carro da polícia... Então, é muito difícil. Não é uma coisa simples trabalhar naquilo. E tu acabas te envolvendo com uma questão que é muito complicada. Por exemplo, nós tivemos um tenente condenado porque pegou ar-condicionado numa casa. É como eu disse: quando tu tiras a força armada do que ela tem que fazer, tu levas junto a alma dela. A Maré e o Alemão foram — para usar a expressão que vocês já ouviram muitas vezes — enxugar gelo. Entra o Exército lá, aperta e contém o cara. E o estado, que tem que vir depois para fazer o que lhe compete... As pessoas continuaram condenadas ao esgoto a céu aberto, à falta de saneamento básico, à falta de educação, e continuaram tiranizadas pelo tráfico. Se isso não mudar, o resto é enxugar gelo, é conter. A Maré e o Alemão, hoje, estão com seus problemas resolvidos? Não, muito longe disso. Por que não estão? Porque o Estado não chegou lá. Ou seja, não adianta chegar o braço forte sem a mão amiga. Também não faz parte do papel do Exército ir lá e resolver as questões.

O grande problema do combate à criminalidade no Brasil não será resolvido enquanto nós não definirmos que tem pessoas que têm que ser resgatadas do crime. Uma coisa é a legião de meninos que falei, de 15, 16 anos, que, honestamente, não tenho a menor ideia de como recuperá-los. Outra coisa é 1 milhão e meio de pessoas que têm que ser tiradas da tirania do crime e que não têm liberdade. Quando digo que isso é uma coisa que me atormenta, e me atormentava muito mais quando eu estava no estado-maior ou quando estava no governo, não é pieguice: é verdade.

Existem duas palavras muito perigosas de se usar numa força armada. Uma é a palavra missão. Pensa bem no que é que vai mandar o cara fazer, porque missão tem uma aura de sacralidade que o cara vai cumprir. A experiência me ensinou: quando tu fores dar uma missão para alguém, pensa bem no que tu vais dizer. E se tu complementares assim: "e só tu podes cumprir", vai ter desastre. É certo. Se derem a missão para o Exército de entrar no Alemão, ele vai entrar no Alemão. Vai entrar no Alemão, vai entrar na Maré, vai entrar onde mandarem. Claro, com planejamento. Mas vai lá. Ele não vai sair de lá desmoralizado. Mas vai entrar. E depois, vai acontecer o quê? O que vem depois? Essa é a questão. A gente fica esperando o governador do estado, que diz que vai levar não sei o quê, o prefeito, que diz que vai levar não sei o quê. O resto da história vocês conhecem tanto quanto eu. Essa é a questão. A mão amiga aí não compete ao Exército, à Marinha ou à Força Aérea. E tentar resolver o problema só com a contenção, com a repressão, não vai resolver. Eu, honestamente, acho que é uma guerra perdida enquanto a gente não decidir se quer resolver o problema para esse milhão e meio de pessoas, só no Rio de Janeiro.

Como se deu o processo decisório para se chegar à intervenção federal?
Era uma tarde, num fim de semana, no início de 2018, o presidente me chamou no Alvorada para tratar desse assunto. Aí o assunto foi discutido, foram apresentados para ele todos os prós, todos os contras. Estava lá o ministro da Justiça na época, o Torquato Jardim, estava o Jungmann, ainda na Defesa, estava o Moreira Franco. O Padilha não estava porque era fim de semana e normalmente fim de semana ele estava no Rio Grande do Sul. Acho que essas pessoas estavam lá. O presidente queria saber a opinião de cada um. As opiniões não foram muito divergentes, não. Todo mundo tinha ideia do risco, das dificuldades, de tudo isso. A questão política era que, caso se fizesse a intervenção, tinha que parar as emendas constitucionais e tudo o mais. Mas aí, provavelmente, o presidente certamente já tinha avaliado que não ia conseguir caminhar e tentava ajudar. Lembrem-se de que falei que, em seguida à Olimpíada, ainda em setembro de 2016, nós conversamos em não desmontar a estrutura de inteligência. Então foi feito. As desmobilizações já tinham acabado, e o tráfico no Rio de Janeiro avançava. Houve uma reunião, no Itamaraty, dos três poderes. O presidente do Senado era o Renan Calheiros, o da Câmara já era o Rodrigo Maia, e no STF era a ministra Cármen Lúcia. Então nós fizemos uma apresentação para eles da questão de segurança como um todo. Na minha apresentação, tinha até um mapinha do Brasil com a distribuição das organizações criminosas.

Havia uma preocupação muito grande, e foi apresentado nessa época, da captura da política pelo crime organizado, que já acontecia no Rio de Janeiro. Não sei se vocês lembram que na eleição municipal de 2016 no Rio, 10 ou 12 candidatos foram assassinados durante a campanha. Depois teve episódios no Rio Grande do Norte, no Ceará. Enfim, a gente já tinha o dado de infiltração do crime organizado na política. O que é o pior dos mundos. Não adiantava mais se preocupar com a PEC, porque já tinha acontecido o episódio do Joesley,[34] e o governo, politicamente, já não existia mais, já não tinha mais capacidade para

---

34 Em maio de 2017, um dos donos do grupo JBS divulgou o áudio de uma conversa com o presidente Michel Temer em que este aparentemente aquiescia sobre a necessidade de compra do silêncio do ex-deputado Eduardo Cunha, então preso como um desdobramento da Operação Lava Jato.

manobrar; então, vamos fazer. Aí o presidente mandou chamar os comandantes das Forças, particularmente o Villas Bôas, e teve que convocar o Conselho de Defesa ou Conselho da República — não me lembro qual dos dois, acho que o Conselho de Defesa — numa reunião lá no Alvorada. E decretou. Então foi um processo decisório sem grandes conflitos, com argumentos claros, honestos, prós e contras, vantagens e desvantagem, resistências naturais, mas sem grandes conflitos. Aí a solução natural era o comandante de lá na época, que era o general Braga Netto, assumir. O Richard foi ser secretário de Segurança. O governador Pezão foi chamado a Brasília, concordou plenamente. Quem discordou foi o Rodrigo Maia, foi uma voz discordante muito forte. Até, para os meus padrões, deselegante na discussão com o presidente da República. Acho que dá para a gente discordar com um pouco mais de elegância.

Qual era o argumento dele?
Ah, que tinha outro projeto, mas não disse qual. É possível que tivesse. Não estou discutindo o mérito dele. Mas ele foi uma voz discordante.

O general Villas Bôas, na entrevista, disse que ele, no início, relutou em aceitar.
Mas foi isso mesmo. Como eu disse, teve uma resistência. Mas, a partir do momento que o presidente decidiu, ficou decidido. Não foi uma coisa muito conflitiva. O único conflito, o único arranhão, a única coisa que, para mim, ultrapassou um pouco o limite foi a forma como Rodrigo Maia resistiu. Mas ele também não apresentou quais eram as razões dele, então não tenho como julgar se o modelo dele era melhor ou não.

Como se desenhou esse formato de intervenção federal? Porque essa é a novidade em relação às outras operações de GLO, como as do Alemão e da Maré.
A intervenção não deu capacidade de Garantia da Lei e da Ordem para o Exército. A intervenção é outra coisa. Ela não está amparada na Lei 97 com as modificações dela, a 117, a 136. Ela está amparada na Constituição. Ela pode ser parcial, como ficou claro ali: ela dava uma delegação para alguém da União cogerir ou ser o governador da Segurança do Rio de Janeiro. Foi só isso. A missão das Forças Armadas não se modificou. Pode ser que tenha havido GLO num ou noutro momento, aí a memória já me falha. Mas não havia uma missão para as Forças Armadas. O que o interventor, o general Braga Netto, fez — e eu dizia isso na época — foi um choque de gestão. Ela não foi operacional.

Vou dar um exemplo para vocês, para verem como as coisas não são tão simples. Quando o governo botou dinheiro e mandou comprar equipamento, o que é que o Braga Netto fez? Pegou o general Laélio, que é de Intendência, para chefiar uma equipe de licitações, contratos, compras; chamou gente da CGU, não sei se do Tribunal de Contas também, e montaram uma grande equipe para fazer compras, licitações. Tinha muito dinheiro, 1 bilhão e 300, se não me engano, para comprar equipamento e modernizar a polícia do Rio de Janeiro. Quando eles foram comprar viaturas para a Polícia Civil e perguntaram qual era a especificação dos carros — estou contando uma história verdadeira —, a resposta foi: "É só ver no Google". A resposta foi essa! Como é que tu podes comprar uniforme para a polícia, para fazer o que a polícia faz, sem conseguir especificar, sem ter um laboratório para ver se o que o cara está te vendendo é aquilo, se o calçado resiste, se a arma funciona? Aí a gente vai entrar nas questões da Taurus, dos uniformes, colchões, presídios...

Então, o que o Braga Netto fez, na realidade, foi muito mais gestão. E isso é mérito. Ele foi muito inteligente. Atacou a questão gerencial, conseguiu botar o equipamento lá e simplificar. Vocês sabem os prazos todos que levam para fazer uma licitação. Mas a licitação começa lá atrás, pelo edital, pela especificação. Então, as coisas na polícia do Rio de Janeiro, na administração do Rio de Janeiro, eram absolutamente caóticas do ponto de vista administrativo, e tinha que dar um jeito naquilo. E a gestão tem a ver com a gestão de pessoal. A quantidade de gente que foi trazida de volta, porque tinha dispensa por não sei o quê, porque estava no gabinete do deputado não sei qual, do vereador não sei das quantas... Tem outra Polícia Militar por aí, nessa coisa toda. A indicação de delegados, a mudança das delegacias, das responsabilidades, sem pressão política. Tudo isso foi modificado.

E o Braga Netto levou o Richard, que teve um papel decisivo. O Richard é uma das boas cabeças que conheço. É um homem que estuda, que conhece, é inteligente, informado. Então, a decisão que eles tomaram de dar ênfase na gestão para, através dela, melhorar a segurança pública foi a mais acertada. Tanto que o gabinete da intervenção permaneceu mais de meio ano além da intervenção, porque ele continuou fazendo e finalizando as questões de gestão do próprio sistema de segurança pública, da própria Secretaria de Segurança Pública, que era anárquica.

Aí tu entras com um problema, que era fazer operações — e o general Braga Netto se queixava muito disso — e que não vazasse, que não caísse prematuramente no conhecimento do bandido, do crime. Aí é um problema difícil de resolver. Aí tu tens problema de sabotagem, de vazar a operação, disputas institucionais... A gente ainda vive uma imaturidade institucional muito grande, as instituições do Brasil ainda disputam muito. Aqui elas são adversárias: a Polícia Civil, a Polícia Militar, a Polícia Federal ou a Abin. É um horror. Nunca se deram conta de que têm o mesmo patrão, o mesmo cliente. Estão em balcões diferentes.

Na época em que o senhor era ministro do GSI também ocorreu a GLO da greve dos caminhoneiros. Foi outra situação nova...
A greve dos caminhoneiros foi um enorme susto. A coisa tinha piorado muito na noite da quinta para a sexta-feira. Aí liguei para o presidente Temer e ele disse: "Convoca os ministros da Justiça, da Defesa, dos Transportes, de Minas e Energia, da Casa Civil e da Segurança Pública para uma reunião lá no GSI às nove e meia". Aí sentamos e começamos a desenhar o quadro, mostrar o que estava acontecendo. As pessoas não tinham — nem eu, na realidade, tinha — percebido que naquela noite aquilo tinha tomado toda aquela dimensão. O governo vinha negociando, porque existe uma câmara de negociação permanente com os caminhoneiros. Sempre existiu, desde a primeira greve lá do governo Fernando Henrique. E eles vinham negociando, e achando que a negociação ia caminhar para algum lugar. Mas o que não tinha sido percebido é que aquelas lideranças não representavam mais nada, não tinham mais significado como lideranças. As lideranças estavam pulverizadas. Onde tinha um bloqueio, tinha um líder, e não respondiam a ninguém. Isso foi um movimento de WhatsApp. E aquilo começou a crescer, crescer, e a população começou a apoiar. Lembram-se disso? Chegou a 80, 90 e tanto por cento de aprovação. Aí avisamos o presidente, que me determinou que coordenasse a partir dali. E nós passamos a fazer, diariamente, ao amanhecer e ao entardecer, duas reuniões de coordenação com todos os ministros ali envolvidos, para conduzir a história.

Aí teve uma decretação de GLO. Aprendi a admirar uma instituição que eu não conhecia, que era a Polícia Rodoviária Federal, e que tem uma inteligência fantástica. A gente conseguiu abrir corredores de suprimento. E, ao longo desses corredores, o Exército, as Forças Armadas, faziam escolta de comboios, para chegar combustível, suprimentos. Muitas noites sem dormir, muitos almoços e jantas que deixei de fazer, até conseguir aliviar e chegar no final. Mas foi muito interessante do ponto de vista da inteligência, de ver funcionar, de ver as instituições integradas. Teve uma participação fundamental a ministra Grace Mendonça, que era chefe da AGU. Foi ela que conseguiu algumas sentenças, algumas decisões do STF, entre elas a do Alexandre de Moraes. Porque nós começamos a ver que havia greve patronal. O setor patronal começou a se aproveitar daquilo também. Quando o STF penalizou a ação patronal e menos, mas também penalizou com multas pesadas o autônomo... E infelizmente — não precisava ter acontecido — ocorreu a morte de um caminhoneiro que levou uma pedrada e acabou morrendo, numa rodovia em Rondônia, o que ajudou também a acelerar o processo. Mas teve governador de estado, prefeito, gente aproveitando a oportunidade... Foi o diabo. Mas foi divertido.

Essa GLO foi decretada em todo o território nacional. Foi a primeira vez que isso aconteceu, não?
Foi. Mas ela tinha um papel específico, uma tarefa específica, que era escolta. Foi bem delimitado o escopo, para evitar outras questões.

O senhor acha que, do ponto de vista da carreira, um profissional ter participado dessas operações de GLO conta positivamente? E numa missão de paz?
Participei, em dois momentos da minha carreira, de avaliação e seleção. Uma, quando eu era coronel no gabinete do general Albuquerque. Eu era o chefe da assessoria que tratava da seleção do pessoal para esse tipo de missão, entre outras coisas. E depois, como chefe do Departamento de Pessoal, a gente fazia isso. A conquista está no ir. O ter participado não te garante nada, porque, se participou mal, vai perder, poderá trazer mais problema do que vantagem para a carreira. São quase os mesmos critérios, quando tu avalias uma carreira, uma promoção, uma missão especial. O resto, se o cara está servindo no Rio de Janeiro no batalhão tal e é o batalhão tal que vai para lá, ele vai para lá, vai lá cumprir a missão dele, fazer o papel dele, porque ele está naquela estrutura, não porque ele foi selecionado para estar lá. Ele vai ter problema se ele for mal. Acho que é um pouco diferente. O militar que é selecionado para ir para uma missão de paz em Moçambique, por exemplo, ele é selecionado para aquilo. O capitão que comanda uma companhia do Regimento Escola de Infantaria que foi empregada no Alemão vai porque ele é o capitão que está ali. Ele não foi selecionado para aquilo.

Tivemos um período de quase uma década de operações de GLO de grande porte: Alemão, Maré, a segurança nos grandes eventos. De repente, nos últimos anos, diminuiu significativamente o número desse tipo de operações. A que o senhor atribui isso?
Uma resposta consistente, eu não saberia dar. Existe um descasamento do governo federal com os governos estaduais. Uma GLO tem que ser pedida pelo governo estadual. A gente está vivendo um momento muito difícil em todas as áreas. Acho que faltam duas coisas fundamentais para nós: tu não encontras duas tribos dispostas a identificar convergências, e ninguém mais tem dúvida. O presidente Bolsonaro escolheu a política do conflito permanente, de manhã, de tarde e de noite. Alguns caíram na armadilha e aceitaram, outros não. E nós perdemos a intermediação que a imprensa fazia entre o fato e a opinião pública. Na minha opinião, a imprensa hoje é um partido, não no sentido organizacional, mas no sentido de que ela é parte da discussão, ela não faz mais a intermediação. Num momento de hiperconectividade, quem é que vocês leem para buscar a verdade? Estamos vivendo numa época de hiperconectividade em que se perdeu a referência.

Então acho que talvez essa política de conflito permanente, uma necessidade de ser contra tudo, ou de brigar com tudo... Às vezes, o Brasil amanhece com duas ou três manchetes positivas para o governo. Aí, o presidente escova os dentes, para ali na frente do portão do Alvorada e arruma três manchetes contra ele. Não consigo entender. Duas ou três manchetes que poderiam ser boas, ele transforma em duas ou três manchetes ruins. Por que razão, é difícil de entender. Talvez isso tenha reduzido a quantidade de pedidos de GLO. Não sei. O problema da criminalidade não resolveu, o problema das polícias não melhorou... Talvez seja uma política lá.

Para uma GLO precisa ter um pedido, um entendimento entre o governo estadual e o governo federal, o que talvez não tenha acontecido por questões políticas. Mas, caso houvesse, as Forças Armadas, nesse quadro de radicalização, como ficariam? Como o senhor veria uma grande GLO, uma intervenção nesse quadro? Seria potencialmente, talvez, muito mais problemático, nesse contexto político extremado, do que em outro governo.
Se a gente olhar as últimas pesquisas de opinião nós vamos ver que todas as instituições perderam credibilidade. Todas elas, inclusive as Forças Armadas, que caíram 10 pontos, mas continuam sendo a que tem maior credibilidade. Acho que a gente tem uma leitura generalizante que não é verdadeira. Você dizer que o governo Bolsonaro é um governo militar, ou que as Forças Armadas estão no

governo Bolsonaro, acho que é uma leitura simplificada do quadro, até porque o presidente da República foi um dia um militar, e depois foi muito mais político do que militar. Acho que aí está o choque entre ele e o Mourão, porque os dois têm coisas completamente diferentes. O Mourão era um militar que virou político de repente; o Bolsonaro, um militar que, há muito tempo, de repente virou político. As lógicas são completamente diferentes. Os fatos legitimadores das duas atividades são completamente diferentes. Não estou dizendo que uma é melhor ou pior que a outra, mas que são duas coisas diferentes.

Então, vai ter problema para a imagem das Forças Armadas? Sim. Mas acho que é um problema que hoje é muito mais artificialmente vendido do que na realidade ele está acontecendo, se a gente andar por aí. Por outro lado, acho que olhar para as Forças Armadas e tentar encontrar nelas o problema tem um equívoco histórico e um factual. O equívoco histórico é: em 1979 foram revogados todos os atos de exceção, com eles a censura, e foi decretada a anistia. Então, de 1979 para cá, o cenário político esteve absolutamente livre para todas as experiências que se quis fazer. De lá para cá, em nenhum momento as Forças Armadas foram fonte de instabilidade. Os políticos dominaram a cena. Nós tivemos presidente da República mais à esquerda, menos à esquerda. Tivemos governadores de toda natureza, prefeito de tudo que é partido. E nós evoluímos quanto, do ponto de vista político? Não teve nenhuma participação das Forças Armadas. E, vejam bem, não estou dizendo que a questão seja voltar as Forças Armadas. A minha pergunta é a seguinte: quanto nós evoluímos politicamente neste quase meio século de liberdade política absoluta? Quanto nós melhoramos? Será que a caminhada que a gente fez nos levou para o melhor lugar, do ponto de vista da prática política? Do ponto de vista institucional, não tenho dúvida de que levou. Mas, e do ponto de vista da política, como a solução das questões, das divergências, numa democracia? A política é o caminho civilizado que se encontrou para resolver as divergências. Desse ponto de vista, quanto nós melhoramos politicamente nesse quase meio século? As Forças Armadas estiveram fora desse jogo.

Quer dizer, institucionalmente, da perspectiva da participação popular, nós evoluímos muito. Da prática política, não vejo quanto nós tenhamos evoluído. Temo muito, até, que não tenhamos evoluído. Hoje, tu tens um cenário diferente. Qual é a novidade de hoje? É ter um presidente historicamente descontrolado verbalmente. O político Jair Bolsonaro, que historicamente foi verborrágico, é novidade? Não. É novidade um Congresso que precifica o apoio dele em termos políticos? Um STF politicamente ativista é novidade?

O Bolsonaro tem talento, ninguém pode dizer que ele não tem, tanto que ele é presidente da República. E ele tem um talento muito grande para andar no fio da navalha. Ele anuncia, faz, aponta, leva alguns a cruzarem a linha da ilegalidade para defendê-lo, mas ele não cruza. Ele fica ali na dele, e tentando manter o *staff* dele fazendo agitação, histriônico, como ele sempre foi. O Congresso negocia, como sempre negociou. E é legítimo, não estou dizendo que é ilegítimo. O que eu nunca tinha visto era o STF a bater boca pela televisão, a dar entrevista, a prender, a fazer inquérito, meter-se a fiscal do Executivo...

Mas o que tu me perguntaste foi a imagem das Forças Armadas. Tem problema? Tem problema. Mas acho que o problema maior não está aí, para o Brasil. O problema está numa Justiça que decretou que a coisa julgada pode cair por conta de uma ação popular. Então, tu vives numa absoluta instabilidade jurídica.

General Walter Souza Braga Netto

Walter Souza Braga Netto nasceu em Belo Horizonte no dia 11 de março de 1957. Ingressou na Academia Militar das Agulhas Negras (Aman) em 1975. Tornou-se aspirante a oficial da arma de Cavalaria em 1978. Formou-se na Escola de Aperfeiçoamento de Oficiais (EsAO) em 1988. Cursou a Escola de Comando e Estado-Maior do Exército (Eceme) entre 1993 e 1994. Possui uma pós-graduação em gestão estratégica da informação pela Fundação Getulio Vargas (FGV, 1999). Em 2006, realizou o curso de Política, Estratégia e Alta Administração do Exército na Eceme. Foi assessor da Secretaria de Assuntos Estratégicos (SAE) da Presidência da República na estruturação e implantação do Sistema de Proteção da Amazônia (Sipam) e do Sistema de Vigilância da Amazônia (Sivam) de 1997 a 1999. Chefiou o Grupo de Observadores Militares na Autoridade Transitória das Nações Unidas no Timor-Leste no ano 2000. Em 2001, comandou a Escola Preparatória de Cadetes do Exército (EsPCEx). Foi adido militar do Exército e atuou junto à embaixada do Brasil na Polônia de 2005 a 2007. Em 2011, foi designado como adido do Exército junto às embaixadas do Brasil nos Estados Unidos e no Canadá, permanecendo na função até 2013, mesmo ano em que foi nomeado coordenador-geral da Assessoria Especial dos Jogos Olímpicos e Paralímpicos do Rio de Janeiro, que aconteceriam em 2016. Ainda em 2015, assumiu o comando da 1ª Região Militar (2015-2016). Foi coordenador-geral de Defesa de Área dos Jogos Olímpicos e Paralímpicos Rio 2016 e comandante do CML de 2016 a 2019. Em 2018, foi interventor federal na área de segurança pública no estado do Rio de Janeiro. Chefiou o Estado-Maior do Exército (EME) de 2019 a 2020. Foi ministro-chefe da Casa Civil da Presidência da República de 2020 ao início de 2021 e assessor especial da Presidência da República até junho de 2022, quando se candidatou a vice-presidente da República na chapa de Jair Bolsonaro.

Entrevista realizada por Celso Castro e Adriana Marques em 26/1/2022.

O senhor poderia falar sobre sua experiência com a segurança nos Jogos Olímpicos?
Me nomearam para ser o responsável pela AJO — Assessoria dos Jogos Olímpicos. Fiquei na AJO um tempo, depois desci para a parte da região militar, que é logística, mexe com hospitais, obras e tudo o mais, mas continuei apoiando a Olimpíada. E quando foi começar a Olimpíada, subi para trabalhar na parte da segurança. E, graças a Deus, correu tudo sem problema.

Quando o senhor foi coordenador-geral de Defesa de Área, havia atividades mais próximas de segurança pública?
De GLO? Não. Você tem GLO para dar amparo. São coisas diferentes. Porque toda vez que a tropa vai para a rua, você tem que ter um amparo jurídico. Nossa preocupação é dar um amparo jurídico para o nosso pessoal, porque você nunca sabe o que pode acontecer, ainda mais em uma grande cidade. Mas aí você vai para aquela parte: regras de engajamento e tudo mais. Mas o pessoal estava muito bem treinado. Não houve ocupação de comunidades, era só a segurança, realmente, dos atletas. Teve aquele problema da pedrada no ônibus. Mas aquilo ali era, vamos dizer assim, um moleque ou desocupado que jogou uma pedra no ônibus.

O senhor tinha que lidar também com várias agências diferentes. Como é a coordenação de diferenças organizacionais?
Nós estamos em grandes eventos desde a Eco-92. Tirando a Eco-92, participei praticamente de todos eles, ou na preparação ou no evento propriamente dito. Aí você começa a ganhar essa *expertise* de trabalhar interagências. E determinadas áreas são mais complicadas, por exemplo: inteligência. Não adianta você fazer um ofício: "Atenção! A partir de hoje, os órgãos de inteligência deverão compartilhar a informação". Não compartilham. Aquilo é como se fosse um namoro, tenho que confiar em você. Outro exemplo: você chama as agências para trabalhar. Nós cumprimos horário. Tem umas que chegam sempre, cumprem tudo certinho; tem outras que vêm, aí depois não vêm, ou vêm só quando precisam. Um problema que acontece muito no trabalho interagências é que aquilo ali tem que ser um trabalho de cooperação mútua, e muitas delas, às vezes, enxergam a força armada, pelo volume que ela tem, como um banco de material e de pessoal: "Olha, preciso de três viaturas e...". Não é assim que funciona, porque tem um planejamento. Outra coisa: tudo tem custo. Às vezes, o pessoal pede, achando que é de graça. Tudo tem custo: é o desgaste da viatura, é a alimentação do pessoal que vai, o

material que você usa, tudo isso tem custo. O maior trabalho é as outras agências entenderem isso e passarem a trabalhar em conjunto, e não cada uma só buscar seu interesse. Mas já melhorou muito, no país como um todo.

Com a participação em atividades de GLO, cada vez mais o oficial se vê em situações de coordenação, e não de comando. Hoje, ele está exposto a essas experiências mais cedo, na carreira, do que o senhor esteve quando se formou.

Primeiro, as pessoas têm mania de dizer que "o Exército de hoje...". Não muda. O Exército é o mesmo. Não só o Exército: as Forças Armadas são as mesmas, porque a base delas são os valores. Essa parte que você falou é quase que uma parte operacional, porque isso vai alterando o tempo inteiro. O cadete de hoje já tem uma certa vivência a mais, mas continua tendo os mesmos problemas. Sabe para o que a Aman prepara hoje? Para aquilo que o oficial não está preparado. Quando ele sai da escola, quando ele pega a primeira sindicância, ele toma conhecimento de uma parte administrativa que não conhecia. Ele aprende uma teoria, mas não está acostumado a fazer aquilo que ele vai assinar e ser responsável, um inquérito em que ele vai mexer com a parte jurídica. Então, o cara vai em um crescente, e se preparando para aquilo que ele não está preparado. Querem um outro exemplo? Você pega a pessoa que foi montar a Operação Acolhida. Tem uma parte que é comum para a gente, que é a logística, mas aquela complexidade de tratar com as entidades multinacionais, mesmo que você tenha servido na ONU, que é complicado também, é outra história. Então, ele tem que estar preparado para aquilo que ele não foi preparado, na minha visão.

O senhor está como comandante militar do Leste quando se decreta a intervenção federal no estado do Rio de Janeiro. Aí o senhor é convocado para a função de interventor.

Você usou a palavra certa: "convocado". Eu não fui convidado! Eu recebi uma ligação: "Olha, decretaram, você é o interventor". "Sim, senhor."

Uma coisa que me preocupa é o seguinte. A mídia é uma coisa muito importante, mas tem que tomar cuidado, porque ela influencia, às vezes, em algumas decisões, e a inteligência de um nível mais alto, no Brasil, para assessorar, hoje em dia ela não funciona muito bem: a informação não chega, ou demora a chegar. Porque a velocidade das informações aumentou muito no mundo. Então, o que aconteceu com a intervenção? Quando você pega o dado numérico, o número de incidentes de roubos e assaltos naquele Carnaval tinha sido menor do que no anterior. Mas teve um incidente que foi explorado por uma determinada empresa que ficou o tempo inteiro na televisão batendo, batendo, e aquilo cresceu, gerou uma comoção e decretaram a intervenção.[35] Foi assim que aconteceu.

Quando nós chegamos à intervenção, vimos que o problema não era só de dinheiro; era um problema de estrutura de planejamento. Por exemplo, não tinha uma cadeia logística. Mesmo que você não tenha o recurso, você tem que ter um planejamento logístico. Havia uma falta de gestão. Você começou a ter resultados da intervenção no inconsciente da população. Com dois meses, o pessoal começou: "Já estou vendo policial". Aí o pessoal começou a elogiar. Eu não tinha um tostão. Fui nomeado em fevereiro, mas só aprovaram os recursos em julho, e fomos começar a receber material só no final do ano. O resto foi tudo organização, motivação. Fui organizando aquilo ali. Aquilo ali foi em um crescente. Nós iniciamos fazendo uma gestão muito motivacional: reúne os comandantes todos; mostra que temos que trabalhar juntos etc.

O senhor chegou a acompanhar a decisão pela intervenção?
Não, não acompanhei. Vi aquilo ir crescendo, mas aquilo foi feito em Brasília. Só recebi o comunicado pelo general Villas Bôas na noite anterior.

O senhor levou o general Richard para ser o secretário de Segurança do estado do Rio de Janeiro.
O Richard foi assim: ele foi promovido, eu estava na reunião, era do alto-comando. E ele vinha para Brasília, para o estado-maior. Aí eu precisava escolher uma pessoa para ser o secretário de Segurança. Conversei com o general Villas Bôas, eu estava na dúvida se nós botávamos uma pessoa da reserva ou da ativa, e o general me aconselhou a botar uma pessoa da ativa. Eu conhecia o Richard da escola. Não tinha, assim, grandes contatos, mas ele fala muito bem, e você precisava uma pessoa que conseguisse motivar. Selecionei o Richard. Aí começa a briga interna, porque o outro também não quer liberar o Richard. Quando liguei para o Richard — ele estava comemorando a saída dele, eu acho —, ele chegou

---

35 Nos dias anteriores ao decreto presidencial de intervenção federal no Rio de Janeiro, a mídia reportou vários casos ocorridos, como o de uma senhora de 80 anos assaltada em Ipanema, um supermercado saqueado no Leblon, bares assaltados coletivamente em pleno sábado de Carnaval no bairro do Flamengo, a morte de três policiais militares, uma série de arrastões e roubos com agressões em hotéis nobres, como o Fasano, em Ipanema, onde se hospedavam celebridades que visitavam a cidade, entre outros.

até a gaguejar no telefone. Porque ninguém imaginava, não é? Eu mesmo não imaginava que ia ser o interventor.

A intervenção foi só na área de segurança, o governador continuava.
Não tive problema com o governador. Ao contrário, ele me ajudou bastante. Porque poderia ter um problema político. Eu era meio governador, eu era a metade. Eu tomava conta desse pedaço do governo e ele tomava conta do resto. Então, não tive problema. Uma das preocupações que nós tínhamos na época — foi por isso que nós fizemos as reuniões, trazendo todos para explicar — é que aquilo não fosse encarado, primeiro, como intervenção militar. Não era. Segundo, eu falava: "Vamos evitar usar o termo intervenção, porque é uma palavra muito forte; vamos, então, usar um termo de gestão. Nós estamos aqui para ajudar".

Aí começamos. Não é nessa sequência, mas é uma das coisas que lembro. Nós não tínhamos ainda recurso, mas eu tinha uns Urutu lá que tinham vindo do Haiti e ainda estavam parados. Aí pedi ao Exército, peguei dois Urutus, reformei; aí nós os entregamos prontinhos. E pegamos o pessoal da viatura e fizemos um curso para eles. Aí nós fomos ensinando isso. A primeira leva de carros novos que nós entregamos, quando vieram os carros 1.0, fomos até criticados, quem comprou não fomos nós; foi o governo. Nós só agilizamos a entrega; forçamos para a entrega ser mais rápida. As pessoas não sabem como é o processo de uma compra com dinheiro público, e particularmente com dinheiro público federal. Você não vai na prateleira, "quero esse", e compra. Tem um processo. Quando começou a intervenção, como era pouco tempo e nós somos gestores, todos nós fomos ordenadores de despesa e tudo o mais. Sei que comprar dentro da legalidade é complicado, para não ter problema no futuro. Então, a ideia no início era que, em vez de comprar, nós montaríamos uma equipe para ajudá-los a planejar o que era necessário, como comprar. Em vez de nós comprarmos, nós montaríamos essas equipes, auxiliaríamos etc., mas o recurso iria para alguma unidade gestora deles que já estaria pronta.

Aí vim conversar com o então presidente do TCU. Os primeiros contatos foram feitos todos nessa parte de jurídica, legislação, Ministério Público do estado, Federal, todos eles. Aí, quando conversei com o presidente, ele virou para mim e disse assim: "General, se eu fosse o senhor, abria uma unidade gestora". Aí eu precisava de gente capacitada. Então, nós levamos para lá umas 80 pessoas. Veio gente da força, a massa era do Exército, mas tinha também da AGU, da Marinha. Um exemplo, para você ver como era complicado. Chegou um dinheirinho pequeno, 25 ou 30 milhões. Dentro de um montante de bilhão, é pequeno. Nós não tínhamos mapeado ainda o que era necessário. Aí saiu uma notícia dizendo que faltava material de análise para a Polícia Técnica. Aí mandamos pedir o que eles precisavam. A pessoa me mandou uma página em inglês. "Olha, é isso aqui que nós precisamos." Quem conhece o processo licitatório sabe que não é assim.

O general Etchegoyen, quando nós o entrevistamos, disse que na época dos Jogos Olímpicos foi montada uma estrutura de inteligência, e que ele tinha sugerido que não se desmontasse essa estrutura. Como é que foi isso na época da intervenção?
São duas coisas: você tem uma estrutura física e uma estrutura humana. Para os Jogos Olímpicos, dentro do Comando de Área, foi montada uma estrutura física: montamos aquela Sala de Comando e Controle, com telões e com uma pessoa de cada instituição lá dentro. Essa estrutura física ficou montada, está pronta, lá no CML. A estrutura humana, ela vem quando necessário. Como a intervenção foi logo depois, e você já tem uma comunidade de inteligência que se reúne normalmente lá, facilita, mas você não consegue manter ela direto. E vindo aquelas mesmas pessoas que trabalharam, elas já têm aquela questão da confiança que é muito importante, de conhecer a estrutura.

O senhor conseguiu preservar isso, em certa medida?
Mais ou menos. Muita gente veio. E quando você trabalha muito tempo — porque você trabalha 24 horas por sete —, isso gera um vínculo muito forte entre as pessoas que estão trabalhando ali.

Não foi uma intervenção militar, e sim federal. No entanto, do lado da população, da mídia, a expectativa é que é uma intervenção militar, e que haja combate à violência, ação. As ações de gestão que o senhor citou são muito invisíveis para a população, muito internas, muito de processos de melhoria.
Vou dar um exemplo real da população. Nós tínhamos uma preocupação com a segurança dos policiais, porque o policial ficava dentro do carro o tempo inteiro, um ficava mexendo no celular... E aí a gente conversava com os comandantes, falava que não podia, que tinha que ficar um do lado de fora etc. E eu mesmo vinha andando de carro, parava, conversava com os policiais.

Aí, um dia, estou no CML e recebi uma série de empresários lá do Rio de Janeiro, e tinha um pessoal de Copacabana. Aí teve a reunião, sobre o problema do turismo, também de vendas e tudo o mais. Era uma questão econômica, vamos dizer assim. Um empresário virou para mim e disse: "General, eu queria fazer uma reclamação para o senhor". Eu achando que ele ia reclamar que não tinha visto resultado etc. Sabe o que ele reclamou comigo? Ele falou: "Queria reclamar com o senhor porque o pessoal está ali na frente agora, tudo bem e tal, está com uma postura boa, mas a gente às vezes cumprimenta e ele não responde". Falei: "Meu Deus do céu! Ganhei a guerra!". O cara está cumprimentando o policial e está reclamando que o policial não está respondendo?! Na mesma hora, eu disse: "O senhor deixa que eu vou falar com eles".

Então, parte da população vê isso aí. O que acontece é aquele problema, de novo, da mídia. Quer ver um exemplo real da mídia? Nós estávamos na operação no Alemão, durante a intervenção. Aí teve trabalho de inteligência. Só que, quando nós entramos, estava tendo uma grande reunião lá dentro de chefes do tráfico e teve uma reação muito forte. Olha, nós ficamos lá dentro umas oito horas, com troca de tiro. Não teve um dano colateral. Não teve ninguém, criança, velho, mulher, ninguém. E aí uma pessoa foi baleada, desce um camarada ferido em um táxi e aquela rede estava lá filmando e o repórter começa, sem saber nada: "Um absurdo!". E a mulher, dentro do carro, gritando: "É um morador! É um morador!". Só que a gente já estava com o sistema de câmera que transmitia direto para a sede; a gente já sabia que ele era o líder do tráfico no Jacaré. Tinha tomado um tiro. "Deixa passar! Deixa passar!" Aí falei: "Não, não. Nós vamos escoltar". Porque estava filmando. Aí o pessoal falava, dentro do carro, assim: "Não, não precisa, não!". "Não, fazemos questão; vamos escoltar ele até o hospital." Levamos no hospital. Chegou no hospital, estava tudo lá pronto: o cara era bandido. Mas a imagem que fica é a mulher gritando que está um morador ferido e que nós estamos segurando um morador.

Nós fomos homenageados, eu e Richard, pela associação de hotéis e tudo mais. Parece que teve algo na faixa de uns 80% a 90% de ocupação dos hotéis, e a gente brincava que a única coisa que a população reclamou é que a água do mar estava fria. Mas isso é um trabalho que leva tempo. Isso tem que ser devagar.

Uma coisa que eu queria falar para vocês também é o seguinte: segurança pública, que o pessoal acha que é responsabilidade do governo, ou estadual ou federal. Mas a segurança pública começa no município, com o ordenamento urbano. Ela tem que começar lá embaixo, no ordenamento. Fica aquele ordenamento desordenado, aquela coisa desordenada, e depois você não consegue organizar novamente. Como é que você tira aquela população, para fazer uma urbanização? Não consegue mais. Então, o principal problema começa lá no município. Depois, ele vem em um crescente.

O senhor acha que o emprego das Forças Armadas, do Exército em particular, acaba afetando negativamente a imagem? "Estão enxugando gelo." "Vai, depois que sai continua a mesma coisa, não resolve."

Não. Para ter GLO, você tem que ter os três *is*: insuficiência, inexistência e incapacidade. O que acontece hoje é que ninguém está pedindo, também. A força vem para auxiliar para que o Estado — município, estado e o governo federal — entre e faça aquele papel dele. Eu estava em uma reunião e nós estávamos apresentando, para um grupo de sociólogos, formadores de opinião, coisa e tal. Aí uma senhora perguntou: "Mas, general, como é que o senhor faz a métrica do trabalho do senhor?". Demorei a entender métrica, porque nós não usamos essa terminologia. Aí falei: "É o número de mandados cumpridos, a quantidade de drogas apreendidas". Ela: "Não, general, isso aí é a métrica da mídia. Quero saber a métrica social". Pensei assim: "Puxa vida! Ela falou um troço que eu não tinha pensado. Estou tirando barricada e, na parte social, é o direito de ir e vir". Não sei se foi no Jacaré, agora não me lembro em qual comunidade, nós tiramos cento e tantas barricadas, bloqueios, e a gente não computava isso. A gente não tinha pensado nessa parte social da coisa. E aí nós passamos a computar.

Durante a intervenção, o senhor continuava sendo comandante militar do Leste.

Isso aí foi uma solicitação minha. Porque se chegou a cogitar de não ser. Aí, o que ia acontecer? Uma terra não pode ter dois caciques, ou dois reis. O que acontece? Eu, quatro estrelas, tocando a intervenção na ativa, por um período fixo, e o outro quatro estrelas, cuja tropa dele vai estar ligada a mim, comandando o CML. Gera desgaste. O CML roda sozinho, tem um moto próprio. E eu precisava daquilo. Querem um exemplo real? Greve dos caminhoneiros. Vocês lembram que o Rio, eu acho, foi o primeiro a encerrar a greve? Por quê? Porque facilitava. Porque eu era governador, era o chefe da PM; a Polícia Rodoviária Federal estava colaborando perfeita conosco, integrada no Centro de Comando e Controle. E aquilo fluiu fácil.

Como comandante do Leste, o senhor continuava subordinado ao general Villas Bôas.

Sim. Nós temos uma formação em que você naturalmente mantém o chefe informado. É lógico que você tem que conversar. E depende do chefe. No caso do general Villas Bôas, é uma pessoa fora do padrão. É outro nível. Então, eu dava ciência ao general Villas Bôas. Inclusive, ele me orientava, também. "General, vou fazer uma reunião assim, assim." Ele: "Braga, então, faz o seguinte, conversa com o Silva e Luna…". O general Silva e Luna estava aqui respondendo pela Defesa. Eu ia lá conversar com o general Silva e Luna. A gente trabalhava integrado. Não teve atrito. Não teve problema.

Se, por hipótese, o senhor fosse convocado de novo para ser interventor na área de segurança pública no Rio de Janeiro, o que o senhor faria que não fez, ou deixaria de fazer, que tenha feito?
Hoje, não estou acompanhando lá. Primeiro, eu pegaria o seguinte: deixei o planejamento pronto lá para eles. Tanto que o presidente Temer me perguntava assim: "Braga, a intervenção, se prorrogar…". Eu falava: "Presidente, não tem necessidade de prorrogar. Seguiu o planejamento, vai…". É lógico que o planejamento é uma coisa viva: ele vai ter que, depois, ser adaptado; há coisas que mudam pela própria condição normal da sociedade. Mas a primeira coisa para fazer seria mapear, para ver como é que está. A Polícia Militar do Rio de Janeiro é uma polícia centenária, sua escola de formação é uma escola de renome. Quando nós chegamos lá, a escola estava quase que fechando, caindo aos pedaços. Fiz aquilo que nós fazemos na força: quando falta recurso, nós preservamos o ensino. Agora, digo para vocês, o policial sofre muito. Tem policiais bons e policiais ruins, como tem em qualquer profissão. Tem que mapear.

Outra coisa que eu faria? Eu daria uma olhada, primeiro, para mapear como está a inteligência e como está a corregedoria. O pessoal fala assim: "O Brasil é assim porque o povo não é educado". Discordo. O povo é educado. Aqui, o que falta é a certeza da punição: você fez o troço errado, sabe que será sancionado. Aqui, *pode* ser… Aí o cara começa a arriscar. Tem que ter a certeza da punição. Então, ter uma corregedoria boa, isenta, é importante. E a inteligência e comunicação social não podem ficar nos órgãos de baixo; elas ficam no topo da cadeia de comando.

Comparando as operações de GLO com a intervenção, quais são as principais diferenças?
O grande diferencial da intervenção é fazer a gestão de alguma coisa fora da força. Porque tem hora que você pode mandar e tem hora que você tem que convencer. Então, isso é mais complicado. Mas, no emprego da tropa, não tem. É regra de engajamento, emprego da tropa, segurança etc. E outra coisa: é sempre em conjunto, como é também em um GLO normal. A vantagem que tinha é que, como eles estavam subordinados a nós também, você chamava, e fica mais fácil você emitir ordens, fazer o planejamento.

Diminuiu muito o número de GLOs nos últimos anos. A que o senhor atribui isso?
Para ter GLO, primeiro, o governador tem que solicitar e declarar incapacidade, insuficiência ou inexistência. E às vezes, politicamente... Porque a situação política vai mudando. Vou declarar que sou incapaz? Aí estou elucubrando, estou imaginando. Então, o que aconteceu foi isso, não tem sido solicitado. E as poucas vezes que foi solicitado, que tomei conhecimento, não tinha por quê: "Manda, porque estou precisando de gente". Não é assim.

General Sergio José Pereira

Sergio José Pereira é general de brigada, nasceu no Rio de Janeiro em 29 de setembro de 1956. Ingressou na Academia Militar das Agulhas Negras (Aman) em 1975 e tornou-se aspirante a oficial da arma de Artilharia em 1978. Possui o curso de instrutor da Escola de Educação Física do Exército (EsEFEx, 1981). Formou-se na Escola de Aperfeiçoamento de Oficiais (EsAO) em 1988 e na Escola de Comando e Estado-Maior do Exército (Eceme) em 1995. É mestre em estudos estratégicos pelo Army War College dos Estados Unidos, onde também realizou curso de Política e Estratégia (1999-2000). Possui o curso de Especialização de Gestão Estratégica da Informação do Instituto Militar de Engenharia (IME, 2001). Realizou uma pós-graduação em administração de empresas na Fundação Getulio Vargas (FGV) em 2018. Foi observador militar da Missão de Observação das Nações Unidas em El Salvador (Onusal) de 1992 a 1993. Trabalhou na Secretaria de Assuntos Estratégicos (SAE) como assessor do Sistema de Proteção do Programa Nuclear Brasileiro, de 1997 a 1998. Foi oficial de ligação do Exército brasileiro junto ao Comando de Doutrina e Adestramento do Exército dos Estados Unidos de 2004 a 2006. Foi comandante da Eceme entre 2011 e 2012. Após a passagem para a reserva, trabalhou na Assessoria Especial para os Jogos Olímpicos do Comando Militar do Leste (CML) como chefe da célula de gestão dos projetos e legado; de 2014 a 2107 foi diretor de Integração, diretor de Infraestrutura, diretor das Regiões de Maracanã e Deodoro e diretor-executivo da Autoridade Pública Olímpica (APO). Em 2017, assumiu a função de chefe da Assessoria de Relações Institucionais do CML. Em 2018 e 2019, integrou o Gabinete de Intervenção Federal na Segurança Pública do estado do Rio de Janeiro, onde desempenhou as funções de diretor de Relações Institucionais, secretário de Intervenção Federal e substituto eventual do interventor federal. Foi secretário-executivo da Casa Civil da Presidência da República entre 2020 e 2021. Atualmente é secretário-geral do Ministério da Defesa.

Entrevista realizada por Celso Castro e Adriana Marques em 13/1/2022.

O senhor comandou a Eceme entre 2011 e 2012. A questão da participação de militares em ações de segurança pública, em GLO, era presente no curso?
Sim. Quando saí do Rio Grande do Sul e fui comandar a Eceme, estava ocorrendo a ocupação do Alemão. Na Eceme, passei a aplicar muito da minha experiência. Eu já tinha passado uma época nos Estados Unidos, tinha outras experiências que eu achava que eram boas e que podia trazer para a escola. Eu poderia mudar até 20%, mas era muita coisa, acho que mudei uns 15%.

Estava acontecendo a ocupação do Alemão. Nunca gostei de fazer GLO, mas fiz GLO como tenente, como capitão. Não era GLO, mas tive que trabalhar na rua com uma dificuldade muito grande e sem uma orientação segura. O treinamento era bom, mas na hora em que a gente ia para a rua, a coisa mudava de figura. Então, eu tinha uma preocupação em preparar. Já que o Alemão estava lá e eu era obrigado a ceder dois instrutores para serem subcomandantes do batalhão, peguei dois coronéis meus: "Vamos fazer o estudo de caso do Alemão". Então, fui ao Alemão pessoalmente, andei por lá com o comandante, que era meu amigo de turma. Fui, conheci tudo. Isso, na primeira semana de comando. Até mesmo porque o meu assistente no Sul, quando chegou na Eceme, foi designado comandante do Alemão. Então, para visitar ele, tive que ir ao Alemão. Ele cumpriu três meses de comando. Então, mandei os dois coronéis, acertei que iam fazer um estudo de caso. Eles tinham que resgatar todo o processo de planejamento do Alemão, todo o processo decisório. Do processo decisório, eu havia participado, inicialmente, aqui em Brasília, porque eu era do Coter, era coronel antigo. Então, eu achava que a gente não deveria ocupar o Alemão da forma que ocupou. Esse era o meu parecer. Mas acabou indo, pronto. Militarmente, não era bom, pelo tamanho e tal.

Bom, então botei os dois coronéis para resgatar esse estudo do processo decisório. Quando os coronéis foram lá e resgataram todo o planejamento feito e os subcomandantes passaram a ser escolhidos... Lógico, eu ia ter que escolher mesmo, então passei a escolher a dedo os comandantes para passar 30 dias. Cada um tinha uma missão de fazer um relatório, para que a gente pudesse dar uma melhorada na doutrina da coisa. Quando começaram a chegar os relatórios, muita coisa não dizia respeito a assunto que fosse da Eceme, mas da EsAO. Porque muita coisa era tática, técnica e procedimento interno. Aí, peguei um daqueles ET nossos — exercício de terreno — e criei o ET Alemão. Então, fiz o planejamento, botei o material que a gente reuniu. Fizemos como se fosse fazer no terreno. Todo mundo circulou dentro do Alemão. Fomos à Igreja da Penha — era um PO. Fomos para o PO de Fazendinha, onde encontrei o meu assistente. A partir dali, a gente tirou algumas conclusões para colocar em relatórios para melhorar a doutrina de GLO. Então, isso eu fiz na Eceme diretamente no que diz respeito a GLO.

Também, na Eceme, quando cheguei, já estavam sendo inauguradas as operações conjuntas. Aí passei a introduzir um ensinamento das operações interagências. Em 1999, quando estudei nos Estados Unidos, um dos meus cursos eletivos foi "Operações Interagências", que a gente fazia sem ter uma sistematização. Então, a gente colocou isso como matéria. A gente aqui estudava, se não me engano, "Operações Outras que Não Guerra", uma coisa assim. Então, na Eceme, o estudo do que hoje é GLO foi feito dessa forma. As operações interagências receberam uma atenção especial. Passaram a ser um bloco de matéria, como a gente costuma brincar.

O senhor disse que nunca gostou de GLO. Por quê?
Porque ninguém gosta de GLO, não é? É o seguinte: o que é GLO? Quando cheguei à tropa, em 1979, todas as unidades mantinham um pelotão especial, que era treinado em uma intensiva, no que a gente chama de operações de polícia. Normalmente é controle de distúrbio e o que a gente dizia que era ponto de controle de trânsito. Na época, a gente fazia sempre em parceria com a PM, pela razão de que a gente não tinha o poder de polícia. Então, era uma situação em que você ficava extremamente exposto. Mesmo como tenente. Greve de trem, quebra-quebra na estação de trem: você ia para ocupar a estação, mas, no fundo, você não tinha poder de polícia para prender ninguém. A polícia é que tinha. Você fazia a operação presença.

As coisas foram num crescendo. A partir de 1989 começou a aparecer o conceito de operação integrada. Eu era oficial de operações e tinha que planejar. A minha área de segurança era a praça Arariboia, lá de Niterói. Quando eu olhava aquela imensidão, pensava: "Imagina eu, com o meu pessoal, como é que a gente vai fazer?". Eu tinha que fazer a integração com a PM e com o Corpo de Bombeiros. Aí comecei a conversar. Fui à PM. O cara até hoje é meu amigo, o comandante do batalhão. Ele me explicou. Tomei uma aula de PGP, para entender como a polícia era organizada. Descobri que ia me ajudar muito pouco. Fui ao Corpo de Bombeiros. Também tomei uma aula de bombeiro. Aí, fiz um plano que envolvia nós, a gente coordenava os bombeiros, a PM nos reforçando. Eu tinha certeza de que, se aquilo chegasse em um horário de *rush* ali, era impossível controlar. Então, essa seria a minha segunda preocupação, onde tive, assim, um contato muito grande.

Depois, a partir da Rio Eco-92, começou a haver as operações de GLO. Eu estava em El Salvador e não participei. Mas a gente começou a ver acontecerem essas operações todas de GLO. No meu comando, passei sempre na rua, então ia para GLO. Teve GLO em que o pessoal fez greve. Passei meu Carnaval na rua. Vieram as eleições, passei... não era GLO, mas o *modus operandi* é muito semelhante. Acho que foi um ano em que houve uma antecipação de baixa. Então, eu não tinha nem pessoal. Eu tinha que fazer o rodízio entre quem descansa, quem está na rua e quem está de serviço no quartel. Então, eram 12 horas na rua, 12 horas na GLO e 12 horas no quartel. Aí a gente fez um rodízio. Quem decretava não conseguia entender a dificuldade que você tinha de não ter o armamento adequado, você dar um tiro de fuzil e tal. Por exemplo, no Carnaval, fiquei na Nossa Senhora de Copacabana com a Sá Ferreira. GLO, fuzil, com "tudão" — colete, capacete, cantil. Isso tudo pesava 19 quilos, pesei na balança. No primeiro dia, metade dos meus soldados teve urticária. Aí ele não podia nem baixar: ele tirava o serviço no quartel como descanso e a gente rodava. Então, era o tipo de missão que tinha tudo para dar problema. E a polícia tranquila, dentro do seu carrinho lá, tirando 24 por 72 horas. A gente, 12 por 12. Aí um cara correu para mim e falou: "Aquele garoto ali roubou meu documento". Ameacei correr, o menino correu para o lado da PM, e a PM falou: "Aqui já não é mais minha área, é do outro batalhão". O cara foi embora. Tinha tudo para desmoralizar a gente. Se um soldado daquele toma uma provocação e dá um tiro de fuzil no meio do Carnaval, ia ser um desastre.

Então, eu não gostava de GLO pela insegurança que causava. Dava aquela sensação de segurança, mas para quem estava ali como responsável, era muito difícil. A gente ia lá, cumpria a missão, mas tinha tudo para dar problema. Graças a Deus, nunca deu, no meu comando. Como falei, fui várias vezes para a rua em GLO. Sempre botava os melhores. Porque é a forma de trabalhar, a gente trabalha com fração constituída — no mínimo cinco pessoas no grupo — para que nenhum garoto se envolvesse emocionalmente, aceitasse uma provocação e desse um tiro ali em alguém e a gente ia ter dor de cabeça. Então, eu não gostava de GLO. Ninguém gosta de uma operação que expõe a pessoa ao risco de vida, ao risco de efeito colateral. Hoje em dia, as coisas mudaram bastante. Hoje a gente tem equipamento adequado, munição menos letal, e o próprio colete — a roupa que a gente chamou de "RoboCop" — que protege as pessoas. Eu não gostava porque achava que, inicialmente, a operação que era usada não atentava para a realidade dos fatos. Entre quem decretava e quem executava havia uma distância muito grande. Hoje ela está mais humanizada, o pessoal já tem outras formas de trabalhar, já existe uma integração muito maior.

O senhor passou duas temporadas nos Estados Unidos. Primeiro, no War College. Depois, no Tradoc. Neste último momento, nos Estados Unidos, havia curiosidade sobre o que estava acontecendo no Brasil?
São dois momentos diferentes. Fiz o War College um ano antes do 11 de Setembro. Voltei três anos depois. Então, foram dois momentos completamente diferentes. Na primeira ida aos Estados Unidos, fui para fazer o que a gente chama de CPEAEx dos Estados Unidos. Por um erro ou não, fui como tenente-coronel moderno. Lá me ofereceram para fazer o mestrado. O curso era metade obrigatório para todo mundo e a outra metade eu tinha que fazer oito eletivas. Havia mais de 100 eletivas. Entre elas, escolhi "Operações Interagências". Escolhi também "Forças Expedicionárias", que eram operações conjuntas. Outra foi "Operações de Paz". As aulas, nos Estados Unidos, eram, no padrão mestrado, muito mais de instrução. Eu era muito mais um instrumento de instrução, junto àqueles que participaram, do que aprendi alguma coisa. Aprendi muito no intercâmbio com outros caras que foram em outras missões de paz. Até porque o americano não coloca o militar dele como observador, porque ele tem que garantir a segurança do observador. Ele só vai enquadrado por tropa de americano. Pode ver que o americano não bota tropa dele debaixo do comando de alguém. Isso é regra lá, é lei. Então, em um primeiro momento, antes do 11 de Setembro, ajudei muito mais ao contar minha história, minha experiência. Inclusive, nos exercícios em que tinha força de paz, eles sempre me colocavam como oficial de operações, para ajudar a planejar e organizar a missão de paz. Tinha a minha experiência em El Salvador, de ficar no campo e ficar também na burocracia, então eu sabia organizar. Nosso modelo em El Salvador era considerado vitorioso. Aí eu sempre trabalhava, nos exercícios, como o cara que ajudava a montar a manobra.

Voltei em 2004, até 2006. O Tradoc é responsável pelo treinamento da tropa. Aí, começou a confusão, porque eles começaram a ter muito problema, por causa do treinamento dentro do Iraque. No War College, eles mostravam muito interesse em saber como é que a gente fazia no Haiti. O americano faz o seguinte: chega em um local, vêm primeiro os *marines*, com uma tropa combatente. Depois, eles trazem a tropa que eles chamam de CMO, se não me engano — *civil-military operation*. São aqueles que fazem o meio de campo. Na época, a gente estava no

Haiti; no período, teve um furacão. O Exército usou a nossa teoria do "braço forte, mão amiga". Usava a mesma tropa. Eles não conseguiam entender como a gente conseguia fazer as duas coisas com a mesma tropa. Aí fui requisitado, pelo menos duas vezes, para explicar como é que era, como a gente se relacionava bem com a população. Porque a gente tinha que ajudar e opinar em sugestões para eles operarem dentro do Iraque, que é uma coisa completamente diferente. O que era traumático é que, de vez em quando, a gente via filmes reais de como aqueles homens-bomba chegavam ao corpo da guarda e se explodiam. Era uma coisa até traumática, a gente ver aquilo. Mas eles tinham muito interesse, achavam interessante como a gente trabalhava nessas operações que eles chamavam de "estabilização", que é mais ou menos o Haiti. Então, na segunda parte do Tradoc, o interesse era muito grande. Eles achavam que a gente era muito bom.

A tropa brasileira é reconhecida dentro da ONU como muito boa nessa história de operações de paz. As operações são muito diferentes, em termos doutrinários, em amparo legal. Mas existe aquela forma de a gente ver a coisa. Quando a gente faz uma operação de pacificação, a gente entende que todo mundo ali é bom e precisa de ajuda. Normalmente, a gente tem uma boa facilidade em entender que em uma operação de paz, na verdade, todo mundo é visto como amigo, não é inimigo. Você está ali para ajudar aquela população, não está ali para combater aquele pessoal. As nossas operações de GLO aqui talvez tenham nos ajudado e vendido uma cultura muito positiva para as missões de paz. Por isso é que todo mundo acha que a gente é muito bom, que a gente interage bem com a população. Acho que isso vai mais da nossa cultura, da nossa maneira de ser, da forma que a gente vê. Talvez seja arriscado, é lógico: vai levar isso para um país árabe, onde o cara tem um homem-bomba... Mas, no nosso entorno aqui, nas missões que nós fomos — Moçambique, Angola —, esse foi um fator extremamente positivo: o nosso aspecto cultural de nos relacionar com a população.

Há um debate sobre se a doutrina das operações de GLO no Brasil foi derivada da experiência brasileira no Haiti. O que o senhor está falando é um pouco o contrário.
É exatamente o contrário. Penso exatamente o contrário. No War College, quando a gente estudava conflito, a gente estudava o espectro do conflito: "Começa na crise e termina no conflito armado. Nesse meio-tempo, existem operações de guerra e não guerra, em uma escalada de coisas". As coisas eram assim, bem compartimentadas. Ou você fazia uma operação de guerra, ou uma operação de não guerra. Aí vieram as operações de estabilização, que realizam operações de

guerra e de não guerra dentro de um mesmo ambiente. Hoje, essas operações — posso estar enganado, já estou meio desatualizado — passaram a se chamar operações de amplo espectro.

Na década de 90, nós tivemos muita GLO. Então, já tínhamos uma doutrina mais ou menos consolidada. Quando se chegou ao Haiti, a gente levou essa forma de trabalhar em GLO para dentro do Haiti. Se houve colaboração do Haiti foi porque a gente usou outras coisas. Lá, começou-se a usar a comunicação social, começou-se a utilizar a CMO, que a gente foi pegando da ONU. Outras especificidades foram agregadas: comunicação social, relação civil-militar, uma parte política da coisa. A gente pode ter trazido, porque aqui a gente joga para o lado da presença do Estado em uma operação de estabilização. Aqui a gente faz a nossa segurança. A parte de atenção à população é feita pelo Estado, a gente entende que a gente está garantindo ao Estado a possibilidade de ele exercer a função dele. Só que, pelo que a gente sabe, o Estado tem saído também e isso não tem funcionado. Então, aquilo era uma coisa, vira outra coisa temporária que não dá muito certo. Então, acho que, sinceramente, nós aprendemos, sim, com muita coisa. Vamos dizer, aprimoramos nossa doutrina com algumas coisas de GLO. Mas acho que também ajudamos muito. Então, a doutrina de GLO nossa não foi tão influenciada. Foi influenciada com agregar novas capacidades à nossa operação. A gente aprimorou. Nós demos uma contribuição considerável nisso daí.

Na intervenção federal, o senhor estava trabalhando no Rio com o general Braga Netto.
Sim, ele me convenceu de ir com ele para o CML, para montar uma seção de Relações Institucionais. Falei que precisava de dois meses de férias. Ele me contratou depois do terceiro mês. Eu me apresentei em 1º de julho, se não me engano, de 2017. No final do mês, foi decretada a GLO no Rio. O Exército não tinha, formalmente, uma seção, era uma Assessoria de Relações Institucionais. Fomos conversando. Nós somos amigos de longo tempo. Ele reclamava que tinha dificuldade de relacionamento externo.

Relações institucionais são exatamente o quê?
Fui para criar, eu também não sabia o que era, mas procurei saber e fiz uma organização de público para a intervenção, que ficou muito mais fácil. Criei uma equipe de ligação com os Executivos estadual e municipal; trouxe uma pessoa que trabalharia com o que chamei de sociedade civil, que trabalhava com ONG, federações, associações e tal; e um para fazer a ligação com o Judiciário — TRF,

Procuradoria, Justiça Militar, Procuradoria-Geral. Na verdade, era uma grande negociação para acertar as coisas.

Mas, quando começou a GLO, no Rio de Janeiro, em 2017, já começou a ter uma demanda muito grande de pessoas indo para saber o que era aquilo ali. Aí, pude ir colocando em prática, fazendo relacionamento, principalmente com os órgãos públicos. A gente não tinha dificuldade de relacionamento com as polícias, porque isso já era feito normalmente. Mas, com os outros órgãos, a gente não sabia nem o que ia fazer. Bom, quando chegou no final de 2017, descobri que eu estava com um problema. Tive um câncer de tireoide, operei em fevereiro de 2018. Estava me recuperando lá na casa do meu filho. Aí, me ligou um jornalista e perguntou assim: "E essa intervenção, general?". Falei: "Não sei. Estou ligando agora a televisão". Aí liguei para o Braga, ele falou assim: "É isso aí, meu querido. Estou indo para Brasília daqui a uma hora. Na volta a gente conversa". Aí a gente começou a ver, a entender o que mudava com a intervenção. O que mudava é que, em vez de GLO, agora a gente mandava. A gente não cooperava, a gente mandava. A gente tinha o poder de mandar. Então, nós poderíamos mexer na estrutura, na organização daquelas secretarias; a gente podia botar solução.

Quando a intervenção foi decretada, a operação de GLO estava em andamento.
Estava. Isso aí é uma outra história. Na verdade, o Braga tinha três atribuições: comandante militar do Leste, ligado diretamente ao Exército; comandante conjunto, que era subordinado à Defesa, o Silva e Luna era o ministro, e isso dava a possibilidade de coordenar as três forças; e era o interventor, ligado diretamente ao presidente. Ele conversou e achou melhor que fosse o seguinte: "Já que estamos aqui, fico com os três capacetes". Porque aí ficava mais fácil ele mesmo manipular. Isso o sobrecarregou, mas, por outro lado, facilitou. Trabalhei desde o primeiro momento na intervenção, mas só fui nomeado de fato em setembro, porque eu estava no CML. Então, da mesma forma que ele, abracei todas as causas como um pacote só. Ou seja, a gente tinha um chefe comum, que era ele. Eu ia pulando ali, de acordo com a necessidade de assinar um documento. A questão era onde eu dava ordem, mas todo mundo seguia como se fosse uma coisa única.

A intervenção deu o poder de ser governador e mexer na estrutura e, no CML, a gente usar a estrutura a nosso favor para a intervenção. Então, basicamente é isso. Lógico que foi muito mais complicado. Quando veio a intervenção, quando eu era Relações Institucionais, tive que expandir a coisa. Então, usando a minha mente clausewitziana, peguei lá a tríade de Clausewitz: o povo, o governo e os seus militares. Então, mapeei todo mundo que estava na operação — Polícia Federal, Polícia Militar, Polícia Civil e tal. Botei em um grupo para relacionamento com a visão de operação. O que chamei de governo, era governo estadual, federal, municipal — Executivo, Legislativo e Judiciário. Mapeei todos esses, fiz um mapa de relacionamento. Na sociedade, coloquei Firjan, associação comercial, ONG, todo mundo. Para cada um desses pacotes, eu tinha uma relação de interlocução e um chefe de equipe. Num determinado momento, numa transição, onde trocou a forma de operar, eu também acabei tendo que operar parte da comunicação. A comunicação veio para o meu pacote, já que eu tinha uma relação grande com o público externo. Passei a me relacionar com a Comunicação Social, mas eu também não me preocupava, isso ficava por conta do Cinelli.[36] Mas era coordenado com a gente também.

Nesse período da intervenção, qual era a sua maior preocupação?
A intervenção foi uma experiência bem interessante. Minha função era muito relacionada com o público externo, com a comunicação. Não com a comunicação social, mas nos moldes do que eu tinha aprendido nos Estados Unidos, que era comunicação estratégica — comunicação como instrumento de poder. Então, eu entendia que cada gesto, cada atitude nossa, comunicava um fato. Por exemplo, quando chegou lá uma equipe de empresários da parte de turismo, eles perguntaram para a gente: "Como podemos ajudar?". Aí olhei e falei assim: "Me ajuda em comunicação". No dia seguinte, eu estava com uma equipe de comunicação que nos apoiava direto, com pessoas que conheciam de comunicação. Aí comecei a entender que o discurso para cada grupo... Eu já tinha entendido que tinha que ser diferente, mas não sabia que era muito diferente.

Minha parte era importante porque a gente ajudava a vender a nossa concepção. Aquele segmento dos militares, do combate, do pessoal que estava na operação, tinha que agir sempre na legitimidade, na legalidade. Na hora em que a gente perdesse o apoio da sociedade, a gente perdia a legitimidade. Entendi que, a minha parte, eu tinha que estar sempre correndo atrás da legitimidade e da legalidade. A questão operacional, da execução operacional das ocupações, das operações, isso ficava com a parte militar, com a qual o diálogo era mais fácil. Essa, todo mundo fazia bem, porque estava dentro do *métier*.

---

36 Coronel Carlos Frederico Cinelli, porta-voz do Comando Militar do Leste (CML).

O senhor acha que mudou alguma coisa na relação entre os cidadãos do Rio de Janeiro e as Forças Armadas?
Mudou muito. Posso estar equivocado, mas a gente — as Forças Armadas, o Exército — sempre teve uma dificuldade muito grande de se relacionar com as classes A e B. A gente sempre foi muito bem aceito pelas classes mais baixas, porque é onde tem os nossos soldados. A gente sempre teve uma dificuldade de penetrar nas classes mais elevadas. A gente nunca se preocupou muito em interagir. Essas operações e a intervenção nos obrigaram a interagir com o governo do estado, com a prefeitura... Antes, as nossas atividades eram normalmente bem restritas — em campos de instrução, no quartel. Agora, não: ia para rua. Na verdade, apesar de fardados, a gente era governo do estado e era governo federal. Isso abriu para a gente uma janela de relacionamento muito grande no empresariado, nas associações comerciais. Aí nos abriu o diálogo com a classe A, para a gente entender as demandas da classe A. Tanto que a intervenção tinha dois grandes objetivos: um era recuperar a capacidade operacional da polícia. Já que a gente podia mexer, a gente ia organizar isso. Então, a gente usou a nossa cultura, o modelo que a gente usa de modernização da força. A outra era garantir e aumentar a sensação de segurança, que é uma coisa volátil, que a gente tinha que ver como se fazia. A gente tinha que ouvir qual era a expectativa do setor de turismo, do setor de comércio, das ONGs, do cidadão comum. Então, a gente passou a conversar com todo mundo. Com as classes C e D, normalmente, a gente já estava bem relacionado. E digo mais: nós recebemos muita ajuda da sociedade como um todo, de todos os níveis. Senão, seria muito difícil a gente ter feito a intervenção do jeito que fez.

Olhando três anos e meio depois, o senhor acha que a intervenção foi necessária, com esse formato?
Olha, em nenhum momento a gente achava que a intervenção fosse necessária. Nem se pensava na ideia de que fosse intervenção. A gente estava lá na GLO e a gente cumpria aquela missão. Então, o termo intervenção, eu não imaginava o que era. Aí colocou a intervenção, perguntamos lá ao pessoal da AGU e a gente entendeu que a gente poderia mexer e que seria dividir um governo. Era uma coisa nova. Nunca passou na cabeça do Braga de... se aqui em Brasília pensaram, lá não. Lá, a gente era preocupado com GLO, que era aquilo que vinha demandado. A gente nunca fez uma ideia de intervenção — se era necessário, se não era. Vinha o que mandavam. Agora, intervenção... se perguntassem, de momento, a gente

ia dizer não. Eu, pelo menos, diria não. A gente continuaria fazendo GLO como era feito, e estava bem.

Mas, quando veio a intervenção, era uma novidade. Tinha que ser feita uma coisa nova. E o que mudava? O decreto de intervenção tem três ou quatro parágrafos. A partir dali a gente começou a aplicar como se aquilo fosse uma missão pela finalidade. Aí, começa a fazer toda uma interpretação daquilo, como é que íamos cumprir aquela missão. Aí entram todos aqueles processos "ecêmicos" de análise da missão, onde é que a gente vai fazer, como vai fazer.[37] Muita conversa e chegamos nesse modelo de duas vertentes: sensação de segurança e recuperação da capacidade operacional. Depois, criar condições para que a polícia pudesse cumprir seu trabalho. Mais ou menos isso daí a gente começou a organizar. Uma vertente, ali, estrutural, que a gente fazia dentro da Momep.[38] Então, a gente pega e olha como é que está a doutrina do setor, como é o adestramento do pessoal. O militar não faz treino, ele faz adestramento. Como é a organização dele, que material está usando, como é feita a educação, quem é o pessoal especializado que está ali. A gente pega, mais ou menos nesses ritmos aqui, e começa a estudar cada um deles. A partir dali, você entra em um processo de organização daquilo, para levar para onde você quer. A parte da sensação de segurança era a parte operacional de GLO, era dar visibilidade àquilo para dizer que o crime estava... Aí tinha a questão do roubo de cargas, tinha a questão da área turística — que tinha que mostrar segurança —, recuperar o acesso à comunidade, tirar os obstáculos e botar o direito de ir e vir. Tudo isso aí vinha dentro do outro pacote.

Fomos todos pegos de surpresa pela intervenção. Realmente, até hoje não sei qual foi a ideia daquilo. Tenho uma opinião pessoal que prefiro não falar... Acho que o objetivo não era nem para funcionar, mas tudo bem. Mas, pelo menos, acho que deu certo.

Quando terminou a função do general Braga Netto naquela época, o senhor ficou como secretário...

É, dentro daquele pacote que eu ficava me movimentando para onde era necessário. Eu trabalhava para a intervenção, mas ia para onde era necessário. Então, era

---

[37] Referência ao treinamento no planejamento de operações recebido na Escola de Comando e Estado-Maior do Exército (Eceme).

[38] A Missão de Observadores Militares Equador/Peru (Momep) foi uma operação de paz criada em 1995 após o conflito na fronteira entre Peru e Equador. Brasil, Chile, Argentina e Estados Unidos participaram dessa missão.

necessário fazer uma transição. O governador eleito decidiu mudar a estrutura radicalmente, apesar de nós mostrarmos para ele e sugerir que ele mantivesse a estrutura até que a gente fizesse a transição. A gente fez um planejamento estratégico, um plano de transição e um plano de gestão do conhecimento. Então, fiquei para ficar fazendo a transição no lugar do Braga Netto, para que ele viesse para Brasília. Eu faria a transição. Então, a gente fez um plano de entrega, que tinha tudo. Porque o dinheiro chegou em agosto e teve que ser gasto até dezembro. Lógico que muita coisa foi comprada e só seria entregue depois. Os helicópteros seriam entregues, na verdade, um ano depois. Com a pandemia, foi postergando a entrega. A fábrica era em Milão, onde começou o Covid. Nós só vamos conseguir entregar o primeiro agora e, se Deus quiser, mais dois até o meio do ano, e a gente fecha. Então, minha missão era garantir as entregas, dar aquela continuidade, fazer a gestão do conhecimento, entregar tudo, acertar todos os problemas administrativos, prestar conta e fechar a unidade gestora. Fora isso, alguns contratos que não foram cumpridos e tivemos que cancelar. Aí era medida burocrática.

Mas a intervenção, até hoje, continua ligada à Casa Civil, como uma intervenção federal. A gente não deixou que ela viesse depois de findada para dentro do Exército, que não seria uma coisa correta. Até porque o fórum de resposta é outro. Então, a minha função era essa. Depois, coincidentemente, vim para o Ministério da Defesa e, coincidentemente, a intervenção ficou comigo, que era secretário-executivo. Agora, a gente ajuda o pessoal da Casa Civil para que a gente feche dessa forma. Ainda temos essa preocupação, que é fechar a intervenção, fechar a UG, fazer as últimas entregas. Os contratos que forem cancelados, suspensos, sei lá... o cara vai ser condenado. Isso é outra história. A gente está fazendo isso também. Mas tem pouca coisa. Agora mesmo, dia 28, a gente espera entregar o helicóptero. Os outros dois, até o meio do ano, até julho. Tem uma estrutura mínima que a gente deixa vinculada para não acabar, para não ter que criar outra UG, essas coisas todas. O CML dá o material, dá o pessoal da UG. Ele está sendo sacrificado no pessoal militar — porque uma UG precisa de, no mínimo, 18 pessoas. Na verdade, a gente tem dois cargos de comissão, se não me engano. O restante é técnico. Se não precisa, a gente vai desmobilizando. Essa era a minha missão. Não é mais, mas eu continuo... assumo como uma responsabilidade, até para a minha tranquilidade. Então, tenho orientado o pessoal lá, por uma questão de conhecer. Esse era o meu papel. Era fechar. Virei o bom coveiro da PO, coveiro da intervenção. Se Deus quiser, vou enterrar bem esse defunto...

Por que o senhor imagina que nos últimos anos houve um declínio na quantidade dessas grandes operações?
De 1992 para cá, se não me engano, foram cerca de 140 operações de GLO. A grande maioria foi no Rio de Janeiro. As grandes, aquelas mais preocupantes, foram colocadas normalmente por problemas com órgãos de segurança pública. Com a intervenção, a gente investiu quase 1 bilhão e 200. Compraram 5 mil carros, 27 mil pistolas, não sei quantos coletes, reformas, treinamento. Então, aqueles pressupostos que são necessários para um governador pedir GLO, no Rio de Janeiro, que era o grande recordista, deixaram de existir. Todo mundo quer fazer grande evento no Rio, que é uma grande vitrine. Então, ficou muito difícil para o governador do nosso grande cliente de GLO, o Rio de Janeiro, justificar um pedido de GLO, as condicionantes para ele pedir ficaram difíceis. O governador seguinte assumiu o risco de mudar tudo aquilo que a gente deixou. A gente deixou um plano, uma proposta, uma sugestão. A gente não criticou ele e ele também não nos criticou. Mas ele optou por um modelo que ele tinha desde candidato, de elevar os secretários e tal... Se deu certo, se não deu, também não questiono. Acho que o fato de o Rio de Janeiro não estar pedindo GLO a toda hora já foi uma grande diminuição.

Teve, há pouco, algo novo, uma GLO ambiental.
Exatamente. É até difícil enquadrar. Normalmente, boa parte das pessoas veem o Exército na rua: "Está em GLO". Negativo. O Exército tem várias modalidades de emprego da força. O curioso é que até muitos militares não sabem disso. Quando cheguei no CMO,[39] tinha alguém lá querendo fazer um decreto de criar o direito operacional — quatro páginas. Falei: "Quatro páginas?". Peguei o telefone aqui para o Coter e falei: "Vem cá, ainda tem a coletânea do emprego da força?". O cara falou: "Tenho, mas é muito grande". Eram 240 páginas só de legislação! Existe o apoio logístico, o apoio de inteligência, o intercâmbio de logística, comando e controle. Essas aqui são coisas de apoio. As operações de apoio ao desenvolvimento nacional: é missão. Apoio à Defesa Civil: é missão; não é GLO. Então, as ações humanitárias, a Garantia da Votação e Apuração não são GLO. Embora o *modus operandi* seja bem semelhante, o amparo legal é outro.

[39] Comando Militar do Oeste, um dos grandes Comandos Militares de Área do Brasil, sediado em Campo Grande (MS). Abrange a área dos estados de Mato Grosso do Sul, Mato Grosso e a cidade de Aragarças (GO).

Então, essas operações todas em que o Exército está na rua, nem todas são de GLO. Pouquíssimas são de GLO. GLO tem que ser algo episódico, com área definida, a gente ganha o poder de polícia ostensiva, a gente ganha o poder de ser PM, não ganha o poder de ser polícia judiciária. Ele é muito específico. Então, para poder pedir GLO, o governador tem que dizer que a sua polícia é incompetente. Isso também demonstra uma fragilidade política grande.

Quando eu estava na Casa Civil, começaram a mandar para mim, eu falava: "Olha, isso aqui não é meu não. Isso aqui é ali no GSI". Esse tipo de interpretação é feito pelo GSI. A gente pode opinar, mas o chefe da Casa Civil tem que ser orientado, não decidir por isso. Então, essa GLO ambiental, não sei como é que fizeram a delimitação, se é delimitação da atividade, se foi por local, se colocou em toda área, se foi em um dos municípios. Elas foram definidas de uma forma, com o meio ambiente e com o GSI, mais todo aquele pessoal da área jurídica, para dar o poder de polícia à força armada. Se ele estivesse na faixa de fronteira, não precisava nem fazer GLO. Mas algumas cidades onde ocorreu desmatamento estão fora da faixa de fronteira. Aí precisaram. Como isso foi configurado, não sei.

O importante é que se tenha uma segurança jurídica bem consistente para não expor a força que executa, que é outra preocupação que a gente tem na GLO. Tem tudo para dar problema, não é? Um erro ali... Se você for a julgamento, principalmente nos casos de efeitos colaterais, a emoção é muito grande para o lado negativo de alguém que também foi jogado ali para fazer uma missão onde ele recebeu um treinamento. Mas é muito diferente você querer comparar o treinamento que um soldado recebe com o do PM, que nasceu para aquilo ali. O nosso *modus operandi* é diferente. A gente usa a massa para justamente inibir qualquer reação. Mas não deixa de ser uma exposição grande. Então, a gente precisa de uma segurança jurídica boa. Precisa que aqueles que nos julgam entendam bem. Cada vez mais, chego à conclusão de que a gente é pouco entendido. Muitos órgãos não entendem por que a gente não faz isso, por que não faz aquilo. É porque realmente não conhecem a nossa estrutura e não conhecem a legislação.

O oficial do Exército que participa de operações de GLO, que impacto tem para a carreira?
Não sei se hoje, no sistema de mérito, se se considera a participação em GLO. Lembro que no tempo em que eu estava na ativa, isso não contava. Conta, sim, o desempenho global. Como comandante, se fui fazer três ou quatro GLOs e o outro comandante fez zero: azar meu, sorte dele. Muita gente corria para cidade de interior para não ter que fazer GLO. Sempre gostei do Rio. Quando botei a

primeira peruação o Rio, teve companheiro que disse que enlouqueci, que eu ia fazer GLO. O cara que vai acreditar que vai para o comando e que não vai ter nenhum problema, ele acredita que Jesus Cristo morreu de frio na cruz. Então, vou ficar aqui. Porque eu estava em uma transição, vindo de uma vida nos Estados Unidos. Eu precisava que a minha filha tivesse uma continuidade na escola, que minha esposa terminasse a faculdade. Mas, para a carreira — meritocracia —, eu realmente não sei se hoje criaram algum mecanismo. Normalmente, não. É missão. É uma coisa aleatória. Agora, como experiência de carreira, é uma experiência muito boa. A coisa acontece muito descentralizada. Então, para o nosso desenvolvimento como carreira, é um exercício de liderança muito bom, de validação do nosso treinamento. É algo que é muito importante. Em termos profissionais, apesar de ser desgastante, ela é positiva. Quanto ao mérito, pode ser que depois seja reconhecido por isso, mas não me lembro de que tenha sido lembrado quem foi para GLO não, de que isso conte algum ponto... Pode ser considerado? Pode, mas, oficialmente, que eu saiba, não é. A missão de paz, sei que vale ponto. Habilitação em idiomas vale ponto. Mas a participação em operações de GLO, não. É aquela história: cara que desempenha bem o trabalho é lembrado; o que faz alguma lambança muito grande também é lembrado. Mas, oficialmente, não. Agora, profissionalmente, é uma experiência muito rica para a gente, apesar da exposição, do desgaste.

O senhor já disse que não gostava de operações de GLO...

Operação de GLO naqueles complexos do Rio, eu não gostava porque havia muitos tipos de exposição que não são claras para quem está de fora do sistema. Então, o camarada diz assim: "A ocupação vai ser em tal lugar. Minha família mora lá". E na hora que a gente sair, como é que fica a família dele? Mesmo aqui na intervenção... A família da minha mãe é muito humilde, mora ali do lado do Chapadão. Conheço o Chapadão como a palma da minha mão. Minha prima morava no Chapadão. O bandido tirou ela da casa e falou: "Pode ir embora". Ficou sem casa. Ninguém dos direitos humanos foi procurar para devolver a casa dela. Minha infância, passei em Guadalupe. Tenho três tios, irmãos da minha mãe, que moram próximo do Chapadão. Não vou lá visitar eles. Meus filhos reclamavam, diziam assim: "Você vai andar de carro blindado, mas e os tios? E os primos? As pessoas sabem que você apareceu na televisão". Eu fugia de uma câmera de televisão como quem fugia... Vinha a televisão, eu escondia a minha cara. Meus filhos, preocupados com primos e tios — a preocupação deles era que vissem a minha cara na intervenção e a retaliação batesse lá na minha família, que vive em uma área... Moram lá desde que minha mãe nasceu. Vai fazer o quê?

Todos esses fatores a gente vê, e vê também a falta de conexão com a realidade. Fui a uma participação de juristas onde tinha um defensor público. O Braga falou para mim assim: "Olha, você não abre a boca para falar em mandado de busca coletiva, porque isso está trazendo muito desgaste para a gente". "Pode deixar." O que acontece? Na comunidade, para quem não sabe, ninguém entrega correspondência na casa. Entrega na associação de moradores, porque não tem endereço. Na comunidade, o bandido entra e sai como quer. Então, quando se vai ao mandado de busca à casa 5 da rua A, você vai encontrar rua 5, rua 5A, casa 3B, 3C, 5C. Então, aí, a Justiça passou a dar o mandado de busca... primeiro era o coletivo, que ela dizia que era uma invasão ao estado democrático de direito. Essa era a visão do defensor público. Aí eles passaram a dar por área. Então, da rua A, na casa tal, em um raio de 200 metros. Porque aí a gente pode chegar e entrar na casa. Teve uma hora que o procurador falou: "Eu não gostaria que se fizesse um mandado de busca coletiva no meu condomínio". Aí fiquei curioso, perguntei: "Onde é o seu condomínio?". A gente estava falando do Jacarezinho, não é? "Onde é que o senhor mora?" "Moro na Península da Barra." Aí falei: "É piada!". Aí dei uma gargalhada. O cara ficou bravo comigo, ficou chateado. Eu disse: "Olha só, aquilo que você entende como invasão no estado democrático de direito ou dos direitos individuais da pessoa, entendo como seguro de vida. Quando entro em uma comunidade, que o bandido se esconde na sua casa, se você abrir a porta para mim, se eu não tiver um mandado e prender o bandido, quando eu sair, a quadrilha vai lá e te mata. Então, para ele é um seguro de vida, porque, se eu tiver um mandado, você não pode impedir de entrar. Aí eu prendo o bandido. Senão, fica uma coisa inócua". Então, há essa falta de conexão com a realidade de quem dá uma ordem judicial, cobra umas coisas sem conhecer a realidade.

Recebi também acadêmicos, uma vez uma da Noruega. Uma hora cansei e até fui indelicado — depois pedi desculpas —, falei assim: "Aquilo ali é parecido com a Noruega?". Era a Mineira, que estava na minha frente, que é uma favela organizada. Ela ficou vermelha. Ela disse: "Não, não é". Falei: "Você já entrou em uma comunidade?". "Não, nunca entrei." Aí fica difícil. Defender assim uma tese e explicar, colocar uma teoria, uma parte que a gente não consegue conectar com a realidade. Teve um da defensoria pública em que, durante a intervenção, marcaram uma visita a uma comunidade e aí apareceu a manchete no *El País*: "Militares violentam uma menina". Pensei: "Poxa, como é que isso aconteceu?".

Fui lá, pedi para o cara da Defensoria Pública que me dissesse o local, que iríamos achar o culpado, entregar o responsável. Resposta: "General, isso foi baseado em relatos". E eu: "Mas cadê a denúncia?". "Não, não é denúncia, são relatos." A Defensoria Pública foi, marcou com… Lógico que, para marcar, ele tem que pedir para a associação de bairro, que pediu permissão ao bandido, entrevistou quem o bandido autorizou e foi lá: "Relataram que os militares violentaram uma menina". Eles tabularam todas essas notícias e esses relatos viraram fatos. Eles pegaram tudo isso, fizeram um relatório e colocaram no *El País*. Quer dizer, denegrindo a nossa imagem mundo afora. Falei: "Assim não há condições de a gente conversar, meu camarada. Você não pode me dizer? Como falei, se você me disser o local e a hora, chego no cara, chego no responsável". Ele: "Não, mas é relato". "Então não tem mais conversa com vocês. Desse jeito não tem conversa." São pessoas que não conhecem a realidade. Ou melhor, querem se aproveitar ou mostrar relevância ou trabalho e não se engajam na realidade. Por que não vai lá dentro na hora do tiroteio, ver como é que é? Por que na hora em que a gente vai todo mundo sai? Porque realmente é uma situação difícil. A urbanização é caótica, é muito difícil você fazer alguma coisa em uma comunidade como o Jacarezinho. Como é que você vai circular ali dentro? A própria polícia, que tem um complexo ali do lado, está tendo mais problemas do que solução para aquele local.

Então, não acho que o GLO resolva. É o paliativo que tem que ser usado como uma coisa temporária, episódica, onde a gente fica em um local. Mas, a gente sai, volta tudo. Não tem como. Isso é o que eu acho de GLO, dessas coisas todas, de intervenção. Para a gente é desgastante, mas a gente faz na boa, não chia não. A gente vai ali, faz. Mas, algumas vezes, isso poderia ser melhor aproveitado, não ser só um paliativo. Gastou-se muita energia, a gente teve que fazer rodízio de tropa de fora do estado do Rio, para poder garantir aquele período e, no final, não se resolveu aquele problema. O problema voltou e continua voltando.

Existe solução para a segurança no Rio de Janeiro?

O ministro [Braga Netto] deu uma entrevista para a *Veja*, e o título é: "O Rio de Janeiro tem jeito". Tenho um apartamento no Rio e uma casa na Região dos Lagos. Vou voltar para o Rio. Já falei que vou viver lá, mesmo que eu morra por uma bala perdida. Acredito que o Rio de Janeiro tem jeito. Por quê? Durante a intervenção, vi que todos os segmentos, todo mundo se engajou para ajudar. Se houver uma crença de que aquilo vai dar certo e se todo mundo se engajar do jeito que se engajou, aí vai ter que mexer em muitas estruturas do estado, não só da segurança pública. A nossa polícia fica muito exposta. Mas existem coisas, mecanismos, que outros deveriam ajudar a não acontecer. A gente recebeu ajuda de todos, mas também pedidos e atitudes, assim... — como é que vou dizer? — estapafúrdios, de quem não quer ajudar.

Durante o período das UPPs, no início, houve uma sensação de alívio. Aí começou a degringolar, decair, acabou em uma frustração enorme.
Pois é. As UPPs começaram como uma coisa boa. Só que a PM, as polícias, elas adotam nacionalmente um processo que é o tal do 24 por 72. Em sete dias, o policial trabalha um como polícia e meia dúzia como não polícia. Então, você, na verdade, tem 25% operando a cada dia. Não sei se é o melhor, não sei qual é a fórmula. Mas você pega a UPP, no meio de uma comunidade comandada pelo tráfico, bota cinco caras lá em cima. Na verdade, eles ficam sitiados. Então, a UPP começou bem, com uma ideia legal, mas, depois, operacionalizando a UPP, foi muito ruim. A política da UPP faliu a partir do momento em que a coisa ficou largada. Lá na Rocinha, dava até pena. Ficava o cara lá embaixo, na UPP, com nove tiros de pistola, e o bandido armado de fuzil. Então, o cara fica ali de uma forma quase que simbólica. Mas existem comunidades e comunidades. A Vila Kennedy foi construída como um bairro. Ela tem uma urbanização organizada. Então, a UPP lá se justifica, mas para ser subordinada a um batalhão, dentro de um pacote maior. Mas a política foi implantando UPP em um monte de lugar: fragmentou-se o esforço e não deu certo. O pessoal ficava isolado, a gente inverteu o processo. A gente subiu o morro e ficou cercado pelo bandido. Foi o contrário.

E também tem as milícias, não é?
As milícias são um problema tão sério quanto, para não dizer que é pior. Mas acho que o Rio de Janeiro tem jeito sim. Só que vai levar tempo. Levou muito tempo para esculhambar. Começou lá com nosso amigo gaúcho. Aí começa uma política de ocupação desordenada, de não repressão a pequenas coisas, e a coisa foi chegando a um ponto que ficou fora de controle. Mas acho que dá certo, sim. Se todos se mobilizarem, dá certo. Mas vai levar um tempão. Vai levar, pelo menos, uns três governadores... Coitados, vão arder no inferno. A Justiça tem que também ajudar, tem que ser realista. Porque, da mesma forma que a gente recebeu muito apoio, a gente recebeu muita resposta cruzada de quem não queria ajudar, de quem acha que dá uma canetada e resolve tudo. O cara não sai do gabinete dele, mas dá a canetada e tem que fazer, porque é ordem judicial... mas

distanciada da realidade. As pessoas têm que entender a realidade. Aí dá certo sim. No interior do Rio tem cidades ótimas, que se não deixar esculhambar, vai dar certo. O grande problema é o nosso entorno. Deixaram as coisas crescerem de forma desordenada. Lá dentro, a barbárie come solta. Mas as pessoas acham que não. Não conseguem enxergar. Não viveram esse ambiente. Acham que tudo se resolve dando um abraço no Cristo Redentor... Mas acho que as coisas podem melhorar. Acho que as pessoas também querem que as coisas melhorem. No fundo, é isso: acho que as pessoas querem. Aqueles que podem ajudar, podem fazer de tudo. Existem várias boas intenções. Acho que deveriam ser incentivadas. Mas, é um lugar muito difícil. Levaria, pelo menos, fazendo uma visão otimista, três governos investindo na segurança. Tenho a esperança de que tem jeito, sim. Não é fácil, mas tem jeito, sim.

General Richard Fernandez Nunes

Richard Fernandez Nunes é general de exército. Natural do Rio de Janeiro, nasceu em 25 de outubro de 1963. Ingressou na Escola Preparatória de Cadetes do Exército (EsPCEx) em 1978 e foi declarado aspirante a oficial da arma de Artilharia na Academia Militar das Agulhas Negras (Aman) em 1984. Formou-se na Escola de Aperfeiçoamento de Oficiais (EsAO) em 1993. Cursou a Escola de Comando e Estado-Maior do Exército (Eceme) entre 2000 e 2001. É bacharel em direito pela Universidade do Estado do Rio de Janeiro (Uerj, 1990) e mestre em ciências militares pela Eceme (2006). Realizou o Curso de Política, Estratégia e Alta Administração do Exército (CPEAEx) e um MBA executivo na Fundação Getulio Vargas (FGV) em 2010. No exterior, foi observador militar na Missão das Nações Unidas para a Verificação dos Direitos Humanos na Guatemala (Minugua) em 1998; assessor militar brasileiro junto à Academia Militar dos Estados Unidos em West Point (2003-2005); e realizou o curso de Altos Estudos Estratégicos no Centro Superior de Estudios de la Defensa Nacional na Espanha em 2012. Foi ajudante de ordens do vice-presidente Marco Maciel de 1996 a 1998. Chefiou o Centro de Estudos Estratégicos, gerenciando sua transformação no Instituto Meira Mattos, entre 2011 e 2012. Coordenou as ações de defesa química, biológica, radiológica e nuclear no Centro de Coordenação de Prevenção e Combate ao Terrorismo durante a Copa das Confederações em 2013. Comandou o quinto contingente da força de pacificação na Operação São Francisco (2014-2015) e a Eceme (2016-2018). Esteve à frente da Secretaria de Segurança Pública do Rio de Janeiro durante a intervenção federal no estado em 2018. Chefiou o Centro de Comunicação Social do Exército (CComSEx) de 2019 a 2021. Em setembro de 2021 assumiu o Comando Militar do Nordeste.

Entrevista realizada por Celso Castro, Adriana Marques, Verônica Azzi e Igor Acácio em 25/5/2021.

Sua primeira experiência com segurança pública foi durante a Copa das Confederações, em 2013?

Foi. Em 2013, eu servia no CComSEx, era chefe da Divisão de Planejamento e Gestão, mas, por ter uma especialização em defesa química, biológica e nuclear — era assim que se chamava na época em que fiz o curso na Escola de Instrução Especializada do Exército —, fui chamado pelo Coter para ajudar na coordenação da atividade relacionada ao antiterrorismo e ao contraterrorismo, basicamente voltada para a questão envolvendo a defesa química, biológica, radiológica e nuclear, tanto as medidas preventivas quanto as repressivas, se fosse o caso. O cenário mais perigoso que se verificava era de um atentado em que o próprio explosivo pudesse ser empregado com algum tipo de material radioativo, químico ou biológico; ou seja, a famosa "bomba suja". Esse era um cenário muito perigoso. E havia indícios, por conta de levantamentos de agências internacionais, de que não era uma hipótese tão remota assim.

Então, compartilhei meu tempo, naquela época, tanto aqui, chefiando o planejamento da comunicação social, quanto atuando junto ao Comando de Operações Especiais, com sede em Goiânia, e fazendo uma interface com todas as agências do Estado envolvidas nessa tarefa. Não era só tratar de uma ação conjunta das três Forças Armadas: eu também precisava ter a interligação com os órgãos de segurança pública, em particular a Polícia Federal, que também tinha uma divisão específica para tratar desse assunto. E nós fizemos o planejamento para todas as sedes daquela época. Esse planejamento serviu de base para todos os demais grandes eventos que se seguiram: visita do papa, Copa do Mundo de 2014, Jogos Olímpicos e Paralímpicos de 2016. Mas só trabalhei efetivamente em 2013, porque em 2014 fui promovido a general e segui meu caminho. Fui para Santa Catarina, comandar a 14ª Brigada de Infantaria Motorizada.

Aí você recebeu uma missão na Maré, não?

Logo em seguida, tive a missão no Complexo da Maré, comandando uma força de pacificação que partiu do Sul. Havia um rodízio: a cada dois meses e meio se trocava a tropa empregada no Complexo da Maré. E me coube ali o contingente que começou em dezembro de 2014 e foi até fevereiro de 2015. Estive à frente dessa missão lá por dois meses e meio.

É diferente do que acontece numa missão no exterior, uma missão de paz internacional, como tivemos tantas aí — a última grande, no Haiti. Quando se manda uma tropa para o exterior, se cria uma estrutura específica, retirando das unidades para se compor aquela tropa. O Brabat, por exemplo, o Brazilian Battalion, é um batalhão formado para atuar naquela missão. Quando volta, ele é desativado. Nas missões de GLO — isso é uma característica importante —, como são missões dentro do território nacional, não existe esse sistema. O que se faz? Empregam-se as unidades existentes no país, em detrimento de suas missões correntes. Então, eu comandava a brigada de Florianópolis e fui para a Maré. Não deixei de ser comandante da brigada de Florianópolis. Era uma missão concomitante. É claro que minha ação principal naquele momento era na Maré. Deixei o chefe do estado-maior lá cuidando da brigada. Tínhamos despachos *online*, ele me mandava documentos, despachava pela internet, mas a minha preocupação operacional era na Maré. É uma dificuldade enorme, porque isso acontece em todos os níveis de atuação: o comandante de batalhão que vai, ele também continua comandando um batalhão na sua guarnição de origem. É um esforço tremendo. É também por isso que se justifica esse rodízio. Se colocar uma tropa permanentemente numa missão de GLO, algo vai ficar descoberto, a menos que a gente use o mesmo artifício que usa na missão de paz no exterior.

Todo esse contingente foi da brigada?
Não. Foi de todo o Comando Militar do Sul. Levei três batalhões, cheguei a comandar mais de 3 mil militares na Maré, homens e mulheres. A cabeça desse batalhão da minha brigada era de Joinville. Mas eu não podia tirar todo um batalhão de Joinville e levar para lá, porque tem um quartel para cuidar. Então, o batalhão de Joinville foi o organizador da tropa catarinense; eu tinha um batalhão de Cascavel, que organizou a tropa paranaense; e tinha um batalhão de Sapucaia do Sul, no Rio Grande do Sul, que organizou o meu batalhão dos gaúchos. Então, basicamente, eu tinha um batalhão de cada estado do Sul comigo, além de outras tropas de menor vulto. A Marinha do Brasil tinha conosco um Grupamento Operativo de Fuzileiros Navais, com cerca de 600 militares, e a Força Aérea Brasileira colocou à nossa disposição, naquele momento, um Centro de Operações Aéreas, operando o Sistema de Aeronave Remotamente Pilotada, que eu também tinha na Maré, o Sarp. Então, eu tinha tropa das três Forças. É claro que o grosso era do Exército. Eram 2.400 militares do Exército, 600 da Marinha; da Aeronáutica, não chegava a 50, porque eles são uma estrutura menor. E aí, no meio da operação, meu contingente foi aquele que incorporou a PM do Rio de volta. Aí recebi 212 policiais militares do Rio de Janeiro, se incorporando a essa minha tropa lá na Maré no verão de 2014 para 2015.

Essa tropa do Sul já tinha alguma experiência com GLO? Qual o treinamento que recebeu?
Muito grande. Isso aí é outra coisa que é bom a gente já deixar claro desde o início. Muito se diz que o Exército não está preparado para esse tipo de missão. Não é bem assim. Tem que ter um pouco de cuidado com isso. O artigo 142 da Constituição nos atribui a missão de Garantia da Lei e da Ordem. É claro que a consideramos de caráter subsidiário e em detrimento da missão precípua de uma Forças Armadas, que é a defesa da pátria, mas ela é uma missão prevista na Constituição. Então, não podemos descuidar dela. Existe, dentro do cronograma de instrução do Exército, um período do ano que é dedicado à GLO. Nós chamamos de Período de Adestramento Básico em Garantia da Lei e da Ordem, PAB GLO.

Isso o pessoal do serviço militar obrigatório faz?
Faz, ele faz parte do ano de instrução. Então, todas as unidades operacionais do Exército, ou seja, os batalhões de Infantaria, os regimentos de Cavalaria, os grupos de Artilharia, têm, no seu calendário de instrução anual, um período chamado PAB GLO, em que nós treinamos para esse tipo de operação.

Esse treinamento é recente?
Na primeira década do século, em 2007, 2008 e 2009, já havia isso, até pela experiência que nós já tínhamos adquirido em missões de paz. O contexto é diferente, mas a atividade é semelhante, porque são atividades em ambiente urbano, em áreas normalmente de baixo índice de desenvolvimento humano. Ninguém vai fazer GLO na avenida Vieira Souto, em Ipanema, não é? São em áreas de desenvolvimento humano mais precário e muito semelhantes ao que a gente encontra, por exemplo, num país conflagrado que demanda uma missão internacional. Então, não é a mesma coisa, mas há semelhanças no ambiente operacional. Isso fez com que o Exército fosse evoluindo nisso. É claro que é necessário um período intenso de treinamento imediatamente antes de partir para a missão. Isso aconteceu conosco lá em Santa Catarina. Quando foi definido que a minha tropa iria para a Maré em dezembro — isso foi mais ou menos no meio do ano, em julho —, nós tivemos uma intensificação muito grande de treinamento para aqueles que já haviam sido designados. Então, aquelas frações designadas para a missão foram submetidas a um programa de treinamento intensivo, bastante exigente até, baseado nas experiências anteriores e naquilo que a gente vem colhendo ao longo do tempo em termos de lições aprendidas.

Havia alguém que já tinha participado de operações de GLO no Rio de Janeiro que ajudava em palestras?
Tínhamos veteranos do Alemão, tínhamos muita gente que esteve no Haiti e tínhamos também gente que já havia participado de grandes eventos — principalmente, é claro, oficiais e sargentos. Naquela época, eu tinha um percentual considerável — acho que chegava a 30 ou 40% desse pessoal — já com uma experiência em grandes eventos.

Esse treinamento é mais tático, de como operar, ou é mais, vamos dizer, psicológico? Porque imagino que a grande maioria desse contingente nunca tenha estado numa favela do Rio.
Isso foi bastante trabalhado por nós. E eu, que sou carioca, também tentei montar o meu time com uma equipe que tivesse uma certa experiência com aquele ambiente cultural nosso, da nossa terra, que a gente sabe que não é fácil. E passamos isso para eles durante a fase do treinamento. É um treinamento eminentemente tático, porque são pequenas frações que atuam numa missão de GLO, ao contrário de uma missão de guerra regular, em que se empregam grandes efetivos. A GLO é conduzida por pequenos efetivos: pelotões comandados por tenentes, normalmente, com patrulhas comandadas por sargentos. São ações muito descentralizadas. Porém, em que pese o nível da atuação ser eminentemente tático, o ambiente é de um caráter político-estratégico considerável. Isso nos dá muito mais preocupação, em termos de instrução, do que a própria guerra convencional. Porque, no ambiente de combate convencional, dificilmente um tenente é submetido a um tipo de responsabilidade político-estratégica como a de um cabo no Complexo da Maré diante de uma manifestação de moradores. A repercussão disso é de tal monta que uma ação realizada por um militar de baixa patente pode ter repercussões até que extrapolem o nível nacional. Trabalhamos muito nisso: chamava atenção a todo tempo do ambiente informacional, até mesmo o cuidado com gírias, o cuidado com a maneira de se portar. Cobramos da nossa tropa um comportamento ético estrito, e o resultado foi extremamente vantajoso, nesse sentido. O retorno que nós tivemos dos próprios presidentes da associação de moradores da área demonstrou isso cabalmente.

Você acha que a experiência no Haiti influenciou as operações de GLO? Ou a experiência em operações de GLO é que influenciou a missão no Haiti? Houve um processo de retroalimentação entre uma operação e outra?
Vejo como uma relação biunívoca. Penso que houve influências simultâneas, múltiplas, nesse sentido. Nós ficamos quase três décadas congelados, em termos de missões de paz internacionais. As que existiam permaneceram, algumas — Chipre é um exemplo —, mas nós tivemos, de meados dos anos 1960 até meados dos anos 1980, um vazio de operações de paz no mundo. Com o fim da Guerra Fria, quando houve a retomada das missões de paz, por conta da questão do fracionamento da antiga Iugoslávia, o Brasil, de cara, voltou a participar, e houve um contingente muito grande nosso que passou então a ser chamado a atuar. Tivemos missões em Angola, em Moçambique, no Timor-Leste. Essas missões demandam uma atualização, uma internacionalização de padrões de desempenho. Não havia ainda, claramente, um processo de certificação da tropa como há hoje, mas isso já havia, implicitamente. Nós sabíamos muito bem que, para mandar uma Companhia de Engenharia para Cabinda, para realizar a desminagem naquela província angolana isolada, nós tínhamos que ter um preparo especial, em padrões internacionais. Para conduzir um contingente multinacional, que envolvia polícias de outros países do mundo, era necessário uma série de conceitos de direito internacional dos conflitos armados, ou direito internacional humanitário. A doutrina mesmo de emprego de tropas internacionais nesse ambiente é muito específica. E isso foi assimilado por nós.

Fui observador na Guatemala em 1998 e já havia toda essa preocupação. Quando estava lá, uma das minhas missões era interagir com a Polícia Nacional Civil da Guatemala, que era basicamente uma tarefa de capacitação em direitos humanos, em direito internacional humanitário, em organização, em gestão de políticas públicas, da área de integração com outras agências. Isso já fazia parte do nosso vocabulário e do nosso preparo naquele momento.

Simultaneamente, houve um implemento muito grande de missões de GLO no século XXI. Se no final do século passado nós tínhamos algumas missões pontuais, os governos mais recentes nos empregaram amplamente, principalmente no Rio de Janeiro. Então houve, a meu ver, um fenômeno aí de duplo sentido: a participação do Brasil em missões de paz enriqueceu e atualizou a nossa doutrina de participação em operações de GLO e a nossa experiência em atuação em operações de GLO facilitou em muito a assimilação de padrões internacionais para a participação nessas missões. Acredito que aí houve um auxílio, um subsídio simultâneo.

Do ponto de vista da minha operação na Maré, havia realmente um contingente razoável que já havia participado de ambos os tipos de operação. Alguns, só de um tipo, e outros, de ambos os tipos. O que a gente percebe é que, do ponto de vista político-estratégico, é de tremenda complexidade jurídico-institucional, mas do ponto de vista especificamente militar, é simples. Falei isso, uma vez, numa entrevista, aí teve gente que ficou alvoroçada. Para nós, militares, uma operação no Complexo da Maré, em termos militares, é de uma simplicidade enorme; não dá para comparar com a operação convencional, em que você tem que conjugar uma série de conhecimentos e de estruturas e sistemas. O que não é simples é o contexto. Uma coisa é disparar um fuzil numa guerra convencional; outra é disparar um fuzil no meio de uma favela no Rio de Janeiro e na nossa terra, em que se pode atingir ali uma pessoa inocente ou, se for atingido até um criminoso, ele é um brasileiro, tem todo um impacto para nós de maneira muito complicada. Então, do ponto de vista militar, a assimilação desses conhecimentos é muito rápida. O problema não está no tático. Quem dera! Se o problema fosse o tático, seria muito mais fácil resolver. O problema é de natureza jurídico-institucional, econômica, financeira etc. É de uma série de outras ordens. O tático é o que menos nos preocupa, quando partimos para uma operação dessa natureza.

A gente queria aprofundar a questão das regras de engajamento, como elas eram na Maré, e, se o senhor pudesse, comparar com o que havia antes.
Também sempre falei muito sobre essa questão, porque é uma pergunta obrigatória nesses ambientes e muito no meio militar. O nosso pessoal, quando dou uma palestra, por exemplo, na EsAO, na Eceme, é muito ligado nessa questão da regra de engajamento. Já fui secretário de Segurança, então tenho às vezes que tomar cuidado para ver a perspectiva que tenho hoje, que já é de um outro nível em relação à que eu tinha quando atuei na Maré. Isso é muito menos relevante do que parece, porque o arcabouço jurídico do país já é de tal maneira estruturado que, respeitado esse arcabouço, a preocupação com regras de engajamento passa a ser uma preocupação menor. O problema é, muitas vezes — e isso aí parte daqueles que não têm uma formação jurídica mais consolidada —, imaginar que uma regra de engajamento possa colidir com o regramento de um país. É um total absurdo.

Aí acho que há uma influência das missões de paz. Nas missões de paz, considerando que normalmente se adentra em um território onde houve a perda das condições de governabilidade, se estabelecem regras internacionais — até porque são tropas de diversos países, que precisam conviver sob um determinado ordenamento. As regras de engajamento, nesse caso, são fundamentais e fazem parte de uma preparação muito intensa para quem vai se deslocar para uma região dessas. No ambiente nacional — isso foi trazido para cá —, há aqueles que imaginam que a regra de engajamento poderia, em determinado momento, dar uma liberdade de ação que a legislação do país não confere. Isso é um absurdo, não tem o menor cabimento.

As regras de engajamento, como é que funcionam? Elas são expedidas no mais alto nível de onde parte a diretriz do planejamento operacional militar: o Estado-Maior Conjunto das Forças Armadas, porque normalmente são operações conjuntas, em ambiente interagências. Não se imagina mais uma operação dessas que seja singular. É muito raro imaginar que só uma das Forças Armadas vai estar presente e que ela não vai conviver com outras agências.

Então, elas partem do Estado-Maior Conjunto das Forças Armadas, descem para a força que lidera — normalmente é o Exército —, para que o Coter então defina, em documento que vai chegar para o nível tático, as regras efetivamente observadas. Na maioria das vezes, é copiar e colar. Em alguns casos, há um acréscimo. Normalmente, se acrescentam as regras emanadas do Estado-Maior Conjunto ou as que sejam mais particulares àquele ambiente operacional. Desencadeada a operação, há ajustes que precisam ser feitos, porque muitas vezes se percebe que ou aquelas regras de engajamento estão cerceando demais a liberdade de ação da tropa, que fica impedida de fazer qualquer coisa, ou então estão, por uma questão de omissão, induzindo a que se pratique algo indevido. Então, a gente realmente precisa fazer ajustes.

O que aconteceu no meu caso? Como o meu já foi o quinto contingente, quando cheguei lá em dezembro de 2014, a missão havia começado em março, então já peguei aquilo muito amadurecido, já tinha havido uma série de aperfeiçoamentos. De minha parte, não tomei nenhuma iniciativa quanto às regras de engajamento. Nunca advoguei essa tese. Acho que a gente tem que trabalhar com o que existe aí. Não vejo necessidade dessas mudanças. Muito pelo contrário, acho que o que falta, muitas vezes, é um acompanhamento mais próximo da tropa, o comandante que está junto da sua tropa não ter aborrecimento. Isso vale em tempos de paz, no papel, na parte até administrativa; isso vale em tempo ruim, para a tropa que está sendo empregada. A presença do comandante junto à sua tropa — em todos os níveis —, em observação muito estreita, numa aproximação com a sociedade, com a população, resolve a enorme maioria dos problemas, e a gente dificilmente tem aborrecimentos com essa questão de regras de engajamento. Mas como nós temos também um país em que o direito positivo é muito presente, tudo está muito definido, para evitar maiores problemas, não deixa de ser também uma salvaguarda. Uma regra de engajamento bastante pormenorizada garante, para quem vai ser empregado, uma certa segurança jurídica, para evitar aborrecimentos futuros. Então, é um assunto de complexidade, nesse sentido. Eu não atribuo a ele a relevância política que normalmente se tem dado, mas atribuo, sim, ao arcabouço jurídico uma importância grande, porque o que tem sido feito é colocar uma tropa militar para cumprir uma missão tipo polícia, e depois se tenta dar a essa tropa um tratamento como se fosse uma instituição policial.

Eu sempre falava isso na Maré: "Não estou aqui como delegado nem como comandante de batalhão da PM; estou aqui como general do Exército. Quando a minha tropa atua aqui é por ordem do presidente da República". Eu não estava ali para agir como um policial; eu estava ali para agir como um militar. Quem deu a ordem de eu estar lá que assuma a responsabilidade política por essa decisão, senão nós ficamos fazendo um papel que não nos compete, querendo ajustar regra de engajamento a uma decisão política impensada, muitas vezes. Basta dizer que fui para a Maré sem saber até quando a missão continuaria. A Maré foi uma sucessão de prorrogações casuísticas e perdurou por quase um ano e meio. Lembremos que ela começou em 2014; não havia planejamento do estado do Rio de Janeiro para que fossem instauradas aquelas UPPs na Maré. Foi uma decisão açodada e era para durar até a Copa do Mundo.

Pois bem, veio a Copa, vieram as eleições de outubro, veio a mudança de governo — que não mudou; na verdade, houve uma reeleição, mas veio um novo período de governo —, e aí já estavam pensando nas Olimpíadas. E eu pensava: "Daqui a pouco, nós vamos ficar aqui até 2016". E a cada dois meses se editava um documento prorrogando. Isso me incomodava. Eu tinha contato com juízes, com promotores, que diziam: "Mas as Forças são responsáveis por aquilo". Eu dizia: "Não estou aqui porque quero, não. Tem que perguntar ao decisor político que está prorrogando isso aqui. Quem disse que eu queria estar aqui? Eu gosto do Rio de Janeiro, mas não é exatamente para ficar no verão na Maré, não. Preferia estar em outro lugar". Então, de vez em quando precisa dizer isso, porque parece que as pessoas não se dão conta. Como a responsabilidade fica muito em cima dos ombros da força armada que está ali identificada, dá a impressão de que nós é que costuramos aquela solução. E aquela solução passou longe de nós.

Houve alguma tentativa do poder civil de tentar mudar a forma como a tropa estava atuando?
Não, não houve. Não comigo. Não me recordo. Havia, sim, algumas iniciativas de tentar aperfeiçoar, até para dar mais liberdade de ação para a tropa. A questão do fuzil é emblemática. Estar com um fuzil sem apontar o fuzil é ou não é ameaça iminente? Essa conversa para mim não pegava. Sempre fui um pouco avesso a esse tipo de abordagem. A ameaça é percebida no terreno. Como é que eu, um general, vou dizer para um tenente, com seu pelotão de 30 homens: "Você vai atuar nessa área. Se o fuzil estiver encostado na parede, ele não constitui ameaça, você não faça nada, mas se ele estiver empunhado, ele é uma ameaça". Olha, acho isso de um artificialismo exorbitante. O fato de eu estar numa área conflagrada onde tem uma operação desencadeada há meses e ter ali uma pessoa que porta um fuzil — logicamente sem estar habilitado ou autorizado para tal —, aquilo ali é uma ameaça. "Mas eu posso atirar nele?" Olha, isso aí depois a Justiça vai dizer, se você agiu bem ou mal. Para isso existe a Justiça, para isso existe um Código Penal. Não é a regra de engajamento que vai conseguir criar tamanha segurança jurídica para presumir que o camarada está isento de responsabilidade. Não é por aí. Nunca entendi assim. Acho que nós já temos aí uma história de avanço do direito internacional humanitário e do direito internacional dos conflitos armados considerável para que a gente confie que esse ramo do direito possa dirimir determinadas dúvidas nesse sentido. Quando é uma operação de paz, isso é claro, e quando é uma operação de GLO e o direito interno é o que vai prevalecer, o Código Penal está aí para dirimir dúvidas, seja o Código Penal comum ou o Código Penal Militar.

Existe um entendimento, dentro da área de relações internacionais, de que talvez essa questão do vocabulário das regras de engajamento tenha vindo como uma referência da ONU e como uma influência das operações de paz. O senhor acha que isso influenciou nessa questão das regras de engajamento, se foi só no início, se deixou de ser depois? Se, por exemplo, a criação do CCOPAB teve alguma coisa a ver com o treinamento de GLO, ou se é totalmente diferente da forma como nós lidamos com os nossos desafios de segurança interna?
Acho que é importante eu passar uma visão macro da instituição Exército, como ela trabalha esses temas. O Coter é formado por três chefias: de Preparo, de Emprego e de Operação de Paz. Temos uma outra que é um Centro de Doutrina. Então, o Coter, que é o órgão de direção operacional do Exército, já se divide

nessas tarefas. O Preparo do Exército, que é exatamente aquilo que se faz com todas as organizações de tropa ao longo de um ano, dentro de um ciclo que se renova para que as tropas sejam preparadas para cumprir um espectro variado de funções, contempla a GLO. A Garantia da Lei e da Ordem está no âmbito do preparo do Exército, porque é uma missão prevista na Constituição para a qual nós temos que dar resposta, caso sejamos acionados.

Nossa capacitação de tropas e até certificação de pessoal para operar em missões de paz é encargo de uma outra chefia, a Chefia de Operação de Paz. O que já demonstra que a gente distingue, na própria organização do Exército, essas duas tarefas. O CCOPAB tem uma história de sucesso, é um modelo reconhecido internacionalmente. Sua missão está direcionada para as missões de paz, ele não tem nenhuma atribuição, sequer subsidiária, de qualificar pessoal para missões de GLO. Para isso, nós temos um Centro de Instrução em Campinas. Em Campinas, na área da 11ª Brigada de Infantaria Leve, nós temos um Centro de Instrução de Garantia da Lei e da Ordem, que tem um treinamento específico.

Mas são tão diferentes assim? Aí volto à minha primeira resposta: não são tão diferentes. Há uma série de áreas de sombra, há uma série de interpenetrações. As regras de engajamento claramente constituem um ponto de ligação entre essas duas áreas, porque muito do que se aplica na GLO efetivamente foi absorvido por conta da nossa atuação internacional em missões de paz. Mas o ordenamento jurídico, o cenário político-estratégico é completamente distinto. Então, não vejo como criarmos esse tipo de confusão, criarmos esse tipo até de associação. Isso eu acho que, do ponto de vista da concepção do processo, ok: foi um dado histórico de entendimento, de onde surgiu. Mas hoje, efetivamente, para que o nosso Exército, as nossas Forças Armadas sejam empregadas, isso tem que estar dissociado: cada um cuida da sua área.

Vejo que a importância das regras de engajamento para o ambiente internacional é da essência do direito internacional dos conflitos armados; porém, no ambiente interno, até por uma questão jurídico-institucional, não há como aplicar esse conceito. Poderia ser até outro nome. Temos usado regra de engajamento, mas, na verdade, regra de engajamento tem que estar estritamente sob o abrigo da legislação do país. Alguns argumentam que se deveria, então, mudar a legislação do país. Acho que mudar a legislação de um país a partir de uma experiência pontual e indesejável — indesejável porque ela caracteriza a falência de outras instituições —, de empregar o Exército, as Forças Armadas, em substituição a outras instituições que não tenham cumprido sua tarefa, acho que é muito forte. Não concordo que seja dessa forma. Acredito que a gente tenha, sim, que proporcionar segurança jurídica.

Sei que é um tema polêmico, mas não consigo conceber que, ao comandar uma tropa em uma missão como essa, para a qual nós não pedimos para ir, eu submeta um subordinado meu ou a mim mesmo a uma legislação que não foi dimensionada para a tropa militar. Nós temos uma Justiça Militar para cuidar dos crimes militares. E não consigo conceber que um crime praticado por um militar numa missão de GLO que lhe foi determinada sob o abrigo da Constituição caracterize um crime comum. Até eu sei que é polêmico, mas o meu posicionamento quanto a isso é claro. É por isso que acho que, numa GLO, as regras de engajamento são importantes, mas não são essenciais.

Na sua opinião, as operações de GLO são essencialmente operações interagências?
Não tenho a menor dúvida. Até porque depois, como secretário de Segurança, uma das coisas que me dei conta é que a falência do modelo das UPPs foi exatamente pela incapacidade de coordenar e integrar as ações interagências. O problema da ordem pública não é um problema que se resolva *manu militari*. É claro que a *manu militari* provavelmente é necessária, para se criar, no início, um mínimo de estabilização. Mas se não houver um envolvimento muito claro, como uma espécie de contrato de objetivos — advogo isso —, em que cada agência que entre já se comprometa — e isso vai ser cobrado dela — com resultados a serem alcançados, nós não chegaremos a lugar nenhum.

O que acontecia na Maré? Os documentos que nos levaram à Maré são acordos de entendimento de uma fragilidade absurda, que iam se renovando periodicamente. Eu me dei ao trabalho de pegar o meu, o que foi renovado no final de dezembro, e fiz a *checklist*, para saber quem estava cumprindo o quê. Quem assinava o documento? O governador do Rio de Janeiro, o ministro de Estado da Justiça e o ministro de Estado da Defesa. Eram as três autoridades que assinavam, na época, esse acordo de atuação de força federal no Rio de Janeiro, no Complexo da Maré. Então, nós tínhamos dois ministros de Estado e um governador de estado. O Ministério da Defesa cumpriu o que estava previsto naquele acordo? Integralmente. Tudo que estava previsto para o Ministério da Defesa fazer foi feito: efetivos a serem empregados, dispositivo a ser montado, estrutura a ser aplicada... Tudo que estava previsto para nós se transformou num documento de operações militares, que saiu do Ministério da Defesa, veio para o comando das forças e caiu na nossa mão para cumprir. Aquilo ali é ordem: cumpra-se.

As obrigações do Ministério da Justiça foram cumpridas? Quase nada. Por quê? Porque ali não havia ordem. Os verbos eram extremamente abertos: estudar, verificar a conveniência... Para nós, era: realizar tal coisa, fazer tal coisa. Eram verbos impositivos. Para o Ministério da Justiça, eram verbos especulativos: "Verificar a possibilidade de instalar uma extensão de um órgão judiciário na Maré". Estamos esperando até hoje...

O governo do estado cumpriu sua parte? A meias. Porque a flexibilidade que um ator político tem diante de um documento desses é diferente das Forças Armadas. As Forças Armadas não têm flexibilidade. Quando recebo uma missão, cumpro ou não cumpro. Não posso chegar para quem me atribuiu a missão: "Olha, vou fazer essa parte aqui, mas essa aqui, não vou fazer, não". Não é assim que funciona. A gente entra num jogo desses para cumprir o que estava previsto. Qual foi a parte do governo do estado do Rio de Janeiro cumprida? A parte que dizia respeito à polícia naquele acordo foi cumprida: eles apresentaram os efetivos que tinham que apresentar, forneceram o apoio logistico que tinham que fornecer. Destinar uma delegacia de polícia para receber as ocorrências da Maré, isso foi feito. E a parte do governo do estado que envolvia as demais ações do estado, a parte sanitária, a parte educacional, a parte documental? Nada foi feito. Nada. Era uma embromação — desculpem o português claro — atrás da outra. "Ah, vamos fazer", aquele verbo sempre no futuro, ou então aquele gerúndio, "estamos estudando", "estamos verificando...". E o tempo ia passando e nada acontecia. Nem as quatro UPPs que haviam sido acordadas foram instaladas.

Então, não tem como resolver um problema dessa ordem imaginando que as ações militares e policiais vão ser suficientes. A fórmula do sucesso de uma missão como essa é que haja um contrato cognitivo de verificar, de que a sociedade possa cobrar: "Por que o Ministério da Justiça não cumpriu o que está previsto nesse documento?"; "Por que o estado do Rio de Janeiro não cumpriu o que está previsto nesse documento?"; "Por que as agências do estado do Rio de Janeiro foram omissas, a ponto de não ter sequer um posto de identificação lá dentro, que é essencial para a cidadania?". E cabia a um militar dizer isso?!

Fui ao presidente do Tribunal de Justiça do Rio de Janeiro cobrar que não interrompesse o serviço de assistência da Justiça itinerante. A Justiça itinerante não tem nada a ver com crime: é para fazer casamento, separação, adoção de filhos: cidadania. Então, eu me sentia ridículo: um general que saiu lá de Florianópolis comandando uma brigada tendo que instar autoridades do Judiciário, do Ministério Público, de órgãos do estado para cumprirem a sua parte. Só que a sociedade não sabe disso. A sociedade vai no efeito aparente. Houve uma troca de tiros na Linha Vermelha? É o fim do mundo... Agora, ninguém sabe que aquela troca de tiros está acontecendo na Linha Vermelha porque sequer se deu condições àquele jovem ali da Maré de conseguir um documento para poder tirar uma carteira de trabalho. É efeito disso. E aí chegam e derrubam: "Ah, vamos fechar a Linha Vermelha aqui, fazer um muro aqui, para que não haja assalto na Linha Vermelha". Aí é fácil... Então, esse é o problema. Não vejo solução. A GLO é, necessariamente, uma operação conjunta, porque envolve as Forças Armadas como um todo e interagências. Caso contrário, não precisa nem começar.

Pelo que você está falando, parece que é uma missão que tem uma dimensão muito frustrante: você vai lá, tem o seu papel para desempenhar, mas o ônus grande, de mídia, de imprensa, de opinião pública: "Esteve lá e não adiantou nada, depois que sai, volta a mesma coisa...". Como é isso para um oficial de carreira?

Isso serviu muito para a intervenção, isso posso lhe dizer. A experiência vivida na Maré, essa frustração, entre aspas... Vou explicar por quê. Essa falta de resultado objetivo na ponta da linha, na Maré, nos faltou muito na intervenção. Em nenhum momento, na intervenção, pelo menos a minha conduta, em nenhum momento veio com esse negócio de operações. Eu estava preocupado com estrutura. Como é que a gente lida com isso? Primeiro, marcar objetivo para si mesmo. Na minha tropa, eu falava muito isso: "Olha, se vocês saírem daqui com a consciência de que o que foi planejado foi executado de maneira correta, vocês já terão feito um grande bem para essa comunidade aqui: dado o exemplo". Porque o que mais falta ali é bom exemplo. Boa parte dos nossos problemas hoje é devida a esse nível de liderança abjeta que a gente tem em diversos setores. E em uma área como aquela, a principal carência que há é de liderança, porque há um envolvimento total de autoridades, de agentes de toda ordem ali com o ilícito. Então, uma criança já cresce naquele ambiente ali com... Elas não torcem para o Flamengo ou para o Vasco, elas torcem para a facção A ou para a facção B. "Então, se nós formos capazes", eu dizia isso, "de servir até como modelo de comportamento, já terá sido grande." E fomos.

Tenho vários relatos dessa natureza. Tem um coletivo na Maré chamado Juventude Relevante da Maré. Esse coletivo buscou uma aproximação conosco de uma maneira até inusitada: vieram se queixar de nós. E ao se queixar de nós, numa atuação que eles achavam que tinha sido abusiva, houve uma interação que acabou frutificando. E os relatos que vinham daquelas pessoas que conduziam esse coletivo eram nesse sentido: "Olha, vocês não fazem ideia do bem que causa um bom comportamento de um soldado jovem desse aqui, que é capaz de ser educado, urbano, tratar as pessoas com dignidade, o bem que isso provoca".

Outro ponto é que nós temos o sentido do cumprimento de missão, que é basilar na nossa carreira. Então, vou lá para cumprir uma missão. A missão que foi atribuída a mim foi cumprida. Se depois ela teve ou não desdobramentos, sinto muito, não é mais, em tese, um problema meu; a minha missão está cumprida.

Na intervenção, como já éramos gatos escaldados, tudo que nós não queríamos — mas era o que a maioria da sociedade queria no início, inclusive a mídia pressionava muito — é que fizéssemos ações espetaculares nas diversas favelas, operação aqui, operação ali. Eu, como secretário de Segurança, falei: "Sou contra. Não vou fazer operação nenhuma. O que nós temos que ter é uma ação sistemática de fortalecimento das instituições para que elas deem conta de sua tarefa sem precisar ter o espetáculo das Forças Armadas nas ruas". Acho que fizemos um bom trabalho.

Aí você voltou da Maré, terminou o comando em Santa Catarina e foi comandar a Eceme. Lembro que eu [Celso] fui à Eceme, almocei contigo pouquíssimos dias antes de saber se você seria promovido a general de divisão. Você falou: "Daqui a poucos dias, posso estar em casa, não sei o que vai acontecer comigo". E aí, poucos dias depois, você não só foi promovido como ganhou a missão de chefiar a segurança pública do Rio de Janeiro. Você falou: "Não sei se é parabéns pelos dois ou parabéns por um e pêsames pelo outro". Porque era uma missão evidentemente, vamos dizer, complexa. Como foi esse momento?

É tão rápido que não dá tempo de sequer... A gente não pode nem tomar uma posição, porque isso nos é dado, não há essa consulta. O que ocorre? Quando a gente está submetido a um processo de promoção como general, é um processo por escolha, como sabemos, então é difícil saber o resultado. Mesmo aqueles que têm uma carreira mais destacada sempre têm uma dúvida, porque é voto, e é voto secreto. Então, a gente fica sempre na dúvida de se vai estar naquela lista. Normalmente, a notícia é dada pelo nosso chefe do alto-comando. No meu caso, eu era o comandante da Eceme. A quem cabia me dar a notícia da promoção ou da preterição? Ao chefe do DECEx, o general Cid. Ele me ligou: "Parabéns, você está na lista, foi escolhido, vai ser submetido ao presidente, que bom! Só não posso dizer qual é a função". Porque normalmente se diz: "A princípio, você deve ir para tal lugar". Eu tinha a expectativa de que viria para o Estado-Maior do Exército, numa função aqui no Escritório de Projetos Estratégicos. Era a previsão. O general Braga Netto, que não tinha nada a ver comigo — ele era o comandante militar do

Leste, eu, o comandante da Eceme —, me fez uma ligação e perguntou o seguinte: "Posso contar com você na intervenção federal, caso você seja promovido?". Foi essa a pergunta. O que alguém pode responder, na véspera da reunião do alto--comando? "É claro que pode!" Mas ele em nenhum momento fez referência que seria como secretário de Segurança, até porque isso não estava posto naquele momento. Essa decisão foi à noite, quando eles perceberam que talvez fosse a melhor solução. E recaiu sobre o meu nome. Aí, no dia seguinte, quando recebi a informação da promoção, não demorou uma hora, recebi a outra informação, que eu seria secretário de Segurança.

Realmente foi um impacto grande, porque não era algo sequer plausível. Eu nem desconfiava de que algo como aquilo pudesse acontecer. Ninguém desconfiava. A intervenção já foi totalmente imprevisível para nós, imagina as funções que foram desempenhadas! Mas confesso que entendi o que o Exército fez naquele momento. Acho que o Exército se aproveitou do fato de eu ter tido essa experiência na Maré, isso foi importante; o fato de eu ser carioca e... Não só ser carioca: eu me identifico muito com o Rio, mesmo. Sempre fui um defensor. Eu me incomodo muito com essas abordagens superficiais que se fazem sobre o Rio de Janeiro, essas críticas que, muitas vezes, são desprovidas de talento intelectual. E também pelo fato de ter comandado a Eceme, onde nós discutimos esse tema. No ano anterior, nós havíamos discutido muito essa questão da Garantia da Lei e da Ordem, da participação das Forças Armadas em missões na área da segurança pública. E, inclusive, o secretário de Segurança do Rio, o Sá,[40] que foi meu antecessor, foi dar uma palestra na Eceme sobre esse tema da participação das Forças Armadas na segurança pública. Então, eu me considerava razoavelmente preparado. Não achei que foi algo despropositado. É algo que tem uma certa lógica. A cruz que estavam me dando para carregar, eu suportava. E foi assim que encarei a missão. Tanto que, de imediato, rompi qualquer discurso daquele nível: "Viemos aqui para conciliar", "Agora vai!', "Nunca antes...". Não: em nenhum momento falei isso. Eu sempre disse o seguinte: "Nós vamos fortalecer essas instituições que têm 200 anos e respeitar a Polícia Militar e a Polícia Civil". Por mais críticas que recebam, e a gente sabe muito bem, quem é do Rio de Janeiro, é diferente do que ocorre em outros estados e em outros países. São polícias que têm as imagens muito desgastadas. Mas o nosso esforço era de respeitar as instituições. Falei: "Agora, ou vocês melhoram, em termos estruturais e em termos de imagem, ou

---

[40] Antônio Roberto Cesário de Sá.

então não tem esperança. Não vão ser 10 meses de intervenção que irão resolver o problema". E eles falaram: "Isso é muito bom".

A dimensão política dessa nova missão é diferente de uma GLO na Maré. Na época, o governo Temer estava politicamente muito fragilizado, e dizia-se que ele quis a intervenção para tentar, vamos dizer, ter uma sobrevida política, ou alguma coisa assim. Dizem que o Villas Bôas, que era o comandante do Exército, era contra; que o Etchegoyen era a favor. Não sei o que aconteceu para se decidir pela intervenção, mas uma intervenção é diferente de uma GLO, tem uma dimensão política no estado — e, para além do estado, nacional. E você está no meio disso, embora com a sua missão ali para cumprir, mas você está imerso, vamos dizer, em um ecossistema, em um contexto muito diferente do da Maré.
Totalmente. Minha concepção era de que eu só teria êxito se fizesse uma correta análise do ambiente e atuasse muito mais no nível político-estratégico do que no nível operacional e tático. Não sei se todos estão familiarizados com essa terminologia. Nas Forças Armadas, ela é diferente do meio civil. No nosso meio, o operacional está acima do tático, e na administração pública, na administração civil, o tático está acima do operacional. O operacional é o chão de fábrica. Não é assim para nós. Por quê? Porque, para nós, o nível operacional é o nível do teatro de operações ou da zona de operações, então é o nível mais alto, e o tático é a ponta da linha. O que ocorria? Alguns dados que eu já tinha incorporado... Primeiro porque na Maré tentei dar um viés mais político-estratégico do que tático, eu sabia que no tático a missão é simples: é comandar uma patrulha... Um oficial de Artilharia, que é o meu caso, a gente, quando está numa operação convencional, os meios que têm que interagir — sistema de vigilância de radar, de inteligência, de coordenação de apoio de fogo, de manobra —, eles são muito complexos. Então, quem se prepara para um ambiente de guerra convencional está lidando com um nível de complexidade muito maior do que quem está no nível de uma Garantia da Lei e da Ordem, do ponto de vista militar. Então, o tático, depois que se treina a tropa ali durante alguns meses, vai ser resolvido com tranquilidade. É claro que sempre pode acontecer um erro de um indivíduo, que pode acarretar num dano de imagem. Isso é o problema da GLO.

Agora, como fazer a missão efetivamente ter algum tipo de êxito? É partir para o nível político-estratégico, para preencher a lacuna que normalmente não vai preenchida para lá. Por quê? Porque a coisa desce sempre goela abaixo de uma maneira muito mal estruturada. E aí, o que fazer na Maré? Fui ao Tribunal de Justiça, fui ao Ministério Público, fui ao secretário de Segurança, eu trouxe para a Maré os órgãos do município, sempre com o cuidado de coordenar com o CML: "Eu vou fazer esse gesto. Alguém aí vem comigo?". Eu já interagia com esse pessoal todo. Exemplo: eles preocupavam-se com o furto ou o roubo de um automóvel, que era levado para a Maré. Eu me preocupava em tirar da Maré os veículos roubados abandonados ali, que eram da ordem de mais de centena. Porque isso me dava um ambiente de ordem em que eu podia controlar o terreno, e forçava aquelas instituições a virem para dentro da Maré. Eu queria que o Instituto Félix Pacheco viesse para a Maré, porque isso é cidadania. E aí eu ia nas associações de moradores, reunia aquela turma toda e dizia: "Olha aqui: são benefícios que a missão está trazendo para vocês". Então, jogamos um jogo já político, mesmo numa missão delimitada como a da Maré. Já fizemos esse jogo.

A própria absorção da PM. Ao término da missão, fiz questão de fazer uma referência elogiosa aos 12 oficiais que estavam conosco, porque eles tiveram um comportamento ali, conosco, exemplar. Eu me lembro de que, num domingo, eu estava no meio da Maré, um calor de 40°, janeiro, aquele inferno, um cabo da PM chegou para mim: "General, posso tirar uma foto com o senhor?". Falei: "Que história é essa?!". Ele: "É porque num domingo não vejo nem o capitão na minha corporação; estou vendo um general aqui, não estou acreditando. Ninguém vai acreditar. Quero tirar a foto para o pessoal acreditar. Não vejo nem o capitão, quanto mais um general!". Aí tirei a foto com ele. Tenho até essa foto. Então, a gente estava tentando trabalhar nesse nível, também, de liderança, de exemplo e tudo mais.

Quando cheguei à Secretaria de Segurança, falei: "Olha só, se a gente ficar nessa ladainha, nessa baboseira de ficar fazendo operação aqui e acolá, isso não vai dar em nada, nós vamos ter uma dezena de Marés que não vão ter atingido seu objetivo. O que precisamos fazer? Bom, nós temos um estado que está sob o regime de recuperação fiscal...". Porque se falou muito da intervenção federal na área da segurança pública, decretada em fevereiro de 2018, mas se esquecia que desde setembro de 2017 o Rio de Janeiro estava sob o regime de recuperação fiscal. Dois: cadê a verba federal prometida por todo mundo? Porque nós tínhamos um governo federal com 5% de credibilidade e um governo estadual com 5% de credibilidade. Se juntasse a credibilidade dos dois, conseguia dois dígitos. Então, nós estávamos lidando com atores políticos irrelevantes, naquele momento, que estavam querendo sobreviver, e jogando o peso todo do interesse político deles em cima de nós, que tínhamos uma credibilidade muito mais alta. A gente tinha consciência desse jogo. Então, falei: "Olha só, nós não podemos fazer mais do mesmo, tem o regime de recuperação fiscal; e outra coisa: temos eleições em outubro". Então, a intervenção que começava estava sob o regime de recuperação fiscal, não tinha dinheiro novo, não podia gerar despesa, não podia criar cargo. O regime de recuperação fiscal impede tudo isso. Então, como é que um gestor pode assumir uma responsabilidade em que ele não pode gerar despesa, não pode criar cargo, não pode fazer nada? E ainda mais com uma eleição em outubro e com toda a lei eleitoral criando uma série de limitações também, de toda ordem, à administração pública? E data marcada para encerrar. A intervenção tem que terminar em 31 de dezembro e tem que dar certo.

Diante de um quadro desses, o camarada olha e fala: "Se eu ficar nessa ladainha, de ficar trocando tiro com traficantes e milicianos nessas comunidades mais pobres, é mais do mesmo. Pode até ter um efeito midiático que agrade a um ou outro, mas à maior parte não vai agradar em nada e nós vamos sair mais frustrados do que saímos da Maré. Vamos tentar sair menos frustrados". E fizemos um trabalho estruturante: resolvemos o problema de financiamento de segurança pública, regulamentando o Fundo de Segurança Pública, que era criado em lei, mas ninguém tinha coragem de colocar para funcionar. Colocamos. Obtivemos uma série de recursos de pastas da administração federal, que ficavam soltos, que não tinham projetos, porque ninguém sabia usá-los. Fomos lá e conseguimos obter no Ministério da Cidadania. Fizemos um esforço muito grande para recriar as escolas, que estavam quebradas, destruídas. E um esforço para fazer uma reestruturação do sistema de corregedoria, que era uma bagunça também: centralizamos as ações, demos transparência, com comunicação no *Diário Oficial*.

Eu lembro do dia em que fui visitar a desembargadora Ivone Caetano, uma líder negra do nosso estado que é muito respeitada. Marquei a visita a ela logo no início de março. A intervenção começou em fevereiro. Cheguei, ela já estava com a bolsa arrumada, a mesa limpa. Cheguei, cumprimentei-a: "Como vai, desembargadora? Tudo bem com a senhora?". "Prazer em conhecê-lo. Sei que o senhor veio aqui para pedir o meu cargo, então já vou facilitar as coisas." Falei: "Quem disse que vim pedir seu cargo? Se eu quisesse pedir o seu cargo, não vinha aqui fazer uma visita. Vim aqui convidá-la a permanecer".

Essas quebras de paradigma foram muito importantes. As pessoas não foram demitidas. Então, primeira medida: não vou demitir ninguém. Porque essa prática é usual: manda todo mundo embora, troca todo mundo, para não ficar nada melhor. Então, mantive todos os subsecretários do Sá, o secretário anterior. Agora, eu tinha que trocar o comandante-geral da PM e o chefe da Polícia Civil porque realmente precisava renovar a liderança e mostrar que era uma cara nova. Isso eu fiz. A estrutura da Secretaria de Segurança, os processos foram todos preservados. Fizemos lá o seguinte: "Vamos aperfeiçoá-la". Então, todos se sentiram prestigiados. Não foi aquela caça às bruxas: "Chegaram os interventores, agora vão passar a vassoura, derrubar todo mundo". Não. Em nenhum momento fizemos isso. E a ordem que dei para os dois chefes de polícia era: "Qual é a essência da Polícia Militar? Vocês têm que fazer um policiamento ostensivo, não é isso? É a presença nos ambientes, com correção de atitudes, com exemplo; comportem-se como tal". E o coronel Laviano, que foi o meu escolhido naquela época, encarnava essas qualidades e assumiu isso com muito gosto. E para a Polícia Civil, eu disse: "A Polícia Civil é polícia judiciária, que investiga, que tem que ter uma qualificação técnica para poder fazer a elucidação dos crimes. Comportem-se como tal".

Mas isso é óbvio! É óbvio? Se fosse óbvio, a gente não estava vivendo o que está vivendo agora. Porque o mal da intervenção, o problema nosso é que não tivemos continuidade. Se tivéssemos tido a eleição de um governador que se comprometesse a manter aquele planejamento que nós deixamos como legado, por atores que não tinham nenhum interesse político, como era o meu caso, a gente estaria, talvez, colhendo frutos melhores. Mas aí ele acabou com a Secretaria de Segurança, criou duas secretarias, deu a cada polícia o *status* de secretaria, e hoje está aí o que a gente está vendo.

As Forças Armadas têm, tradicionalmente, uma imagem de credibilidade, que a polícia do Rio não tem, e que o governo do estado e o governo federal não tinham. E, além de tráfico de drogas, também se colocava a questão das milícias, que acho que é um complicador, e que se associa em alguma medida à polícia. Aí acontece o que acho que é o exemplo maior: o assassinato da Marielle Franco, vereadora do Rio de Janeiro. Como fica o secretário de Segurança diante de um caso que até hoje não foi solucionado? Imagina-se que tem não só a milícia, como também políticos envolvidos. Como é lidar com essa situação e conseguir dar uma resposta à sociedade? Esse caso, acho que é emblemático e muito importante.

Sim. Penso que ele marcou tudo, até porque foi logo no início. Eu me lembro de que a medida mais difícil que tive no início foi a de escolher um chefe de polícia e um comandante de PM. Isso não é fácil. É muito difícil. Aqui no Exército, se sou promovido, assumo um novo cargo, e para esse cargo eu preciso de dois auxiliares, vou tirar de dentro da minha organização, gente que conheço há 30 anos e que acompanho a trajetória. Ao assumir um cargo como secretário de Segurança numa área totalmente diferente, essa dificuldade é imensa. Como escolher pessoas, se eu não tinha vivência dentro aquele grupo?

O segundo ponto é a cultura organizacional. A cultura do Exército é o seguinte: fulano vai assumir o lugar de beltrano, existe uma transmissão do cargo; há um prazo previsto no regulamento, há todo um cerimonial de transmissão de conhecimento. Quer dizer, a gente não abandona uma cadeira, sai andando pela porta, e quem vier que se dane. Não é assim. Nós temos uma cultura organizacional consolidada e que não é comum a qualquer Exército. Já passei por outras experiências internacionais, o Exército brasileiro, nisso aí, é exemplar. Lá não tinha nada disso. Cheguei, tinha uma mesa vazia, as gavetas completamente vazias, não tinha absolutamente nada. Escolher o comandante da PM foi tremendamente complexo, me tirou muitas noites de sono. Mas, finalmente, lá em meados de março, eu tinha esses nomes e anunciei. Ah, outra coisa: como é que se anuncia um comandante da PM? Anuncia na hora que exonera o outro. É assim que funciona. Porque se anunciar uma semana antes que vai trocar o comandante da PM, você perde o controle da tropa. É uma loucura! Então, tem que chamar os dois, um em cada sala: "Você está exonerado"; "Você está nomeado". Foi assim que aconteceu com os dois.

No dia 13 de março, a chefia de polícia foi transmitida, na Cidade da Polícia, e no dia 14 de março, às 17 horas, foi a passagem de comando da Polícia Militar. De noite, acabou aquela cerimônia, eu estava realmente cansado. Pensei: "Quer saber? Hoje vou para a minha casa dar uma descansada". E à noite aconteceu tudo. Eu não tinha ideia, naquele momento, da dimensão. É claro que, sendo uma vereadora, já é algo muito grave, mas eu não tinha ideia, não tinha no meu radar a importância política dela naquele momento. Só fui adquirir isso nos dias seguintes. Quando me dei conta daquilo, me dei conta também de que eu tinha feito uma escolha muito acertada, quando coloquei o delegado Rivaldo Barbosa como chefe da polícia. Por quê? Porque ele era o antigo chefe da Divisão de Homicídios da Polícia Civil do Rio de Janeiro, com alguns casos emblemáticos: o da juíza Patrícia Acioli,[41] aquele caso também do Amarildo.[42] Ele tinha, como chefe

---

[41] A juíza Patrícia Acioli, conhecida por trabalhar em casos de corrupção policial e crime organizado, foi assassinada na porta de sua casa, em 12 de agosto de 2011. Seus assassinos pertenciam a um grupo de extermínio que incluía policiais do 7º Batalhão de Polícia Militar (São Gonçalo). O tenente-coronel Cláudio de Oliveira, o tenente Daniel Bentitez e outros nove policiais militares foram condenados pelo homicídio. Entretanto, os dois oficiais não foram expulsos dos quadros da PMERJ e continuaram recebendo seus ordenados.

[42] O pedreiro Amarildo de Souza foi levado à Unidade de Polícia Pacificadora (UPP) da Rocinha em 14 de julho de 2013 e nunca mais retornou. Em 2016, o major Edson dos Santos, ex-comandante da UPP, e outros 12 policiais militares foram condenados por tortura seguida de morte, ocultação de cadáver e fraude processual. Em fevereiro de 2021, Edson dos Santos foi reintegrado aos quadros da Polícia Militar do Estado do Rio de Janeiro (PMERJ).

da Homicídios, solucionado esses casos. E eu, de imediato, me reuni com ele. E a gente aprende também. "Como é que a gente resolve essa questão?" Ele falou: "Em primeiro lugar, apoio total à família, apoio total aos políticos mais próximos. Eu me encarrego disso. E a investigação tem que ser do chefe da Delegacia de Homicídios da capital" — que era o Giniton [Lages] —, "e todo o apoio para eles. E vamos trabalhar nessa direção, que nós temos um histórico de solução nesses casos". Falei: "Então, vamos em frente".

No dia seguinte, 15 de março, já havia uma pressão pela federalização do caso. Aí fiquei diante de um tremendo impasse, de um dilema, porque eu sou o agente da administração federal colocado à frente da Secretaria de Segurança do estado, e me chega uma questão, um problema dos Ministérios Públicos... Porque era uma questão basicamente do Ministério Público federal com o estadual. Não era de polícia com polícia: era de Ministério Público com Ministério Público. E, conversando com o chefe do Ministério Público do estado, ele falou: "De maneira nenhuma! Isso aqui é uma questão de jurisdição. A jurisdição de um crime dessa natureza é estadual. O Ministério Público vai fazer o controle jurisdicional da atuação da Polícia Civil, e a Polícia Civil tem capacidade para fazer a investigação". Então, eu, como secretário de Segurança — aí voltando àquela questão da liderança estratégica —, não podia ser o primeiro ator a tirar das mãos da Polícia Civil do estado do Rio de Janeiro a atribuição de investigar aquele caso. E a liderança política mais notável desse episódio, é lógico que era do Marcelo Freixo, ele tinha também esse entendimento de que, estando com a Divisão de Homicídios, por experiências anteriores lá da vida dele, em outros casos, que estava em boas mãos. Então me senti seguro. Não identifiquei, no espectro político do Rio de Janeiro, nenhuma força consistente de suspeição da investigação que seria feita. E assim, tocamos. E só houve o avanço que houve naquele ano — e nós chegamos a prender os executores um ano depois do crime — porque nós tivemos um engajamento total nisso. A reconstituição do crime, o Giniton Lages, que era o delegado, disse para mim: "Nunca fiz uma reconstrução dessa maneira, com interdição de espaço aéreo, interdição de vias pelo Exército, disparo real de armamento no ambiente do crime. Nunca vi isso. Se não fosse esse apoio, nada disso aconteceria". Os meios de tecnologia da informação, os contatos internacionais, isso só aconteceu por causa da intervenção. Senão, não teria. Tanto que o Giniton me disse o seguinte: "Hoje, estou convencido de que os mandantes do crime não tinham a dimensão do que seria praticado sob intervenção". Acho que esse erro de avaliação pode ter sido deles também, de achar que o crime daria o recado que eles queriam dar, mas que não teria essa dimensão toda por estarmos na intervenção. O fato de estarmos sob intervenção, a meu ver, amplificou a repercussão desse crime.

Mas que recado eles queriam dar, Richard? Essa resposta talvez seja a pista para entender por que esse caso foi tão importante e emblemático, não?

Quando dei a entrevista na GloboNews duas semanas depois, eu já tinha uma convicção quanto a isso. Esse caso é paradigmático, porque vários segmentos queriam tirar vantagem desse crime, a verdade é essa, e vantagem política, é lógico. Então, havia uma leitura inicial de que teria sido um crime motivado pelo que ela representava enquanto uma liderança feminina, negra, de uma comunidade pobre, da comunidade LGBT. E, para nós, estava muito claro que não tinha nada a ver com isso. Ela foi morta porque ela fazia parte de um grupo político, e grupos políticos contrariam determinados interesses. E eu disse isso. Só que, quando eu disse isso, teve gente que não se agradou, à direita e à esquerda. A gente conseguiu desagradar todo mundo, o que é ótimo. Quando desagrada todo mundo é porque a gente talvez esteja no caminho certo. Porque estava todo mundo querendo ter uma leitura muito própria daquele crime, que lhe interessasse. E estava nítido para nós que era um crime encomendado, uma execução, tendo em vista a atuação política no Rio de Janeiro estar sempre no limite de ambiente de alta criminalidade. Porque, para fazer campanha no Rio, o camarada tem que pedir voto ou em áreas controladas por tráfico de drogas ou por milícia. Isso é um problema grave. Então, muitas vezes, migrar de uma área dessas para outra representa, do ponto de vista político ali, um movimento muito arriscado. Essa é a realidade. E desde o início deixei claro que, pelos indicativos que nós tínhamos daquilo que já havia sido levantado, que aquele crime tinha partido de uma área de milícia, sob o controle de grupos de milicianos, como se configurou. Os executores foram presos em março. E o Giniton teve também a lealdade de dizer isso na frente do governador, que o crime tinha sido elucidado após uma longa investigação de um ano e que muito se devia ao apoio que ele recebeu da intervenção federal.

Aí vocês vão me perguntar: mas por que não chegou aos mandantes até hoje? Ah, pergunta para quem veio depois. Porque o Giniton foi afastado do caso. Ali havia um planejamento. A gente tinha uma expectativa na linha do tempo para atingir determinados objetivos. O primeiro objetivo é prender o executor. É muito mais fácil chegar ao executor do que ao mandante, porque o executor deixa provas materiais, e o mandante normalmente não deixa. E por que, de março de 2019 para cá — já estamos em maio de 2021 —, não avançou nada? Não cabe a mim responder. Não tenho o menor controle sobre isso.

Numa missão como a que você recebeu, não basta cumprir a missão: é preciso também parecer que se está cumprindo bem a missão. Então, tem toda a dimensão da comunicação social. Você está hoje chefiando o CComSEx, mas, na época, como era essa dimensão da mídia, da opinião pública?

Nessa aí, não tenho falsa modéstia, acho que joguei o papel mais importante de todos, na intervenção. Talvez tenha sido a face da minha atuação mais relevante e talvez eu tenha sido o principal ator da intervenção, nesse sentido. Não vou ficar aqui com falsa modéstia. E por que não? Porque no início eu era uma voz até dissonante, no primeiro mês, quanto a essa questão de atuar precipuamente no nível político-estratégico e deixar o campo das operações para ser resolvido, no nível tático, pelas próprias corporações. Isso não era bem entendido. E começamos a receber críticas de determinadas instituições que a gente sabe muito bem que são até subvencionadas por ONGs. Era o caso do Observatório da Intervenção, falando português claro. Basta ver o portfólio de contribuintes daquele observatório e as opiniões que eles resgatavam. Quando chegou no dia 18 de abril, dois meses após o decreto de intervenção — só entrei na intervenção em 28 de fevereiro —, eles fazem um documento ricamente encadernado, uma belíssima publicação, dizendo: "O fracasso da intervenção". Falei: "Espetacular! Ainda nem começou, estou há um mês e pouco na missão, não começamos a fazer nada ainda daquilo que nós estamos planejando, e já fracassamos?! Que ótimo! Se já fracassamos, o que vem agora é lucro, não é?". E eu disse claramente à equipe o seguinte: "Ou nós partimos para dentro disso aqui e colocamos claramente, perante o grande público, os nossos propósitos, os nossos objetivos e a situação que encontramos, ou não vai ter jeito, nós vamos terminar isso aqui como os grandes fracassados, por não termos atuado sobre os efeitos dessas causas que estão aí, que ninguém está querendo estudar". Porque não interessa tratar de causa. O problema da segurança pública é sempre o efeito: é o tiroteio, é o estupro, é a violência aparente. Agora, da causa, nessa hora, ninguém se dá conta. Aí tive que realmente ser muito incisivo ali e ocupar esse espaço. Acho que o cartão de visitas foi uma entrevista que dei à GloboNews, no *Estúdio i*, em que fiquei uma hora ao vivo, diante de todas as câmeras, respondendo tudo. E eu estava apenas havia um mês na função. Naquele dia, nós quebramos um paradigma. Quando saí dali, o general Villas Bôas, o comandante do Exército, me ligou: "Cara, o que é que foi isso?! Parabéns! É esse o caminho!". E aí algumas vozes dentro da intervenção que pensavam diferente começaram a ter que se alinhar.

Acho que todas as nossas ações foram muito bem divulgadas. E veio a greve dos caminhoneiros: um baile! Ela foi resolvida no Rio de Janeiro antes de ser resolvida em qualquer estado do Brasil. E sem medo de ir ao vivo. Eu me lembro que a GloboNews — sempre a GloboNews — estava ao vivo, entrevistando uma dona lá que era assessora de imprensa do BRT, falando um monte de bobagem, criticando. Eles não tinham pago a conta e queriam botar a culpa na greve dos caminhoneiros. Aí pedi para entrar ao vivo, meu assessor de imprensa, que era um jornalista, foi contra, mas entrei ao vivo: "Olha, isso é desinformação. A informação correta é essa, essa e essa". No final, a própria repórter, a Mônica Teixeira, depois me ligou: "Poxa, general, o senhor me desconstruiu". Falei: "Não tenho culpa. Vocês entrevistam uma pessoa sensacionalista, que fala um monte de besteira, e vocês acham que nós vamos ficar calados?! Mudou. O grande mudo vai falar".

Acho que isso aí foi me preparando para ser chefe do CComSEx agora, porque nós falamos, falamos um bocado. Inclusive, tive a coragem, naquele momento, de, após uma eleição acachapante do governador [Witzel], criticá-lo pela extinção da Secretaria de Segurança em todas as emissoras. Falei: "Isso está errado. Se eu achasse que isso aí era certo, eu teria feito. Nós estudamos o fenômeno, viemos para cá para dar jeito na segurança e estruturamos dessa maneira; o camarada chega agora e diz que vai extinguir a secretaria e que vai ficar com metade. Vocês acham que vou ficar calado? Está errado isso aí". E deu no que deu.

Então, acho que nós tivemos uma postura que não era usual para um chefe militar, de botar a cara na frente da mídia várias vezes. Eu me lembro também, sobre a devolução dos PMs, uma xaropada, a Alerj não queria devolver, os órgãos não queriam devolver, e uma repórter me pegou ao vivo ali: "O que o senhor fará?". "Vou publicar. A partir daí, conta oito dias; quem não se apresentar é desertor." E se apresentou todo mundo.

Outra coisa: nós jogamos em todas as grandes redes de comunicação. Todas. E em todos os meios. Nós fizemos realmente um plano estratégico de comunicação. A partir da constatação inicial de que esse era o caminho, nós aplicamos uma estratégia de comunicação complexa e envolvendo todos os atores, com todos os veículos e em todas as plataformas, e isso deu muito resultado. As pesquisas do final do ano davam mais de 70% de aprovação à intervenção. Tem uma nota d'*O Antagonista* do dia 28 de dezembro — guardo comigo até hoje, até para mexer com eles, "olha aqui, vocês já escreveram isso aqui, hein!" — dizendo que a intervenção só deu certo porque foi conduzida por gente honesta, por líderes honestos que tinham um propósito.

Então, do ponto de vista informacional naquele momento, foi um sucesso grande. E não foi maior porque não houve continuidade, em função do resultado das eleições. Mas nós revertemos um quadro que era muito ruim. As eleições foram um sucesso absoluto. E o desembargador Fonseca Passos, presidente do TRE do Rio de Janeiro, foi a público dizer que foram as eleições mais tranquilas que ele presidiu no Rio de Janeiro. Não houve nenhum incidente nas eleições, graças ao trabalho integrado. No dia das eleições, eu estava dando entrevista ao vivo para as televisões, sem nenhuma preocupação.

Não tivemos receio nenhum de mudar uma postura que seria usual no Exército, de ficar calado. Aquela pancada que o Observatório da Intervenção nos deu em abril de 2019, eles devem se arrepender até hoje, porque aquilo ali nos despertou para partir para dentro e não deixar que aquela narrativa fosse a dominante. Como não foi. Aquele observatório acabou caindo em descrédito, porque não sustentava os números que tinha. Ah, sim, uma coisa importante: fiz da ISP — inteligência de segurança pública —, da nossa doutora Joana, um instrumento de comunicação estratégica. Eu falava: "Joana, isso aqui é comunicação estratégica. Os indicadores não podem ser jogados ao vento aí para quem quiser consumir. *Nós* temos que comunicar os resultados. É isso que nós temos que fazer. Quem comunica o resultado é o instituto; não é alguém que pega um dado privilegiado não sei como, não sei quando, sai um furo aqui, um furo ali. Só sai o furo ruim: aumentou... Agora, quando reduziu o latrocínio em 75%...". O Observatório da Intervenção falava no início que a gente só estava preocupado com crimes contra o patrimônio, porque a gente queria coibir o roubo de veículo e o roubo de carga. Aí, quando botei uma pesquisa que o roubo de veículo é responsável por metade dos latrocínios — porque, na tentativa de roubar um carro, se mata a pessoa —, aí ninguém falou mais nada, sumiu do mapa. Nós fomos muito agressivos na comunicação, sim, e acho que isso aí foi um diferencial muito grande, porque se nós ficássemos naquela batidinha no início da intervenção, a gente estava perdido.

Um dos legados da intervenção foi um documento publicado na fase final, o planejamento estratégico. Isso tem relação com a sua atuação anterior no comando da Eceme?
Quando nós assumimos, o que ocorreu? Havia um planejamento estratégico na segurança pública. Isso foi um cuidado que a gente sempre teve, também, de nunca desmerecer os nossos antecessores. Eles tinham um planejamento. Não havia recursos, o estado estava quebrado, com um regime de recuperação fiscal. É o único estado da federação que até hoje firmou esse acordo com o governo federal, por conta das dificuldades que eu havia comentado. E isso deixou de molho todos os programas constantes no Plano Estratégico da Segurança Pública do Rio de Janeiro. Isso foi extremamente grave. E a intervenção não é só limitada por esses aspectos temporais que eu disse, da instauração anterior do regime de recuperação fiscal, das eleições previstas e do próprio prazo dado à intervenção; ela era limitada na sua abrangência, porque foi uma intervenção *sui generis*, porque só abarcou a área da segurança. Então, havia três secretarias de estado intervencionadas, que eram a Segurança Pública, a Administração Penitenciária e a Defesa Civil, e o Corpo de Bombeiros. E o estado continuava funcionando normalmente, em toda a sua estrutura: o governador mantido no cargo, coordenando todas as demais secretarias. Então, na verdade, tínhamos dois governadores: um governador e um interventor convivendo, algo inédito.

Isso causava para nós toda sorte de dificuldades em termos de planejamento, porque era do planejamento que ocorreriam os programas, as ações, e daí a gente quantificaria as necessidades. E havia uma oferta, estipulada sabe-se lá como, de caráter político, de 1 bilhão e 200 milhões para a intervenção. A autorização para a mudança do orçamento da União permitindo a liberação desses recursos só foi votada em julho. O pessoal esquece disso. E, mal assumimos a intervenção, já havia cobranças, inclusive do tal observatório que falei: "Cadê o plano?"; "Cadê o recurso?"; "Vocês não vão adquirir nada?"; "Já se passaram dois meses e não adquiriu nada?!". Como é que eu ia adquirir?! A verba não estava nem autorizada! Aquilo tudo tinha sido anúncio político. Nós, então, nos dedicamos a isso. Entendemos que, para despender aquela soma de 1 bi e 200 dentro do prazo que nos havia sido dado e estruturar um processo coerente de licitações que permitisse que as aquisições carreassem os recursos necessários para as ações programadas, nós tínhamos que editar um outro plano estratégico. Não adiantava pegar o plano que existia, porque ele já não era mais exequível, diante das condições de tempo e de recurso; precisava ser feito outro. Então, usamos a nossa metodologia de planejamento estratégico — aí a Eceme entra, é lógico — e fizemos um trabalho em três meses, de modo que em maio esse planejamento estava pronto, contemplando as três secretarias, com todos os programas de ação, as atividades e também a previsão de alocação de recursos. Isso foi algo notável. Até me lembro que a USP fez uma análise desse trabalho; o TCU fez uma análise desse trabalho e foi bastante elogioso ao emitir um relatório sobre esse planejamento.

Quando a Câmara dos Deputados finalmente votou a liberação desse recurso, em julho, nós de imediato partimos para a execução orçamentária, e chegamos ao final do ano com um percentual muito elevado de empenho e até de liquidação. Muita coisa ficou. Ainda tem helicóptero para chegar. O pessoal não entende. O pessoal acha que o 1 bilhão e 200 era um cartão de crédito que a gente podia passar na loja de automóveis e comprar viaturas, comprar rádio, comprar armamento e assim por diante. É uma loucura! Às vezes, a falta de capacidade de análise da nossa sociedade é pungente, e nessas horas é que a gente percebe isso. "Como é que ainda não comprou nada?!" O cara sabe o que é uma Lei 8.666?! Porque tudo foi de certa forma flexibilizado, naquele processo de intervenção. A leitura da Constituição foi flexível. Admitiram-se ali várias flexibilizações da lei. Até mesmo a minha condição: um oficial da ativa desempenhando um cargo de natureza civil em um estado da federação. Para isso, teve que ter sido feito um arranjo envolvendo a Procuradoria-Geral do Estado, com a Advocacia-Geral da União. Tivemos que fazer ajustes entre o Tribunal de Contas da União e o Tribunal de Contas do Estado. Uma série de ajustes. Só não se ajustou a Lei 8.666, porque ninguém disse para nós que havia dispensa de licitação ou inexigibilidade. Tivemos que cumprir todos os preceitos legais para licitar.

As cobranças que faziam para nós, como sempre, eram cobranças absurdas, porque nós estávamos tentando resolver o problema e estávamos sendo cobrados desde o primeiro dia, como se já tivéssemos que iniciar o processo de intervenção com o planejamento pronto. Não havia isso. A intervenção nos pegou de surpresa. Não houve um trabalho preparatório para se decretar a intervenção, já com um plano feito. Pelo contrário: decretou-se a intervenção e depois a gente teve que se virar e elaborar um plano em tempo recorde. Para isso foi fundamental a metodologia da Eceme, o trabalho que a gente ensina lá foi realmente o ponto alto do que nós realizamos em termos de planejamento. Isso tudo foi deixado para o governo do estado dar prosseguimento. Nós fizemos plano de inteligência, plano logístico, plano de comunicação, tudo isso ficou, como anexos ao macroplano estratégico. Isso foi tudo entregue e publicado no *Diário Oficial*, mas, infelizmente, não teve continuidade.

A intervenção coincidiu também com uma GLO, mas a gente ouve muito as pessoas falando de intervenção, e não tanto da Operação Rio de Janeiro, que coincidiu com a intervenção durante seis meses, em 2018.

A questão das operações de GLO vinha se desgastando paulatinamente, e uma coisa tinha ficado evidente, ao término da ocupação lá do Complexo da Maré: que operações como aquela não deveriam mais se repetir, por conta de tudo que nós já discutimos aqui — falta de comprometimento de um ministério ou de um governo estadual, por exemplo. A falta desse comprometimento demonstrava claramente que aquilo ali era uma medida que tinha um grande impacto psicológico, um impacto de mídia, mas, na prática, não deixava um resultado duradouro. Aí, em 2017, quando houve uma série de ocorrências na Rocinha, se estabeleceu uma operação de GLO a contar, se não me engano, de julho de 2017. Quando a intervenção foi decretada, em fevereiro de 2018, aquela operação já havia sido desencadeada, e com resultados bastante restritos, até porque já havia um entendimento de que tinham que ser ações pontuais. Não adiantava ficar exaurindo ali uma tropa de ocupação numa determinada favela, enquanto toda a dinâmica da cidade ou do estado continuava rolando. Sempre falei isso: é um sistema de vasos comunicantes. O que adianta colocar uma tropa, mesmo da PM, dentro de uma comunidade daquelas lá, se aquela facção que está ali está ocupando tantas outras? O camarada migra e rapidamente se ajusta e deixa de operar ali num determinado momento os seus "negócios", porque ele suporta durante um tempo um prejuízo naquela área, porque ele ganha em outra. Então, muitas vezes, isso não adianta nada, é uma bobagem.

Quando a intervenção é decretada, eu me desconecto completamente da GLO. Não me interessava. O comando conjunto que cuidava da GLO era um meio ao qual eu recorria se necessário, porque o meu problema era tratar das polícias Civil e Militar e fazer com que elas dessem conta da missão. Qual foi a maneira mais inteligente que nós entendemos de usar isso de modo integrado e simultâneo em todo o estado? Nós criamos duas operações. Uma operação para coibir o roubo de carga, que era uma urgência, era um clamor da sociedade, porque o roubo de carga tinha atingido níveis absurdos. E o roubo de carga atende a todas as facções, seja de milícia ou de tráfico. Todas se beneficiam do roubo de carga, porque o roubo é uma maneira que eles têm de rapidamente se capitalizar e ainda agradar a população, porque o cara gosta de comprar o quilo de carne a dois reais. Então, o roubo de carga é um problema sério. Fizemos a Operação Dínamo. Dínamo de dinamismo, dínamo de movimento;

não de paralisação de uma tropa ocupando uma favela. Não, nós temos que estar circulando.

O que era o papel da GLO nesse momento? Integrar-se a esse esforço, no qual a ação principal ia ser realizada pela polícia. Quem tem que prender o ladrão de carga é a Polícia Militar e a Polícia Civil. Quem investiga é a Polícia Civil; quem prende é a Polícia Militar. E nós fazemos o quê? Nós dávamos as melhores condições para que eles pudessem atuar, com os parcos recursos que possuíam, em termos de efetivo e material, enquanto não chegavam os meios para nós adquirirmos nem colocávamos também em ordem os processos de recrutamento. Porque tinha concurso de quatro anos que estava imobilizado, com termos de ajustamento de conduta do Ministério Público. Tinha concurso de 2014 que ainda não havia chamado os aprovados. Então, fizemos o seguinte: "Enquanto a gente não completa as polícias com efetivo e material, nós vamos dar um suporte, mas não substituí-los". Isso a gente não queria de jeito nenhum. Sempre advoguei isso: "Quem tem que fazer a ação é a polícia. Nós vamos entrar como suporte". E fizemos também, isso foi necessário, dentro do conceito da GLO, um enorme treinamento, uma reciclagem de policiais. Porque aqueles policiais que entraram para a Polícia Militar para serem de polícia pacificadora eram parcamente capacitados. Era gente que tinha três meses de qualificação, que não sabia nem empunhar uma arma e circular numa área conflagrada. Então, eles foram reciclados e, dessa forma, a gente foi aumentando a capacidade operativa da Polícia. De modo que, quando chegou ali pelo mês de maio, os resultados começaram a aparecer: de 1.300 roubos de carga em maio de 2017, nós caímos para 650, em maio de 2018. Teve um corte de 50%, e isso fez até com que os Correios retirassem a taxa extra que era cobrada no Rio de Janeiro; fez com que a logística do Rio de Janeiro barateasse.

Fizemos o mesmo com o roubo de automóvel. Aí houve crítica: "Só estão preocupados com carga e automóvel". Não. Quando nós diminuímos o roubo de carga e de automóvel, nós diminuímos o latrocínio, diminuímos uma série de outros crimes. Então, a GLO, para mim, na intervenção, era meu menor problema. Porque, primeiro, não estava à minha tarefa, era uma missão do comando conjunto, e, segundo, que eu demandava cada vez menos. Eu falava isso para o general Braga Netto, para o pessoal: "Olha, se depender de mim, não chamo vocês, não. Quero resolver o problema com a polícia". Agora, é lógico que havia momentos que precisava ajudar: eleições, greve dos caminhoneiros, por exemplo, que foram momentos mais pungentes.

Aí nós implementamos uma coisa muito positiva, que foi o regime adicional de serviço, o tal do RAS. Com o RAS, eu colocava por dia nas ruas mais 1.200 policiais. Só que tem que pagar. Por que caiu em descrédito? Porque o governo não estava pagando. Quer dizer, o policial ia lá, trabalhava na folga e não recebia. Nós pagamos em dia, com recursos do Fundo de Segurança Pública. Então, começou a haver um círculo virtuoso, as coisas começaram a acontecer. Outra coisa: usar o ISP. Eu falava para a doutora Joana: "Onde é a mancha criminal?". Aí ela virava para mim: "Mas a polícia não gosta de ir para a mancha policial, porque o senhor sabe como que é...", aquele papo. Aquela conversa... "Vai para a mancha policial porque vou dar ordem. Aí não tem conversa, tem que ir." Então, começou a baixar. O roubo de veículos baixou cerca de 50%; o roubo de carga baixou 50%; o seguro de automóvel baixou, no Rio de Janeiro; a taxa extra dos Correios foi retirada. Então os agentes logísticos começaram a ver que a coisa funciona. Tive vários donos de empresas de transporte que falaram: "Voltei a transportar para o Rio, agora". Então, isso é muito positivo. Simultaneamente, reduzimos o crime violento. Então, a GLO era muito mais uma opção dissuasória do que uma realidade. E em eleições não se fala em GLO; é Garantia da Votação e Apuração, é outra coisa, é GVA. Mas, em relação à GLO em si, não houve mais necessidade de colocar tropa diretamente no confronto. Quando isso ocorreu, foi operação normalmente de iniciativa do próprio comando conjunto com o interventor; não partiu da Secretaria de Segurança.

Houve operações em que ocorreu confronto, não?

Houve. Aquela do morro do Alemão, onde inclusive tivemos óbitos, não partiu da gente, não houve uma solicitação nossa. O que houve ali é que havia crimes militares a elucidar, também; havia mandados judiciais da Justiça Militar a cumprir: roubo de armamento, desvios em unidades militares... E foi uma ação em que se inverteu o processo: ali se colocou tropa na ação direta, e não na ação indireta. E não foi solicitada por nós. Não era o meu objetivo no momento, como secretário de Segurança, até pela experiência anterior que eu já tinha, colocar tropa em ação como protagonista da cena. Não era o caso. A polícia, estando lá, quem tem que atuar é ela; não é o Exército.

Em que medida há uma conexão entre a doutrina do Exército brasileiro sobre GLO e a discussão sobre conflitos urbanos, guerra urbana?
No Exército brasileiro, ao contrário de alguns outros países, as escolas militares têm um papel muito relevante na elaboração da doutrina. Há países, como os Estados Unidos, a Espanha, a França, que têm estruturas de treinamento e doutrina. Nos Estados Unidos é o Tradoc, na Espanha é o Madoc, porque eles têm o treinamento e a doutrina acoplados. No Brasil, o Centro de Doutrinas está no Coter. Porém, a grande fonte de produção doutrinária do Exército brasileiro ainda são as nossas escolas militares, particularmente a Eceme. E a Eceme tem aquele projeto interdisciplinar, que hoje é voltado precipuamente para atender a essas demandas de evolução doutrinária. Nós temos vários instrutores estrangeiros na Eceme. Desde 1941 que a Eceme é frequentada por alunos dos outros países, de mais de uma centena de países. Já deve ter ultrapassado mil alunos, ao longo da história. Nós sempre tivemos um grande intercâmbio internacional, que hoje está mais sofisticado. Então, nós temos ali alunos no curso de Estado-Maior; alunos no curso internacional de Estudos Estratégicos; instrutores estrangeiros. E conseguimos, junto ao Estado-Maior do Exército, uma garantia de que o oficial que vai para o exterior realizar o curso de Estado-Maior, ele volte para a Eceme para ser instrutor. Então, ali, na realidade, se concentrou muita massa de conhecimento internacionalizado, e isso tem ajudado muito o desenvolvimento da doutrina, não só na GLO como em tantas outras áreas.

Em relação a GLO, não há muita experiência internacional mais rica que a brasileira. Acho que o Brasil, nesse caso, acaba sendo um exportador de doutrina, e não o contrário. No caso do combate em localidade, aí é diferente, porque é algo que está presente no conflito moderno e todos os exércitos do mundo têm se dedicado a esse tipo de evolução doutrinária. Cada vez mais, os conflitos bélicos foram sendo trazidos para os centros urbanos, em detrimento daqueles conflitos clássicos, em que a gente tinha um encontro de tropas em áreas despovoadas. Então, isso aí é uma realidade que tem acontecido. Muitos trabalhos têm sido publicados, muita pesquisa tem sido feita nesse sentido, e as experiências internacionais também ajudam. Mas, no que diz respeito à intervenção, para ser sincero, não houve esse aproveitamento. Eu, por exemplo, para atuar na intervenção, não pude me valer desse tipo de conhecimento de maneira formal. Informalmente, sim, porque é um ambiente ali de convivência intelectual nessa área, a gente sempre absorve muita coisa. Mas a minha experiência internacional, por exemplo, contribuiu muito pouco para as funções que desempenhei nessa área — tanto o curso que fiz na Espanha, e quando passei dois anos em West Point. Não são assuntos que formalmente eu tivesse trabalhado. Agora, informalmente, sim, porque a gente está aí aberto a tudo, a uma série de leituras. Mas acredito que o ensino formal da Eceme ainda é a principal fonte de conhecimento que se utiliza para o emprego nessas operações.

A recorrência desse tipo de missões na segurança pública impacta sobre a carreira do oficial de Exército?

Impacta bastante. Mas acho que passa como uma onda. É uma onda que agora arrefeceu. Se nós tivéssemos uma continuação daquele tipo de ação lá da Maré, acredito que impactaria de maneira muito mais grave, talvez até comprometendo toda uma geração. Comprometendo, nesse sentido de uma visão da atividade militar que, a meu ver, não é realmente a mais desejável. Acho que não é por aí, a gente tem que evitar a todo custo esse tipo de operação. E é a visão predominante. Só que no Exército, como vocês bem sabem, nós não temos essa visão tão monolítica quanto parece. Há diferentes correntes de pensamento. Depende muito, às vezes, da arma de origem; depende muito da experiência profissional vivenciada, depende de uma série de fatores, que fazem com que um militar tenha maior ou menor inclinação para esse tipo de operação. Porém, o treinamento deve ser realizado. E hoje o que impera na doutrina militar terrestre é a visão das operações em amplo espectro. O que significa isso? Nós não vamos ter mais um esforço único determinado a uma determinada tropa. Uma tropa recebe uma missão bastante mais complexa e ela tem que ser capaz de, simultaneamente, realizar ações de naturezas completamente diversas. Enquanto uma determinada brigada recebe uma missão, ela pode estar empregando um batalhão para realizar uma ação convencional e outro batalhão pode estar tendo que fazer uma operação tipo polícia numa localidade, para conter ali uma insurgência, ou pode estar realizando uma ação de caráter psicossocial, impulsionando o desenvolvimento de uma área carente que é a causa de determinado tipo de desigualdade que gera a violência. Então, hoje, a formação militar é muito mais complexa, nesse sentido, porque temos que utilizar as tropas de diversas naturezas — pode ser Infantaria, Artilharia, Cavalaria — e dar a esse nosso profissional uma capacidade de atuar no amplo espectro, e de ter uma flexibilidade de ser empregado em cenários completamente distintos. E o pior é quando isso é simultâneo. Quando é simultâneo, é bem mais do que isso.

Hoje, na nossa doutrina militar, qualquer escalão tem que ser capaz de, simultaneamente, conduzir ações de naturezas diferentes. Então, é por isso que o treinamento dos cadetes envolve aquela grande manobra escolar da academia, em novembro, que contempla todos os cenários, simultaneamente. Inclusive, o ambiente informacional, esse da comunicação, hoje nós estamos cobrando muito. A comunicação social não era disciplina corrente da Aman até 2018. A partir de 2019, se transformou numa disciplina eletiva para o quarto ano. Inicialmente, cerca de 10% da turma. Em 2020, isso dobrou. Quando o general Tomás assumiu o DECEx, ele falou: "Essa disciplina tem que ser obrigatória". Então, semana que vem estarei em Resende, o CComSEx vai desembarcar na Aman e nós vamos ter uma disciplina completa de comunicação social, para todos os cadetes do quarto ano que vão se formar no final do ano. Então, quando essa garotada chegar como aspirante na tropa, eles vão ter um banho de comunicação social, dentro dessa visão do que é o ambiente informacional. Isso é um exemplo de que nós estamos tornando a formação militar cada vez mais complexa, porque o ambiente do amplo espectro está em toda parte, e o camarada tem que entender que uma ação que ele realize em caráter eminentemente bélico não é suficiente para cumprir aquela missão que lhe foi atribuída; é só parte do problema. Tenho dito nas minhas palestras que hoje, antes de ensinar um soldado a disparar o fuzil, nós temos que ensinar o soldado a disparar o *smartphone*, porque essa arma aqui é tão perigosa quanto um fuzil. Então, clicar aqui e mandar uma mensagem e fazer uma postagem é tão impactante para o resultado de uma operação quanto disparar o armamento.

General Edson Massayuki Hiroshi

Edson Massayuki Hiroshi é general de brigada. Nasceu na cidade de São Paulo em 8 de março de 1967. Cursou a Escola Preparatória de Cadetes do Exército (EsPCEx) de 1984 a 1986. Ingressou na Academia Militar das Agulhas Negras (Aman) em 1987 e graduou-se no curso de formação de oficiais de Infantaria em 1990. É mestre em ciências militares pela Escola de Aperfeiçoamento de Oficiais (EsAO, 1998). Realizou o curso de Altos Estudos Militares na Escola de Comando e Estado-Maior do Exército (Eceme) entre 2006 e 2007. Possui o curso de Operações Psicológicas, realizado na Colômbia, na Escuela de Relaciones Civiles y Militares, do Exército (1999), e o curso de Estado Mayor de las Fuerzas Armadas da Escuela Superior de las Fuerzas Armadas da Espanha (2010-2011). Em 2017, realizou o Curso de Política, Estratégia e Alta Administração do Exército (CPEAEx) e o MBA Executivo em administração, política e estratégia na Fundação Getulio Vargas (FGV). Foi supervisor da segurança presidencial de 2000 a 2002. No exterior, foi chefe do serviço de segurança da embaixada do Brasil na Colômbia (2003) e instrutor da Escola Superior das Forças Armadas da Espanha (2011-2012). Chefiou o Instituto Meira Mattos, na Eceme, em 2014. Comandou o 38º Batalhão de Infantaria em Vila Velha, no Espírito Santo, de 2015 a 2016, e a 11ª Brigada de Infantaria Leve em Campinas, no estado de São Paulo, de 2020 a 2021. Atualmente, é chefe do Estado-Maior do Comando Militar do Sudeste (CMSE).

Entrevista realizada por Celso Castro, Adriana Marques,
Igor Acácio e Verônica Azzi em 30/11/2021.

Em 1999, o senhor fez um curso na Colômbia. Havia alguma discussão sobre o envolvimento mais direto das Forças Armadas no combate ao tráfico de drogas?
Fui fazer um curso de Operações Psicológicas. Isso estava começando no Brasil, depois foi se consolidando aqui, aí foram criados até Batalhões de Operações Psicológicas. Realmente foi em uma época bastante complicada do contexto colombiano, na problemática de segurança no país como um todo e em particular na área de Bogotá. Com relação a essa parte do emprego das Forças Armadas na segurança pública, lá foi bastante presente. Embora o curso fosse muito isolado e dentro de um contexto escolar, é claro que a gente viveu um pouquinho, durante três meses, essa questão da segurança sendo realizada pelas tropas federais na Colômbia. Era um contexto, para nós, impactante. Aqui no Brasil havia as operações de GLO, mas isso não estava tanto em voga assim, e lá aquilo estava muito presente, com os militares nas ruas de Bogotá. Em muitas esquinas você encontrava tropa armada de fuzil, realizando segurança, patrulhamento. Isso era uma constante. E, realmente, mesmo para nós, militares, foi impactante nesse aspecto.

Em alguns exercícios tive que fazer entrevistas em comunidades próximas, ali na periferia de Bogotá, mas tinha que ir armado. Mesmo eu, um aluno estrangeiro, ia armado com um fuzil Galil com 100 cartuchos. E, para fazer o meu trabalho, eu tinha um grupo de combate armado, que normalmente são oito militares. Eu ia com quatro em uma esquadra e quatro na outra, para me fazer a segurança, para que eu pudesse fazer meu trabalho ali na periferia. Então, realmente, a experiência mostrou como é a realidade das Forças Armadas na rua, em todos os aspectos; já que havia uma presença de guerrilheiros muito grande. É claro que é um outro contexto, diferente da nossa realidade brasileira, mas foi uma amostra do que poderia ocorrer, caso uma situação se agravasse em qualquer parte.

Em 2021, o senhor foi comandar a 11ª Brigada de Infantaria Leve, em Campinas, que se especializou em operações de GLO. Como foi essa experiência?
A 11ª Brigada de Infantaria Leve tem uma peculiaridade: ela teve origem na Brigada de Infantaria Blindada. Depois perdeu os blindados, porque foram todos para o Sul. Aí, em 2005, ela mudou para uma Brigada de Infantaria Leve, com o adjetivo GLO. Isso perdurou até 2013, quando ela perdeu esse adjetivo GLO, e prossegue até os dias de hoje. Há uma mudança agora, pois a brigada está recebendo os novos blindados da família Guarani e vai se tornar mecanizada. Essa brigada tem a responsabilidade territorial sobre o interior de todo o estado de São Paulo. Por

outro lado, por não estar na fronteira, elas são brigadas mais soltas, flexíveis, e por isso têm sido empregadas em outras áreas do território. Particularmente, a brigada teve experiência no Haiti, fora do território, e no Rio de Janeiro. Isso acontece também porque o estado de São Paulo tem uma Polícia Militar muito bem adestrada, muito bem organizada, e para nós é remota a possibilidade de emprego de GLO no próprio estado. Tanto é que nós treinamos para outros ambientes operacionais, fora do estado de São Paulo.

Dentro desse contexto é que assumi a brigada. Mas o que aconteceu? Já havia uma diminuição das operações de GLO, elas já vinham caindo, ou porque as polícias militares não estavam entrando tanto em greve, ou porque já havia uma diminuição dos grandes eventos, que ocorreram até 2016. Por esse motivo, houve também uma diminuição da necessidade e da possibilidade de emprego da brigada, em particular, em ações de GLO. Além disso, veio a pandemia. Então, assumi em janeiro; em março veio a pandemia e a gente se voltou muito, primeiro, para continuarmos mantendo as nossas atividades, apesar das restrições que a pandemia trouxe. Conseguimos manter as nossas instruções, as nossas atividades. E, paralelamente, foram ativados, pelo Ministério da Defesa, os comandos conjuntos. O Comando Conjunto do Sudeste também exerceu um papel importante na mitigação dos efeitos da pandemia. Então, tudo isso limitou o emprego da brigada nesse contexto, e a gente, então, não se voltou muito para isso.

Agora, qual é a diferença da brigada? É que, por ela ter sido GLO, em um dos batalhões de Campinas, que hoje é o 28º Batalhão de Infantaria Leve, foi criado o Centro de Instrução de Operações de Garantia da Lei e da Ordem. Então, esse centro de operações foi criado com o intuito de qualificar, de melhorar a capacidade técnica dos nossos militares no planejamento e na execução das operações de GLO. Esse centro foi estabelecido e o 28º BIL ficou com uma unidade que a gente chama de "emprego peculiar", com vocação para a participação em GLO. E militares de todos os comandos militares de área vinham até Campinas para se qualificarem nesse tipo de operação, para que eles, dentro das suas áreas, servissem de multiplicadores de conhecimento. Então, isso funcionou durante vários anos, mas muito voltado para GLO, uma vez que as Forças Armadas, o Exército em particular, estava sendo muito empregado nesse sentido. Isso perdurou até 2013.

A brigada participou em várias atividades, não só em três ocasiões no Haiti, mas também nas missões no Rio de Janeiro — nos complexos do Alemão, da Penha, da Maré. Em 2013, houve uma evolução, no meu ponto de vista, muito adequada: a brigada perdeu esse adjetivo. Por quê? Porque ela estava muito vocacionada a só GLO, e não deve ser assim. Embora a gente mantenha a nossa *expertise* e as tropas da brigada, assim como todas as demais tropas do Exército, têm que estar preparadas para GLO — já existe instrução, adestramento adequado para isso —; achar que uma tropa só tem uma vocação nesse sentido é muito limitante. Então, perdemos esse adjetivo e passamos a trabalhar de uma forma mais ampla. Porque, ao falar em GLO, nós estamos falando de operações de não guerra. E as operações de guerra, como é que ficavam? Então, isso começou a sofrer um deterioramento, uma perda de capacidade. A gente reverteu isso a partir de 2013. Agora, a brigada trabalha tanto com operações de não guerra como com operações de guerra, porque assim deve ser. Com hipóteses de guerra nas fronteiras ou em outros ambientes operacionais, como no Pantanal, na Amazônia, no Nordeste... Enfim, ela tem que ser uma brigada livre para atuar em qualquer parte.

Nessa evolução, vem também o centro de instrução. Ele está em reestruturação e em breve será transformado em Centro de Instrução de Operações Urbanas, uma vez que a gente também precisa ampliar esse conhecimento. Hoje, não só as operações de não guerra, mas também as operações de guerra estão muito vocacionadas em áreas urbanas. Com isso, o centro já vem se preparando há muitos anos. Então, meus antecessores no comando, eu mesmo e os próximos estamos nessa evolução de fazer com que o centro continue com a sua *expertise* em GLO, porque é necessário, mas adquira um aspecto mais amplo, sob o aspecto doutrinário: a possibilidade de qualificar militares em operações urbanas. Nós nos encontramos nesse momento. A gente já tem feito estágios setoriais com militares dos comandos militares de área em um contexto de operações urbanas. O centro está ampliando suas instalações para poder receber mais estagiários e poder também atuar de forma mais competente com essas questões de operações.

A transformação da brigada em brigada mecanizada vai ao encontro disso. Porque hoje, nas operações urbanas, o binômio carro de combate e homem, que nós chamamos carro de combate e Infantaria, no nosso caso, é muito adequado para o emprego em operações urbanas. Então, o recebimento dos novos meios, que são os blindados da família Guarani, vai proporcionar maior proteção blindada, ação de choque, apoio de fogo das suas metralhadoras automáticas. Esse conjunto vem favorecer as operações urbanas, porque isso tem acontecido no mundo todo, e no Brasil também temos que avançar nesse sentido, sem deixarmos de manter o nosso enfoque também em Garantia da Lei e da Ordem. Isso não foi esquecido: simplesmente estamos ampliando esse espectro.

Quem é treinado nesse centro? É tropa que está prestes a ser empregada em alguma operação real?

São oficiais e sargentos, sejam de carreira ou temporários, dos comandos militares de área. Nós temos oito comandos militares de área. Então, em determinados períodos, eles vêm todos para cá. São poucos, mas vêm militares de todos os comandos militares de área e fazem essa instrução, que tem uma carga horária normalmente de duas semanas. Aí são executadas todas as técnicas, táticas e procedimentos relativos a operações urbanas e também a GLO. São estágios distintos, porque os estágios setoriais de GLO são mantidos e nós estamos criando outros estágios mais, digamos assim, complementares, de operações urbanas. Não são só militares do Exército: recebemos também oficiais e praças, mas principalmente sargentos da Marinha, que são os fuzileiros navais, e das Forças Armadas. Particularmente das Forças Armadas, a gente tem se restringido ainda a cadetes da Força Aérea, junto com cadetes da Aman, porque, no período da fase escolar que é permitida, eles fazem um trabalho em conjunto e têm as mesmas instruções, para que eles possam ser então os multiplicadores, nas suas novas unidades. Além disso, a Polícia Militar do Estado de São Paulo também vem fazer treinamentos conosco, porque, em termos de TTPs — técnicas, táticas e procedimentos —, elas têm muita semelhança. Eles também vêm aprender conosco e, de alguma forma, também trazem sua experiência, porque eles têm uma atuação direta, em termos de trabalho de polícia, que nós executamos em GLO, e isso também agrega valor às nossas instruções.

Nosso centro, embora esteja em um batalhão de Infantaria, é integrado por militares de outras armas. Temos militares de Cavalaria, de Artilharia, de Engenharia, o que permite uma visão mais ampla, para emprego mais integral dessa concepção, seja de operações de GLO e principalmente agora, de operações urbanas. E ainda estamos em tratativas para ter um instrutor da Polícia Militar do Estado de São Paulo no centro de instrução, porque ele também tem possibilidade de agregar valor e conhecimento para os nossos instruendos. Paralelamente, as tropas com sede em Campinas também têm uma facilidade maior, pela proximidade; então, cabos e soldados, dentro de frações constituídas — pequenos grupos, seja grupo de combate, seja pelotão —, têm a possibilidade não de fazer um adestramento, que não é a finalidade do centro de instrução. O centro de instrução é mais de qualificação, mas essas tropas têm a possibilidade de, dentro das áreas... Porque lá tem locais para fazer aquele combate em ambiente confinado: tem área simulando comunidades, favelas; tem área simulando uma rua com casas. Então, a progressão dessas pequenas tropas também é treinada e executada no nosso centro de instrução.

Essa é a única fonte de treinamento para oficiais, do ponto de vista de GLO, ou há outras?
Na realidade, não. Todas as tropas, em todos os comandos militares de áreas, nos nossos PPIs, que são os programas-padrão de instrução, têm as matérias específicas da GLO, e todos têm que cumprir uma fase de qualificação e depois uma fase de adestramento. Particularmente os novos soldados, os reservistas recém-incorporados, precisam adquirir, no primeiro semestre, essa capacidade, para um eventual emprego, porque isso pode acontecer em qualquer parte do território nacional. Por isso foi interessante a perda do adjetivo, porque não é só a brigada de Campinas que tem que estar vocacionada para emprego em GLO. Todas as brigadas têm que ter essa capacidade. E aí todos têm no seu PPI essa possibilidade, ao longo do primeiro semestre, principalmente. Mas, como eu disse, como o centro é vocacionado em termos doutrinários, em termos do que tem de mais novo. Como ele tem instrutores que pesquisam a respeito, fazem intercâmbios no exterior inclusive, eles têm a possibilidade de apresentar isso nesses estágios setoriais, para esses militares dos comandos militares que vêm para cá e que têm a missão de fazerem a divulgação e a disseminação nos seus comandos militares de área.

Vocês recebem também gente do exterior para intercâmbio de doutrina nessa área?
Sim. Aqueles programas em que a gente manda militares para o exterior e recebe as visitas, aqueles Pvana[43] etc., a gente coloca isso na programação. Então, por exemplo, mandamos nossos instrutores e o comandante do batalhão para a Alemanha. Lá tem um centro de instrução de operações urbanas; tem também um centro de instrução de operações de Infantaria. Eles são os mais avançados nesse sentido. Eles têm como se fossem cidades cenográficas montadas, para haver o treinamento das tropas em ambiente mais próximo da realidade. Então, esse tipo de intercâmbio favorece a nossa evolução da doutrina e, também, até melhora as nossas técnicas e as nossas instalações. Nós concluímos recentemente, criamos uma área subterrânea lá em Campinas. Não me lembro de outro local aqui no Brasil que tenha uma área subterrânea. Realmente ela é enterrada, como

---

43 O Plano de Visitas e Outras Atividades em Nações Amigas (Pvana) é um programa de missões de visitas, intercâmbios e outras atividades, em nações amigas, de integrantes do Exército brasileiro.

se fossem galerias pluviais, para que as tropas possam se adestrar, ou melhor, se qualificar nas técnicas para, seja em operações urbanas ou de GLO, percorrer ambientes mais confinados como esse. Então, temos uma área de 600 metros em que as tropas têm que simular situações que eles poderiam encontrar aqui nas áreas urbanas, em que haja a necessidade de avançar por galerias pluviais, encontrando, seja em operações urbanas um adversário, seja, no contexto de GLO, um Apop em condições de fazer alguma ameaça. Tudo isso a gente vem trazendo nesses intercâmbios. E a Alemanha, em reciprocidade, veio aqui conhecer as nossas capacidades, o nosso centro, e eles também gostaram muito do que viram. O centro tem matéria de história militar, eles pesquisam aqueles combates que ocorreram em áreas urbanas, em Fallujah, Grozny,[44] e aí eles vão vendo os ensinamentos doutrinários e vão aprimorando no centro.

É um centro pequeno, mas que já tem capacidades interessantes para melhorar em termos doutrinários e também em termos técnicos. E quando a gente fala, por exemplo, de áreas urbanas, em especial de GLO, a gente está falando também de emprego de meios menos letais. Então, isso tudo também vem evoluindo, o emprego desse tipo de munição e de armamento. Isso também é muito estudado, vendo quais são os novos meios que o mercado lança, capazes de melhorar a proteção da tropa, melhorar a proteção da população, diminuir os efeitos colaterais. Enfim, tudo isso o nosso centro tem a capacidade de produzir e ajudar o nosso Centro de Doutrina em Brasília a evoluir nessa doutrina de uma forma geral. E não só nisso. Por exemplo, em termos de capacidade de tiro de caçadores, de emprego de *snipers*, nós também produzimos cadernos de instrução, com o objetivo de melhorar essa capacidade no âmbito do Exército. Como as técnicas em operações urbanas empregam muito as técnicas do caçador, que é aquele *sniper*, que se utiliza muito para neutralizar uma ameaça ostensiva, então isso também é muito estudado, muito praticado. Temos um estande moderno de 300 metros lá para aprimorar essas questões, também nesse aspecto técnico.

---

44 Referência a dois episódios de combate urbano de alta intensidade, após uma ocupação militar tradicional de duas potências militares. O primeiro, em 1994, foi a batalha de Grozny, na Chechênia, onde o exército russo foi empregado e enfrentou fortíssima resistência da população local. O segundo refere-se à Segunda Batalha de Fallujah, em que as forças da coalizão liderada pelos Estados Unidos foram empregadas em abril de 2004. Naquele momento, Fallujah foi considerado o maior episódio de combate urbano no qual os fuzileiros navais dos EUA se envolveram desde a Guerra do Vietnã.

Em 2013 foi lançado o Manual de Garantia da Lei e da Ordem, e é interessante porque é também nesse ano que se toma a decisão de a brigada perder o adjetivo de GLO e passar a ser uma brigada de operações urbanas.

Naquela época, em 2013 e 2014, embora eu estivesse na chefia do IMM, na Eceme, a gente acompanhava — um pouco de longe, mas acompanhava — essas questões de evolução doutrinária de GLO. Porque havia realmente uma confusão nos termos do que era operação de pacificação e do que era uma força de pacificação. Isso gerou confusões que só foram resolvidas recentemente. Lembro que naquela época, por exemplo, o manual de 2014, acho que era da Doutrina Militar Terrestre, classificava as operações básicas, as defensivas e ofensivas, e uma delas era a operação de pacificação, além das operações de apoio a áreas governamentais. Então, havia essa dificuldade, naquele momento, essa confusão. Operação de pacificação é uma operação naquele conceito de guerra, em que se falava de um contexto de emprego mais específico. O Manual de Operações, acho que é mais ou menos também dessa época de 2014, tratava as operações de GLO, por exemplo, como operação de apoio a órgãos governamentais. Então, tínhamos essas quatro operações. E a GLO não era nenhuma dessas operações básicas; ela fazia parte das operações de órgãos governamentais.

Isso demorou para se acertar. O manual falava de forças de pacificação, e aí havia uma confusão do que era uma operação de pacificação com forças de pacificação. Operação de pacificação implica estado de exceção, é outro tipo de operação. Aí a gente passou a usar o termo forças de pacificação inclusive nas operações que ocorreram na Maré e no Alemão. Era Força de Pacificação da Maré e Força de Pacificação do Alemão. Em 2013 e 2014 a gente estava justamente tentando entender doutrinariamente tudo isso. Agora em 2019, o Manual de Doutrina Militar Terrestre não fala mais de operação de pacificação; ele fala de operação ofensiva, operação defensiva, e ele chama de OCCA — operação de cooperação e coordenação de agências. Dentro desta operação é que se inserem as operações de GLO. E o termo força de pacificação, que constava dos manuais de operações, passou agora recentemente a não estar mais presente, para justamente não criar essa confusão.

Outra coisa que se discutia na época era a questão do conceito de força adversa. A gente tinha o inimigo, em forças regulares, aí depois apareceu o termo forças adversas. Mas também não estava muito adequado a essas questões de GLO. Isso perdurou durante bastante tempo, até que criaram o termo Apop, o agente perturbador da ordem pública, e aí isso ficou mais claro, porque eliminou aquela ideia de inimigo, de que dentro do território você tinha um inimigo. Isso criava algumas confusões, tanto no aspecto doutrinário como também na questão de emprego da tropa na ponta da linha.

Tem outra coisa que era da época, e isso se mantém até hoje, que é a questão das regras de engajamento. Ainda se discute muito quem determina; qual é o nível que se coloca; o que se coloca nas regras de engajamento; enfim, o detalhamento. Isso era na época muito discutido e acredito que isso ainda permaneça. Porque é muito complexo você colocar determinadas regras jurídicas e traduzir, transformar isso em ações práticas na ponta da linha, para a compreensão adequada pela tropa. Uso proporcional da força, proteção dos civis, emprego de armamento menos letal, a progressão da força — tudo isso é difícil você materializar no terreno, em um grupamento pequeno, de forma individual. O planejamento e a execução de uma operação de GLO é muito complexa, e você conseguir que cada militar, de forma individual, ou as frações, de forma coletiva, consigam ter a compreensão adequada desse contexto sempre é muito difícil, dentro do ambiente. E como se visualizava o emprego das forças federais, do Exército em particular, em grandes eventos, então, se discutia muito essas questões: o que era; a maneira de se fazer; a integração com as agências; a delimitação da área de responsabilidade; os decretos que tinha que ter a GLO para o funcionamento legal de uma operação. Discutia-se a importância da unidade de comando: apesar de ter várias agências, ter um ente, normalmente militar, comandando tudo isso, coordenando tudo isso. Então, eram essas as discussões da época, que foram evoluindo à medida do tempo. Algumas, como disse, já se resolveram; outras ainda perduram e realmente ainda continuam na sua complexidade.

Em relação a regras de engajamento, a gente pensa nas regras da ONU e do que constitui uma ameaça daquele elemento armado. Como vocês faziam no treinamento dessa brigada especial para aplicar essas regras, essas diretrizes, para a GLO?

Não tive essa oportunidade de vivenciar particularmente uma operação desse tipo, mas, acompanhando os nossos treinamentos, acompanhando a doutrina, acompanhando o que é ensinado, a gente verifica que, primeiro, o treinamento é fundamental para o êxito de uma operação. E aí o emprego no Haiti, embora não seja GLO, mas a gente ter montado um CCOPAB, ter qualificado tropas em um programa de adestramento adequado — seja para o Haiti, seja para operações, como foi o emprego do Rio de Janeiro, em que houve um treinamento específico para esse tipo de operação — foi um dos grandes êxitos para que as operações tivessem sucesso. A partir desses treinamentos, a gente direcionou todo o nosso conhecimento, seja doutrinário, seja de TTPs, para, de forma individual ou em pequenos grupos, aplicarem durante as operações. Então, os treinamentos, fruto também de toda a experiência de militares que participaram no Haiti ou participaram em forças no Rio de Janeiro, foram aproveitados, por exemplo, no Centro de Instrução de Operações de GLO e, depois, de operações urbanas. Então, todos os nossos instrutores e monitores são trazidos porque tiveram a experiência nesse tipo de operação. Quando eles vão e colocam isso em prática, eles já procuram trazer, dentro da maior realidade possível, aquilo que vivenciaram em operações. Então, seja de forma individual, seja no emprego de grupos de combate, de esquadras, de pelotões, isso realmente é repassado.

Mas cada operação sempre é distinta uma da outra. Embora você coloque uma base de instrução e uma base doutrinária, você tem que criar nas tropas, e principalmente nos comandantes, uma flexibilidade, para que eles possam cumprir a missão dentro de um contexto novo. Cada ambiente operacional é diferente, com suas peculiaridades. São dimensões humanas que o militar tem que conhecer e tem que aplicar nessas operações. Você conhecer os hábitos locais, conhecer a maneira de interagir, buscar um contato, isso faz a diferença no êxito da missão. Então, eles também procuram desenvolver essas habilidades — o brasileiro tem uma facilidade maior nisso, é verdade —, porque isso faz a diferença no êxito de uma missão. Mas, realmente, algumas regras, você estabelece: em quem você atira de forma letal; quando atira... Então, tudo isso é colocado. Mas, na prática, nem sempre eles encontram o mesmo que eles treinaram. Então, eles têm que ter a capacidade de atuar de forma descentralizada e, por outro lado, temos que criar nas organizações uma unidade de comando, para que não haja problemas na condução dessas mesmas operações. Você trabalhar em meio à população sem um alvo definido, em termos militares, é muito complicado, e diferenciar isso no dia a dia requer também, além do conhecimento técnico, uma maturidade, uma vivência que às vezes a gente não tem de imediato, e tem que aprender no terreno. Mas, apesar dessa complexidade, essa nossa preparação e a execução têm se mostrado exitosas. As experiências que tivemos com as tropas no terreno demonstram que nós estamos no caminho certo, apesar de toda essa complexidade.

A que o senhor atribui a diminuição de operações de GLO em tempos recentes? Há menos vontade dos militares de atuarem nessas ações, por um desgaste natural desse envolvimento? Quando a missão termina, volta tudo ao que era antes, e com o passar do tempo, a repetição disso acaba gerando um desgaste. Também se fala sobre a falta de um arcabouço jurídico apropriado. Não sei se há relação, também, com o contexto político.

Realmente não estou acompanhando de perto essas discussões, então darei uma opinião muito particular. Mas, primeiro, realmente, o emprego em operações de GLO causa uma dificuldade muito grande para as tropas, no sentido dessa segurança jurídica. Quando a gente fala de regras de engajamento, é claro que elas são benéficas, sob o ponto de vista da legalidade e sob o ponto de vista de delimitação, sob o ponto de vista de proteção da população. Elas têm que existir. A dificuldade está, primeiro, dentro desse problema da segurança ou insegurança jurídica, em traduzir isso de forma operativa, para aquele militar que está na ponta da linha segurando um fuzil, fazendo uma segurança de ponto ou que está em um deslocamento dentro de uma comunidade. Dificuldade em ter a segurança de que ele pode empregar aquilo que treinou sem que haja um problema jurídico. Isso é um problema, porque as experiências têm demonstrado que as pessoas ficam com receio de ter uma ação mais agressiva, quando é necessário. Isso é ruim para a operação em si e é ruim para a segurança do próprio militar. Nós já tivemos baixas assim, em operações da própria brigada lá do batalhão de Campinas, quando o cabo Mikami, não sei se conhecem esse caso, veio a óbito.[45] Existe uma dificuldade de quem está na ponta da linha de ter a liberdade de cumprir sua missão e não ser, digamos assim, responsabilizado por isso. Não estou dizendo que não tenha que ser, em casos de excesso. Isso não está em discussão. Eu digo é que deve haver uma segurança adequada, em termos jurídicos, para que haja o emprego da tropa. Porque, realmente, essa segurança não é muito clara. Por outro lado, há talvez a inibição do emprego da força em algumas necessidades, de forma pontual, se o militar não tem experiência. Então, tudo isso também compromete.

Mas, embora isso esteja latente e sempre vá permear todas as operações — porque o nosso contexto político ou jurídico é nesse sentido —, o que gera

[45] Durante uma operação de patrulhamento no Complexo da Maré, o cabo Michel Augusto Mikami, veterano da Minustah e que servia no 28º Batalhão de Infantaria Leve — subordinado à 11ª Brigada de Infantaria Leve — foi morto com um tiro na cabeça.

realmente uma dificuldade para o emprego da tropa, eu, particularmente, não acho que isso seja o que está gerando uma diminuição do emprego das tropas nesse sentido. Essa é uma visão particular, pessoal. Na minha responsabilidade aqui no Comando Militar do Sudeste e visualizando as duas brigadas que são as nossas forças de emprego, a 11ª de Campinas e a 12ª de Caçapava, para mim é uma questão de tempo a gente voltar para o Rio de Janeiro, pelo agravamento da situação durante a pandemia. Espero estar enganado, mas acho que o Rio de Janeiro é uma questão de tempo, até mesmo que haja, dentro da ausência que existe lá, uma confrontação entre grupos rivais que leve à necessidade de uma intervenção federal, caso os meios ali se mostrem insuficientes para se controlar uma crise que se possa gerar. Mas, como eu disse, não vejo que haja uma relação agora, nesse sentido, direta, embora isso sempre vá estar latente nas operações.

Quando somos chamados, nós elaboramos o planejamento e a execução para cumprir aquele objetivo, mas dentro de um objetivo mais amplo, a sensação que dá é que se enxuga gelo: você só vai atuar de forma episódica, em um determinado espaço delimitado, e, quando você sai, tem toda a volta do que era antes. Ou ela volta diferente, mas a questão da segurança ou da estabilidade — não dos conceitos legais que a gente tem —, isso acho que não vai haver. Aí volta aquele conceito da ação integral, da questão de uma aplicação muito mais ampla do que uma ação pontual de emprego episódico de uma força federal. Se você não construir toda uma estrutura capaz de se autossustentar e evoluir nesse sentido, você realmente vai ter problemas. Na intervenção federal, foi central a questão da estrutura que eles montaram de reestruturar as forças de segurança, de recompor as forças como organização, até para que o Rio de Janeiro pudesse, com seus meios, prosseguir. Mas a sensação que a gente vê é que logo em seguida, com o governo que se sucedeu, essas questões meio que se perderam.

Sob o nosso ponto de vista, de uma forma até geral, a gente ser empregado de forma episódica, sem todas as possibilidades para emprego de uma tropa federal, realmente nos limita muito. Porque até questões simples, como... Você vai a uma comunidade e, por uma questão judicial, não consegue ter aquela liberdade de entrar não só naquela casa, mas na vizinha, aquele aspecto de coletividade da permissão. Às vezes, o jurista acha que não, que tenho que ser específico. Mas, no contexto daquela comunidade, você não consegue cumprir uma ação efetiva, se você só entrar nessa, uma vez que o criminoso... que o agente muda de local com facilidade e você não tem a permissão de, entre aspas, persegui-lo, de encontrá-lo ou de encontrar os seus locais de esconderijo de meios, de armas e munições. Dentro do contexto de GLO, isso realmente complica bastante, mas não sei se tem uma implicação direta na diminuição das ações de operações de GLO.

A participação em ações de GLO acarreta prestígio na carreira?
Obviamente, as missões reais agregam sempre maior conhecimento, maior experiência, enfim, possibilidades de você empregar, de você comandar, de você atuar, seja em pequenas frações ou nos comandos mais superiores: uma missão real. Então, eu diria que participar de operações reais, como de GLO, sempre são positivas na carreira militar. Então, no currículo, ter participado de uma Operação Maré, ou Alemão, uma operação nesse sentido, digamos que agrega valor. Mas não ter participado também não diminui. Ou seja, não é uma coisa fundamental no prosseguimento da carreira. Se você teve a oportunidade naquele momento de aquela tropa estar em condições de cumprir, ela agrega valor para o seu currículo, para a sua projeção na carreira. Mas não ter participado também não diminui. Porque não é uma questão de você ir ou não para uma GLO; é questão de você estar naquele momento com aquela tropa designada para tal. Então, para quem participa, é sempre positivo, nesse aspecto. Agora, não há uma relação direta de que isso vá alavancar sua carreira.

Mas é claro que outras operações têm mais prestígio. Por exemplo, no Haiti, não é porque foi no exterior, mas é porque tinha características diferentes. Então, você participar do Haiti tem, vamos dizer assim, um valor agregado maior. Mas é diferente, porque no Haiti você poderia se voluntariar. Embora houvesse rodízios de comandos militares responsáveis por mandar tropas para lá, você podia, em determinados momentos, se voluntariar para ir. Outra coisa que é sempre de prestígio, aí também faz uma diferença, são os comandos. Então, aqueles que comandaram em um nível maior, seja um general no Rio de Janeiro comandando uma operação de GLO, seja um coronel no Haiti comandando um batalhão, essas missões, para essas pessoas, obviamente, têm um valor agregado considerável. Mas não ter ido também não desmerece ninguém; não é uma situação obrigatória para que o militar avance ou não nessa carreira. Tem a ver, sim, mas não vejo particularmente uma ação tão direta. Posso estar enganado. Na minha visão, enxergo dessa forma.

O Manual de GLO de 2013 tinha toda uma seção sobre poder de polícia. Ela sumiu na versão de 2014,[46] *mas o poder de polícia dizia respeito a todas essas atividades e funções que as Forças Armadas exerceriam no campo, nas operações de GLO. Como o senhor vê as Forças Armadas atuando internamente como forças de segurança, juntamente com outras agências de segurança, principalmente a Polícia Militar? Como é essa relação na prática, durante uma GLO? O que há de igual ou de diferente nas duas tropas, atuando em uma mesma questão geral de segurança?*

Não estou realmente familiarizado com essa questão do manual, de ter saído ou não. Mas, respondendo de forma conceitual, enxergo assim: muito do emprego em GLO é sob o aspecto realmente de poder de polícia. O que se assemelha, nesse aspecto? É a questão das técnicas, táticas e procedimentos. Estou falando em termos técnicos, de instrução individual e instrução de pequenos grupos. Essa questão da técnica não muda muito, de como entro em um recinto fechado, como é que abordo, como é que faço o deslocamento, como é que faço a progressão em ambientes confinados, em áreas de comunidade, em favela. Isso é muito semelhante.

Acho que a diferença está na forma de empregar isso. As forças federais, o Exército em particular, têm alguns princípios que são para nós importantes ou fundamentais. Um é o emprego da massa, de uma grande quantidade de efetivo, a maior possível para cumprir determinada missão. Então, nós empregamos tropas, veículos, armamentos em quantidade muito diferente do que normalmente uma Polícia Militar emprega. Embora na técnica seja semelhante, a maneira de você empregar é diferente. Além disso, não desmerecendo a Polícia Militar, mas nossa capacidade em planejar, em criar justamente linhas de ação, em pensar nas possibilidades remotas inclusive... Todo o nosso conhecimento de planejamento me parece também um pouco diferenciado, na questão de se montar uma operação. E é nisso que normalmente a gente tem agregado valor, quando a gente fala de operações interagências. A gente pega essa melhor capacidade e empresta para os outros órgãos. Estou falando de uma forma geral. Nossa capacidade de planejamento se mostra superior, então a gente a empresta. Por isso é que, normalmente, a unidade de comando, ficando conosco, a gente consegue criar essa sinergia.

---

[46] O primeiro Manual de GLO, publicado em 2013, continha uma subseção 4.5.2 de "Operações Tipo Polícia", instituindo às forças poder de polícia durante OpGLOs. Disponível em: <www.gov.br/defesa/pt-br/arquivos/File/doutrinamilitar/listadepublicacoesEMD/md33a_ma_10a_gloa_1a_ed2013.pdf>. Na versão subsequente, a menção específica a tais operações foi retirada do manual. Disponível em: <www.gov.br/defesa/pt-br/arquivos/2014/mes02/md33a_ma_10a_gloa_2eda_2014.pdf>.

Não que eles não tenham, mas a capacidade de trabalhar em estado-maior, em grupo, faz uma diferença. E também na condução. Quando você tem, por exemplo, uma seção de planejamento, você está pensando nas operações futuras, mas você tem também uma seção de execução que está pensando nas operações do momento. Tudo é em uma dinâmica, enquanto as outras seções trabalham de forma sinérgica, seja a de logística, a de comunicações, a de comunicação social, sejam operações de informações. Nós temos essa capacidade, porque é do nosso dia a dia. Nós fazemos isso constantemente. A polícia, ou outras agências, têm um emprego diferente, então, quando se vai trabalhar em um contexto mais amplo, é melhor que nós façamos esse planejamento e a condução das operações, por essa nossa capacidade. Acho que a diferença basicamente está nisso. Acho que isso também reflete um pouco na questão doutrinária, em que agora estou um pouco desatualizado.

General Sergio Luiz Tratz

Sergio Luiz Tratz é general de divisão. Nasceu em Curitiba em 5 de abril de 1964. Estudou no Colégio Militar de Curitiba de 1976 a 1982. Ingressou na Academia Militar das Agulhas Negras (Aman) em 1983 e foi declarado aspirante a oficial da arma de Infantaria em 1986. Formou-se na Escola de Aperfeiçoamento de Oficiais (EsAO) em 1995. Cursou a Escola de Comando e Estado-Maior do Exército (Eceme) entre 2000 e 2001. Possui especialização em didática do magistério superior pela Associação Educacional Dom Bosco (1991-1992), em supervisão escolar pela Universidade Federal do Rio de Janeiro (UFRJ, 1997) e em história militar brasileira pela Universidade Federal do Estado do Rio de Janeiro (Uerj, 2004-2005). É mestre em *international security and strategy* pelo King's College London, Universidade de Londres (2012). No exterior, foi oficial de ligação do Batalhão de Força de Paz do Brasil em Angola (1997) e chefe da Seção de Operações na Missão das Nações Unidas para a Estabilização no Haiti (Minustah, 2010). Chefiou o Centro de Doutrina do Exército no Centro de Operações Terrestres (2020-2022). Atualmente é comandante da 3ª Divisão do Exército em Santa Maria.

Entrevista realizada por Celso Castro,
Igor Acácio e Verônica Azzi em 5/7/2021.

A gente gostaria de entender como evoluiu a doutrina de operações de GLO através dos manuais do Exército. Como é que isso foi sendo, ao longo do tempo, incorporado e codificado.

Garantia da lei e da ordem já se encontra desde as primeiras Constituições que nós tivemos, mas não era usado com esse termo: era usado como segurança interna, defesa interna. Esse tipo de conceito, que era o emprego das forças no ambiente interno do país, sempre existiu. Mas, com o advento da Constituição de 1988, esses termos, segurança interna, defesa interna, acredito que sofreram um certo preconceito, em termos da mudança de regime e do contexto do país naquela oportunidade. Aí se acabou agregando esse termo GLO. Bom, na verdade, as forças sempre participaram de atividades no âmbito interno do país, na parte de Garantia da Lei e da Ordem, particularmente em segurança pública, e não havia nada que registrasse o amparo legal nisso, além do texto constitucional. Não existia um rito de aplicação, de acionamento e tudo o mais. Então, a partir da Constituição de 1988 houve uma necessidade de que fosse estabelecido um rito, e assim por diante.

Antes desse período, existia uma série de manuais que tratavam mais de técnicas, táticas e procedimentos de operações — de contraguerrilha, defesa interna, contra forças irregulares, operações tipo polícia —, mas não existia esse termo GLO. Esse termo surgiu nos nossos manuais, no primeiro manual, em 2002, com o nome de IP 85-1, instruções provisórias. Nós chamamos instruções provisórias quando você não tem um manual com doutrina sedimentada. Em 2010, teve uma segunda edição, que foi uma atualização no âmbito do Exército. Nosso manual mais recente é de 2018, quando ocorreu uma atualização.

O Exército saiu na frente para registrar essas operações de GLO. Fui instrutor da Eceme em 2004 e 2005, e nós já usávamos essa IP 85-1 de Operações de Garantia da Lei e da Ordem na instrução com os alunos, nas nossas aulas. No Ministério da Defesa, acho que o primeiro registro vai ser em 2012, com o Manual de Operações Interagências. Em 2017 esse manual foi atualizado, e o Exército o utilizou. Ele criou um manual em 2013 e, no ano passado, nós atualizamos esse Manual de Operações Interagências. E o manual do MD de operações de GLO é de 2014. Então ele lançou, em 2012, operações interagências; em 2014, Operações de Garantia da Lei e da Ordem. Por isso é que o nosso teve uma atualização, acompanhando mais ou menos o Ministério da Defesa. Nós temos uma sintonia.

Então, para falar o que são operações de GLO, em termos doutrinários, temos que ver que nós temos uma tipologia em que nós consideramos, em termos de operações militares, as situações de emprego: tem a situação de guerra e a situação de não guerra. Na situação de guerra, nós temos as operações ofensivas e defensivas, e nas operações de não guerra, temos o que nós chamamos de operação de coordenação e cooperação com agências. É aí que se inserem, nessas operações interagências, as operações de GLO, como operações subsidiárias. Entra alguma coisa de operações de paz, e assim por diante. Então, aí é que se enquadram as operações de GLO, dentro do contexto que nós fazemos, de uma tipologia que podemos utilizar para os manuais que existem.

Recentemente, também estamos atualizando outros temas que eram empregados e que são correlatos com essas operações interagências, que são os "assuntos civis". Aí a gente aborda dois ramos: um que é "assuntos de governo" e outro que é a "coordenação cívico-militar", e um outro manual que saiu agora, esse ano, que nós estamos produzindo em conjunto com a Eceme, que já foi aprovado, que é "proteção de civis".

Então, nós temos toda uma árvore de manuais, para manter a doutrina em dia. A doutrina do Exército, para nós, tem que responder a três perguntas: como organizar o Exército, como equipar e como combater. Para isso, temos as nossas produções doutrinárias, que são os nossos manuais de campanha, que orientam a doutrina; temos normas; temos os quadros de organização. O quadro de organização é uma coisa muito importante, em termos doutrinários. Toda unidade do Exército tem um quadro organizacional, que tem um quadro de pessoal, um quadro de material e uma base doutrinária. Aí são *linkados* com as diversas operações que cada unidade é vocacionada a realizar. O Exército não se prepara exclusivamente para operações de GLO; ele se prepara para operações de guerra e operações de não guerra. E, dentro desse contexto, se encontram as operações de GLO.

O senhor mencionou a Constituição de 1988, que mudou termos anteriores, como defesa interna, inimigo interno, esse tipo de coisa muito ligada ao regime militar. Mas, quando começaram as operações de segurança pública — por exemplo, a Operação Rio, em 1994 —, não havia, ainda, uma doutrina, uma codificação. Como era nesse período, antes de ter ainda os manuais?

Bem, nós usamos um método de planejamento. Hoje, é o tal do PPCOT, o nosso método de planejamento e condução de operações militares. Esse método é universal. Hoje, se utiliza o método das cinco fases. Naquela época, era um outro método, você estudava: estudo de situação, missão, análise das linhas de ação opostas... Havia um Sistema de Planejamento Militar, para a resolução de problemas militares e que você pode usar para qualquer tipo de problema. Fiz um curso de Estudos de Defesa em Londres e fiz mestrado no King's College. O sistema que utilizei foi o sistema que aprendi naquele período, que é o Sistema de Planejamento. Então, para o planejamento militar, você usa o Sistema de Planejamento Militar que você usa para operações convencionais: operações de guerra, operações de não guerra, as comuns. E os procedimentos, como falei, são de cooperação interagências. Isso aí foi escrito, mas já existia uma vivência de trabalhar junto com as agências. Então, você aplicava esse método: uma ordem preparatória, uma ordem de operações... Isso, dentro daquela sistemática anterior. E aí conduzia as operações militares.

Então, é um sistema lógico que a gente tem praticamente no sangue. A gente aprende lá desde os escalões da academia militar. Na academia, você aprende a fazer uma ordem de operações, a comandar uma patrulha para um pequeno escalão: pelotão e companhia. E aí você vai subindo o escalão. Então, tudo que você aprende nas escolas militares para operações de guerra, você aplica para operações de não guerra, para a segurança pública, e você adapta à situação que vai enfrentar. Então, embora ela não estivesse escrita, aquela doutrina propriamente dita, que é mais uma adaptação à legislação — você coloca em prática o que está acontecendo —, já existia um *modus operandi*, utilizando toda a doutrina, todo esse arcabouço que a gente tinha. E, para as operações, nós temos uma série de, digamos, ações a realizar; nesses manuais existiam os procedimentos, IP 31-15, IP 31-16, que eram operações urbanas de defesa interna, que eram as técnicas, táticas e procedimentos. Hoje, nós só trabalhamos com o caderno de instrução. Nessas técnicas, táticas e procedimentos, você tinha a instrução para os pequenos escalões, aquele que fica na ponta da linha, que eram operações de pontos de segurança estáticos, que faz segurança de pontos sensíveis, pontos de bloqueio, bloqueio de vias, revista de pessoas... Então, tudo isso já existia. Você tinha um *modus operandi*, você tinha conhecimentos a respeito, que nós usamos até hoje. Isso é usado em todos os tipos de operação, em operações militares tanto de guerra como de não guerra.

General, nós entrevistamos todos os force commanders *do Haiti vivos, e eles sempre faziam uma comparação entre missão no Haiti e a ação em segurança pública no Rio. Havia alguma comunicação, em termos de doutrina, com a de GLO?*
Fui o oficial de operações do Batalhão Brasileiro no Haiti, no 11º contingente. Nós gerenciamos a crise do terremoto, inclusive. E tive uma boa experiência. Eu tinha experiência em operações de paz antes; tinha sido adjunto do oficial de operações em Angola, também, com o batalhão brasileiro. Então, estive presente nesses dois tipos de operações. O que nós utilizamos lá foi nossa doutrina de operações urbanas, de não guerra, adaptadas a operações da ONU. Porque essas operações de GLO, operações com força de segurança, se assemelham muito com algumas atividades e tarefas desenvolvidas em missões da ONU. O patrulhamento ostensivo, por exemplo, se usa em qualquer tipo de operação e utiliza em operações de paz. Então, acho que as operações no Haiti nos propiciaram um grande conhecimento em operações urbanas. Diferente é a questão de legislação. Lá, a gente tem que usar a legislação do país ou, então, as normas específicas da ONU. No Brasil, uma operação de GLO, como ela é uma operação de não guerra, ela acontece geralmente na situação de normalidade, mas poderia ocorrer num estado de não normalidade, que são aquelas seções previstas no sistema constitucional: estado de defesa, estado de sítio. Na situação de normalidade, você tem que ter o respeito da lei, do arcabouço legislativo vigente. E o que isso implica? O poder moderado da força. Você não pode usar em plenitude o poder militar que você possui: você não pode atirar com um morteiro, por exemplo.

Vejo às vezes artigos, comentários de que se utilizou o que se fez no Haiti aqui, nas operações de GLO, ou vice-versa. Não. Na verdade, se empregou o que a gente conhece doutrinariamente no emprego de operações militares. Elas são atividades similares. Você sempre tem lições aprendidas, conhecimentos. Aqui no Centro de Doutrina, elas estão na Seção de Acompanhamento Doutrinário e Lições Aprendidas. Toda operação que a gente faz, a gente depois senta e faz um caderno, escreve tudo que aconteceu e o que a gente pode melhorar e aprimorar. Nós registramos as lições aprendidas, para utilizar posteriormente. É claro que o Haiti teve inúmeras lições aprendidas que a gente pode utilizar no dia a dia aqui, em operações de GLO ou em outras operações de paz, mas não acho especificamente que uma tenha relação com a outra. É claro que os bairros... Às vezes, quando chegava em Bel Air, parecia uma favela do Rio de Janeiro; quando você chegava em outros bairros, era diferente. Cada um com uma característica. O militar tem que se adaptar à área de operações em que ele vai atuar. Então, um dos pressupostos é você conhecer a área de operações, ter um sistema de inteligência que te diga como operar, e aí você vai ter que se adaptar a cada situação. O americano fala: *adapt as you go*. Esse é o meu ponto de vista.

Os comandantes do Haiti também sempre mencionavam a questão da legislação, do respaldo jurídico que tinham para as ações, como sendo diferente entre o Haiti e aqui no Brasil, em particular numa favela no Rio de Janeiro. Isso faz uma diferença grande, em termos do emprego?
Ah, sempre tem. A gente tem que ver os sistemas de acionamento, como que deve ser. No Haiti, por exemplo, você tem as normas da ONU, que vão se traduzir em regras de engajamento. Aqui no Brasil, você vai ter que ter as regras de engajamento e as normas de conduta específicas para cada operação. Então, toda vez que vamos para uma operação militar, principalmente para uma operação de não guerra ou uma operação de paz, é primordial ter normas de conduta e regras de engajamento. São duas coisas diferentes: norma de conduta é como você vai atuar com aquela população, você conhecer a população, como que ele vai agir; e regras de engajamento, qual é o escalonamento do uso da força. Aí vai regular o uso do poder militar que você tem naquela operação. Então, quando você entra numa favela do Rio de Janeiro, você tem todo o arcabouço legal, você tem que tomar cuidado com efeitos colaterais. Acontecia alguma coisa similar também no Haiti. Você tem lições aprendidas dos dois lados. O importante, em respeito à atuação, é o respaldo legal que a tropa tem que ter.

Nós temos hoje um nível de acionamento já padronizado, coisa que não existia anteriormente. Isso surgiu depois da Lei Complementar 97, a 117 e a 136, que deram outros instrumentos. Primeiramente, você tem que ter o acionamento, pelo presidente ou pelos poderes constitucionais, pode ser o Legislativo, pode ser o Judiciário. Normalmente, a gente vê só o presidente tomando a decisão do emprego da força. Aí ele faz uma Diretriz Presidencial de Emprego de Defesa, uma DPED. Ele escuta o Conselho de Defesa Nacional, o Conselho Militar de Defesa e aí ele expede essa diretriz. Isso aí é um nível político. Aí a gente baixa para o nível estratégico: vai para o Ministério da Defesa, que emite uma Diretriz Ministerial de Emprego de Defesa, DMED, ouvindo o chefe do Estado-Maior Conjunto das Forças Armadas. Depois dessa diretriz, o chefe do Estado-Maior Conjunto das Forças Armadas expede um Plano Estratégico de Emprego Conjunto das Forças Armadas, e aí ele vai designar ou um comandante conjunto ou um comandante singular da força. Porque aí você pode ter os diversos tipos de operações: você tem operações singulares, quando só o Exército ou só a Marinha ou só a Aeronáutica atua; operações conjuntas, quando você tem mais de uma força; ou operações combinadas, quando você tem alguma força internacional atuando junto. Aí cada força... No Exército, por exemplo, na força terrestre, o Coter, ouvido o comandante, expede uma Diretriz de Planejamento — a gente chama de plano — e aí ou o Estado-Maior Conjunto ou a força singular vão fazer os planos operacionais, e aí cada força vai fazer o seu plano tático.

Então, tudo isso cabe a quem vai dar a missão, especificamente — no caso, o Ministério da Defesa —, estabelecer regras de engajamento, com base na legislação, no apoio, ou estabelecer quais forças vão ser empregadas, quais os componentes. Você vai ter que fazer um estudo da situação, do exame da situação. Com base nesses dados que vão ser recebidos, cada escalão vai fazer seu planejamento de regras de engajamento e normas de conduta, que vão chegar até lá no menor escalão, até a patrulha que vai chegar na ponta da linha. Mas tem que ter esse aval. Cada escalão vai emitindo uma regra de engajamento que pode ser mais restritiva, mas não pode ser mais permissiva do que essas normas que recebeu do Ministério da Defesa.

Esse é o conjunto de atuação, com base na legislação vigente que se tem. Então, é muito importante esse amparo. Antes, na época de 1994, que é bem antes das leis complementares que saíram, não existia esse arcabouço, esse procedimento, essas normas de acionamento das forças, então acredito que não tinha muito respaldo jurídico. Hoje, não: ela está mais sistematizada, está mais organizada. É claro, sempre existia um documento específico, deve ter havido para cada operação, mas agora tem um respaldo um pouco maior, ele está mais sistematizado.

Nos parece que o grande marco para que as regras de engajamento tenham sido publicizadas foi a Operação Arcanjo, no Alemão. Houve aquele documento de nove páginas com as regras de engajamento, dizendo como aquilo deveria acontecer. Como essas regras foram evoluindo, especialmente depois de 2010?

Não sei explicar qual é exatamente a evolução das regras de engajamento. Posso dizer o seguinte: em 1997, quando fui para Angola, você usava as regras de engajamento locais. Participo de operações de GLO desde quando cheguei aspirante na tropa, em 1987. No dia em que me apresentei, falei: "Olha, estou pronto para o serviço; quero minha instalação". Meu comandante me falou o seguinte: "Não vai em instalação, não. Amanhã, tua companhia está indo para o Campo de Instrução Marechal Hermes, porque estão invadindo lá o campo de instrução". Aí fiquei um mês lá, naquela operação, teve uma greve de ferroviários no Paraná... Eu estava em Curitiba; fui aspirante lá. Porventura, meu pai era vice-presidente do Sindicato dos Ferroviários do Paraná em Santa Catarina. Aí, do lado de fora estava meu pai fazendo piquete, e eu ocupando o ponto sensível dentro da oficina da Rede Ferroviária Federal. Tudo dentro do arcabouço democrático.

Já naquela época, a gente tinha algumas orientações de como trabalhar as regras de engajamento. Agora, não sei precisar especificamente, a partir da Operação Arcanjo, qual a evolução que teve. Sei que já usávamos muito. Na troca do meio circulante, por exemplo, quando aconteceu o Plano Real, fui empregado com minha companhia em diversos pontos. Nós tínhamos lá as regras de engajamento já funcionando plenamente; a gente tinha lá um *modus operandi*: como que o soldado... explicava, treinava. As regras de engajamento, a gente treina com patrulhas o tempo inteiro. Teve uma operação de desobstrução na refinaria lá de Araucária. Tinha um bloqueio. Naquela época, existiam regras de engajamento, mas não eram claras para o escalão superior.

Acredito que, a partir de um primeiro escrito com muita utilização das nossas assessorias jurídicas, normas, houve uma evolução natural. O Centro de Doutrina existe aqui no Coter desde 2015. A doutrina, antes, era feita no Estado-Maior do Exército, dentro da 3ª Subchefia do Estado-Maior do Exército. Aí foi criado o Centro de Doutrina, em 2013, para tratar especificamente de doutrina. Quando ele veio para cá, em 2015, para o Coter, se criou essa Seção de Lições Aprendidas. Então, todas essas operações que ocorreram de lá para cá, nós temos todas registradas e temos um caderno de lições aprendidas, ou um compêndio. Cada operação que a gente faz, a gente faz um compêndio de lições aprendidas. Com base naquela operação anterior, a gente faz um reajuste. Isso aí é utilizado aqui pela Seção do Emprego do Coter. O Coter deve ter uns 20 anos. O filho mais novo aqui é o Centro de Doutrina, que veio lá do Estado-Maior do Exército. Então, é uma evolução constante: cada operação tem uma evolução, e aí ela é adaptada à situação da operação, também. Ela não tem uma receita do bolo. Ela tem um quadro que você tem que adaptar ao tipo de operação, ao tipo de situação, ao que vai fazer.

Uma coisa que fica mais clara recentemente é a questão da preocupação com a comunicação social, nesse tipo de operação. Tem trabalho sobre isso no Centro de Doutrina? Porque são operações que oferecem riscos, não é?
Temos manuais de operações que tratam de comunicação social; temos diretrizes, também, de comunicação social, como ela deve ser conduzida. Ela faz parte de ações complementares das operações. Isso nós temos para todos os tipos de operações. Normalmente, você tem o apoio do CComSEx, eles designam oficiais para trabalhar em conjunto. Dentro dos nossos estados-maiores, tem uma seção específica de comunicação social, e aí existe a orientação específica da tropa a respeito disso. Comunicação social faz parte de uma das CRI, que a gente chama, que são as capacidades relacionadas à informação, a informação que entra no domínio da narrativa: você conquistar o apoio da população. Aí você tem diversas capacidades que são inseridas: de inteligência, comunicações, comando e controle, guerra eletrônica, cibernética, comunicação social, operação psicológica e a parte de assuntos civis. Então, todo esse conjunto é muito utilizado. Antes de estar aqui no Centro de Doutrina, eu era o segundo subchefe do Estado-Maior do Exército. Ali, nós estabelecíamos algumas diretrizes sobre o que eu quero do Exército para agora e o que eu quero do Exército para o futuro. Nós fizemos uma diretriz de comunicação social — fiz a quatro mãos com o Richard —, nós fizemos uma diretriz nova de inteligência. Então, nós estamos sempre atualizando esses conhecimentos. Existe uma evolução constante nisso. Não muda tanto, mas é claro que os meios tecnológicos mudam a doutrina. Você ter o apoio da população é fundamental, e ele vem através da comunicação social, da influenciação. A mídia é um grande problema que a gente encontra nesse tipo de operação. Angariar a mídia, ter um relacionamento franco com a mídia, tê-la do lado, apoiando a operação — isso é muito importante.

Em relação às regras de engajamento e às normas de proteção dos civis, que diferenças e semelhanças o senhor vê entre as regras de engajamento das operações de paz da ONU e as que se relacionam às GLO?
Proteção de civis: nós lançamos um manual agora, recentemente. Consultamos as normas da ONU; consultamos os manuais que existem em inúmeros países. A proteção de civis não é uma coisa exclusiva de operações de guerra. É também utilizada em operações de não guerra. A evolução das regras de engajamento tem que levar muito em conta a legislação local, você tem que tomar muito cuidado com efeitos colaterais, com o cuidado com a população, quais as forças que você

vai ter naquele interior — as forças oponentes, digamos. Considero que não tem diferença, nesses dois casos, em relação à proteção de civis. A proteção de civis é única, você tem que proteger conforme a situação. Ocorre a aplicação prática da situação, mas não existem conceitos diferentes. Nós partimos para ter uma doutrina autóctone. Trabalhamos junto com a Eceme nos dois últimos anos, fizemos um projeto que veio culminar no Manual de Proteção de Civis, que saiu este ano. Eles fizeram uma pesquisa, nós fizemos a orientação. Eles utilizaram como fundamentação os manuais da ONU, os manuais da Otan, os manuais americanos e algumas outras fontes de consulta, e chegamos à conclusão de que tinha que ser uma doutrina autóctone. A gente tinha que adaptar à nossa realidade aqui do Brasil, à realidade das nossas forças. A gente tem, há muito tempo, trabalhado com direito internacional de conflitos armados, com essa parte de proteção de civis; utilizamos muitas pessoas experientes; trabalhamos com o Comitê Internacional da Cruz Vermelha, também, e com diversas outras ONGs.

A gente falou bastante sobre doutrina, mas o treinamento de pessoal, aos poucos, foi entrando — na instrução básica, inclusive. Como isso aconteceu no Exército?
Nosso Sistema de Instrução Militar tem uma instrução individual e nós temos o adestramento. São dois vetores. Você tem a instrução individual básica, que é a formação do combatente básico, e a instrução individual de qualificação. A instrução individual básica são 12 semanas. Quem coordena isso aí é a chefia de preparo. A instrução individual de qualificação são 14 semanas. Aí você tem o adestramento, que leva o restante do ano. Então, são seis meses, ou um pouquinho mais, seis meses e meio, de instrução individual básica, e aí você tem a qualificação, o adestramento. Desde que eu era aspirante, trabalhava com esse cronograma. Não sei precisar a data correta, mas, em um determinado momento, as operações de GLO, operações tipo polícia, principalmente de pequeno escalão, em que faziam bloqueio de estrada, revista de pessoas, ocupação de ponto sensível, desobstrução de vias... essas técnicas, táticas e esses procedimentos eram realizados no adestramento.

Nós trabalhamos, no Exército, com o sistema de conscrição, trabalhamos com recrutas. Houve a necessidade de antecipar essas instruções. Então, dentro dessas 14 semanas de instrução individual de qualificação, nós temos duas semanas que tratam de técnicas, táticas e procedimentos específicos de GLO, que é pouca coisa, em relação à qualificação. Na qualificação individual se forma o combatente básico: ele aprende a atirar, a tirar serviço etc. No final da instrução básica, ele é um soldado básico; na qualificação, ele vai integrar o núcleo de combate dele, então ele vai aprender como atuar como sistema dentro daquele grupo; se ele é um atirador de morteiro, ele vai aprender como funciona o morteiro. Então, é nessas 14 semanas que ele vai aprender essas técnicas, essas táticas e esses procedimentos. Dessas 14 semanas, só duas são voltadas para GLO. Aí, no final da qualificação, tem uma semana em que a gente faz o Programa de Adestramento Básico de GLO, no qual se adianta o que se tinha, que se faria lá na frente. Você adianta para a qualificação, para ter o máximo de combatentes disponíveis para atuar, no caso de uma operação de GLO, de uma emergência, de uma operação de não guerra. Não sei precisar quando que ele foi inserido dessa forma sistemática. Sempre ocorreu, dentro do nosso ciclo de planejamento de instrução, essa sistemática. Com os elementos profissionais, você tem uma capacitação técnica e tática do efetivo profissional que corre paralela à formação do recruta, e aí são instruções que são um *review* de tudo aquilo que se viu anteriormente.

Como já falei, essas técnicas, táticas e procedimentos que sao empregados em GLO são também empregados para operações de guerra, e em outros tipos de operação. Nós temos o Sistema de Prontidão. Nossa preocupação é ter uma prontidão da força: ela estar pronta para ser empregada. Dentro dessa prontidão, tenho que ter pessoal treinado e qualificado; tenho que ter equipamento, material, meios em condições de ser operados; e adestramento, o treinamento específico. Hoje, nós temos uma sistemática de prontidão em que nós focamos especificamente a defesa da pátria, os conflitos externos. Então nós temos a concepção de preparo e emprego das forças do Exército. Quem faz essa somos nós, aqui no Centro de Doutrina. Toda vez que tem um ciclo novo de governo, no primeiro ano o estado-maior lança um planejamento que se chama SIPLEx — Sistema de Planejamento do Exército — é aí, com base nesse planejamento, na concepção estratégica do Exército, que é atualizada a cada quatro anos, que nós fazemos uma atualização da concepção de preparo e emprego da força. A última foi de 2019. Aí nós elencamos quais são as grandes unidades estratégicas, de emprego geral, de emprego geral prioritário. Dois anos atrás, lançamos o Sistema de Prontidão, no qual, hoje, nós temos seis brigadas atuando. Cada brigada tem um batalhão em prontidão, em condição de atuar para qualquer situação, dentro e fora do país, tanto em operações de guerra como não guerra. Estão sempre prontas. Esse ano, nós estamos incluindo mais duas brigadas. E nisso nós temos uma brigada pesada — vamos ter duas pesadas, que são as blindadas, duas médias, que são mecanizadas, e as demais são seis brigadas leves: a paraquedista; a aeromóvel.

O pulo do gato que nós fizemos a partir de agora, com essa prontidão, é uma certificação, utilizando métodos específicos de certificação da tropa. Então, existe toda uma sistemática de certificação. A tropa fica seis meses em preparação; aí ela fica praticamente seis meses ou um ano em condições. E ela tem um rodízio com a outra tropa, para ser empregada. Nós esperamos chegar, daqui a dois anos, a ter uma divisão no nosso Sispron, o Sistema de Prontidão do Exército. Esse Sistema de Prontidão pode ser utilizado para operações de paz também. Aí você faz um adestramento específico da ONU. Depois de a tropa estar certificada, você faz uma certificação para a ONU. Atualmente, estamos certificando tropas da 15ª Brigada, em Cascavel. Temos um batalhão certificado pela ONU; no início de julho, está vindo uma tropa da ONU para ver essa certificação; e também uma Companhia de Engenharia em São Gabriel, lá no Rio Grande do Sul.

Então, é uma evolução. Nós estamos sempre em evolução no nosso Sistema de Adestramento, mas não especificamente para GLO. A GLO está incluída no nosso Sistema de Instrução Militar do Exército Brasileiro, dentro da preparação. Existem algumas atenções específicas. Hoje, nós raciocinamos que você tem em torno de umas 140 subunidades — uma subunidade é uma companhia de fuzileiros, digamos — pelo Brasil, com material e equipamento, em condições de serem empregadas para operações de não guerra dentro do país, tanto em operações de GLO, operações na faixa de fronteira, operações diversas. Digo que aconteceu uma evolução, no decorrer do tempo, e aí eu credito isso mais aos grandes eventos que nós tivemos no nosso país, porque houve uma aquisição específica de equipamentos e materiais a serem distribuídos, visando aos grandes eventos, que permitiram uma prontidão específica também para operações de GLO: o desenvolvimento de munições menos letais, a aquisição e a distribuição, a manutenção; a distribuição de equipamentos de controle de distúrbios; equipamentos de proteção individual — coletes, capacetes específicos, material para atuar nesse tipo de operação. Mas a prioridade do Exército, hoje, não é a preparação para GLO. É um dos fatores para os quais a gente tem que estar preparado, mas nosso foco é a preparação para operações de defesa da pátria.

General Fernando Azevedo e Silva

Fernando Azevedo e Silva é general de exército. Nasceu na cidade do Rio de Janeiro em 1954, foi declarado aspirante a oficial da arma de Infantaria em 1976. Realizou o curso de Salto Livre Operacional a Grande Altura, em Pau, na França, em 1984. Formou-se na Escola de Aperfeiçoamento de Oficiais (EsAO) em 1986 e cursou a Escola de Comando e Estado-Maior do Exército (Eceme) nos anos de 1993 e 1994. Em 2002, realizou um MBA Executivo de administração de negócios na Fundação Getulio Vargas (FGV) e o Curso de Política, Estratégia e Alta Administração do Exército (CPEAEx). Em 1990, foi designado ajudante de ordens do presidente Fernando Collor de Mello, função na qual permaneceu até 1992. Serviu no gabinete do comandante do Exército como chefe da Assessoria Parlamentar nos anos de 2003 e 2004. Desempenhou a função de chefe de Operações do segundo contingente do Brasil na Missão das Nações Unidas para a Estabilização no Haiti (Minustah, 2004-2005). Comandou a Companhia de Precursores Paraquedista (1987-1988), o 2º Batalhão de Infantaria Leve (1999/2000), a Brigada de Infantaria Paraquedista (2007-2009) e o Centro de Capacitação Física do Exército (2009-2011), onde exerceu também o cargo de presidente da Comissão de Desportos do Exército durante a preparação e execução dos V Jogos Mundiais Militares. Em 2011, foi designado diretor do Departamento de Desporto Militar do Ministério da Defesa. Entre 2013 e 2014, exerceu a presidência da Autoridade Pública Olímpica. Em 2015, esteve à frente do Comando Militar do Leste (CML) e desempenhou, cumulativamente, a função de coordenador-geral de Defesa de Área por ocasião da preparação e execução dos Jogos Olímpicos Rio 2016. Em 2016, foi nomeado para exercer a chefia do Estado-Maior do Exército (EME), em que permaneceu até 2018. Após a passagem para a reserva, atuou como assessor especial do presidente do Supremo Tribunal Federal (STF, 2018) e foi ministro da Defesa (2019-2021).

Entrevista realizada por Celso Castro, Adriana Marques,
Verônica Azzi e Igor Acácio em 6/1/2022.

Em 1992 ocorreu o emprego do Exército na Eco-92, e o senhor era ajudante de ordens do presidente Collor na ocasião. Como o senhor acompanhou essa conjuntura e essa, vamos dizer, novidade do emprego das Forças Armadas?

O Exército, desde muito cedo, desde capitão, major, me deu oportunidades um pouco paralelas às das Forças Armadas. Na Presidência da República, missão de paz, Jogos Olímpicos, isso tudo envolveu GLO. Mas eu queria fazer uma pequena introdução. Acompanho bastante esse tema e presenciei bastante coisa também. Queria voltar um pouquinho aos tempos de 1985, em que, na vacância do presidente eleito, Tancredo Neves, houve uma importância muito democrática das Forças Armadas em relação ao presidente Sarney assumir. Em seguida, tivemos a Assembleia Nacional Constituinte, que levou à Constituição de 1988. E os militares estavam um pouquinho no ar, sem ter um artigo, sem ter uma... Então as Forças Armadas usaram as armas democráticas — suas assessorias parlamentares, com o ministro à frente — para trabalhar junto à Constituinte, que foi convencer os constituintes, principalmente o relator e aqueles que estavam com a missão de escrever sobre as Forças Armadas na Constituição, da importância de preservar um artigo para dar missão às Forças Armadas. E assim foi feito. Nisso nasceu o artigo 142, que nos deu o farol, nos deu a missão. Além da missão de defender a pátria, a garantia do poder constitucional e, por iniciativa deles, a Garantia da Lei e da Ordem. Aí é que veio a diferença, a novidade.

A partir de 1992, nós começamos uma sucessão de operações de GLO, previstas na Constituição. Mas o artigo 142, no seu inciso I, diz que o preparo e emprego das Forças Armadas serão regulados por leis complementares. E assim foi feito. Pouca gente comenta isso, mas várias leis complementares ampliaram a missão das Forças Armadas, o que, em outros países, não é normal. As leis complementares, por exemplo, atribuíram à Marinha autoridade marítima, o que em outros países é competência da guarda costeira. Atribuíram à Força Aérea a segurança e o controle do espaço aéreo, o que, nos outros países, não é habitual ser das Forças Armadas. Ainda instituíram o poder de polícia nos 150 quilômetros de largura da faixa de fronteira. Isso acrescentou mais atribuições, particularmente ao Exército brasileiro. E, ainda, a lei complementar estipula que as Forças Armadas devem participar do desenvolvimento nacional. Aí abriu mais ainda, porque participamos de obras de infraestrutura com a nossa engenharia — estradas, pontes — e de ações sociais, programas sociais e ajuda humanitária. Fora isso, tem o artigo 4º da Constituição, que são os princípios que regem as relações internacionais do Brasil e que têm muita implicação com as Forças Armadas. São 10 princípios: a não intervenção; a defesa da paz — aí entram, como participantes do organismo da ONU, as missões de paz, que estão na Constituição, então; a solução pacífica de conflitos, que está na cooperação entre os povos; aí vem a Operação Acolhida... Tem outras coisas. Então, as nossas missões estão definidas e muito abrangentes, muito largas.

Voltando à pergunta: realmente, como um major novo, como chefe dos ajudantes de ordem do presidente Collor, que me dava uma deferência muito grande, eu participei, mas só como ouvinte, como espectador. Nos preparativos para a Eco-92, vi que o presidente não estava muito satisfeito com o andamento da organização do evento. Ele estava preocupado com isso. E, no meio do caminho, ele resolveu dar atribuições maiores a outras instituições. Uma delas, o Itamaraty, o MRE. É lógico que seria ele o principal responsável disso. Mas ele colocou o Executivo federal mais no evento, e colocou as Forças Armadas em relação à segurança, à defesa e ao acompanhamento das delegações. Cada delegação tinha dois oficiais da Eceme acompanhando 24 horas por dia, fazendo a logística do transporte. A Eco-92 se saiu muito bem, foi muito elogiada. Então, em relação à Eco-92, fui um espectador privilegiado. Só isso.

No período em que o senhor foi assessor parlamentar na Câmara, 2003-2004, houve passagem de legislação com relação à GLO. Como foi a interação com os parlamentares, que tipo de debates havia, naquele momento?

O Exército me deu oportunidades muito boas. Uma delas foi a de ser chefe da Assessoria Parlamentar. Uma experiência única. Ainda mais num período em que estava começando um governo novo. Mas o embate maior nosso nesse período, dentro das regras democráticas, foi a proposta da reforma da previdência. Foi o primeiro projeto do governo, se não me engano, na época, em relação a grandes reformas. E o projeto inicial que veio do Executivo atingia os integrantes das Forças Armadas sem levar em conta as peculiaridades da profissão militar. Então nosso embate maior foi convencer os parlamentares, convencer o próprio Executivo, e a oposição, de que os militares têm um regramento, inclusive previsto na Constituição. Eles são impedidos de várias coisas. E têm que ter um regramento diferenciado e peculiar, ressalvando as características da profissão militar. Felizmente, tivemos muito êxito nisso. Foram preservadas as idiossincrasias, vamos dizer assim, da profissão militar. Eu, sinceramente, não me lembro, nessa época, de um debate em relação à GLO.

Naquele período houve uma alteração na Lei Complementar 97, que é aquela de junho de 1999. E houve algumas alterações com relação às atribuições subsidiárias.
A 97, a 117, a 119, a 136. Isso tudo aí, é o que falei antes, agregou mais missões às Forças Armadas. Tem um lado que é o orçamento, ele é o mesmo, é enxuto, a gente não tem muito orçamento extra para isso aí. Outro é que também mostrou uma confiança no cumprimento de missão atribuída às Forças Armadas. Isso refletiu no grau de credibilidade que as Forças Armadas tinham e têm. Eu, como chefe parlamentar do Exército, não via nada que incidisse negativamente no Exército ou nas Forças Armadas. Nossa preocupação era a tramitação da reforma da previdência.

No período em que o senhor foi instrutor na Eceme, havia alguma discussão sobre GLO no curso de Estado-Maior?
Sim. Fui ser chefe até da Divisão de Emprego da Força Terrestre, exatamente a que estuda as operações. Houve uma evolução muito grande daquelas operações convencionais nossas — ofensiva, defensiva. Com a experiência das operações de força de paz, de GLO, a Eceme evoluindo. Ela é chamada de "escola do método". Então há um método de planejamento, que se começou a adaptar para cada situação internacional que precisasse da força. Então evoluiu. Foi criada uma seção de operações de GLO, de força de paz. O pessoal que voltava da missão ia fazer palestras, seminários em temas específicos em relação a isso. Isso foi evoluindo não só na Eceme, como também na EsAO e na ESA. Então, o Exército ficou impregnado dessas novas missões. E são missões reais. Operação de paz, sob a égide da ONU, operações de GLO e até operações humanitárias. A gente pegava o método que as escolas ensinavam e aplicava a essas novas missões. E cada vez, a cada nova missão, foi aperfeiçoando mais. Foram criando centros de instrução de força de paz, centro de instrução de GLO. Isso tudo, as experiências foram arquivadas nas escolas. Então, acho que evoluiu muito bem, e a validação disso são os resultados.

O senhor foi chefe de Operações do segundo contingente da Minustah, em 2004 e 2005. A gente gostaria de ouvir sua experiência.
O comandante do nosso contingente era o general Vilela e o *force commander* era o general Heleno. Ele pegou o primeiro contingente e o segundo, o nosso. Eu estava no gabinete do comandante quando saiu a decisão, muito rápida, de o Brasil participar da força de paz da Minustah no Haiti. O livro de vocês conta

isso aí.[47] O comandante do Exército era o general Albuquerque, a preparação foi a toque de caixa. Então, se existe um contingente que merece uma estátua ou um louvor é o contingente número um, porque a seleção foi muito rápida, eles embarcaram muito rápido e substituíram a MIF, que eram os americanos, os canadenses e os franceses, que saíram a toque de caixa. O primeiro contingente mudou de base três vezes. Mudança de base no meio do caminho é complicado. Meu contingente já teve um preparo um pouco maior, e tivemos uma transição com o primeiro contingente.

Chegamos lá em dezembro de 2004, véspera de Natal e Ano Novo. Nem abrimos as malas, o general Heleno já determinou que participássemos de uma operação em Cité Soleil. Foi a primeira investida. A partir daí, tenho certeza de que os contingentes foram se aprimorando com a experiência dos anteriores. E o brasileiro — no meu contingente vi isso —, a gente tinha uma empatia muito grande com o habitante local. Brasileiro é carinhoso. Ele trata bem a população. Ao mesmo tempo que a gente fazia as operações, em paralelo a gente fazia as chamadas ações cívico-sociais, em que cortava cabelo, dava remédio, atendimento médico. O futebol foi outro exemplo. Isso aí ia cativando a população. Acho que os contingentes brasileiros foram muito bem. Falo pelos contingentes brasileiros; os *force commanders* podem falar dos outros. E, para a gente, foi um adestramento com missão real, particularmente para o oficial novo e o sargento novo. Foi um adestramento com missão real, num país estranho. As operações eram muito descentralizadas, e o sargento comandante do grupo de combate e o tenente comandante de pelotão saíam com o seu pelotão para cumprir a missão. Então isso deu uma bagagem muito grande ao oficial jovem, ao sargento jovem, que depois foi aproveitada até em operações de GLO. Lá no Haiti a gente viu a diferença entre pobreza e miséria. Aqui no Brasil, a gente vê pobreza, mas lá vi miséria. Isso aí machucava muito a gente, de ver essa situação. Mas acho que nós cumprimos a missão, foi muito elogiada pela ONU. Uma missão difícil, e bem cumprida.

Quanto de experiência do Haiti voltou para o Brasil? Como o senhor vê esse balanço entre a experiência lá e a experiência aqui de GLO, quer dizer, a internacional e a doméstica?

Acho que a semelhança é completa. A diferença é que você estava sob a égide da ONU, algumas regras diferentes, e na operação de GLO você tem as regras de

[47] CASTRO, Celso; MARQUES, Adriana (Org.). *Missão Haiti: a visão dos* force commanders. Rio de Janeiro: FGV Editora, 2019.

engajamento. Agora, o cuidado que a gente tinha lá com a população haitiana, coitada, a gente tem que ter o mesmo cuidado com a população brasileira que está envolvida nessas operações de GLO e que, às vezes, não tem nada com isso, é inocente. Essa é a grande sensibilidade nas operações de paz da ONU e nas operações de GLO. Você envolve população numa espécie de conflito ou de manutenção de paz, ou até mesmo quase que uma imposição de uma paz, em que a população que está nesses locais não tem nada com isso. As regras de engajamento são muito rígidas. Então tem que ter um cuidado no que a gente chama de ação de comando, do comandante da fração, muito grande.

Do ponto de vista do militar que está em campo cumprindo uma missão, entre o arcabouço e as regras de engajamento no Haiti e de uma GLO numa favela carioca, qual é a mais segura ou confortável ou mais, vamos dizer, fácil de lidar?
São parecidas. Mas, do meu ponto de vista, a ONU te dava uma flexibilidade um pouquinho maior. Participei como comandante militar do Leste da intervenção na Maré. As regras de engajamento chegam a ser até muito restritivas para nossas operações. A gente não tem a *expertise* de uma força de segurança pública, a gente não tem o dia a dia do policiamento, da atividade policial. A gente usa o princípio de guerra que sempre usamos, que é o princípio da massa. A gente entra com uma brigada, um batalhão. A gente entra com a massa, para não ter problema nenhum. Esse é o princípio que a gente usa aí, que a força policial nem tanto usa. Ela usa pequenos efetivos, com uma viatura.

A regra de engajamento na Maré, por exemplo, era muito restritiva. E nós tínhamos tido o problema da intervenção do Alemão, é bom lembrar. Teve um confronto entre uma patrulha do Exército e meliantes que deixou um saldo de feridos, e o soldado e o sargento que estavam nessa patrulha responderam até a processo. Na Maré, os comandantes tinham muito cuidado por causa disso. Então, por exemplo, a regra de engajamento era até uma coisa assim: se estivesse armado o meliante... — o que já é uma aberração. Se você está numa comunidade carente, um elemento de fuzil não é normal. Se ele apontar para mim, eu posso apontar para ele; agora, somente se ele atirar em mim, eu posso atirar nele. Isso aí restringe muito a iniciativa.

Voltando à pergunta: no Haiti, eu tinha liberdade. Nas comunidades carentes, em Bel Air, em Cité Soleil, nós procurávamos as lajes mais altas, para ter uma dominância de vigilância e de tiro. Na Maré, eu não podia, tinha que ter um mandado de busca. Não podia entrar na casa do morador nem ocupar a laje em cima. Era difícil, é um limitador. Mas tem que levar em consideração que aquela população ali é completamente inocente.

No Alemão e na Maré havia uma presença maior da mídia, de ONGs, de associações, advogados e tal, que está mais presente do que estava no Haiti, talvez.
Não tem dúvida que a pressão aqui, da mídia, de ONGs e de advogados acompanhando é muito maior que no Haiti. Muito maior.

O senhor participou da Operação Guanabara, em 2008, não?
Pouca gente comenta essa operação, que foi grande. Eu comandava a Brigada Paraquedista de 2007 a 2009. Em 2008, eram as eleições municipais, e nós fizemos uma GLO a pedido do Tribunal Regional Eleitoral do Rio de Janeiro. Foi chamada de Operação Guanabara. Foi uma operação da Brigada Paraquedista. Nós ocupamos, se não me engano, 36 comunidades carentes na cidade do Rio. A gente investia, cercava, e os fiscais do TRE iam fazer suas inspeções de propaganda, de faixa, de tudo. Depois que eles acabavam, nós saíamos, íamos para outra. Até chegarem as eleições, em que ocupamos também vários pontos difíceis de votação. Deu tudo certo, não teve um incidente, não teve nada. E foi uma operação muito complexa. Então, integrando o CML, como comandante da Brigada Paraquedista, tive essa experiência.

O senhor também teve experiências de emprego de GLO em grandes eventos esportivos.
Antes de assumir o CML, estive na organização dos V Jogos Mundiais Militares, em 2011. Foi uma GLO ali, correu tudo muito bem. E, na parte esportiva, ficamos em primeiro lugar no quadro geral de medalhas, suplantando a China. Em seguida, fui para a Autoridade Pública Olímpica, para ajudar, junto ao Comitê Olímpico Internacional, a montar a Olimpíada. Foi outra experiência gratificante para mim. E em 2015 fui promovido a general de exército e fui comandar o CML, aí peguei a Maré, metade dela, e a preparação como CGDA, coordenador-geral de Defesa de Área para os jogos olímpicos. Foi outra operação muito elogiada, porque não teve, durante as Olimpíadas, um incidente. Nada. A nossa Olimpíada foi muito elogiada pelo Comitê Olímpico Internacional, não só na parte de segurança e defesa. Então, no CML, foram essas oportunidades que eu tive. Em seguida fui convidado para ser o chefe do Estado-Maior do Exército, que é o órgão de direção geral e era comandado pelo general Villas Bôas.

Entre a Eco-92 e o momento em que o senhor era ministro da Defesa: o senhor acha que houve alguma mudança, alguma evolução do ponto de vista de doutrina de GLO nesse período?
Não quero que pareça que estou falando da minha atuação. Estou falando da atuação das Forças Armadas. Eu fui só um participante. Tenho que dar todo louvor às Forças Armadas. Mas vou fazer também justiça às outras instituições. O que mais evoluiu, para mim, foram as operações interagências: a dos outros órgãos participarem junto com a gente e nós junto com eles. Vinha Polícia Federal, Polícia Estadual, Polícia Militar, Corpo de Bombeiro, Itamaraty, enfim, esse pessoal sentar junto, contribuir junto, foi o grande avanço. Cada um saiu da sua redoma e todos chegaram à conclusão de que tinham que trabalhar juntos, cada um dentro da sua *expertise*. Mais para frente, nas operações de GLO, com a criação do Ministério da Defesa e do Estado-Maior Conjunto das Forças Armadas, as missões, que eram estanques da Marinha, do Exército ou da Força Aérea, foram aos poucos sendo tratadas como operações realmente conjuntas. Coordenadas pelo Ministério da Defesa, atribuídas ao comando conjunto, com o Estado-Maior Conjunto das Forças Armadas à frente disso, junto com as outras forças. Foi um passo que demorou um pouquinho, mas está consolidado, pelo que presenciei como ministro da Defesa de 2019 a 2021. Nós tivemos 10 comandos conjuntos, no Brasil inteiro, para tratar de Covid, para tratar da operação Verde Brasil, Verde Brasil 2, derramamento de óleo. Isso tudo com o Estado-Maior Conjunto das Forças Armadas coordenando os meios que as forças atribuíram à operação. Então foi outro avanço.

O senhor acha que toda operação GLO é uma operação interagências?
Cada operação de GLO tem uma característica própria, mas todas tiveram operação interagências. Então, se você tem uma operação no Ceará por causa da greve das polícias, você precisa ter as forças militares que foram para lá, mas tem que ter a participação do governo local, porque foi pedido dele. Quando você tem uma operação de meio ambiente, que foram a Verde Brasil e a Verde Brasil 2, aí é fundamental a interagência, porque quem tem a *expertise*... o dever, a missão de fiscalizar o meio ambiente não é das Forças Armadas. Nós damos suporte logístico, entramos com a segurança, mas são os órgãos ambientais federais, estaduais e até municipais que têm a missão, ou a Polícia Federal, de autuar, de agir, de apreender. Então é fundamental a interagência, às vezes, num grau maior das outras agências do que de nós.

No primeiro Manual de GLO, de 2013, havia toda uma seção sobre o poder de polícia. Qual seria o diferencial que as forças têm para oferecer no contexto de uma GLO agindo junto com a polícia?

Uma opinião que não dei ainda: GLO não é uma operação que as Forças Armadas gostem de fazer. Elas cumprem missão. Porque, quando a gente entra em GLO, alguma instituição não conseguiu... não é que seja cumprir a missão, mas extrapolou a capacidade dela, então a gente vai substituir ou vai ajudar algum outro órgão que não teve, até pelo vulto da situação, a capacidade de atuar. Mas não é uma missão intrínseca das Forças Armadas. É uma missão. E a gente depende muito das outras instituições. As polícias locais são fundamentais. Na Maré, o convênio que assinamos com o governo do estado previa, durante nosso período de permanência lá, que a gente treinaria as forças policiais dentro da Maré. Na Maré, eram 120 mil habitantes, e a polícia quase não entrava ali. Por isso é que tiveram dificuldade em colocar um efetivo junto com a gente, mas acompanharam nossos trabalhos. Nós até oferecemos um terreno de uma unidade militar nossa para construir uma unidade da Polícia Militar. Então, eles são fundamentais. As Forças Armadas não substituem, a não ser temporariamente, aquele órgão, aquela instituição responsável por aquilo. As Forças Armadas são um paliativo. Então, operações interagências são essenciais, o contato com a gente.

O senhor é da turma de 1976 da Aman. Naquela época não tinha doutrina, treinamento, experiência de GLO. O que havia na época era ainda doutrina de guerra antissubversiva, de inimigo interno, surgiu a SIEsp, com treinamento voltado para isso. Hoje em dia, o cadete já treina GLO, já tem como conteúdo formativo essa experiência. Qual é o efeito disso sobre a preparação do oficial do Exército?

Sou de uma geração formada na Aman, na SIEsp e em paraquedismo, em que as lições aprendidas eram, por exemplo, da subversão da guerra do Araguaia. Isso foi evoluindo. Fui depois instrutor da Aman. Já peguei, como instrutor, uma outra fase, que a partir da Constituição de 1988 vem caracterizando a GLO. Então nas Forças Armadas — não só o Exército, mas trabalhei muito com a Marinha e com a Força Aérea — os currículos foram se adaptando à realidade da coisa. Hoje, um cadete, a formação de um cadete não é completamente diferente, porque os valores são iguais. Disciplina, hierarquia. Os fundamentos são os mesmos. Não mudou nada. Mas as alterações no emprego foram se adaptando à conjuntura. Nós não podemos descartar a GLO, ou uma operação de paz, sem esquecer a missão precípua, que é defender a pátria. As nossas ações sociais, como a Operação Acolhida e a Operação Pipa — que distribui, há mais de 20 anos, água no Nordeste —, têm que ter ação de comando, têm que ter planejamento. A construção de estradas que a nossa engenharia faz, de pontes. Nessa enchente na Bahia, as Forças Armadas foram empregadas. Na pandemia, lembro que a primeira ação que o Brasil fez foi resgatar os brasileiros que estavam em Wuhan, na China. Adaptamos uma base aérea em Anápolis para a quarentena deles de 14 dias. Foi um sucesso. A primeira unidade de oxigênio a chegar em Manaus foi transportada pela Força Aérea. Isso tudo é ensinamento. Já falei que a operação interagências e principalmente as operações conjuntas melhoraram muito, foram se aperfeiçoando. Não mudaram, mas foram se aperfeiçoando. As escolas, os currículos, também foram se adaptando às novas alterações. E o cadete, com internet, com celular, com o conhecimento que tem, é um outro grau de conhecimento em relação ao que se tinha no meu tempo. O cadete não fica dentro de uma jaula ali, na academia.

Historicamente, as Forças Armadas nunca gostaram de fazer o papel de polícia. Elas se sentem muito melhor participando de uma missão internacional, comandando um pelotão na Amazônia, um batalhão e tal, do que numa GLO numa comunidade no Rio de Janeiro. Não que não seja uma missão, mas não nos parece que seja algo que traga um prestígio, uma satisfação profissional para o militar de carreira. Espera-se que seja uma coisa pontual, e não algo que se repita muito, como durante um período recente, em que as Forças Armadas foram chamadas várias vezes, e em algumas delas com um componente que parece ser também uma utilização política. Além disso, fica a imagem de que as Forças Armadas vão entrar, vão ficar lá algumas semanas, depois vão sair e vai continuar a mesma coisa. Quando é que isso passa a incomodar, a ser um pouco demais, em qual dose?

A gente encara como missão. Mas realmente GLO, principalmente no território brasileiro, não é uma atividade-fim nossa. Você está ao lado da população brasileira, que é a sua. Nossa missão principal é defender a pátria. Há duas estratégias para isso: a dissuasão e a presença no território como um todo, seja por mar, por ar ou por terra. Então é muito mais aprazível para um tenente estar comandando um pelotão de fronteira, fazendo reconhecimento de fronteira, fazendo operações na selva, ou no sul do país, se adestrando, do que em GLO em comunidade carente, o que não é uma função nossa, é uma função policial. Tudo que você falou está certo. Concordo. Mas chega a um ponto que é missão: aí não tem jeito. E o duro é que você faz um esforço muito grande, mas depois que você sai, o resultado não aparece mais. Volta ali ao que era antes.

Vou citar um caso aqui. Eu comandava o CML antes das Olimpíadas, estava na Maré, e recebi a visita de um general americano. Ele veio com o intuito de saber o que nós estávamos fazendo lá na Maré. Peguei o mapa — que o militar chama de carta — e expliquei, mostrei a Maré, como era a zona de ação, quantos estavam empregados etc. E ele me fazendo perguntas, eu já não aguentava mais. Aí resolvi perguntar para ele: "E se fossem os Estados Unidos para fazer essa operação na Maré, como é que ia ser?". Aí ele foi muito sincero, falou: "Muito simples. A gente infiltrava o pessoal de inteligência, as forças especiais, levantava todos os alvos, levantava os líderes, depois vinha a força aérea, bombardeava tudo, depois vinham os *marines*, faziam desembarque anfíbio, faziam o que restava fazer ali. Pronto. Acabou". Falei: "E se fosse no território americano?". Ele: "Se fosse em território americano, as Forças Armadas não entravam. Tem guarda nacional, tem polícia, tem isso e aquilo". Então, realmente, é outra coisa. No início das GLO, a gente não tinha armamento não letal. A gente tinha o Urutu e o Cascavel, que são enormes. A gente não tinha o equipamento apropriado, fomos adquirindo aos pouquinhos.

Depois do CML, o senhor foi para o Estado-Maior do Exército, quando houve a intervenção federal. No que as operações da GLO se diferem da intervenção federal?

Nos dois anos que passei como chefe do EME, houve duas grandes operações GLO. Uma greve dos caminhoneiros, que foi muito sensível, porque começou a ter desabastecimento de alimento, de combustível, e o emprego das Forças Armadas foi fundamental. Eu estava até representando o comandante, porque o general Villas Bôas já estava com problemas de saúde. Eu estava na Argentina, numa Conferência dos Exércitos Americanos, ele me mandou voltar rápido. E as Forças Armadas se saíram muito bem.

A outra foi a intervenção federal no Rio de Janeiro. O interventor foi o comandante militar do Leste que me substituiu, o general Braga Netto, que fez uma coisa fundamental: deixou pronto um planejamento de médio e longo prazos para a área de segurança do Rio de Janeiro. E, com os recursos que conseguiu, reequipou a polícia do Rio de Janeiro. Mas em seguida, na próxima eleição, inclusive, foi extinta a Secretaria de Segurança Pública. Quer dizer, esse planejamento ficou no aí. Fui testemunha, como chefe do Estado-Maior do Exército, do grande trabalho que o CML, mais outras tropas, junto com a Marinha e com a Força Aérea, deixaram lá.

Na GLO da greve dos caminhoneiros houve uma legislação um pouco diferente?
Não. O Ministério da Defesa já tem uma série de documentos prontinhos. Tem que ter a diretriz do Estado-Maior Conjunto das Forças Armadas, a diretriz presidencial, o decreto de publicação. Tem vários passos, que vão sendo aperfeiçoados e seguidos há bastante tempo. Na greve dos caminhoneiros foi diferente, porque pegou vários pontos no Brasil inteiro, com uma possível repercussão muito ruim com a população. Ainda tivemos aí a greve da Polícia Militar do Espírito Santo. Também foi sensível, porque houve uma adesão muito grande, as Forças Armadas tiveram que cerrar lá, porque os grevistas estavam amotinados dentro das unidades. Então, operações de GLO são muito sensíveis, porque em torno dela está a população brasileira, e nós somos parte dela. E não é uma atividade-fim das Forças Armadas. Ela entra numa coisa extraordinária. Não se pode é banalizar essas operações, porque não deixa de ser um desgaste. Se precisar, as Forças Armadas estão aí, mas para cumprir missão. Além disso, o emprego das Forças Armadas é custoso, é caro. Então é despesa, é orçamento...

Houve alguma diferença entre essas operações GLO já mais tradicionais que o Exército realizava e a intervenção federal, além da questão, obviamente, que o senhor já comentou, do planejamento, do reequipamento das polícias?
A intervenção federal teve uma diferença. O interventor foi nomeado como responsável pela segurança pública do Rio de Janeiro. Então ele assumiu, também, uma posição política junto ao governo do estado, e as polícias Militar e Civil ficaram subordinadas a ele. Essa foi a diferença. Mas a atuação das tropas... cada operação de GLO é uma *expertise*, tem uma diferença, tem um contexto. A intervenção federal no Rio de Janeiro foi uma semi-intervenção no estado do Rio. O interventor era o responsável pela segurança pública do Rio de Janeiro, passou a integrar o governo do estado.

O senhor pegou, ainda como ministro, a operação Verde Brasil, na Amazônia, que foi muito criticada depois, por ter tido muita despesa e poucos resultados. O que o senhor vê de diferente ou de específico nessa operação contra crimes ambientais?
Nós aproveitamos a Covid, a pandemia e o derramamento de óleo na costa brasileira e constituímos 10 comandos conjuntos, no Brasil inteiro, cada um responsável pela sua área. Nós ajudamos muito no auxílio ao combate à Covid. É pouco falado, mas ajudamos muito. Participamos também da operação Amazônia Azul, com o derramamento de óleo, particularmente a Marinha. Aí entramos

nas operações ambientais Verde Brasil e Verde Brasil 2. Nós temos junto ao Ministério da Defesa o Censipam, o Conselho da Amazônia, que é nosso, é subordinado a nós, e temos um levantamento em relação à área. Foi uma operação muito difícil, porque a gente não tem a *expertise* que os órgãos responsáveis pelo meio ambiente têm. O que foi possível ser feito, nós fizemos. Se nós não estivéssemos presentes, o resultado poderia ser ainda pior. E olha que fizemos muitas apreensões, fizemos muita coisa. Mas a gente precisava de uma participação maior. E a Covid não ajudou, porque vários agentes estavam contaminados. Nós tivemos ajuda, mas a participação dos órgãos ambientais responsáveis pelo meio ambiente nessa operação interagências poderia ter sido um pouquinho maior. Mas foi um trabalho muito, muito grande. E eu multiplico por menos um: se a gente não tivesse ajudado, o resultado poderia ter sido ainda muito pior. Mas o emprego das Forças Armadas é custoso: os nossos meios, a aeronave, o princípio da massa são custosos. E continuamos com a Acolhida, na Venezuela, que é uma grande operação humanitária, e com a Operação Pipa, e atuando na enchente, e por aí vai. O esforço nosso é grande, e foi sempre assim.

Por que houve um declínio no número de operações GLO na segurança pública depois de 2018?

Acho que é a conjuntura. É a necessidade que faz a missão. Em 2010, 2011, as necessidades eram outras. Depois, os estados se organizaram mais. Mas nós tivemos, nesse período recente, a greve da Polícia Militar no Espírito Santo, a greve no Ceará. Nós tivemos alguns outros embates. De 1992 para cá, nós realizamos mais de 130 operações de GLO. É muita coisa! Não é uma operação que a gente tenha *expertise* de fazer, porque nós substituímos alguém que não está conseguindo ou que extrapolou seus meios ali, mas é a necessidade que faz a missão. Ao mesmo tempo, a gente tem uma sensação do grau de confiabilidade que as Forças Armadas ainda têm. É só pegar as pesquisas e ver. Tem que tomar muito cuidado para GLO não ser politizada. As Forças Armadas têm que estar isentas completamente da política. São instituições de Estado. Elas têm que atender à demanda. A operação de GLO só é autorizada a pedido do governador. O governador tem que se julgar impedido de cumprir aquela missão; manda para a Presidência, o Executivo consulta o Ministério da Defesa, aí vai. Não pode politizar. E não foi politizado até agora.

Mas existe alguma diferença em função da presidência de Bolsonaro? Ou isso tem a ver também com uma certa... não diria resistência, que é uma palavra muito forte, mas uma falta, vamos dizer, de vontade das Forças Armadas de continuar esse tipo de GLO, de combate direto à criminalidade, e que podia estar sendo de alguma forma instrumentalizado politicamente? O senhor falou em instituições de Estado. Mas os governos lidam com essa equação entre empregar uma instituição de Estado numa conjuntura política específica.
O governo Temer criou o Ministério da Segurança Pública, o que achei uma boa medida. E foi para lá o antigo ministro da Defesa, que foi ser o ministro da Segurança Pública. O governo atual tem em mente não banalizar muito as Forças Armadas em relação a GLO. Ele acha que os governos dos estados e os municípios têm que esgotar os seus meios. Essa é uma leitura como cidadão, e do tempo em que eu era ministro da Defesa. Mas, quando precisou, foi feita GLO. Há vários exemplos nesse governo atual: uma GLO ambiental, que foi dificílima, a Verde Brasil, a Verde Brasil 2, derramamento de óleo... A gente tem que ter um limite de corte daquela Operação Pipa, aquilo não é missão das Forças Armadas, há 20 anos responsáveis por levar água para o agreste. Alguém já tinha que ter assumido aquilo. A Acolhida também, já tem que se pensar. É muito fácil deixar as Forças Armadas ali: elas cumprem bem a missão. Mas não é missão precípua delas. Aí, realmente, acho que, no campo político, entram as injunções, entram os pedidos, enfim, entram solicitações. Mas não quero me ater nesse aspecto político, porque, inclusive, já saí dele.

O senhor falou dos comandos conjuntos que foram criados na época da Covid. Se entendemos bem, o senhor disse que as operações que aconteceram antes, de certa maneira, tanto a Verde Brasil como a operação Amazônia Azul, propiciaram a criação desses comandos conjuntos. Mas já se falava dessa possibilidade bem antes. Por que não foi possível antes, mas foi possível nesse momento?
Isso aí é muito importante. Foram criados esses 10 comandos conjuntos pela situação existente na época. Ele tem um comandante, que normalmente é um quatro estrelas, da Marinha ou do Exército. A Força Aérea concentra seus meios no comando de emprego, e dali ele cerra os seus meios. Mas tem oficiais de ligações da Força Aérea em cada comando conjunto, dependendo da operação. São comandos conjuntos temporários. Eu fazia uma videoconferência com todos os comandos conjuntos uma vez por semana, junto com meu chefe de Estado-Maior

Conjunto das Forças Armadas. Eles me davam um balanço da situação. E assim nós os mantivemos. E foram surgindo outras operações: veio a Covid, veio a Verde Brasil e Verde Brasil 2, veio o derramamento de óleo. Então, mantivemos isso aí, mas todos são temporários. A evolução disso seria um embrião de um comando conjunto permanente, como, por exemplo, a cibernética. O ComDCiber[48] é um comando conjunto permanente, fixo. Então, uma evolução natural que vai acontecer é ter um comando conjunto da Amazônia fixo, permanente, em que o comandante conjunto é ligado ao Ministério da Defesa, com suporte das forças. É a evolução natural disso, como é no mundo inteiro. Mas, com essas operações, já se evoluiu muito. Os comandos conjuntos funcionaram e funcionam. É só apertar o botão, que já saem os documentos, já sai tudo. Não há reação nas forças, de jeito nenhum. Os comandantes das forças ajudaram muito nisso aí, porque os meios foram descentralizados. E a tendência natural é essa.

Quando entrevistamos o almirante Carlos Chagas, ele disse que a Verde Brasil era um animal novo, porque não havia ocorrido ainda esse tipo de operação GLO. O que há de novo nesse animal?

Realmente, a Verde Brasil foi um animal novo, foi uma GLO diferente. E numa *expertise* que a gente não tinha e não tem, que é o meio ambiente. A gente tem *expertise* no meio ambiente nas áreas militares, que são totalmente preservadas. Você vai na Marambaia, você vai na Fortaleza de São João, no Rio de Janeiro, lá ainda é mata atlântica. Mas há programas ambientais que vêm de muito tempo de regulamentação do que é possível, do que não é possível. Acho que a saída que o governo atual viu foi colocar o vice-presidente como chefe do Conselho da Amazônia. Mas acho que tem que ter, em questão de meio ambiente, uma reestruturação maior dos órgãos responsáveis. Dar um suporte maior. Maior efetivo, mais meios. Mas, enfim, isso aí já não é um problema que concerne às Forças Armadas. Mas, realmente, foi uma operação difícil. Eu só falo o seguinte: se não tivesse a nossa participação, o resultado seria ainda pior.

---

48 Trata-se do Comando de Defesa Cibernética (ComDCiber), parte dos esforços brasileiros de criar uma estrutura de defesa cibernética, que começaram com o estabelecimento do Centro de Defesa Cibernética (CDCiber) pela Portaria Normativa nº 666, de 4 de agosto de 2010.

O senhor acha que a participação em operações de GLO é positiva, pensando na carreira do militar profissional? Quer dizer, ter participado dessas missões é bom, conta para a promoção? Como isso é avaliado profissionalmente?
Tanto em operações de paz como em GLO, há um treinamento real. Particularmente com as pequenas frações, quer dizer, o oficial novo, o sargento novo. Em todos os níveis de comando, mas principalmente esses. E eles são avaliados em missão real: como ele conduz sua tarefa, a sua fração, como ele foi empregado, qual foi a atitude dele, o que é que ele fez. Isso tudo conta muito. Você levanta um conceito, sim. Então, as operações de GLO, até as operações humanitárias, elas testam, sim, as frações, testam o comandante, testam o sargento, o oficial.

Siglas

Abin	Agência Brasileira de Inteligência
Aciso	Ação cívico-social
AGU	Advocacia-Geral da União
AJO	Assessoria Especial para os Jogos Olímpicos de 2016
Alerj	Assembleia Legislativa do Estado do Rio de Janeiro
Aman	Academia Militar das Agulhas Negras
AME	Armas, munições e explosivos
APO	Autoridade pública olímpica
Apop	Agente perturbador da ordem pública
BIL	Batalhão de Infantaria Leve
Bope	Batalhão de Operações Policiais Especiais
Brabat	Batalhão Brasileiro de Infantaria de Força de Paz
CComSEx	Centro de Comunicação Social do Exército
CCOPAB	Centro Conjunto de Operações de Paz do Brasil
CDA	Coordenador de Defesa de Área
CDC	Controle de Distúrbios Civis
CDCiber	Centro de Defesa Cibernética
Cenimar	Centro de Informações da Marinha
Censipam	Centro Gestor e Operacional do Sistema de Proteção da Amazônia
CEP	Centro de Estudos de Pessoal (Forte Duque de Caxias)
CGU	Controladoria-Geral da União
CIA	Agência Central de Inteligência dos EUA (Central Intelligence Agency, em inglês)
CIE	Centro de Inteligência do Exército
CIEsp/CMNE	Centro de Instrução Especial do Comando Militar do Nordeste
Cigs	Centro de Instrução de Guerra na Selva
Ciou	Centro de Instrução de Operações Urbanas
Cisa	Centro de Informações de Segurança da Aeronáutica
Cisp	Centro Integrado de Segurança Pública

CLAnf	Carro Lagarta Anfíbio
CMA	Comando Militar da Amazônia
CML	Comando Militar do Leste
CMO	Operações civis-militares (*civil-military operations*, em inglês)
CMSE	Comando Militar do Sudeste
Cobramoz	Contingente Brasileiro para a Operação das Nações Unidas em Moçambique
ComDCiber	Comando de Defesa Cibernética
Comlurb	Companhia Municipal de Limpeza Urbana
Consipam	Conselho Deliberativo do Sistema de Proteção da Amazônia
Coter	Comando de Operações Terrestres
CPEAEx	Curso de Política, Estratégia e Alta Administração do Exército
CPOR	Centro de Preparação de Oficiais da Reserva
CRI	Capacidades Relacionadas à Informação
CTTEP	Capacitação Técnica e Tática do Efetivo Profissional
DE	Divisão de Exército
DECEx	Departamento de Educação e Cultura do Exército
DMED	Diretriz Ministerial de Emprego de Defesa
DNISP	Doutrina Nacional de Inteligência de Segurança Pública
DOI-Codi	Destacamento de Operações de Informações-Centro de Operações de Defesa Interna
DPCA	Delegacia de Proteção à Criança e ao Adolescente
DPED	Diretriz Presidencial de Emprego de Defesa
Eceme	Escola de Comando e Estado-Maior do Exército
EGN	Escola de Guerra Naval
EME	Estado-Maior do Exército
Emfa	Estado-Maior das Forças Armadas
END	Estratégia Nacional de Defesa
EPSP	Escola Preparatória de Cadetes de São Paulo
ESA	Escola de Sargentos das Armas
EsAO	Escola de Aperfeiçoamento de Oficiais
EsCom	Escola de Comunicações [da Diretoria de Educação Técnica Militar]
EsEFEx	Escola de Educação Física do Exército
ESG	Escola Superior de Guerra
EsNI	Escola Nacional de Informações

EsPCEx	Escola Preparatória de Cadetes do Exército
ET	Exercício de terreno
FBI	Departamento Federal de Investigação dos Estados Unidos (Federal Bureau of Investigation, em inglês)
FGV	Fundação Getulio Vargas
Firjan	Federação das Indústrias do Estado do Rio de Janeiro
Frelimo	Frente de Libertação de Moçambique
FT	Força-tarefa
Funai	Fundação Nacional do Índio
GLO	Garantia da Lei e da Ordem
GSI	Gabinete de Segurança Institucional
GVA	[Operação de] Garantia da Votação e Apuração
Ibama	Instituto Brasileiro do Meio Ambiente e dos Recursos Naturais Renováveis
ICMBio	Instituto Chico Mendes de Conservação da Biodiversidade
IME	Instituto Militar de Engenharia
IMM	Instituto Meira Mattos
Incra	Instituto Nacional de Colonização e Reforma Agrária
Inpe	Instituto Nacional de Pesquisas Espaciais
ISP	Instituto de Segurança Pública [ou inteligência de segurança pública, conforme o contexto]
JMAC	Joint Mission Analysis Centre (em inglês)
LBDN	Livro Branco de Defesa Nacional
Madoc	Mando de Adiestramiento y Doctrina
MIF	Força Interina Multinacional (Multinational Interin Force, em inglês)
Minugua	Missão das Nações Unidas para a Verificação dos Direitos Humanos na Guatemala
Minustah	Missão das Nações Unidas para a Estabilização no Haiti
MMBIP	Missão Militar Brasileira de Instrução no Paraguai
Momep	Missão de Observadores Militares Equador/Peru
MRE	Ministério das Relações Exteriores
MRT	Movimento Revolucionário Tiradentes
NOOC	Naval Oceanography Operations Command (em inglês)
Oban	Operação Bandeirante
OCCA	Operações de Cooperação e Coordenação com Agências

ONG	Organização não governamental
ONU	Organização das Nações Unidas
Onuca	Grupo de Observação das Nações Unidas na América Central
Onumoz	Operação das Nações Unidas em Moçambique
Onusal	Missão de Observação das Nações Unidas em El Salvador
OpGLO	Operação de Garantia da Lei e da Ordem
OrgISP	Organização de Inteligência de Segurança Pública
PAB GLO	Programa de Adestramento Básico em Garantia da Lei e da Ordem
PCC	Primeiro Comando da Capital
PCTran	Posto de Controle de Trânsito
PDN	Política de Defesa Nacional
PEP	Política, estratégia e plano
PGP	Planejamento Geral de Policiamento
PM	Polícia Militar
PNH	Polícia Nacional do Haiti
PO	Posto de observação
PPIs	Programas-Padrão de Instrução
PTTC	Prestação de Tarefa por Tempo Certo
PUC-Rio	Pontifícia Universidade Católica do Rio de Janeiro
Pvana	Plano de Visitas e Outras Atividades em Nações Amigas
RAS	Regime Adicional de Serviço
REI	Regimento Escola de Infantaria
Renamo	Resistência Nacional Moçambicana
SAE	Secretaria de Assuntos Estratégicos
Sarp	Sistema de Aeronave Remotamente Pilotada
Selom	Secretaria de Ensino, Logística, Mobilização, Ciência e Tecnologia
Senasp	Secretaria Nacional de Segurança Pública
SIEsp	Seção de Instrução Especial da Academia Militar das Agulhas Negras
Sipam	Sistema de Proteção da Amazônia
SIPLEx	Sistema de Planejamento do Exército
SisBIn	Sistema de Inteligência da Abin
SisNI	Sistema de Inteligência do SNI
Sisp	Sistema de Inteligência de Segurança Pública

Sispron	Sistema de Prontidão do Exército
Sivam	Sistema de Vigilância da Amazônia
SNI	Serviço Nacional de Informações
SOP	Subseção de Operações
STF	Supremo Tribunal Federal
STM	Superior Tribunal Militar
TCU	Tribunal de Contas da União
TO	Teatro de operações
Tradoc	Comando de Instrução e Doutrina do Exército dos Estados Unidos (U.S. Army Training and Doctrine Command, em inglês)
TRE	Tribunal Regional Eleitoral
TRF	Tribunal Regional Federal
TSE	Tribunal Superior Eleitoral
TTPs	Técnicas, táticas e procedimentos
Uerj	Universidade do Estado do Rio de Janeiro
UFRJ	Universidade Federal do Rio de Janeiro
UG	Unidade gestora (militar)
UnB	Universidade de Brasília
UNE	União Nacional dos Estudantes
UPP	Unidade de Polícia Pacificadora
USMC	Corpo de Fuzileiros Navais norte-americano (United States Marine Corps, em inglês)
USP	Universidade de São Paulo

Este livro foi impresso nas oficinas gráficas da Editora Vozes Ltda.,
Rua Frei Luís, 100 – Petrópolis, RJ.